# TEMAS DE DIREITO AMBIENTAL

Governador    Geraldo Alckmin

Secretário de Governo    Saulo de Castro Abreu Filho

IMPRENSA OFICIAL DO ESTADO DE SÃO PAULO

Diretora-Presidente    Maria Felisa Moreno Gallego

**MP SP** | Ministério Público do Estado de São Paulo

PROCURADORIA GERAL DE JUSTIÇA

Procurador-Geral de Justiça    Márcio Fernando Elias Rosa

**CAO** MEIO AMBIENTE E URBANISMO
CENTRO DE APOIO OPERACIONAL CÍVEL E DE TUTELA COLETIVA

CENTRO DE APOIO OPERACIONAL DE MEIO AMBIENTE, HABITAÇÃO E URBANISMO

Coordenadora do CAO de Meio de Ambiente, Habitação e Urbanismo    Tatiana Barreto Serra

Coordenador do CAO de Meio de Ambiente, Habitação e Urbanismo de 15/04/2015 a 24/06/2015    Luis Fernando Rocha

Promotor de Justiça - Assessor    Luis Felipe Tegon Cerqueira Leite

# TEMAS DE DIREITO AMBIENTAL

**Organizadores da obra:**

José Eduardo Ismael Lutti

Luis Felipe Tegon Cerqueira Leite

Luis Fernando Rocha

Tatiana Barreto Serra

São Paulo, 2015

Ficha catalográfica elaborada pela Biblioteca "César Salgado"
do Ministério Público do Estado de São Paulo

---

Sa63a  São Paulo (Estado). Ministério Público. Centro de Apoio Operacional de Meio Ambiente, Habitação e Urbanismo.
Temas de direito ambiental / Ministério Público do Estado de São Paulo, Centro de Apoio Operacional de Meio Ambiente, Habilitação e Urbanismo. – São Paulo: Imprensa Oficial, 2015.

416p.
ISBN 978-85-401-0142-5

1. Direito ambiental – Brasil. 2. Proteção ambiental – Brasil. 3. Recursos hídricos – Brasil. 4. Transversalidades – Brasil. I. Rocha, Luis Fernando, org. II. Leite, Luis Felipe Tegon Cerqueira, org. III. Lutti, José Eduardo Ismael, org. IV. Serra, Tatiana Barreto, org. V. Título

CDU 349.6(81)

---

O conteúdo desta Edição foi revisado e sua grafia alterada conforme o novo Acordo Ortográfico da Língua Portuguesa

Feito o depósito legal na Biblioteca Nacional
(Lei nº 10.994, de 14/12/2004)

Todos os direitos reservados e protegidos
Proibida a reprodução parcial ou integral
Lei nº 9.610, de 19/02/1998

Impresso no Brasil 2015

"Esta publicação é uma coedição Ministério Público e Imprensa Oficial do Estado de São Paulo"

Ministério Público do Estado de São Paulo
Rua Riachuelo, 115  Centro
01007-000 São Paulo SP
Fax 6099-9674
Tel 11 3119-9000
www.mp.sp.gov.br

Imprensa Oficial do Estado de São Paulo
Rua da Mooca, 1.921  Mooca
03103 902 São Paulo SP
sac 0800 01234 01
www.imprensaoficial.com.br

# SUMÁRIO

**PREFÁCIO**
Márcio Fernando Elias Rosa .................................................................................. 7

**APRESENTAÇÃO**
Tatiana Barreto Serra ............................................................................................. 9

**CAPÍTULO I**
**DISCUSSÕES SOBRE A LEI 12.651/2012**

O PERFIL CONSTITUCIONAL DAS ÁREAS DE PRESERVAÇÃO
PERMANENTE (CURSOS D'ÁGUA E RESERVATÓRIOS ARTIFICIAIS)
Cristina Godoy de Araujo Freitas ......................................................................... 13

O USO INDEVIDO DE ÁREAS DE PRESERVAÇÃO PERMANENTE E A
REPARAÇÃO DE DANOS INTERCORRENTES
Filippe Augusto Vieira de Andrade e Roberto Varjabedian ................................. 35

ÁREAS RURAIS CONSOLIDADAS: INSTITUTO DE UM DIREITO
ANTIAMBIENTAL
Gabriel Lino de Paula Pires ................................................................................... 61

RESERVA FLORESTAL LEGAL: AVERBAÇÃO NO REGISTRO DE IMÓVEIS
VERSUS INSCRIÇÃO NO CADASTRO AMBIENTAL RURAL
Álvaro Luiz Valery Mirra ....................................................................................... 85

CÓDIGO NEOFLORESTAL: RECUO NA PROTEÇÃO DOS BENS NATURAIS
AMEAÇA AMPLIAR DESMATAMENTO E AGRAVAR CRISE HÍDRICA
Eduardo Pereira Lustosa e Dalva Megumi Hashimoto ....................................... 117

**CAPÍTULO II**
**A PROTEÇÃO DOS RECURSOS HÍDRICOS**

PROTEÇÃO DAS ÁGUAS SUBTERRÂNEAS
Claudia Maria Lico Habib e Luis Henrique Paccagnella ..................................... 147

PRINCÍPIOS DA VALORAÇÃO DOS RECURSOS HÍDRICOS
SUBTERRÂNEOS IMPACTADOS POR ATIVIDADES CONTAMINANTES
Ricardo Hirata, Reginaldo Bertolo, Osvaldo Aly Junior e
Bruno Peregrina Puga .......................................................................................... 161

O GERENCIAMENTO DE ÁREAS CONTAMINADAS NO ESTADO DE SÃO
PAULO E OS IMPACTOS NAS ÁGUAS SUBTERRÂNEAS
Djalma Luiz Sanches ............................................................................................ 185

## CAPÍTULO III
## AS MULTIFACES DA TUTELA AMBIENTAL

O ISOLAMENTO DAS UNIDADES DE CONSERVAÇÃO DE PROTEÇÃO INTEGRAL E OS VAZIOS GEOGRÁFICOS NA CONSERVAÇÃO DE ÁREAS NATURAIS NO ESTADO DE SÃO PAUL: UMA SITUAÇÃO QUE PRECISA SER REVERTIDA
Silvia Jordão ............................................................................................... 203

ESTUDO PRÉVIO DE IMPACTO AMBIENTAL COMO FERRAMENTA DE POLÍTICA PÚBLICA: ALTERNATIVAS LOCACIONAIS E TECNOLÓGICAS - IMPACTOS CUMULATIVOS E SINÉRGICO
Alfredo Luis Portes Neto, Maria Rezende Capucci, Paulo Guilherme Carolis Lima e Tadeu Salgado Ivahy Badaró Junior ............................. 231

LOGÍSTICA REVERSA: OS DESAFIOS PARA SUA IMPLANTAÇÃO E O PAPEL DOS MUNICÍPIOS NO CENÁRIO DA POLÍTICA NACIONAL DE RESÍDUOS SÓLIDOS
Flávia Maria Gonçalves ............................................................................ 253

O NOVO CÓDIGO DE PROCESSO CIVIL E A TUTELA AMBIENTAL: POTENCIAIS DIÁLOGOS
Adriano Andrade de Souza ...................................................................... 285

## CAPÍTULO IV
## O MEIO AMBIENTE E AS TRANSVERSALIDADES

REGULARIZAÇÃO FUNDIÁRIA URBANA E CONSOLIDAÇÃO DE OCUPAÇÃO EM APP
Luis Felipe Tegon Cerqueira Leite ........................................................... 309

ESTUDO DE IMPACTO DE VIZINHANÇA E SUA REGULAMENTAÇÃO NO MUNICÍPIO DE SÃO PAULO
José Carlos de Freitas, Angela Seixas Pilotto e Paula Freire Santoro ...... 331

CONSUMO SUSTENTÁVEL
Vidal Serrano Nunes Júnior, Adriana Cerqueira de Souza e Roberta Andrade da Cunho Logiodice ................................................................. 357

CORRELAÇÕES DO DIREITO AMBIENTAL COM O DIREITO SANITÁRIO
Aline Jurca Zavaglia Vicente Alves e Roberto de Campos Andrade ....... 381

APONTAMENTOS SOBRE OS ATOS DE IMPROBIDADE ADMINISTRATIVA AMBIENTAL
Beatriz Lopes de Oliveira, Dênis Fábio Marsola e Marcos Stefani .......... 395

# PREFÁCIO

Desde a Declaração de Estocolmo de 1972 já se enunciava a responsabilidade do ser humano na preservação e administração do meio ambiente como patrimônio comum da humanidade. Seguido do Relatório Brundtland, da Eco 92 e, mais recentemente, da Rio +20 - para citar três normativos internacionais – tem-se, hoje, solidificado o conceito e o princípio basilar do desenvolvimento sustentável como condição da sobrevivência digna na Terra. Satisfazer as necessidades presentes pressupõe o não comprometimento da capacidade de as gerações futuras proverem, com dignidade, suas próprias necessidades.

Conceito de fácil compreensão teórica e difícil aplicação prática face à produção e consumo crescentes, o desenvolvimento sustentável coloca em destaque a necessidade de se privilegiar a capacidade de absorção e readequação do planeta face aos impactos por nós gerados.

Contudo, na contramão dessa evolução e da proteção de áreas importantes do ponto de vista da preservação dos recursos naturais e dos processos ecológicos essenciais, várias alterações legislativas fizeram retroagir conceitos e parâmetros técnicos já consagrados na defesa ambiental, demandando do Ministério Público ainda maior empenho na concretização dessa tarefa.

Nesse caminhar, consolidar e ampliar o conhecimento no âmbito do Ministério Público na busca incessante da proteção ambiental e da vida digna é uma oportunidade de reafirmar o nosso compromisso constitucional com a defesa da ordem jurídica, do regime democrático e dos interesses sociais e individuais indisponíveis.

"Temas de Direito Ambiental" é, pois, expressão ímpar desse trabalho diário do Ministério Público e tem como objetivo expressar o entendimento daqueles que atuam na esfera ambiental em articulação, também, com as áreas de Habitação e Urbanismo, Consumidor, Saúde Pública e Patrimônio Público.

O resultado é uma obra de grande relevo para o debate e o engrandecimento institucional e da sociedade como um todo.

**Márcio Fernando Elias Rosa**
Procurador-Geral de Justiça

# APRESENTAÇÃO

Na sequência de obras anteriores lançadas em coedição com a Imprensa Oficial, "Temas de Direito Ambiental" traz a lume uma série de tópicos intrincados que demandam o enfrentamento diário por parte do Ministério Público.

A presente obra tem como foco os retrocessos ambientais operados pela Lei nº 12.651/12; a necessidade de proteção das águas subterrâneas e das áreas de preservação permanente, notadamente face à crise hídrica vivenciada por vários Estados do Brasil; a Reserva Florestal Legal e o Cadastro Ambiental Rural *versus* a averbação no registro de imóveis; o gerenciamento de áreas contaminadas no Estado de São Paulo; a doutrina da reparação integral dos danos ambientais e a sua consequente valoração dos danos técnica e absolutamente irrecuperáveis; o licenciamento ambiental e o estudo prévio de impacto ambiental como ferramentas de política pública; os desafios na implantação da logística reversa e o papel dos Municípios no cenário da Política Nacional de Resíduos Sólidos; as Unidades de Conservação de Proteção Integral e a necessidade de aprimoramento do modelo de ordenamento territorial estadual para possibilitar uma efetiva coexistência entre áreas naturais e formas de uso antropogênicas.

Importante destacar que a visão sistêmica da proteção do meio ambiente demanda uma atuação integrada, razão pela qual a presente obra conta, também, com a colaboração de outras áreas de atuação do Ministério Público, com artigos sobre consumo sustentável, meio ambiente e direito sanitário e improbidade administrativa ambiental.

Dessa forma, é com satisfação que apresento "Temas de Direito Ambiental", agradecendo aos membros do Ministério Público, Assistentes Técnicos de Promotoria, Especialistas colaboradores e servidores que, de qualquer forma, contribuíram para a concretização desse trabalho. Agradeço, ainda, a Imprensa Oficial pelo valoroso apoio na viabilização da presente publicação.

Que a leitura desses artigos possa fomentar o debate e iluminar o olhar sobre temas de relevo para a nossa sociedade atual e as gerações herdeiras do Planeta em que vivemos.

**Tatiana Barreto Serra**
Promotora de Justiça
Coordenadora do CAO de Meio Ambiente, Habitação e Urbanismo

# CAPÍTULO I

DISCUSSÕES SOBRE A LEI 12.651/2012

# O PERFIL CONSTITUCIONAL DAS ÁREAS DE PRESERVAÇÃO PERMANENTE (CURSOS D´ÁGUA E RESERVATÓRIOS ARTIFICIAIS)

Cristina Godoy de Araújo Freitas[1]

**Resumo:** As áreas de preservação permanente de cursos d'água e reservatórios artificiais são abordadas segundo a sua visão constitucional: como direito fundamental e garantia dos processos ecológicos essenciais. A partir da conceituação dessas áreas, com a inclusão do seu perfil constitucional, são analisadas a sua importância e as suas características no atual panorama legislativo. A função hídrica das áreas de preservação permanente é tratada para o enfoque da qualidade e a quantidade das águas. A proibição de retrocesso e a reparação integral são desenvolvidos como suporte da atuação institucional.

**Palavras-chave:** Áreas de Preservação Permanente. Perfil Constitucional. Processos Ecológicos Essenciais. Dano ambiental e sua reparação integral.

**Sumário:** 1. Introdução – 2. As Áreas de Preservação Permanente: Conceito: 2.1 A Base Constitucional: 2.1.1 Os processos ecológicos essenciais; 2.2 A importância das áreas de preservação permanente: 2.2.1 A função hídrica; 2.3 As áreas de preservação permanente em espécie – 3. O substrato Constitucional: a proibição de retrocesso e a proteção insuficiente – 4. O panorama atual: da caracterização do dano ambiental à sua integral reparação – 5. Conclusão.

## 1. Introdução

A lei 12.651/12 completou três anos em maio de 2015; não há, contudo, motivo para comemorações, especialmente no tocante à proteção e preservação das áreas de preservação permanente.

---

[1] Promotora de Justiça do Ministério Público do Estado de São Paulo. Especialista em Direito Processual Civil pela EPM. Mestre em Direito das Relações Sociais pela PUC-SP.

Ao analisarmos o substrato fático adjacente à norma jurídica, desde o Código de 1934, até a aprovação da mencionada lei, observamos a premente necessidade de proteção do ambiente, considerando os diversos ataques sofridos e consequente ocupação de áreas protegidas, para usos múltiplos[2].

Nesse sentido, e se o fato valorado há de se transformar em norma, a tendência seria o rigor da proteção, justamente em razão do aumento dos ataques à natureza. No entanto, a pressão de setores econômicos (especialmente o agropecuário), levou a uma resposta inversa: afrouxamento e retrocesso da proteção, com vistas à consolidação e aumento da degradação. Como se a solução para o desenvolvimento, ou para o fomento de setores sensíveis, fosse a ausência de proteção.

A solução dada, sob o discurso do avanço, obteve a diminuição da proteção de áreas anteriormente protegidas, especialmente as que serão aqui tratadas.

E para demonstrar tamanho retrocesso, desenvolveremos o tema abordando algumas questões simples, relacionadas às áreas de preservação permanente citadas: "O quê?", "Onde?", "Por quê?" e "Como?"

## 2. As Áreas de Preservação Permanente: Conceito

O que são áreas de preservação permanente?

Tal qual a Lei 4771/65, a atual legislação traz, em seu artigo 3º, inciso II, o conceito de área de preservação permanente: "área protegida, coberta ou não por vegetação nativa, com a função ambiental de preservar os recursos hídricos, a paisagem, a estabilidade geológica e a biodiversidade, facilitar o fluxo gênico de fauna e flora, proteger o solo e assegurar o bem-estar das populações humanas." [3]

Referido conceito, no entanto, deve ser entendido dentro do macro-sistema do Direito Ambiental, cuja base é Constitucional.

Ao contrário de muitos países que não tem a proteção ambiental como base constitucional, o Brasil constitucionalizou o direito

---

[2] A respeito dos diversos ataques sofridos pelo ambiente nesse interim, cf. FREITAS, Cristina Godoy de Araújo. O Novo Código Florestal e a Reparação Integral das Áreas de Preservação Permanente (cursos d´água e reservatórios artificiais). Anais do 17º Congresso Brasileiro de Direito Ambiental, São Paulo, 2012, p. 61-64.

[3] A legislação anterior não trazia a expressão "facilitar" o fluxo gênico de fauna e flora.

fundamental ao meio ambiente ecologicamente equilibrado. A consequência desse importante ato é a de fazer com que a legislação ambiental até então vigente seja recepcionada se, e quando, conforme com o sistema posto.

De outra banda, a partir deste marco histórico, toda a legislação criada, para fazer parte desse macro-sistema, há de se conformar com a base constitucional.

E o que diz, dentre outras coisas, essa base constitucional?

### 2.1 A base constitucional[4]

A Constituição Federal de 1988, no *caput* do artigo 225, estabeleceu que "Todos têm direito ao meio ambiente ecologicamente equilibrado", reconhecendo que todos têm direito ao meio ambiente sadio e preservado, em condições adequadas sob a ótica ecológica.

Trata-se de direito humano fundamental, o que traz, ínsito, três qualidades: a irrenunciabilidade, a inalienabilidade e a imprescritibilidade. *Irrenunciabilidade* porque, em que pese não exercido de fato, não aceita renúncia apriorística; *inalienabilidade* porquanto possui titularidade pulverizada e personalíssima, de modo que é intransferível e inegociável; *imprescritibilidade*, uma vez que têm perfil intertemporal, consagrando entre seus beneficiários inclusive os incapazes e até mesmo as futuras gerações[5].

É tratado, também, como direito de "terceira geração", incluído entre os chamados "direitos dos povos" ou "direito da solidariedade". Por isso, para ser garantido, exige o esforço conjunto do Estado, dos indivíduos, dos diversos setores da sociedade e das diversas nações.

Dentre os benefícios da constitucionalização do ambiente, pode-se destacar aqueles de ordem substantiva e aqueles de ordem formal:

Os de natureza substantiva são aqueles que reorganizam a estrutura de direitos e deveres, destacando-se: a) o estabelecimento de um dever constitucional genérico de não degradar, base do regime de explorabilidade limitada e condicionada; b) a ecologização da propriedade e da sua

---

[4] Cf., a respeito, FREITAS, Cristina Godoy de Araújo. O pedido de compensação na ação civil pública ambiental. Dissertação de mestrado. Pontifícia Universidade Católica de São Paulo, SP, 2009.

[5] Álvaro Luiz Valery Mirra, Ação Civil Pública e a reparação do dano ao meio ambiente, Juarez de Oliveira, 2002, p. 94.

função social; c) a proteção ambiental como direito fundamental; d) a legitimação constitucional da função estatal reguladora; e) a redução da discricionariedade administrativa; f) a ampliação da participação pública[6].

Os benefícios de ordem formal relacionam-se à implementação das normas de tutela ambiental, destacando-se, dentre eles: a) máxima prevalência dos direitos, deveres e princípios ambientais; b) segurança normativa; c) substituição do paradigma da legalidade ambiental; d) controle – formal e material - da constitucionalidade de atos normativos inferiores à constituição; e) reforço exegético pró-ambiente das normas infraconstitucionais[7].

Pois bem. Se o direito ao meio ambiente ecologicamente equilibrado foi erigido à categoria de direito fundamental, de terceira geração, deve-se ratificar que suas características correspondem àquelas dos denominados direitos difusos, dentre elas, a da sua titularidade: pertence a um número indeterminado ou indeterminável de pessoas.

Além disso, conforme ensina Marcelo Abelha, da análise do texto Constitucional, infere-se que o bem jurídico tutelado pelo Direito Ambiental é o "equilíbrio ecológico"[8]: é o bem de uso comum do povo, essencial à vida de todos. E o equilíbrio ecológico existe porque ele é, na verdade, um produto da combinação, interação (química, física, biológica) de diversos fatores bióticos (flora, fauna e biodiversidade) e abióticos (ar, água, terra, clima, etc).

Assim, o equilíbrio ecológico é o macrobem, objeto de proteção do direito ambiental, que também cuida, inexoravelmente, da "função ecológica exercida pelos fatores ambientais bióticos e abióticos (microbens)" [9]. De tal forma, tanto o macrobem, quanto os microbens ambientais são indivisíveis, o que significa que "esses bens ambientais não se repartem, sem que isso represente uma alteração das suas propriedades ecológicas."[10]

---

6   Antônio Herman Benjamin, Direito constitucional ambiental brasileiro, "in" Direito Constitucional ambiental brasileiro, José Joaquim Gomes Canotilho e José Rubens Morato Leite (Org.), Saraiva, 2007, p. 69/80.
7   Idem.
8   Processo civil ambiental, RT, 2008, p. 38.
9   Idem.
10  Idem.

## CAPÍTULO I – DISCUSSÕES SOBRE A LEI 12.651/2012

A Constituição Federal, expressamente, indica que "todos" são titulares do direito ao meio ambiente ecologicamente equilibrado. Mas como podemos preencher o conteúdo do termo "todos"?

Se o direito ao meio ambiente equilibrado é de todos, significa que é de cada um, como pessoa humana, "independentemente de sua nacionalidade, raça, sexo, idade, estado de saúde, profissão, renda ou residência" [11].

A locução "todos têm direito" cria um direito subjetivo, oponível *erga omnes*, que é integrado pelo direito ao exercício da ação popular ambiental.[12]

Tratando-se de direito fundamental, o conteúdo da expressão "todos" há de incluir qualquer pessoa, residente ou não no país. Não há ofensa à soberania, porquanto tal interpretação é retirada da visão holística e universalista do meio ambiente. É que "A proteção da dignidade da pessoa – assim como a tutela do meio ambiente – está para além da cidadania brasileira e postula 'uma visão universalista da atribuição de direitos.'" [13]

### 2.1.1 Os processos ecológicos essenciais

Além de garantir o direito fundamental ao meio ambiente ecologicamente equilibrado a todos, a Constituição Federal foi além: determinou que, "para assegurar a efetividade desse direito, incumbe ao Poder Público:

I - preservar e restaurar os processos ecológicos essenciais e prover o manejo ecológico das espécies e ecossistemas."[14]

Em outras palavras: não há direito fundamental ao meio ambiente ecologicamente equilibrado garantido, se não forem preservados e restaurados os processos ecológicos essenciais, que "são aqueles que garantem a persistência das características típicas de composição, estrutura, dinâmica e funcionalidade do ecossistema, incluindo sua resiliência, envolvendo os fluxos de energia, os ciclos de matéria e as relações funcionais estabelecidas no âmbito da estrutura biótica (entre os orga-

---

11  Celso Antonio Pacheco Fiorillo. Direito Ambiental Brasileiro, 14ª. edição, p. 116.
12  Idem. De fato, não há como restringir, tratando-se de direito fundamental.
13  Direito Constitucional Ambiental Brasileiro, cit., p. 106.
14  Art. 225, §1º. I.

nismos da comunidade e entre comunidades) em permanente interação com o meio abiótico"[15].

Nas palavras de Heline Sivini Ferreira, "...quando se referiu a *processos ecológicos essenciais*, quis o constituinte garantir a proteção dos processos vitais que tornam possíveis as inter-relações entre os seres vivos e o meio ambiente. (...) Nessa perspectiva, portanto, é dever do Poder Público preservar e restaurar as condições indispensáveis à existência, à sobrevivência e ao desenvolvimento dos seres vivos"[16]

Nesses termos, também a área de preservação permanente só pode ser entendida de maneira integrada, de modo a garantir os processos ecológicos essenciais, porquanto faz parte do macro-sistema ambiental.

Colocados os conceitos básicos a serem utilizados no presente trabalho, passaremos a tratar da importância das áreas de preservação permanente, bem como dessas áreas em espécie, quais sejam, as de margens de cursos d'água e reservatórios artificiais.

### 2.2 A importância das Áreas de Preservação Permanente

Por que preservar tais áreas que, conforme o próprio nome diz, são de preservação permanente?

Para responder tal pergunta, bastaria dizer: porque a Constituição estabelece que todos têm direito ao meio ambiente ecologicamente equilibrado; porque a sua preservação faz garantir efetividade aos processos ecológicos essenciais; em suma, porque se dá efetividade ao conceito de área de área de preservação permanente ora exposto.

No entanto, se o foco constitucional é o equilíbrio ecológico, traremos os benefícios, em espécie, da preservação e restauração das áreas de preservação permanente.

Com efeito, as áreas de preservação permanente representam múltiplas funções na preservação do meio ambiente e dos processos ecológicos essenciais:

As funções ecológicas ou ecossistêmicas das áreas de preservação permanente, entendidas como sendo as constantes interações

---
15  MARTINS, Fernando Roberto & METZGER, Jean Paul, 2012
16  Política Ambiental Constitucional, p. 231/232. In: CANOTILHO, J.J.Gomes e LEITE, José Rubens Morato (Org.). Direito Constitucional Ambiental Brasileiro. São Paulo: Saraiva, 2007.

CAPÍTULO I – DISCUSSÕES SOBRE A LEI 12.651/2012

existentes entre os elementos estruturais de um ecossistema, incluindo transferência de energia, ciclagem de nutrientes, regulação de gás, função climática e do ciclo d'água , para fins didáticos, podem ser classificadas em:

a) funções bióticas (relacionadas à preservação da biodiversidade);

b) funções hídricas (relacionadas à preservação e proteção dos recursos hídricos superficiais e subterrâneos);

c) funções edáficas (relacionadas à preservação e proteção do solo);

d) funções de estabilização geológica (relacionadas à manutenção da estabilidade geológica);

e) funções climáticas (relacionadas à mitigação dos efeitos negativos das mudanças do clima);

f) funções sanitárias (relacionadas à asseguração das condições adequadas à sadia qualidade de vida e ao bem-estar físico e psíquico das populações humanas);

g) funções estéticas (relacionadas à preservação da paisagem)[17].

As áreas de preservação permanente prestam, também, importantes serviços ecossistêmicos, como a regularização hidrológica, a estabilização de encostas, a manutenção da população de polinizadores e de ictiofauna, o controle natural de pragas, das doenças e das espécies exóticas invasoras[18].

Os serviços ecossistêmicos prestados pelas APPs ripárias são bem conhecidos. Entre eles podem ser citados (a) o seu papel de barreira ou filtro, evitando que sedimentos, matéria orgânica, nutrientes dos solos, fertilizantes e pesticidas utilizados em áreas agrícolas alcancem o meio aquático; (b) o favorecimento da infiltração da água no solo e a recarga dos aquíferos; (c) a proteção do solo nas margens dos cursos d'água, evitando erosão e assoreamentos; (d) a criação de condições

---

17 Relatório sobre o novo Código Florestal para o GAEMA, disponível para membros do MP-SP em http://www.mpsp.mp.br/portal/page/portal/cao_urbanismo_e_meio_ambiente/material_apoio/diversos/RELATORIO%20PARA%20GAEMA%20-%2022-06%20-%20Versao%20Final.doc

18 SBPC e ABC: O Código Florestal e a ciência – contribuições para o diálogo. Disponível em http://www.sbpcnet.org.br/site/arquivos/codigo_florestal_e_a_ciencia.pdf, pág. 12.

para o fluxo gênico da flora e fauna (BATALHA et al., 2005); (e) o fornecimento de alimentos para a manutenção de peixes e demais organismos aquáticos; (f) o refúgio de polinizadores e de inimigos naturais de pragas de culturas[19].

### 2.2.1 A função hídrica

Vivemos época de severa crise hídrica. As manchetes dos jornais trazem, a cada dia, informações a respeito da penúria por que passam os nossos rios e reservatórios de abastecimento público. No entanto, qual o nível de proteção legal a que estão submetidos?

Ora, a qualidade e a quantidade de água que temos disponível está diretamente relacionada ao nível de proteção da legislação ambiental. Isso porque, é ela que define, entre outros pontos, quais áreas de uma propriedade devem ser mantidas com a vegetação nativa, cultivadas ou restauradas, o que interfere no ciclo da água.

A qualidade da água continua a ser a maior causa de problemas de saúde para seres humanos em todo o mundo. Em pelo menos alguns trechos da maioria dos principais sistemas fluviais do mundo, a água ainda não satisfaz os padrões estabelecidos pela Organização Mundial da Saúde (OMS).

Assim, "a vegetação presente na área ripária atua como barreira biogeoquímica para a entrada de espécies químicas orgânicas e inorgânicas nos rios, fato que confere à vegetação ripária arbórea grande importância na manutenção da qualidade da água e saúde do ecossistema aquático (CORREL et al., 1992; FORTESCUE 1980; TRISKA et al., 1993)"[20].

As mudanças climáticas e o crescimento populacional contínuo tendem a gerar uma escassez de água ainda maior em muitas regiões.

Estima-se que mais de 600 milhões de pessoas não terão acesso a água potável segura em 2015, enquanto mais de 2,5 bilhões de pessoas não terão acesso a saneamento básico. Até 2030, cerca de US$ 9 a 11 bilhões serão gastos anualmente em infraestrutura adicional para

---

19  Idem, p. 80.
20  SBPC e ABC: O Código Florestal e a ciência – contribuições para o diálogo. Disponível em http://www.sbpcnet.org.br/site/arquivos/codigo_florestal_e_a_ciencia.pdf, p. 80.

CAPÍTULO I – DISCUSSÕES SOBRE A LEI 12.651/2012

garantir o abastecimento de volumes suficientes de água, principalmente nos países em desenvolvimento.[21]

Lembra Walter de Paula Lima, dissertando a respeito da hidrologia florestal, que a manutenção e recuperação das zonas ripárias, influem diretamente sobre a qualidade e quantidade da água:

*b) quantidade de água: tem sido demonstrado que a recuperação da vegetação ciliar contribui para com o aumento da capacidade de armazenamento da água na microbacia ao longo da zona ripária, o que contribui para o aumento da vazão na estação seca do ano (ELMORE & BESCHTA, 1987). Esta verificação permite, talvez, concluir a respeito do reverso. Ou seja, a destruição da mata ciliar pode, a médio e longo prazos, pela degradação da zona ripária, diminuir a capacidade de armazenamento da microbacia, e consequentemente, a vazão na estação seca.*

*c) qualidade da água: o efeito direto da mata ciliar na manutenção da qualidade da água que emana da microbacia tem sido demonstrado com mais facilidade em diversos experimentos. Esta função da zona ripária é, sem dúvida, de aplicação prática imediata para o manejo de microbacias (KUNKLE, 1974).*

Portanto, sem vegetação, a disponibilidade de água para o abastecimento (seja sob o aspecto da qualidade, seja sob o da qualidade) fica severamente prejudicada[22].

### 2.3 As Áreas de Preservação Permanente em espécie

Além de definir as áreas de preservação permanente (art. 3º, inciso II), a normativa atual manteve os mesmos limites do Código de 1965 para as Áreas de Preservação Permanente de cursos d'água (art. 4º, inciso I), o que reforça a ideia da necessidade de manutenção da proteção vigente até o advento do novo Código Florestal.

Altera, no entanto, o ponto a partir do qual tais áreas são medidas: do nível mais alto, passou-se a considerar a calha regular (cf. art. 3º, XIX).

---

21 Disponível em http://www.cpa.unicamp.br/alcscens/noticias-detalhe/69-geo-5-o--mundo-segue-por-um-caminho-insustentavel-a-despeito-da-existencia-de-centenas-de--metas-e-objetivos-internacionalmente-acordados. Acesso em 17/07/2015.

22 Hidrologia Florestal aplicada ao manejo de bacias hidrográficas, Escola Superior de Agricultura "Luiz de Queiroz", Departamento de Ciências Florestais, Piracicaba, 2008.

Para a Sociedade Brasileira para o Progresso da Ciência (SBPC) e Associação Brasileira de Ciências (ABC), a alteração na definição da Área de Preservação Permanente ripária, do nível mais alto do curso d'água para a borda do leito menor, representa grande perda de proteção para áreas sensíveis.[23]

Mas não é só.

A partir do artigo 61-A, a Lei introduz a anistia às intervenções realizadas até 22 de julho de 2008 nas áreas de preservação permanente de imóveis rurais, nos seguintes termos:

- Para os imóveis rurais com área de até 1 (um) módulo fiscal: a área de preservação permanente a ser recomposta será de 5 (cinco) metros, contados da borda da calha do leito regular, independentemente da largura do curso d´água;
- Para os imóveis rurais com área superior a 1 (um) módulo fiscal, até 2: a área de preservação permanente a ser recomposta será de 8 (oito) metros, contados da borda da calha do leito regular, independentemente da largura do curso d´água;
- Para os imóveis rurais com área de superior a 2 (dois) módulos fiscais, até 15: a área de preservação permanente a ser recomposta será de 5 (cinco) metros, contados da borda da calha do leito regular, independentemente da largura do curso d´água;
- Para os imóveis rurais com mais de 4 (quatro) módulos fiscais:
  - 20 (vinte) metros, imóveis com área superior a 4 (quatro) e de até 10 (dez) módulos fiscais, nos cursos d'agua com até 10 (dez) metros de largura; e
  - nos demais casos, em extensão correspondente à metade da largura do curso d'água, observado o mínimo de 30 (trinta) e o máximo de 100 (cem) metros.

Em relação aos reservatórios artificiais, a situação é ainda pior:
- Reservatórios de até 1 hectare não tem mais a obrigação de preservar ou restaurar suas Áreas de Preservação Permanente (art. 4°, parágrafo 4°);
- Novos empreendimentos terão suas faixas de proteção definidas no licenciamento ambiental (art. 4°, inciso III), sendo observado:

---

23  ABC e SBPC, cit.

- mínimo de 15 metros de APP para reservatórios situados em área rural com até 20 hectares;
- para aqueles destinados à geração de energia ou abastecimento público, a faixa mínima deve ser de 30 (trinta) metros e máxima de 100 (cem) metros em área rural, e a faixa mínima de 15 (quinze) metros e máxima de 30 (trinta) metros em área urbana.

- Reservatórios artificiais de água destinados a geração de energia ou abastecimento público que foram registrados ou tiveram seus contratos de concessão ou autorização assinados anteriormente à Medida Provisória n° 2.166-67, de 24 de agosto de 2001, a faixa da Área de Preservação Permanente será a distância entre o nível máximo operativo normal e a cota máxima *maximorum*.

Os reservatórios artificiais registrados ou que tiveram seus contratos de concessão depois de 2001 não têm a faixa de preservação permanente definida. Sequer tem metragem de preservação permanente definida aqueles reservatórios artificiais com mais de 20 hectares, que não se destinem à geração de energia ou abastecimento público.

E mais: quanto aos reservatórios antigos (até 2001), há menção a eles apenas nas disposições transitórias, como se a regra geral fosse a consolidação de intervenções nesses locais.

A redução de proteção é tão grande que, se aplicado o artigo 62 em estudo de caso específico no reservatório do Jaguari, em Jacareí, por exemplo, a faixa marginal de área de preservação permanente no entorno do reservatório, cairá de 100 metros para menos de 10 metros, com pequenas variações, em função da variação da distância (projeção horizontal) entre a cota máxima normal (no caso: 623 m) e a cota máxima *maximorum* (no caso: 625,8 m), as quais, no caso em questão, apresentam apenas 2,8 metros de desnível vertical! Em outras palavras: permitir-se-ia, no caso do exemplo, a redução da proteção e consequente degradação de áreas necessárias à proteção dos reservatórios (faixa de 100 metros) da ordem de 90%, na comparação com a normativa anterior.

Por fim, para as nascentes, pode ser aceita a manutenção de um raio de proteção também reduzido, com base no conceito de "área rural consolidada", de apenas 15 metros:

*Art.61-A: § 5° Nos casos de áreas rurais consolidadas em Áreas de Preservação Permanente no entorno de nascentes e olhos d'água perenes, será admitida a manutenção de atividades agrossilvipastoris, de ecoturismo ou de turismo rural, sendo obrigatória a recomposição do raio mínimo de 15 (quinze) metros.*

Ora, depois de apontar a importância das áreas de preservação permanente, do seu conceito atual, em conformidade com o disposto na Constituição Federal, perguntamos: a redução das áreas de preservação permanente pode ser incluída no microssistema ambiental?

### 3. O substrato constitucional: a proibição de retrocesso e a proteção insuficiente

Consoante já sustentamos[24], o direito humano fundamental ao meio ambiente ecologicamente equilibrado gera o inequívoco dever de defesa e preservação para as presentes e futuras gerações. O dever é do Poder Público e da coletividade, nos termos do que estabelece o artigo 225, da Constituição Federal.

Daí falar-se em solidariedade intergeracional: para o Poder Público, há não só o dever de garantia da solidariedade, fiscalizando, com rigor, eventuais condutas que possam, em tese, suprimir ou reduzir o estado de preservação às gerações futuras (dimensão garantístico-defensiva, nas palavras de Canotilho), como também o próprio dever de progresso (dimensão positivo-prestacional), em conjunto com a coletividade (dimensão jurídico-participativa)[25].

Também incumbe a ele o dever de preservar e restaurar os processos ecológicos essenciais[26], preservar a diversidade e a integridade do patrimônio genético do país[27] e proteger a fauna e a flora[28].

---

[24] O Novo Código Florestal e a Reparação Integral das Áreas de Preservação Permanente (cursos d'água e reservatórios artificiais). Anais do 17° Congresso Brasileiro de Direito Ambiental, São Paulo, 2012, p. 64-66.

[25] J.J. Gomes Canotilho, Direito constitucional ambiental português e da união européia, "in" Direito constitucional ambiental brasileiro, J.J. Gomes Canotilho e José Rubens Morato Leite (org). São Paulo: Saraiva, 2007, pág.04-05.

[26] Art. 225, parágrafo 1°, I, da Constituição Federal.

[27] Art. 225, parágrafo 1°, II, da Constituição Federal.

[28] Art. 225, parágrafo 1°, VII, da Constituição Federal.

# CAPÍTULO I – DISCUSSÕES SOBRE A LEI 12.651/2012

Lembra Patrick de Araújo Ayala que *"Nem todas as escolhas são toleráveis e admissíveis pelo projeto de sociedade (...) definido pela ordem constitucional brasileira. Cumpre às funções estatais obstar excessos na definição das escolhas sobre como é possível e como se desenvolverá a existência da humanidade"*[29].

Mesmo porque, não haverá "progresso da humanidade" (art. 4º, IX, da CF) com retrocesso ambiental. Deve o Poder Público preservar e restaurar os processos ecológicos essenciais, consoante já conceituado.

Segundo Herman Benjamin, a proteção ambiental constitucional não só legitima e facilita, como também obriga a intervenção estatal, legislativa ou não, em favor da manutenção e recuperação dos processos ecológicos essenciais[30].

Daí porque também se fala em dever de progresso: um dos objetivos do Estado Democrático de Direito é garantir o desenvolvimento, a melhora das condições de vida da população o que, por certo, não virá com a piora da qualidade ambiental.

Entende-se como progresso não só a prosperidade material, mas *"a ampliação e fortalecimento permanente do arcabouço de velhos (liberdade, p. Ex.) e novos (qualidade ambiental, p. Ex.) valores intangíveis, muitos deles coletivos por excelência e subprodutos da ética da solidariedade e da responsabilidade: a prosperidade imaterial, patrimônio que, embora etéreo e impalpável, configura indiscutível realidade"*[31].

O processo nomogenético está, necessariamente, abraçado pelo manto do dever de preservação ambiental.

Mesmo porque, há alguns valores que, *por significarem a máxima expressão e salvaguarda da existência e da dignidade do homem,*

---

[29] O direito ambiental das mudanças climáticas: mínimo existencial ecológico, e proibição de retrocesso na ordem constitucional brasileira, "in" Congresso Internacional de Direito Ambiental - Florestas, mudanças climáticas e serviços ecológicos, coord. Antonio Herman Benjamin et. al. São Paulo: IMESP, 2010

[30] Direito constitucional ambiental brasileiro, "in" *Direito constitucional ambiental brasileiro*, cit., pág. 74.

[31] Antonio Herman Benjamin. *Princípio da proibição de retrocesso ambiental*, "in" O princípio da proibição de retrocesso ambiental, Comissão de Meio Ambiente, Defesa do Consumidor e Fiscalização e Controle do Senado Federal, Brasília-DF. Disponível em http://www2.senado.gov.br/bdsf/item/id/242559 , acesso em 15/07/12.

*deixam de ser considerados bens transitórios e permutáveis, para assinalarem algo de permanente e intocável*[32]. São as denominadas invariantes axiológicas, dentre as quais se situa o valor ecológico ou do meio ambiente[33].

Destarte, não há como se admitir o progresso material em relação à existência humana sem que haja, de igual maneira, o progresso - ou, no mínimo, a manutenção - dos níveis de proteção jurídica do substrato natural da vida, especialemente para os processos ecológicos essenciais[34].

Não se pode permitir, também, a proteção deficiente dos direitos fundamentais garantidos.

Ensina Canotilho que há defeito de proteção quando as entidades sobre as quais recai o dever de proteção adotam medidas insuficientes para a garantia da proteção constitucionalmente adequada dos direitos ambientais[35].

Para Vieira de Andrade, o princípio obriga o Estado a assegurar um nível mínimo adequado de tutela dos direitos fundamentais, responsabilizando-se pelas omissões legislativas que ocasionam o não cumprimento dessa imposição constitucional[36].

E qual seria esse mínimo?

Ora, se há o dever fundamental[37] de preservar o ambiente para as presentes e futuras gerações - dever esse corolário ao direito fundamental de todos ao meio ambiente ecologicamente equilibrado, incluído o conceito de processos ecológicos essenciais -, por certo o resultado prático desse binômio não pode ser outro, que não a compo-

---

32 Miguel Reale. *Variações*, 2ª Ed., São Paulo: Gumercindo Rocha Dorea, 2000, p. 105. Apud: José Renato Nalini, Ética Ambiental, 3ª Ed. rev., atual., ampl., Milenium, 2010, p. 7-8.

33 Sobre o tema, consultar, também, Cristina Godoy de Araújo Freitas e Roberto Varjabedian, *A Convenção de Ramsar e da Diversidade Biológica frente à ordem constitucional e o princípio do não retrocesso*, "in" RDA, ano 17, jan-mar-2012, p. 41-58.

34 Antonio Herman Benjamin, cit., p. 67.

35 *Direito constitucional e teoria da constituição*. Coimbra: Almedina, 7. ed. 2003, p. 273.

36 José Carlos Vieira de Andrade. *Os direitos fundamentais na Constituição Portuguesa de 1976*. Coimbra: Almedina, 4ª. Ed., p. 140.

37 José Joaquim Gomes Canotilho. "Estado constitucional ecológico e democracia sustentada", "in" Helini Sivini Ferreira e José Rubens Morato Leite (org.). *Estado de direito ambiental: tendências, aspectos constitucionais e diagnósticos*. São Paulo: Forense Universitária, p. 09.

sição de uma dada realidade fática e jurídica[38] que tenha como norte o progresso; de cujas ações concretas decorra a garantia prática do bem tutelado. A sociedade deve sentir, na prática, a evolução natural da qualidade ambiental, em decorrência dos níveis de proteção garantidos. Portanto, não há espaço para a piora do ambiente.

**4. O panorama atual: da caracterização do dano ambiental à sua integral reparação**

Colocadas as premissas fundamentais do presente trabalho, quais sejam: a) conceituação das áreas de preservação permanente de acordo com o substrato constitucional; b) importância das áreas de preservação permanente no atual contexto de devastação e crise hídrica; c) impossibilidade de piora da qualidade ambiental, *como* agir para caracterizar o dano ambiental e exigir a sua reparação?

A responsabilidade civil ambiental submete-se a normas específicas, distanciando-se do regime comum do direito civil e administrativo.

Nesse aspecto, a Lei 6938/81 estabelece que o poluidor é obrigado, "independentemente de existência de culpa, a indenizar ou reparar os danos causados ao meio ambiente e terceiros, efetuados por sua atividade"[39].

A noção de dano ambiental reparável deve ser ampla, de tal sorte que abarque não só a lesão dos elementos naturais, artificiais e culturais, tratados como bem de uso comum do povo, juridicamente protegido, como também a violação do direito de todos ao equilíbrio ecológico, à qualidade ambiental, como bem incorpóreo e imaterial[40]. Destarte, *"embora se manifeste de maneira mais ostensiva e perceptível a partir de atentados aos bens ambientais e seus elementos, o dano ambiental, na realidade, é mais amplo, na medida em que acaba por afetar o conjunto de condições, relações e interdependências que*

---

38 "Composição de posições jurídicas e de realidade subjetiva e objetiva do direito fundamental", nas palavras de Patryck de Araújo Ayala.

39 Art. 14, parágrafo 1º.

40 MIRRA, Álvaro Luiz Valery. Responsabilidade civil pelo dano ambiental e o princípio da reparação integral do dano. "In" CONGRESSO INTERNACIONAL DE DIREITO AMBIENTAL, 7, 2003, São Paulo. Direito, água e vida. São Paulo: Instituto o Direito por um Planeta Verde, 2003. P. 283.

*permite a vida de uma maneira geral, ou para utilizar uma expressão mais conhecida, o equilíbrio ecológico e ambiental"*[41].

O sentido de dano reparável deve estar integrado ao conceito de progresso da qualidade ambiental; jamais de retrocesso.

Tanto é assim que, segundo dispõe o art. 2º, *caput*, da Lei 6938/81, "A Política Nacional do Meio Ambiente tem por objetivo a preservação, *melhoria* e *recuperação* da qualidade ambiental propícia à vida" (não há grifos no original).

E se o legislador ordinário transforma em proteção deficiente o direito fundamental garantido constitucionalmente, a interpretação conforme a Constituição que, necessariamente, deverá ser feita, levará em consideração tal conceito amplo de dano ambiental reparável.

Em outras palavras: se, de um lado, a Lei 12.651/12 conceitua área de preservação permanente de forma a proteger os processos ecológicos essenciais e, em última análise, o direito fundamental ao meio ambiente ecologicamente equilibrado, mas, de outro, traz conceitos deficientes para a garantia dessa proteção, o dano ambiental reparável deve levar em conta o nível máximo de proteção.

Não há espaço para retrocesso.

A Constituição Federal determina que "As condutas e atividades consideradas lesivas ao meio ambiente sujeitarão os infratores, pessoas físicas ou jurídicas, a sanções penais e administrativas, independentemente da obrigação de reparar os danos causados".

Para tanto e tendo como suporte a indisponibilidade do bem ambiental, foi adotado no Brasil o binômio: responsabilidade objetiva/reparação integral. Tal orientação, aliás, impede a adoção de qualquer dispositivo que vise à predeterminação de limites à reparabilidade de danos ambientais: no Direito brasileiro vigora a responsabilidade sem culpa/indenização ilimitada. Uma vez constatado o dano ambiental, a reparação deve ser integral, sem questionar-se eventual culpa. Nesse sentido, ainda que a atividade seja lícita, ocorrendo o dano ambiental, ele deve ser integralmente reparado.

Lembra Antônio Herman de Vasconcelos e Benjamin que:

*"A Constituição Federal consagra o princípio da reparabilidade integral do dano ambiental. Por esse princípio, são vedadas todas as*

---

41 Idem, ibidem.

*formas e fórmulas, legais ou constitucionais, de exclusão, modificação ou limitação da reparação ambiental, que deve ser sempre integral, assegurando a proteção efetiva ao meio ambiente ecologicamente equilibrado*"[42].

Não se admite qualquer limitação à plena reparabilidade do dano que não seja decorrente das próprias características do meio ou bem ambiental atingido. Considerando a indisponibilidade do direito protegido, *nenhuma disposição legislativa, nenhum acordo entre os litigantes e nenhuma decisão judicial tendente a limitar a extensão da reparação do dano ambiental pode ser considerada legítima*[43].

Caracterizado o dano ambiental, a reparação deve ser integral.

## 5. Conclusão

O Poder Público tem o dever fundamental de proteger a qualidade ambiental, com ênfase para os processos ecológicos essenciais, ou seja, os processos que garantem a persistência das características típicas de composição, estrutura, dinâmica e funcionalidade do ecossistema, incluindo sua resiliência, envolvendo os fluxos de energia, os ciclos de matéria e as relações funcionais estabelecidas no âmbito da estrutura biótica (entre os organismos da comunidade e entre comunidades) em permanente interação com o meio abiótico.

O "progresso da humanidade" deve se dar através do desenvolvimento nacional, incluído como um dos objetivos da República Federativa do Brasil, observando-se a melhora na qualidade de vida da população o que, certamente, não se dará com a piora da qualidade ambiental.

Rompem-se os processos ecológicos essenciais quando o Poder Público permite a manutenção de situações ambientalmente degradadoras sem a necessária reparação integral.

O conceito de Área de Preservação Permanente deve ser aplicado de forma integrada, como ampla diretriz de gestão territorial, com o compromisso de preservar as funções ambientais destes espaços ter-

---

42 Responsabilidade civil pelo dano ambiental. Revista de Direito Ambiental, São Paulo, n. 9, ano 3, jan-março/1998, p.19.

43 Alvaro Luiz Valery Mirra, Responsabilidade civil pelo dano ambiental e o princípio da reparação integral do dano, Revista de Direito Ambiental, n. 32, out-dez. 2003, (68-82), p.81/82.

ritoriais especialmente protegidos, tendo em vista a preservação dos processos ecológicos essenciais, a proteção da integridade de amostras de toda a diversidade de ecossistemas, a proteção ao processo evolutivo das espécies, a preservação e proteção dos recursos naturais.

Para tornar suficiente e eficaz a proteção das Áreas de Preservação Permanente de cursos d'água, observando-se os processos ecológicos essenciais, deve-se levar em conta o leito maior sazonal e não a calha regular.

O conceito de dano ambiental é amplo e integra a lesão dos elementos naturais, artificiais e culturais e também a violação do direito de todos ao equilíbrio ecológico, à qualidade ambiental, como bem incorpóreo e imaterial.

A permissão da manutenção de atividades degradadoras nas áreas de preservação permanente é lesiva aos processos ecológicos essenciais e se configura como dano ambiental reparável, nos termos do que estabelece a Lei 6938/81 e a Constituição Federal.

As áreas de preservação permanente aqui tratadas, além das funções ecológicas comuns a todos os tipos de áreas de preservação permanente, mostram-se imprescindíveis para manter a quantidade e qualidade das águas, para preservar as interações ecológicas entre os ecossistemas terrestres e aquáticos, para a proteção dos solos contra processos erosivos, evitando assoreamentos, garantindo assim os usos múltiplos das águas, previstos na Política Nacional de Recursos Hídricos.

### Referências bibliográficas

ANDRADE. José Carlos Vieira. *Os direitos fundamentais na Constituição Portuguesa de 1976*. Coimbra:Almedina, 2007.

AYALA, Patryck de Araújo. O direito ambiental das mudanças climáticas: mínimo existencial ecológico, e proibição de retrocesso na ordem constitucional brasileira, "in" Congresso Internacional de Direito Ambiental - Florestas, mudanças climáticas e serviços ecológicos, coord. Antonio Herman Benjamin et. al. São Paulo: IMESP, 2010.

BARROSO, Luis Roberto. *O direito constitucional e a efetividade de suas normas*. 5ª ed., Renovar, 2001.

BENJAMIN, Antônio Herman Vasconcelos e. *Meio Ambiente e Constituição: uma primeira abordagem*, "in", 10 anos de ECO-92: O direito e o desenvolvimento sustentável, Anais do 6º. Congresso Internacional de Direito Ambiental, IMESP, 2002.

## CAPÍTULO I – DISCUSSÕES SOBRE A LEI 12.651/2012

_____. *Direito constitucional ambiental brasileiro*, "in" Direito ambiental constitucional brasileiro, José Joaquim Gomes Canotilho e José Rubens Morato Leite (org.). São Paulo: Saraiva, 2007.

_____. *O Estado Teatral e a Implementação do Direito Ambiental*, in Congresso Internacional de Direito Ambiental: Direito, Água e Vida, São Paulo, IMESP, 2003, p 335-366.

_____. Responsabilidade civil pelo dano ambiental. "in" *Revista de direito ambiental*, n. 9, ano 3, jan-mar/1998, p. 5-52.

_____. *Princípio da proibição de retrocesso ambiental*, "in" O princípio da proibição de retrocesso ambiental, Comissão de Meio Ambiente, Defesa do Consumidor e Fiscalização e Controle do Senado Federal, Brasília-DF. Disponível em http://www2.senado.gov.br/bdsf/item/id/242559 , acesso em 15/07/12.

CANOTILHO, JJ GOMES. Direito constitucional e teoria da constituição. Coimbra: Almedina, 7. ed. 2003.

_____. "Estado constitucional ecológico e democracia sustentada", "in" Helini Sivini Ferreira e José Rubens Morato Leite (org.). *Estado de direito ambiental: tendências, aspectos constitucionais e diagnósticos*.

São Paulo: Forense Universitária, 2004.

_____. Direito constitucional ambiental português e da união européia, "in" *Direito constitucional ambiental brasileiro*, J.J. Gomes Canotilho e José Rubens Morato Leite (org). São Paulo: Saraiva, 2007.

DALY, H.E., FARLEY, J. Ecological Economics: principles and applications. Island Press, Washington, DC. 2004.

FERREIRA, Helini Sivini. Política Ambiental Constitucional. *In*: CANOTILHO, J.J.Gomes e LEITE, José Rubens Morato (Org.). Direito Constitucional Ambiental Brasileiro. São Paulo: Saraiva, 2007

FREITAS, Cristina Godoy de Araújo. *O pedido de compensação na Ação Civil Pública Ambiental*. Dissertação de Mestrado, PUC-SP, 2009.

_____. O novo código florestal e a reparação integral das áreas de preservação permanente (cursos d´água e reservatórios artificiais).

_____. e VARJABEDIAN, Roberto. *A Convenção de Ramsar e da Diversidade Biológica frente à ordem constitucional e o princípio do não retrocesso*, "in" RDA, ano 17, jan-mar-2012, p. 41-58.

HABERLE, Peter. *Hermenêutica Constitucional. A sociedade aberta dos intérpretes da Constituição: Contribuição para a interpretação pluralista e procedimental da Constituição.* Trad. Gilmar Ferreira Mendes. Porto Alegre: Sergio Fabris Editor, 2002.

INTERGOVERNMENTAL PANEL ON CLIMATE CHANGE, organizado pelo PNUMA – Programa das Nações Unidas para o Meio Ambiente. Disponível em http://www.ipcc.ch/pdf/assessment-report/ar4/syr/ar4_syr.pdf . Acesso em 19/06/2012.

LIMA, Walter de Paula. Hidrologia Florestal aplicada ao manejo de bacias hidrográficas, Escola Superior de Agricultura "Luiz de Queiroz", Departamento de Ciências Florestais, Piracicaba, 2008

METZGER, Jean Paul. O Código Florestal tem base científica? Disponível em http://www.lerf.esalq.usp.br/divulgacao/recomendados/artigos/metzger2010.pdf. Acesso em 05/06/2012.

MIRRA, Alvaro Luiz Valery. Responsabilidade civil pelo dano ambiental e o princípio da reparação integral do dano, *Revista de Direito Ambiental*, n. 32, out-dez. 2003, (68-82).

_____. Responsabilidade civil pelo dano ambiental e o princípio da reparação integral do dano. "In" CONGRESSO INTERNACIONAL DE DIREITO AMBIENTAL, 7, 2003, São Paulo. Direito, água e vida. São Paulo: Instituto o Direito por um Planeta Verde, 2003.

_____. Ação civil pública e a reparação do dano ao meio ambiente. São Paulo: Juarez de Oliveira, 2002.

_____.Princípios fundamentais do direito ambiental. Revista de direito ambiental 2, RT, abril-jun/96.

NALINI, José Renato. *Ética Ambiental.* 3ª Ed. rev., atual., ampl. Campinas: Milenium, 2010.

PANORAMA GLOBAL DA BIODIVERSIDADE. GBO-3. Disponível em http://www.cbd.int/gbo3/ .Acesso em 20/06/12.

REALE, Miguel. *Filosofia do Direito.* 15ª Edição. São Paulo: Saraiva, 1993.

_____. Variações, 2ª Ed., São Paulo: Gumercindo Rocha Dorea, 2000, p. 105. Apud: José Renato Nalini, Ética Ambiental, 3ª Ed. rev., atual., ampl., Milenium, 2010, p. 7-8.

RELATÓRIO do Grupo de Trabalho sobre Valoração de danos ambientais do Ministério Público do Estado de São Paulo. Disponível em http://www.mp.sp.gov.br/portal/page/portal/cao_urbanismo_e_meio_ambiente/Relatorio%20Final%20-%20GT%20Valoração%20de%20Danos%20Ambientais%202012.doc. Acesso em 03/07/12.

SARLET, Ingo Wolfgang e FENSTERSEIFER, Tiago. Direito Constitucional Ambiental: (estudos sobre a constituição, os direitos fundamentais e a proteção do ambiente). São Paulo: RT, 2011.

SBPC e ABC: O Código Florestal e a ciência – contribuições para o diálogo. Disponível em http://www.sbpcnet.org.br/site/arquivos/codigo_florestal_e_a_ciencia.pdf. Acesso em 06/07/2012.

SCHULZE, Clenio Jair. Perspectivas do Estado Constitucional Ambiental. Revista Jurídica FURB, v. 15, nº 29, p. 15 - 30, jan./jul. 2011.

# O USO INDEVIDO DE ÁREAS DE PRESERVAÇÃO PERMANENTE E A REPARAÇÃO DE DANOS INTERCORRENTES

Filippe Augusto Vieira de Andrade[1]
Roberto Varjabedian[2]

**Resumo:** As áreas de preservação permanente (APPs) são espaços territoriais especialmente protegidos destinados a cumprir funções ambientais e serviços ecossistêmicos e, somente dessa forma poderão atender devidamente ao comando Constitucional que determina a preservação e restauração dos processos ecológicos essenciais. Manter APPs sem as condições ecológicas necessárias para que possam exercer devidamente suas funções de espaço territorial especialmente protegido, representa lesão permanente à qualidade ambiental, em prejuízo da coletividade presente e futura; ensejando a devida reparação de danos ambientais. Dita reparação, incluindo os danos intercorrentes deve ser implementada em obediência à ordem constitucional e se fundamentar em critérios técnicos fixados com base no conhecimento científico para que possam atingir os seus objetivos.

**Palavras-chave:** Área de preservação permanente. Processos ecológicos essenciais. Danos intercorrentes. Restauração. Reparação de danos ambientais.

**Sumário:** 1. O direito à proteção e preservação do meio ambiente como direito fundamental – 2. Os bens ambientais em face da garantia de um "mínimo existencial ecológico" – 3. As áreas de preservação permanente como espaços territoriais especialmente protegidos – 4. As áreas de preservação permanente e os processos ecológicos

---

[1] Promotor de Justiça do Ministério Público do Estado de São Paulo. Especialista em Direitos Difusos e Coletivos pela Escola Superior do Ministério Público do Estado de São Paulo. Mestre em Direito Ambiental pela PUC–SP. Endereço eletrônico: favandrade@mpsp.mp.br.
[2] Assistente Técnico de Promotoria do CAEX (Centro de Apoio à Execução; MP/SP). Biólogo. Mestre em Ecologia de Ecossistemas Terrestres e Aquáticos pelo Departamento de Ecologia Geral da USP. Endereço eletrônico: robertovarjabedian@mpsp.mp.br.

essenciais – 5. As áreas de preservação permanente e a reparação de danos intercorrentes: 5.1 Considerações iniciais; 5.2 Reparação dos danos intercorrentes: ensaio com destaque a alguns exemplos – 6. Conclusões.

### 1. O direito à proteção e preservação do meio ambiente como direito fundamental[3]

Conforme proclama a ordem constitucional brasileira instituída em 1988, o meio ambiente ecologicamente equilibrado foi elevado à categoria de bem de uso comum do povo e essencial à sadia qualidade de vida das atuais e vindouras gerações, sendo imposto aos Poderes Públicos e à coletividade a realização de deveres simultâneos e inarredáveis de correspondente defesa e preservação[4].

Em virtude de a Suprema Lei da República Federativa do Brasil ter adotado um sistema aberto[5] e extensivo[6], o direito ao meio ambiente sadio e ecologicamente equilibrado encontra-se inserido entre os denominados direitos fundamentais de aplicação imediata[7], eis que indispensável à viabilização da vida.

A propósito, em virtude da submissão de todos ao comando constante do *caput* do artigo 225, do Código Magno, pode-se afirmar, de um lado, que a defesa do meio ambiente pode ser entendida como a adoção de ações ou medidas que não apenas ofereçam, mas proporcionem, de forma efetiva, a respectiva proteção e o resguardo de agressões ou quaisquer interferências danosas; e, de outro, que a im-

---

[3] ANDRADE, Filippe Augusto Vieira de; VARJABEDIAN, Roberto. O imperioso dever de proteger, preservar e manter bens ambientais essenciais, integrantes do "mínimo existencial ecológico" e a vedação de correspondente degradação ambiental e de retrocesso normativo e/ou de condições e valores do meio ambiente sadio e ecologicamente equilibrado. Tese aprovada no 15° Congresso de Meio Ambiente do Ministério Público do Estado de São Paulo, Caderno de Teses. São Paulo: Águas de São Pedro, 2011.

[4] Constituição da República, artigo 225, "caput".

[5] A Constituição Federal de 1988 acolhe direitos fundamentais não apenas em seus Títulos I (referente aos princípios fundamentais do Estado Democrático de Direito) e II (que abarca rol não exaustivo de direitos e garantias fundamentais), mas *e.g.*, igualmente no Título VIII, que versa sobre a Ordem Social.

[6] Consoante dispõe o parágrafo 2°, do artigo 5°, da Lei Maior, *verbis*: "*Os direitos e garantias expressos nesta Constituição não excluem outros decorrentes do regime e dos princípios por ela adotados, ou dos tratados internacionais em que a República Federativa do Brasil seja parte.*"

[7] Conforme reza o parágrafo 1° do artigo 5°, da Magna Carta.

posição relativa a preservação ambiental amplia extraordinariamente o espectro de proteção, expressando determinação no sentido de que o meio ambiente alcance um estado de manutenção ou permanência contínua, perpétua, que se eterniza sob a salvaguarda de danos.

Assim é que, em consonância com o artigo 225, da Carta Política, o meio ambiente é reconhecido como um bem juridicamente tutelado, inclusive porquanto a efetiva realização de sua defesa e preservação não apenas atende aos interesses das gerações presentes e futuras, mas está compreendida entre as devidas prestações garantidoras da materialização da dignidade da pessoa humana, um dos fundamentos do Estado Democrático de Direito[8].

Como consequência, pode-se asseverar – de forma enfática –, que o fundamental direito ao meio ambiente sadio e ecologicamente equilibrado possui todos os contornos de essencialidade à vida, assim como de indispensabilidade à consecução da segurança jurídica e sobrevivência do vigente Estado Democrático de Direito[9], pelo que está inserido entre as cláusulas constitucionais protegidas e de eficácia absoluta, também denominadas por *"cláusulas pétreas"*[10], na medida em que não passíveis de alteração ou extirpação, seja por parte do legislador ordinário, seja por obra do próprio poder constituinte em atuação reformadora[11].

## 2. Os bens ambientais em face da garantia de um "mínimo existencial ecológico"

Em consonância com o disposto no *caput* do artigo 225, do Magno Texto da República, o meio ambiente ecologicamente equilibrado, quer enfocado em sua dimensão macro, quer micro, constitui bem juridicamente tutelado tendo em vista suas notáveis características de ser destinado ao uso ou fruição comum do povo e de essencialidade à sadia qualidade de vida, das gerações viventes e das que sequer nasceram.

---

8   De acordo com o artigo 1°, inciso III, da Constituição Federal.
9   Em conformidade com o que dispõe o artigo 1° "caput", da Lei Magna.
10  Ver a respeito SARLET, Ingo Wolfgang; FENSTERSEIFER, Tiago. Direito constitucional ambiental: Constituição, direitos fundamentais e proteção do ambiente, 4ª. ed. rev. e atual. São Paulo: Revista dos Tribunais, 2014, p. 75.
11  Ver a respeito o disposto no artigo 60, parágrafo 4°, n. IV, da Magna Norma.

Segundo destaca Celso Antonio Pacheco Fiorillo, diante da nova realidade estabelecida pelo ordenamento positivo constitucional, os bens ambientais são de titularidade supraindividual ou transindividual, ou seja, são de todos, não sendo públicos e nem particulares, pois a característica de constituírem *bem de uso comum do povo* redunda no fato de que podem ser desfrutados por toda e qualquer pessoa, dentro dos limites fixados pela própria Constituição Federal [12]. Em arremate, pontifica: "Não cabe, portanto, exclusivamente a uma pessoa ou grupo, tampouco se atribui a quem quer que seja a sua titularidade. Dissociado dos poderes que a propriedade atribui ao seu titular, conforme consagra o art. 524 do Código Civil de 1916 e seu 'clone' do Código Civil de 2002 (art. 1.228), esse bem atribui à coletividade apenas o seu uso, e ainda assim o uso que importe assegurar às próximas gerações as mesmas condições que as presentes desfrutam" [13].

Diante dessas premissas pode-se concluir que os bens ambientais não podem ser apropriados ou usurpados por ninguém, seja por qualquer dos Poderes Públicos, seja pelos entes particulares, físicos ou jurídicos. Por consequência, insta ressaltar que os bens ambientais, assim como seus atributos, valores, serviços ou funções são distintos da propriedade pública ou privada, ainda que em qualquer delas estejam integral ou parcialmente inseridos ou localizados.

Sendo assim, a despeito de a Magna Carta garantir o direito de propriedade [14], condiciona o respectivo direito ao cumprimento da "função social" [15]. Quanto ao tema, Nelson Nery Junior e Rosa Maria de Andrade Nery assentam que a "função social da propriedade" tem origem na Constituição Federal alemã de 1919 (art. 153, *"in fine"*), sob inspiração do civilista Martin Wolff, evocando o princípio de que *"a propriedade obriga"* [16].

Sintomático que o Código Civil Brasileiro preconize em seu artigo 1.228 que *"o proprietário tem a faculdade de usar, gozar e dispor*

---

12  *Curso de direito ambiental brasileiro*, 12ª ed. rev., atual. e amp. São Paulo: Saraiva, 2011, p. 182.
13  Op. cit., p. 183.
14  Consoante o artigo 5º, inciso XXII.
15  Em consonância com os artigos 5º, inciso XXIII e 170, inciso III.
16  *Código civil anotado e legislação extravagante*, 11ª. ed. rev., atual. e amp. São Paulo: Revista dos Tribunais, 2014, p. 1.469.

*da coisa, e o direito de reavê-la do poder de quem quer que injustamente a possua ou detenha*", em inequívoca distinção com prerrogativas ou direitos incondicionados, ilimitados.

Como decorrência das peculiares características do bem ambiental, mister sublinhar a advertência de Celso Antonio Pacheco Fiorillo, para quem, em razão do disposto no artigo 225 da Lei Suprema da República é necessário distinguir as relações jurídicas que envolvam bens vinculados às pessoas físicas ou jurídicas em razão da propriedade – em relação que permite o uso, gozo, disposição, fruição e destruição – das relações jurídicas que tenham como referência ou interfiram com os bens ambientais, os quais somente são passíveis de uso na forma regrada pelo ordenamento constitucional.

No que tange à configuração dos bens ambientais, cumpre invocar ainda uma vez a Constituição da República para lembrar estar assentado, de forma não exaustiva, porém peremptória, os bens ambientais que exigem a mais rigorosa e especial proteção, preservação e manutenção e que integram a dimensão "mínima existencial ecológica", na precisa lição de Carlos Alberto Molinaro[17]. No caso, insta breve e exemplificativamente mencionar os seguintes bens ambientais: os processos ecológicos essenciais e ecossistemas (CR, art. 225, § 1º, n. I), os espaços territoriais e seus componentes, a serem especialmente protegidos, tais como as áreas de preservação permanente (APP), a reserva legal (RL) e as Unidades de Conservação (CR, art. 225, § 1º, n. III), a fauna, a flora e suas respectivas funções ecológicas (CR, art. 225, §1º, n. VII), dentre outros.

Em breve síntese, pode-se concluir que a manutenção e perpetuação das condições básicas que sustentam a qualidade ambiental, e, por consequência, das condições essenciais para a fruição da própria vida, se mostram dependentes da proteção, preservação e restaura-

---

17 *Direito ambiental: proibição de retrocesso*. Porto Alegre: Livraria do Advogado, 2007, *passim*. A propósito, ver também SARLET, Ingo Wolfgang; FENSTERSEIFER, Tiago. Direito constitucional ambiental: Constituição, direitos fundamentais e proteção do ambiente, 4ª. ed. rev. e atual. São Paulo: Revista dos Tribunais, 2014, p. 131-152. Ver igualmente ANDRADE, Filippe Augusto Vieira; VARJABEDIAN, Roberto. O imperioso dever de proteger, preservar e manter bens ambientais essenciais, integrantes do "mínimo existencial ecológico" e a vedação de correspondente degradação ambiental e de retrocesso normativo e/ou de condições e valores do meio ambiente sadio e ecologicamente equilibrado. Tese aprovada do 15º Congresso de Meio Ambiente do Ministério Público do Estado de São Paulo. Caderno de Teses. São Paulo: Águas de São Pedro, 2011.

ção de bens ambientais e processos ecológicos essenciais resguardados pela nossa Carta Excelsa.

No presente ensaio o foco recai sobre as denominadas áreas de preservação permanente (APPs), espécie do gênero espaço territorial especialmente protegido[18].

### 3. As áreas de preservação permanente como espaços territoriais especialmente protegidos

O Código Máximo da Nação prevê como um dos instrumentos de garantia da efetividade do direito fundamental ao meio ambiente ecologicamente equilibrado a definição de espaços territoriais e seus componentes a serem especialmente protegidos[19].

É o que consta do "Relatório do Subgrupo de Defesa do Patrimônio Florestal e de Combate às Práticas Rurais Antiambientais sobre inovações trazidas pela Lei 12.651/2012"[20], que destaca a seguinte lição de José Afonso da Silva: "Espaços territoriais especialmente protegidos são áreas geográficas públicas ou privadas (porção do território nacional) dotadas de atributos ambientais que requeiram sua sujeição, pela lei, a um regime jurídico de interesse público que implique sua relativa imodificabilidade e sua utilização sustentada, tendo em vista a preservação e proteção da integridade de amostras de toda a diversidade de ecossistemas, a proteção ao processo evolutivo das espécies, a preservação e proteção dos recursos naturais[21].

Cumpre ressaltar que, embora a Constituição da República admita a permissão por lei da alteração e supressão de espaços territoriais especialmente protegidos e de seus componentes, o comando constitucional expressa e inequivocamente proíbe:

> - qualquer intervenção ou uso do espaço territorial especialmente protegido e de seus componentes que comprometa a integridade dos atributos que justifiquem a sua proteção (CR, art. 225, § 1°, n. III);

---

18 De acordo com o artigo 225, parágrafo 1°, n. III, da Lei Magna da República.
19 Conforme dispõe o artigo 225, parágrafo 1°, n. III, da Carta Maior da República.
20 Ver: http://www.mpsp.mp.br/portal/page/portal/projeto_florestar/Programa_diagnosticos/material-apoio/RELATORIO_LEI%2012.651-2012_GAEMA.doc. (Acesso em 29.06.2015).
21 Comentário contextual à Constituição. 6ª ed. São Paulo: Malheiros, 2009, p. 843.

- as práticas que coloquem em risco a função ecológica da fauna e da flora – inclusive daquelas existentes no interior de um espaço territorial especialmente protegido (CR, art. 225, § 1°, n. VII);

- as práticas que provoquem a extinção de espécies – inclusive daquelas existentes no interior de um espaço territorial e especialmente protegido (CR, art. 225, § 1°, n. VII).

Como anteriormente referido, dentre as categorias ou espécies de espaços territoriais especialmente protegidos encontramos as áreas de preservação permanente, as quais são áreas protegidas, cobertas ou não por vegetação nativa, com a função ambiental de preservar os recursos hídricos, a paisagem, a estabilidade geológica, a biodiversidade, o fluxo gênico de fauna e flora, proteger o solo e assegurar o bem-estar das populações humanas[22].

As áreas de preservação permanente exigem proteção especial, porque, nos espaços que ocupam, os seus componentes bióticos e abióticos, em interação, cumprem funções ecológicas indispensáveis para a persistência de todas as formas de vida, ou seja, cumprem diversas funções ambientais imprescindíveis para o desenvolvimento de processos ecológicos essenciais[23]. Ademais, constituem-se em espaços de preservação da diversidade e da integridade do patrimônio genético do País, também tutelado constitucionalmente[24], o que, à vista de expressar todos os contornos de essencialidade à vida integra evoca o fundamental direito ao meio ambiente sadio e ecologicamente equilibrado[25].

---

22 Nos termos do disposto na Carta Excelsa da República (art. 225, §1°, n. III) e na Lei Federal n. 4.771, de 15.09.1965.

23 Conforme Relatório do Subgrupo de Defesa do Patrimônio Florestal e de Combate às Práticas Rurais Antiambientais sobre inovações trazidas pela Lei 12.651/2012. No caso, processos ecológicos essenciais são aqueles que garantem a persistência das características típicas de composição, estrutura, dinâmica e funcionalidade do ecossistema, incluindo sua resiliência, envolvendo os fluxos de energia, os ciclos de matéria e as relações funcionais estabelecidas no âmbito da estrutura biótica (entre os organismos da comunidade e entre comunidades) em permanente interação com o meio abiótico. (MARTINS, Fernando Roberto & METZGER, Jean Paul, Ata de reunião com o Ministério Público do Estado de São Paulo, USP, 12.03.2012) Disponível em: http://www.mpsp. mp.br/portal/page/portal/projeto_florestar/Programa_diagnosticos/material-apoio/RELATORIO_LEI%2012.651-2012_GAEMA.doc . (Acesso em 29.06.2015).

24 Consoante dispõe o artigo 225, parágrafo 1°, n. II, da Magna Lei.

25 Ver a propósito o "caput", do artigo 225, da Constituição Federal.

As áreas de preservação permanente, seu conceito, características e dimensionamento normalmente são objeto de afirmação em lei de caráter nacional, tal qual o Código Florestal[26], que se constituiu um dos pilares fundamentais da legislação ambiental brasileira, notadamente por para estabelecer diretrizes, limites, critérios e parâmetros mínimos voltados para a preservação e restauração dos ecossistemas, de seus atributos e de seus processos essenciais.

Por outro lado, para que as premissas normativas sejam atendidas com efetividade, os critérios técnicos a serem utilizados, incluindo aqueles destinados a orientar a delimitação espacial das APPs, em diferentes situações e contextos, devem contar com embasamento científico consistente, pois só dessa forma estará minimamente assegurado o cumprimento das funções ambientais e serviços ecossistêmicos esperados, necessários e destinados a referidas áreas especialmente protegidas.

Ao contrário de sua versão anterior (Lei Federal n. 4.771/65) [27], a Lei Federal n. 12.651, de 25.05.2012, não bastasse suas inconformidades com a Constituição da República[28] foi elaborada com extrema inconsistência e desprovida de base científica Sua aprovação nos termos atuais ignorou as contribuições e alertas da comunidade científica brasileira, a exemplo da Sociedade Brasileira para o Progresso da Ciência (SBPC) e da Academia Brasileira de Ciências (ABC), que editaram publicações [29] e se manifestaram publicamente a este respeito. Não se trata de um Código Florestal, pois propicia a promoção de degradação da flora e da correspondente fauna associada em prejuízo do meio ambiente ecologicamente equilibrado.

---

26 Lei Federal n. 4.771, de 25.09.1965.

27 METZGER, Jean Paul. O Código Florestal tem base científica? Natureza & Conservação 8 (1):1-5, 2010: http://www.mpsp.mp.br/portal/page/portal/projeto_florestar/Programa_diagnosticos/material-apoio/O_Codigo_Florestal_tem_base_cientifica-Metzger.pdf . (Acesso em 29.06.2015).

28 Os desacordos, inconformidades e incompatibilidades da Lei Federal n. 12.651/2012 com a ordem constitucional exigiriam um enfoque específico e mais amplo, pelo que não estão abordados no presente ensaio.

29 http://www.mpsp.mp.br/portal/page/portal/projeto_florestar/Programa_diagnosticos/material-apoio/O_Codigo_Florestal_e_a_Ciencia-%20SBPC_e_ABC.pdf . (Acesso em 29.06.2015).
http://www.mpsp.mp.br/portal/page/portal/projeto_florestar/Programa_diagnosticos/material-apoio/CodigoFlorestal__2aed.pdf . (Acesso em 29.06.2015).

CAPÍTULO I – DISCUSSÕES SOBRE A LEI 12.651/2012

A propósito, insta salientar que não fosse suficiente a necessidade de indispensável obediência ao comando de ordem constitucional, o respeito às áreas de preservação permanente está a exigir atendimento a critérios e fundamentos cientificamente alicerçados, o que deve ser visto como diretriz básica de gestão territorial para manter e perpetuar a sadia qualidade ambiental, a ser garantida para as presentes e futuras gerações.

Cabe lembrar que a soma cumulativa de ações exercidas com o devido respeito às áreas especialmente protegidas, como as áreas de preservação permanente, a compreender inúmeras propriedades, espaços e porções do território é que viabilizará, entre outros aspectos, a devida e responsável gestão das bacias hidrográficas, incluindo o uso racional das Áreas Úmidas (Política Nacional de Recursos Hídricos[30]; Convenção Ramsar [31]); a conservação da biodiversidade[32]; a produção agrícola e a manutenção da qualidade ambiental nas áreas urbanas.

No que se refere à produção agrícola vale destacar que esta depende visceralmente da manutenção dos bens ambientais (água, solo, biodiversidade, entre outros), bem como da manutenção e do equilíbrio de seus componentes, fatores, e processos ecológicos essenciais que dão suporte à vida.

Por consequência, os produtos gerados pela agricultura dependem da manutenção do meio ambiente ecologicamente equilibrado, assim como da qualidade ambiental, sendo que as áreas de preservação permanente são bens ambientais fundamentais no sentido de assegurar tais condições. E vale acrescentar que, em referido cenário, existe uma profunda dependência entre os ambientes urbanos e rurais.

---

30  Ver a propósito o disposto no artigo 21, inciso XIX, da Magna Carta e a Lei Federal n. 9.433, de 09.01.1997.

31  FREITAS, Cristina Godoy de Araújo; VARJABEDIAN, Roberto. As convenções Ramsar e da diversidade biológica na ordem constitucional e o princípio do não retrocesso. Revista de Direito Ambiental vol.65 – 2012; ano 15 – janeiro-março 2012.

32  A Convenção da Diversidade Biológica foi assinada durante a Conferência das Nações Unidas sobre Meio Ambiente e Desenvolvimento realizada na Cidade do Rio de Janeiro, no período de 05 a 14 de junho de 1992, tendo sido aprovada pelo Decreto Legislativo n. 2, de 03.02.1994 e promulgada pelo Decreto Federal n. 2.519, de 16.03.1998.

## 4. As áreas de preservação permanente e os processos ecológicos essenciais

Os processos ecológicos essenciais[33] só podem ser mantidos a longo prazo se contarmos com a proteção e preservação dos bens ambientais, tais como as áreas de preservação permanente, com a garantia do cumprimento de suas funções ambientais e serviços ecossistêmicos; e desde que assegurada a adoção de medidas visando a devida restauração onde se fizer necessário.

Dentre as inúmeras funções ecológicas propiciadas pelas áreas de preservação permanente podemos mencionar [34]:

- Funções bióticas:
- preservação do patrimônio genético e do fluxo gênico de fauna e flora típicas;
- abrigo, conservação e proteção das espécies da flora e da fauna nativas;
- abrigo de agentes polinizadores, dispersores de sementes e inimigos naturais de pragas, responsáveis pela produção e reprodução das espécies nativas;
- asseguração de circulação contínua para a fauna (corredor de fauna); e
- provisão de alimentos para a fauna aquática e silvestre.
- Funções hídricas:
- asseguração da perenidade das fontes e nascentes mediante o armazenamento de águas pluviais no perfil do solo;
- asseguração do armazenamento de água na microbacia ao longo da zona ripária, contribuindo para o aumento da vazão na estação seca do ano;
- promoção e redução das vazões máximas (ou críticas) dos cursos d'água, mediante o armazenamento das águas pluviais, contribuindo para a diminuição das enchentes e inundações nas cidades e no campo;
- filtragem das águas do lençol freático, delas retirando o exces-

---

33 Ver a propósito o conteúdo da nota de rodapé n. 21.
34 http://www.mpsp.mp.br/portal/page/portal/projeto_florestar/Programa_diagnosticos/material-apoio/RELATORIO_LEI%2012.651-2012_GAEMA.doc . (Acesso em 29.06.2015).

so de nitratos, fosfatos e outras moléculas advindas dos campos agrícolas; e
- armazenagem e estocagem de água nos reservatórios subterrâneos ou aquíferos.
• Funções edáficas:
- promoção da estabilização das margens dos corpos hídricos pelo desenvolvimento de um emaranhado sistema radicular nas margens, reduzindo as perdas de solo e o assoreamento dos mananciais; e
- contribuição para a redução dos processos erosivos e do carreamento de partículas e sais minerais para os corpos d'água.
• Funções climáticas:
- amenização dos efeitos adversos de eventos climáticos extremos, tanto no campo como nas cidades;
- contribuição para a estabilização térmica dos pequenos cursos d'água ao absorver e interceptar a radiação solar;
- contribuição para a redução da ocorrência de extremos climáticos, como as altas temperaturas, mediante a interceptação de parte da radiação solar e, com isso, reduzindo os efeitos das "ilhas de calor" (aumento localizado da temperatura devido à exposição da superfície do solo); e
- contribuição para a redução do "efeito estufa" mediante o sequestro e fixação de carbono, uma vez que os solos das florestas nativas abrigam uma microflora muito abundante e diversificada, constituída basicamente por compostos carbônicos.
• Funções Sanitárias:
- interceptação de parte expressiva do material particulado carreado pelos ventos, melhorando as condições fitossanitárias das culturas nas áreas rurais e a qualidade do ar nas áreas urbanas e rurais.
• Funções estéticas:
- melhoramento da composição da paisagem e da beleza cênica.

Ao cumprir essas funções ecológicas, as áreas de preservação permanente também prestam serviços ecossistêmicos, dos quais podemos destacar, exemplificativamente, os seguintes:

- fixação e fornecimento de nutrientes;

- absorção de gás carbônico (estoque de carbono);
- manutenção das características da paisagem, em seus aspectos estéticos e cênicos, por meio da preservação do mosaico de ecossistemas integrados;
- manutenção de banco de germoplasma de espécies típicas de ambientes ripários e de áreas úmidas;
- polinização: abrigo para agentes polinizadores (como insetos, pássaros e morcegos);
- controle de pragas agrícolas: abrigo para grande variedade de insetos, aracnídeos, pássaros, répteis e anfíbios que atuam como predadores de pragas agrícolas;
- controle biológico de doenças: abrigo para uma extensa gama de espécies de microorganismos saprófitas, parasitas, comensais ou simbiontes (bactérias, fungos e vírus) que podem atuar como antagonistas ou hiperparasitas de microorganismos fitopatogênicos (fungos, bactérias, vírus), provendo o controle biológico de doenças das plantas cultivadas;
- melhora da produção agrícola, em decorrência da ação de agentes polinizadores, dispersores de sementes e inimigos naturais de pragas que nelas habitam e encontram abrigo; e
- melhora da qualidade dos produtos agrícolas, com redução do emprego de agrotóxicos, em decorrência da ação de agentes polinizadores, dispersores de sementes e inimigos naturais de pragas que nelas habitam e encontram abrigo.

Nesse passo, cumpre assinalar que as asserções em referência, ora relacionadas às funções ecológicas, ora aos serviços ecossistêmicos estão amplamente sustentadas por inúmeros estudos e publicações empreendidos pela comunidade científica brasileira[35], assim como igualmente defluem de estudos internacionais.

---

35  http://www.mpsp.mp.br/portal/page/portal/projeto_florestar/Programa_diagnosticos/material-apoio/revista_codigo_florestal_e_a_ciencia.pdf . (Acesso em 29.06.2015).
http://www.mpsp.mp.br/portal/page/portal/projeto_florestar/Programa_diagnosticos/material-apoio/O_Codigo_Florestal_e_a_Ciencia-%20SBPC_e_ABC.pdf . (Acesso em 29.06.2015).
http://www.mpsp.mp.br/portal/page/portal/projeto_florestar/Programa_diagnosticos/material-apoio/CodigoFlorestal__2aed.pdf . (Acesso em 29.06.2015).
http://www.mpsp.mp.br/portal/page/portal/projeto_florestar/Programa_diagnosticos/material-apoio/RELATORIO_LEI%2012.651-2012_GAEMA.doc . (Acesso em 29.06.2015).

CAPÍTULO I – DISCUSSÕES SOBRE A LEI 12.651/2012

Ditos estudos têm alertado sobre as perigosas ilusões que nos levam a ignorar os imensos benefícios propiciados pela natureza às vidas de bilhões de pessoas no planeta, eis que os ecossistemas naturais fornecem gratuitamente serviços essenciais sobre os quais estão apoiadas as atividades e a própria vida humanas.[36] Sintomático que a atividade econômica dependa do meio ambiente sadio e ecologicamente equilibrado[37].

Manter as APPs sem as condições ecológicas necessárias para que possam exercer devidamente suas funções de espaço territorial especialmente protegido representa, portanto, lesão permanente à sadia qualidade ambiental, em prejuízo da coletividade e das futuras gerações.

A propósito, insta ressaltar que a obrigação de proteger, preservar e de restaurar áreas de preservação permanente não apenas encontra fundamental suporte no Código Magno da Nação, mas possui visceral relação com outros compromissos, políticas públicas e instrumentos assumidos pelo poder público, tais como a Convenção da Diversidade Biológica[38]; Convenção Ramsar[39]; Política Nacional do Meio Ambiente[40], a Política Nacional de Recursos Hídricos[41], e a Política Nacional de Mudanças Climáticas[42]; entre outros.

Em arremate quanto ao tema, insta sublinhar que a vegetação e correspondente fauna nativas do país se encontram cada vez mais ameaçadas nos diferentes biomas brasileiros, incluindo a Mata Atlân-

---

36 MEA - MILLENNIUM ECOSYSTEM ASSESSMENT, *Ecosystem and human well-being: a framework for assessment*. Island Press, Washington, DC. 2003:
http://www.mpsp.mp.br/portal/page/portal/cao_urbanismo_e_meio_ambiente/Relatorio%20Final%20-%20GT%20Valora%C3%A7%C3%A3o%20de%20Danos%20Ambientais%202012.doc. (Acesso em 29.06.2015).

37 A respeito ver o disposto nos artigos 170, "caput" e seu inciso VI e 225, "caput, da Lei Maior.

38 Vide nota de rodapé n. 30.

39 A Convenção de Zonas Úmidas de importância internacional, subscrita em Ramsar, Irã, em 1971 foi aprovada pelo Decreto Legislativo n. 33, se 16.06.1992 e promulgada através do Decreto Federal n. 1.905, de 16.05.1996.

40 Lei Federal n. 6.938, de 31.08.1981.

41 Ver sobre o tema a nota de rodapé n. 28.

42 Conforme Lei Federal n. 12.187, de 29.12.2009, que instituiu a Política Nacional de Mudança do Clima (PNMC) e o Decreto Federal n. 7.390, de 09.12.2010, que regulamenta a LPNMC. Ver igualmente a Convenção-Quadro das Nações Unidas sobre Mudança do Clima, a qual foi assinada em Nova York, EUA, aos 09.05.1992, aprovada pelo Decreto Legislativo n. 1, de 03.02.1994 e promulgada pelo Decreto Federal n. 2.652, de 02.07.1998.

tica[43], e diante do atual quadro dramático, agravado no contexto de crise hídrica, pode-se antever que a disponibilidade de água estará progressivamente mais comprometida, quer em quantidade, quer em qualidade. Ora, o uso sustentável das águas depende não apenas de gestão adequada, eis que guarda vínculo de dependência com o ordenamento do uso do solo; com a proteção da biodiversidade e com o manejo integrado de bacias hidrográficas. Vale dizer: tais requisitos estão diretamente relacionados com a proteção, preservação e restauração dos espaços territoriais especialmente protegidos, notadamente as áreas de preservação permanente.

## 5. As áreas de preservação permanente e a reparação de danos intercorrentes

### 5.1 Considerações iniciais

No que tange ao tema da reparação de danos ambientais, o Relatório do Grupo de Trabalho de Valoração de Dano Ambiental criado pelo ATO n. 36/2011-PGJ[44] a invoca o disposto na Constituição da República[45] para assentar que deve ser buscada a reparação de todos os danos àquele associado, ou seja, os danos presentes e futuros, os previsíveis e imprevisíveis, os emergentes, os morais e, também, os danos intercorrentes.

Segundo o mesmo Relatório:

"Não se pode olvidar que a reparação integral do dano ambiental não prescinde, em absoluto, da reparação da perda da fruição do bem ambiental pela população durante o período de sua efetiva reparação. Pode-se entender que o dano intercorrente é o dano pelo qual a sociedade fica privada da fruição do bem ou recurso ambiental afetado pela atividade danosa e do benefício que ele proporcionava ao equilíbrio ecológico", tal como leciona Francisco José Marques Sampaio[46].

---

43 http://www.mpsp.mp.br/portal/page/portal/cao_urbanismo_e_meio_ambiente/relat%C3%B3rio%20final%20-%20retificado_0.pdf . (Acesso em 29.06.2015).

44 http://www.mpsp.mp.br/portal/page/portal/cao_urbanismo_e_meio_ambiente/Relatorio%20Final%20-%20GT%20Valora%C3%A7%C3%A3o%20de%20Danos%20Ambientais%202012.doc . (Acesso em 29.06.2015).

45 Conforme artigo 225, parágrafos 1º e 3º, da Carta Magna.

46 SAMPAIO, Francisco José Marques. *Responsabilidade civil e reparação de danos ao meio ambiente*. 2ª ed. Rio de Janeiro: Lumen Juris, 1998. p. 106

"Em consequência, a sociedade tem o direito subjetivo de ser reparada "pelo período que mediar entre a ocorrência do dano e a integral reposição da situação anterior de equilíbrio ecológico e fruição do bem ambiental protegido" [47.]

"A reparação do dano ambiental interino ou intercorrente, como também é classificado, não se confunde com a reparação do dano moral ambiental, vez que visa a reparar os efetivos prejuízos sociais decorrentes da impossibilidade de fruição dos serviços ambientais do bem lesado o que, por consequência, impõe à sociedade uma piora em sua qualidade de vida."

E mais:

"Danos ambientais debilitam sistemas socioambientais, comprometendo o usufruto pelas presentes e futuras gerações. No cômputo dos danos a serem integralmente reparados, os bens difusos ofertados gratuitamente pela natureza devem ser considerados e, neste cenário, há que se dar o devido destaque às funções e serviços ecossistêmicos que derivam e dependem de preservação, manutenção, higidez e persistência dos processos ecológicos essenciais."

"Os danos interinos integram o conceito de reparação integral do meio ambiente lesado e serão reparados prioritariamente por meio de compensação. Dano intercorrente, ou interino, requer a devida compensação pelas perdas ou os prejuízos a bens, funções e serviços ecossistêmicos decorrentes da temporalidade do dano até que haja a devida restauração ou recuperação do ambiente degradado." [48]

"Salienta-se que durante esse período as funções e os serviços ecossistêmicos desempenhados pelo meio ambiente, tanto em face de seus próprios elementos como para a coletividade, são alteradas ou interrompidas. A intercorrência cessa no momento da compensação se tornar efetivamente satisfatória."

Ainda conforme o citado Relatório é necessário lembrar que o princípio da reparação integral do dano ambiental está constitucional-

---

47 STEIGLEDER, Annelise Monteiro. *Responsabilidade civil ambiental: as dimensões do dano ambiental no direito brasileiro*. Porto Alegre: Livraria do Advogado, 2004. p.168.

48 FREITAS, Cristina Godoy de Araújo. O pedido de compensação na ação civil pública ambiental. Dissertação de mestrado. Pontifícia Universidade Católica de São Paulo, SP. 2009.

mente acolhido[49], conforme bem adverte Antônio Herman de Vasconcellos e Benjamin:

"A Constituição Federal consagra o princípio da reparabilidade integral do dano ambiental. Por esse princípio, são vedadas todas as formas e fórmulas, legais ou constitucionais, de exclusão, modificação ou limitação da reparação ambiental, que deve ser sempre integral, assegurando a proteção efetiva ao meio ambiente ecologicamente equilibrado"[50].

E ainda:

"A legislação ambiental não define o que é dano ambiental. No entanto, a Lei da Política Nacional do Meio Ambiente define degradação ambiental e define poluição/poluidor, de tal sorte que a conjugação dos conceitos legais leva à definição de dano ambiental: qualquer ação ou omissão que altere adversamente as características do meio ambiente.

À luz desse conceito e conforme estabelecem os artigos 225, parágrafo 3º, da Constituição Federal e 14, § 1º, da Lei 6.938/81, todo dano ambiental - seja ele decorrente de intervenção, empreendimento, obra ou atividade que acarrete alteração adversa de quaisquer das características do meio ambiente - deve ser reparado, independentemente da licitude da conduta ou atividade.

A responsabilidade civil ambiental é objetiva, mesmo que decorrente de caso fortuito e/ou força maior, prescindindo da caracterização de dolo ou culpa. Basta a caracterização da ação ou omissão lesiva e do nexo causal entre a conduta e o resultado danoso.

Aliada à cessação da conduta poluidora, a reparação do dano ambiental deve ser integral, dada a indisponibilidade do bem ambiental, de titularidade difusa. Abarca danos materiais presentes e futuros (danos emergentes e danos interinos ou intercorrentes) e extrapatrimoniais, se o caso."[51]

### 5.2 Reparação dos danos intercorrentes: ensaio com destaque a alguns exemplos

O ensaio aqui abordado considera a situação de uso indevido de APPs, em suas diferentes tipologias (nascentes perenes e intermitentes;

---

49 Consoante artigo 225, parágrafo 3º, da Lei Maior.
50 BENJAMIN, Antônio Herman de Vasconcellos e. *Responsabilidade civil pelo dano ambiental*, Revista de Direito Ambiental, São Paulo, ano 3, nº 9, p. 5-52, jan./mar. 1988.
51 Ver mencionado "Relatório", páginas 9-10.

cursos d'água perenes e intermitentes; lagoas naturais; reservatórios artificiais, entre outras), com enfoque exemplificativo de sua utilização imprópria, seja com atividades de agricultura, silvicultura ou pecuária. Nessas hipóteses, leva-se em consideração o consequente impedimento a que referidos espaços territoriais especialmente protegidos e seus componentes possam exercer as respectivas funções ambientais e serviços ecossistêmicos que lhe são natural e legalmente destinados, com isso acarretando graves prejuízos aos processos ecológicos essenciais (que devem ser preservados e restaurados) e, consequentemente, ao meio ambiente sadio e ecologicamente equilibrado, razões pelas quais afigura-se devida, obrigatória, não apenas a restauração da área protegida, assim como a reparação por danos intercorrentes.

Considerando o até então exposto vale reafirmar que as APPs devem estar cobertas por vegetação florestal nativa para que cumpram devidamente suas funções ambientais e serviços ecossistêmicos, quando esta for uma condição natural, original e típica no ambiente em foco, o que não ocorre, por exemplo, em campos de altitude, onde a fisionomia típica das formações vegetais é herbáceo-arbustiva. Tal entendimento é sustentado pelo disposto na Lei da Política Nacional do Meio Ambiente[52], cabendo lembrar que referido instrumento foi recepcionado pela Constituição Federal de 1988[53].

Vale destacar que, à vista de referidas premissas e em consonância com o regramento imposto pela Constituição da República e Lei da Política Nacional do Meio Ambiente foram editadas normas estabelecendo a obrigação de recomposição das APPs, a exemplo da Lei Estadual Paulista n. 9.989, de 22.05.1998.

Nesse contexto, é oportuno destacar que a recente revogação de mencionada norma por parte da Lei Estadual n. 15.684, de 14.01.2015 não tem o condão de afastar os deveres de proteger e de preservar, nem o dever de restaurar as APPs, no caso, com respeito a critérios cientificamente consistentes; e tampouco afugenta, frustra ou remove a exigência de devida reparação ambiental pelos danos intercorrentes, ora em foco neste ensaio. Afinal, a reparação integral do dano am-

---

52  Lei Federal n. 6.938, de 31.08.1981, artigo 4°, incisos VI e VII.
53  Consoante dispõe o artigo 1°, da Lei Federal n. 6.938, de 31.08.1981, com a redação dada pelo artigo 35, da Lei Federal n. 8.028, de 12.04.1990.

biental constitui inquestionavelmente um dever, aliás, constitucional[54] e legalmente[55] imposto.

E nada mais coerente, não só diante do conhecido contexto de escassez de vegetação nativa[56], como diante do quadro de ameaça a diversidade biológica e de crise hídrica vivenciados no Estado de São Paulo.

De igual modo, a própria edição da Lei Federal n. 12.651/12 e as anistias por ela estabelecidas, com base no conceito de "área rural consolidada", as quais estão sendo questionadas por meio de ação direta de inconstitucionalidade (ADI) junto ao Supremo Tribunal Federal (STF) [57], não afastam a necessidade e tampouco removem o dever de reparação integral dos danos ambientais, incluindo os danos intercorrentes, a qual deve ser exigida com base em critérios cientificamente consistentes[58], considerando o tempo envolvido em que persistiu a degradação e até que a restauração da cobertura florestal nativa ocorra de forma satisfatória, objetivando a reversão do quadro mantido pelo uso indevido de áreas de preservação permanente.

É digno de nota que o cenário de continuidade ou manutenção de uso indevido das APPs, tal como nos exemplos enfocados, implica na ocorrência de perpetuação de um estado de degradação ambiental (LF n. 6.938/81, art. 3º, inc. II), assim como de um possível crime ambiental (LF n. 9.605/98, art. 48 [59]). Bem por isso, insta ressaltar que, por aludir de dano ambiental passível de restauração, em obediência aos comandos constitucional[60] e legal[61] exsurge nítida a exigência de reparação pelos danos, incluindo os danos intercorrentes.

---

54 Conforme Constituição da República, artigo 225, parágrafo 3º.

55 Em conformidade com os artigos 4º, inciso VII e 14, parágrafo 1º, da Lei Federal n. 6.938, de 31.08.1981.

56 http://www.mpsp.mp.br/portal/page/portal/cao_urbanismo_e_meio_ambiente/relat%C3%B3rio%20final%20-%20retificado_0.pdf . (Acesso em 29.06.2015).

57 http://www.mpsp.mp.br/portal/page/portal/projeto_florestar/Programa_diagnosticos/material-apoio/adi_codigoflorestal_anistia.pdf . (Acesso em 29.06.2015).

58 http://www.mpsp.mp.br/portal/page/portal/projeto_florestar/Programa_diagnosticos/material-apoio/RELATORIO_LEI%2012.651-2012_GAEMA.doc (Acesso em 29.06.2015).

59 Assim dispõe o artigo 48, da Lei Federal n. 9.605, de 12.02.1998: "Art. 48. Impedir ou dificultar a regeneração natural de florestas e demais formas de vegetação: Pena - detenção, de seis meses a um ano, e multa."

60 Conforme artigo 225, parágrafo 3º, da Carta Magna.

61 Consoante dispõem os artigos 4º, inciso VII e 14, parágrafo 1º, da Lei Federal n. 6.938, de 31.08.1981.

## CAPÍTULO I – DISCUSSÕES SOBRE A LEI 12.651/2012

A título exemplificativo visando ilustrar os prejuízos às múltiplas funções ambientais e serviços ecossistêmicos exercidos pelas APPs, já citados anteriormente, na ausência da cobertura florestal nativa, podemos destacar não só a desproteção aos solos e aos recursos hídricos (diminuição da infiltração, aumento da erosão, assoreamento, potencialização de contaminação por agrotóxicos, entre outros); como a desproteção da biodiversidade (flora, fauna, corredores ecológicos); isso sem versar aos prejuízos impostos aos próprios ecossistemas aquáticos e transicionais, aos quais as APPs devem proteger.

A par disso, pode-se salientar que a ausência de cobertura florestal nativa reduz a capacidade de proteção para os mananciais, suscetibilizando a degradação ambiental as nascentes e olhos d'água (perenes e intermitentes), os cursos d'água (perenes e intermitentes); as lagoas naturais e reservatórios artificiais, entre outras ocorrências danosas. Além disso, a vegetação nativa influi na manutenção do clima e do ciclo da água. Sem vegetação a disponibilidade de água para o abastecimento fica prejudicada.

Nas áreas que se inserem em relevos ondulados onde predominam os morros e encostas de altas declividades, e onde a rede de drenagem natural conta com inúmeras nascentes, perenes e intermitentes, a vegetação nativa de proteção, – em topos de morros e montanhas – contribui para o aumento da estruturação, da permeabilidade e da estabilidade do solo, pois amortece as águas pluviais e garante maior infiltração dessas águas, daí resultando a recarga de aquíferos, o que também é fundamental para a preservação de nascentes e cursos d'água, perenes e intermitentes.

Diante de referenciado cenário, à vista dos impositivos comandos de ordem constitucional (CR, art. 225, § 3º) e legal (LF n. 6.938/81, arts. 4º, incisos VI e VII e 14, § 1º) e diante dos termos constantes do Relatório do Grupo de Trabalho de Valoração de Dano Ambiental criado pelo ATO n. 36/2011-PGJ, já citado, que é diretriz institucional do Ministério Público do Estado de São Paulo, tem-se que o dever de reparação integral de danos ambientais afigura-se não somente manifesto, mas rigorosamente inarredável. Nesse sentido, a obrigatória reparação deve compreender a cessação da atividade poluidora ou degradadora e deve ser a mais completa e abrangente possível, com o emprego da melhor tecnologia disponível [62]. Ademais, dita reparação integral do meio ambiente lesado deve significar a viabilização da reparação *in natura* e *in situ*, objetivando o ressarcimento do equilíbrio ecológico constitucionalmente garantido e colocado à disposição das presentes e futuras gerações.

Nesse diapasão, adotando os exemplos de usos indevidos de APPs focados no presente ensaio, em que ditos espaços territoriais especialmente protegidos estejam ocupados por atividades relacionadas à agricultura, silvicultura ou pecuária, dentre outras e considerando os termos do mencionado Relatório, pode-se concluir que tais fatos possibilitam tecnicamente o conseguimento da devida restauração da cobertura florestal nativa. Mais que isso, posto que além dessa exigência, caberá ser reivindicada a devida reparação dos danos intercorrentes, e, nesse específico tema, por meio de compensação por equivalente.

No contexto atual, a medição dos danos intercorrentes vem se tornando factível. É digno de nota que no âmbito do Ministério Público do Estado de São Paulo os recentes trabalhos do "Relatório Final do Grupo de Trabalho de Valoração de Dano Ambiental (Sub-Grupo Supressão de Vegetação; páginas 36 a 75) - ATO PGJ 45/2012" [63] levaram ao estabelecimento de método com este fim, válido para o tratamento de formações florestais nativas integrantes do bioma Mata Atlântica, contemplando não apenas a reparação da vegetação suprimida propriamente dita, mas, sobretudo, permitindo o cálculo da devida compensação por equivalência pelos danos intercorrentes (dano irrecuperável, porque perdido no tempo, a ser reparado prioritariamente por meio de compensação) [64].

Em síntese, o método definido no âmbito do citado Relatório parte do pressuposto de que ao longo do processo de restauração a evolução do acúmulo de biomassa/carbono (biomassa arbórea) se dá

---

[62] Em conformidade com o disposto na Lei Maior, artigo 225, *caput* e parágrafo 3° e Lei Federal n. 6.938/81, artigos 2°, incisos IV, VIII e IX, 4°, incisos VI e VII e 14, parágrafo 1°.

[63] http://www.mpsp.mp.br/portal/page/portal/cao_urbanismo_e_meio_ambiente/relat%C3%B3rio%20final%20-%20retificado_0.pdf . Páginas 36 a 75. (Acesso em 29.06.2015).

[64] Nos termos definidos no Relatório Final do Ato PGJ 36/2011, os danos intercorrentes consistem na perda de recursos, funções e serviços ecossistêmicos, em detrimento da disposição do bem difuso em favor da coletividade, ao longo do tempo de permanência da degradação ambiental, desde a ação ou omissão até a sua reparação integral.

CAPÍTULO I – DISCUSSÕES SOBRE A LEI 12.651/2012

de forma progressiva, favorecendo a evolução na prestação de serviços ecossistêmicos, o que permitiu a adoção desse parâmetro como base, permitindo seja calculado o dano intercorrente em termos de área de floresta a ser adicionalmente restaurada, além daquela que foi objeto de degradação.

Assim sendo, considerando de um lado, a dimensão apurada[65] da área de preservação permanente suprimida e/ou mantida com uso indevido por atividades impeditivas ao cumprimento de suas funções ambientais e serviços ecossistêmicos, tais como aquelas exemplificadas (agricultura, silvicultura e pecuária, dentre outras); e, de outro, a análise da evolução da situação ambiental na área de interesse, a fim de situar no tempo a prática da ação ou omissão degradadora, a partir da qual tem início os prejuízos à qualidade ambiental, exsurge evidenciado o dever jurídico[66] de se exigir a reparação integral dos danos ambientais, inclusive dos danos intercorrentes.

Nesse passo, insta salientar que a conformação de atividades indevidas em espaços territoriais especialmente protegidos, como as áreas de preservação permanente, sem a adoção de providências que conduzam à devida reparação de danos ambientais, incluindo os danos intercorrentes, caracterizará, no mínimo, a manutenção do estado de degradação ambiental, configurando com isso grave e indisfarçável prejuízo à bem de interesse comum a todos os habitantes do País (CR, art. 1º) e a bem de uso comum do povo, das presentes e futuras gerações (CR, art. 225), além de um atentado à ordem constitucional no vigente Estado Democrático de Direito.

Por fim, cumpre considerar ainda, seja na hipótese de proposição de medidas visando o restauro de APPs com uso indevido, seja ob-

---

65 Conforme lição de José Roberto Marques, *in* MPG Jurídico. Revista do Ministério Público do Estado de Minas Gerais, edição especial de meio ambiente. *A valoração de serviços e danos ambientais* [Reparação do dano ambiental: necessidade de adequação do dimensionamento do pedido formulado em ação civil pública, Belo Horizonte, CEAF/MPMG, 2011, p. 8-9]: "*A impossibilidade de dimensionamento do dano não impede que se reconheça que ele ocorreu. São planos diversos: um, a ocorrência do dano; outro, o seu dimensionamento.*"

66 A possibilidade de se exigir a reparação civil (e objetiva) dos danos havidos ao meio ambiente tem como nascedouro o estabelecimento da Política Nacional do Meio Ambiente, por meio da Lei Federal n. 6.938, de 31.08.1981 (art. 14, § 1º), a qual, em conformidade com a redação dada ao seu artigo 1º, pela Lei Federal n. 6.028, se 12.04.1990 foi recepcionada pelo Magno Texto da República.

jetivando a reparação de danos intercorrentes associados, que sejam avaliadas devidamente as particularidades do caso específico, inclusive para a verificação da existência de outras eventuais medidas extrajudiciais ou judiciais já adotadas na espécie versada.

## 6. Conclusões

1) As áreas de preservação permanente são espaços territoriais especialmente protegidos destinados a cumprir funções ambientais e serviços ecossistêmicos, e somente desta forma poderão atender devidamente ao comando Constitucional que determina a preservação e restauração dos processos ecológicos essenciais.

2) Para que possam cumprir devidamente suas funções ambientais e serviços ecossistêmicos referidas áreas especialmente protegidas devem estar cobertas por vegetação florestal nativa; quando esta for uma condição natural, original e típica no ambiente em foco.

3) Manter APPs sem as condições ecológicas necessárias para que possam exercer devidamente suas funções de espaço territorial especialmente protegido, representa lesão permanente à qualidade ambiental, em prejuízo da coletividade e futuras gerações; ensejando a devida reparação de danos ambientais. A reparação de danos ambientais, incluindo os danos intercorrentes deve se valer, como fundamento, em critérios técnicos fixados com base no conhecimento científico para que ditos bens ambientais possam atingir os seus objetivos e atender aos comandos de ordem Constitucional.

4) Diante de usos indevidos de APPs, tais como aqueles enfocados neste ensaio, e em situações nas quais é tecnicamente possível a restauração ou recuperação da cobertura florestal nativa; caberá além da consecução desta exigência, a adoção de medidas tendentes à obtenção da devida reparação dos danos ambientais intercorrentes, por meio de compensação.

5) Na hipótese de proposição de medidas visando o restauro de APPs com uso indevido, inclusive objetivando a reparação de danos ambientais intercorrentes associados, cumpre sejam devidamente avaliadas as particularidades do caso específico, inclusive para a verificação da existência de outras eventuais medidas extrajudiciais ou judiciais já adotadas na espécie versada.

CAPÍTULO I – DISCUSSÕES SOBRE A LEI 12.651/2012

**Referências bibliográficas**

ANDRADE, Filippe Augusto Vieira de; VARJABEDIAN, Roberto. O imperioso dever de proteger, preservar e manter bens ambientais essenciais, integrantes do "mínimo existencial ecológico" e a vedação de correspondente degradação ambiental e de retrocesso normativo e/ou de condições e valores do meio ambiente sadio e ecologicamente equilibrado. In: 15° CONGRESSO DE MEIO AMBIENTE DO MINISTÉRIO PÚBLICO DO ESTADO DE SÃO PAULO, *Caderno de Teses*; São Paulo (Estado): Águas de São Pedro-SP, 2011.

BENJAMIN, Antônio Herman de Vasconcellos. *Responsabilidade civil pelo dano ambiental*, Revista de Direito Ambiental, ano 3, n° 9, São Paulo: Revista dos Tribunais, jan./mar. 1988, p. 5-52.

BRASIL. Constituição da República Federativa do Brasil, 1988. <http://www.planalto.gov.br/ccivil_03/constituicao/constituicaocompilado.htm>. Acesso em 29.06.2015.

_____. Lei Federal 4.771 de 15 de setembro de 1965. <http://www.planalto.gov.br/ccivil_03/leis/L4771impressao.htm> Acesso em 29.06.2015.

_____. Lei Federal 6.938 de 31 de agosto de 1981. <http://www.planalto.gov.br/ccivil_03/leis/L6938.htm> Acesso em 29.06.2015.

_____. Decreto Legislativo 2 de 03 de fevereiro de 1994. <http://www2.camara.leg.br/legin/fed/decleg/1994/decretolegislativo-2-3-fevereiro-1994--358280-publicacaooriginal-1-pl.html>. Acesso em 29.06.2015.

_____. Decreto Federal 1.905 de 16 de maio de 1996. <http://www.planalto.gov.br/ccivil_03/decreto/1996/D1905.htm>. Acesso em 29.06.2015.

_____. Lei Federal 9.433 de 8 de janeiro de 1997. <http://www.planalto.gov.br/ccivil_03/Leis/L9433.htm>. Acesso em 29.06.2015.

_____. Lei Federal 9.605 de 12 de fevereiro de 1998. <http://www.planalto.gov.br/ccivil_03/LEIS/L9605.htm>. Acesso em 29.06.2015.

_____. Decreto Federal 2.519 de 16 de março de 1998. <http://www.planalto.gov.br/ccivil_03/decreto/D2519.htm>. Acesso em 29.06.2015.

_____. Decreto Federal 2.652 de 02 de julho de 1998. <http://www.planalto.gov.br/ccivil_03/decreto/D2652.htm>. Acesso em 29.06.2015.

_____. Lei Federal 12.187 de 29 de dezembro de 2009. <http://www.planalto.gov.br/ccivil_03/_ato2007-2010/2009/lei/l12187.htm>. Acesso em 29.06.2015.

_____. Decreto Federal 7.390 de 09 de dezembro de 2010. <http://www.planalto.gov.br/ccivil_03/_Ato2007-2010/2010/Decreto/D7390.htm>. Acesso em 29.06.2015.

_____. Lei Federal 12.651 de 25 de maio de 2012. <http://www.planalto.gov.br/ccivil_03/_ato2011-2014/2012/lei/l12651.htm>. Acesso em 29.06.2015.

FIORILLO, Celso Antonio Pacheco. *Curso de direito ambiental brasileiro*, 12ª ed. rev., atual. e amp. São Paulo: Saraiva, 2011.

FREITAS, Cristina Godoy de Araújo; VARJABEDIAN, Roberto. As convenções Ramsar e da diversidade biológica na ordem constitucional e o princípio do não retrocesso. *Revista de Direito Ambiental*. São Paulo, ano 15, v. 65, janeiro-março 2012.

FREITAS, Cristina Godoy de Araújo. *O pedido de compensação na ação civil pública ambiental*. Dissertação de mestrado, Pontifícia Universidade Católica de São Paulo, SP, 2009.

MARQUES, José Roberto. Reparação do dano ambiental: necessidade de adequação do dimensionamento do pedido formulado em ação civil pública. *A valoração de serviços e danos ambientais:* edição especial de meio ambiente da Revista do Ministério Público do Estado de Minas Gerais, Belo Horizonte, 2011.

MARTINS, Fernando Roberto & METZGER, Jean Paul. Ata de reunião com o Ministério Público do Estado de São Paulo, USP, 12.03.2012) Disponível em: <http://www.mpsp.mp.br/portal/page/portal/projeto_florestar/Programa_diagnosticos/material-apoio/RELATORIO_LEI%2012.651-2012_GAEMA.doc>. Acesso em 29.06.2015.

METZGER, Jean Paul. O Código Florestal tem base científica? Natureza & Conservação. 8 (1):1-5, 2010. Disponível em: <http://www.mpsp.mp.br/portal/page/portal/projeto_florestar/Programa_diagnosticos/material-apoio/O_Codigo_Florestal_tem_base_cientifica-Metzger.pdf>. Acesso em 29.06.2015.

MEA - MILLENNIUM ECOSYSTEM ASSESSMENT. *Ecosystem and human well-being: a framework for assessment*. Island Press, Washington, DC. 2003. Disponível em: <http://www.mpsp.mp.br/portal/page/portal/cao_urbanismo_e_meio_ambiente/Relatorio%20Final%20-%20GT%20Valora%C3%A7%C3%A3o%20de%20Danos%20Ambientais%202012.doc>. Acesso em 29.06.2015.

MOLINARO, Carlos Alberto. Direito Ambiental: proibição de retrocesso. Porto Alegre: Livraria do Advogado Editora, 2007.

NERY JUNIOR, Nelson e NERY, Rosa Maria de Andrade. *Código civil anotado e legislação extravagante*, 11ª. ed. rev., atual e amp. São Paulo: Revista dos Tribunais, 2014.

SAMPAIO, Francisco José Marques. *Responsabilidade civil e reparação de danos ao meio ambiente*. 2ª ed. Rio de Janeiro: Lumen Juris, 1998.

SÃO PAULO (ESTADO). Lei Estadual 9.989 de 22 de maio de 1998. <http://www.al.sp.gov.br/norma/?id=6550>. Acesso em 29.06.2015.

_____. Lei Estadual 15.684 de 14 de janeiro de 2015. <http://www.al.sp.gov.br/repositorio/legislacao/lei/2015/lei-15684-14.01.2015.html>. Acesso em 29.06.2015.

SÃO PAULO (ESTADO). MINISTÉRIO PÚBLICO DO ESTADO DE SÃO PAULO. Relatório do Subgrupo de Defesa do Patrimônio Florestal e de Combate às Práticas Rurais Antiambientais sobre inovações trazidas pela Lei 12.651/2012, 2012. <http://www.mpsp.mp.br/portal/page/portal/projeto_florestar/Programa_diagnosticos/material-apoio/RELATORIO_LEI%2012.651-2012_GAEMA.doc>. Acesso em 29.06.2015.

_____. MINISTÉRIO PÚBLICO DO ESTADO DE SÃO PAULO. Relatório Final do GT de Valoração de Dano Ambiental criado pelo ATO PGJ nº 36/2011. <http://www.mpsp.mp.br/portal/page/portal/cao_urbanismo_e_meio_ambiente/Relatorio%20Final%20-%20GT%20Valora%C3%A7%C3%A3o%20de%20Danos%20Ambientais%202012.doc>. Acesso em 29.06.2015.

_____. MINISTÉRIO PÚBLICO DO ESTADO DE SÃO PAULO. Relatório Final do GT de Valoração de Dano Ambiental do ATO PGJ nº 45/2012. <http://www.mpsp.mp.br/portal/page/portal/cao_urbanismo_e_meio_ambiente/relat%C3%B3rio%20final%20-%20retificado_0.pdf>. Acesso em 29.06.2015.

SARLET, Ingo Wolfgang; FENSTERSEIFER, Tiago. Direito constitucional ambiental: Constituição, direitos fundamentais e proteção do ambiente, 4ª. ed. rev. e atual. São Paulo: Revista dos Tribunais, 2014.

SILVA, José Afonso da. Comentário contextual à Constituição. 6ª ed. São Paulo: Malheiros, 2009.

STEIGLEDER, Annelise Monteiro. *Responsabilidade civil ambiental: as dimensões do dano ambiental no direito brasileiro*. Porto Alegre: Livraria do Advogado, 2004.

SBPC / ABC - Sociedade Brasileira para o Progresso da Ciência/ Academia Brasileira de Ciências; Grupo de Trabalho do Código Florestal – Coordenação, José Antonio Aleixo da Silva. O Código Florestal e a Ciência: Contribuições para o Diálogo; São Paulo: SBPC, 2011. <http://www.mpsp.mp.br/portal/page/portal/projeto_florestar/Programa_diagnosticos/material-apoio/O_Codigo_Florestal_e_a_Ciencia-%20SBPC_e_ABC.pdf >. Acesso em 29.06.2015.

SBPC / ABC - Sociedade Brasileira para o Progresso da Ciência/ Academia Brasileira de Ciências; Grupo de Trabalho do Código Florestal – Coordenação, José Antonio Aleixo da Silva. O Código Florestal e a Ciência: Contribuições para o Diálogo – 2ª ed.. São Paulo: SBPC, 2012.
<http://www.mpsp.mp.br/portal/page/portal/projeto_florestar/Programa_diagnosticos/material-apoio/CodigoFlorestal__2aed.pdf. Acesso em 29.06.2015.

# ÁREAS RURAIS CONSOLIDADAS: INSTITUTO DE UM DIREITO ANTIAMBIENTAL

Gabriel Lino de Paula Pires[1]

**Resumo:** O presente estudo aborda o regramento conferido pela Lei nº 12.651/12 ao tema das áreas rurais consolidadas. Analisa-se o tema a partir de premissas extraídas de conceitos da ecologia e do direito ambiental, considerando-se ainda as disposições constitucionais sobre o meio ambiente, especialmente aquelas constantes do art. 225 da Constituição Federal. O trabalho passa pela abordagem dos dispositivos da Lei nº 12.651/12 (Código Florestal) que se referem ao tema das áreas consolidadas, confrontando cada um deles com as diretrizes constitucionais pertinentes assim como com conceitos da própria teoria geral do direito. Analisam-se também as bases fundamentais a serem observadas na interpretação da legislação ambiental, de modo a se respeitar a vontade expressa no texto na Constituição.

**Palavras-chave:** Direito Ambiental. Código Florestal. Áreas rurais consolidadas. Inconstitucionalidade.

**Sumário:** 1. Introdução – 2. Áreas rurais consolidadas: previsão legal e fundamentos lógicos – 3. O caráter antiambiental do instituto e a violação da diretriz constitucional de proteção ao meio ambiente – 4. A constitucionalização do direito e a interpretação do direito ambiental – 5. A subversão dos princípios setoriais do direito ambiental e dos princípios gerais do direito – 6. Conclusão.

### 1. Introdução

O advento da Lei nº 12.651/12, o chamado Novo Código Florestal, ensejou severas controvérsias jurídicas, dentre as quais se pode mencionar o debate atinente às áreas rurais consolidadas.

---
1  Promotor de Justiça no Estado de São Paulo. Mestre e Doutorando em Direito do Estado pela Faculdade de Direito da Universidade de São Paulo. Professor de Direito Administrativo e de Direito Ambiental no Centro Universitário Toledo de Presidente Prudente.

É evidente que a abordagem do instituto, como de resto ocorre com outros institutos do direito ambiental, deve ter em consideração os princípios setoriais que regem este ramo do direito, assim como os princípios gerais do direito brasileiro.

A tomar em consideração os princípios setoriais do direito ambiental, não resta dúvida sobre a inconstitucionalidade de tal instituto e sobre a sua nocividade ao meio ambiente brasileiro.

Também se revela o conceito das áreas rurais consolidadas como uma subversão dos princípios gerais do direito, como se demonstra nos tópicos deste estudo.

O objetivo principal deste trabalho foi justamente verificar, pelo método dedutivo, a validade das normas jurídicas que instituem o conceito e a disciplina das áreas rurais consolidadas.

O estudo passou pela abordagem do conceito jurídico de áreas rurais consolidadas, analisando-se sua previsão legal, seus fundamentos lógicos e o regime jurídico que se lhe impõe por força da Lei nº 12.651/12. Em seguida, aprofundou-se a análise sobre o instituto, especialmente pela investigação de seus efeitos sobre os ecossistemas protegidos, revelando-se, assim, seu caráter antiambiental e, em consequência, a violação da diretriz constitucional de proteção ao meio ambiente estabelecida no art. 225 da Constituição Federal. No tópico 4, analisam-se as bases fundamentais a serem observadas na interpretação da legislação ambiental, de modo a se respeitar a vontade expressa no texto na Constituição. No tópico 5, outro ponto de vista foi adotado para observação e análise da questão, qual seja aquele referente à teoria e aos princípios gerais do direito brasileiro. Nessa perspectiva também não foi outra a conclusão a que se chegou, pondo-se em destaque a antijuridicidade do instituto, que subverte as mais fundamentais normas de nosso sistema jurídico. Diante do trabalho realizado, concluiu-se no sentido da inconstitucionalidade do instituto, pelas razões expostas nos tópicos anteriores, sendo salutar que o Poder Judiciário acolha as arguições formuladas, tanto na via difusa quanto no controle concentrado, de modo a extirpar do sistema vigente as normas que instituem o conceito jurídico de área rural consolidada.

CAPÍTULO I – DISCUSSÕES SOBRE A LEI 12.651/2012

## 2. Áreas rurais consolidadas: previsão legal e fundamentos lógicos

Dispõe a Lei nº 12.651/12 sobre o conceito de área rural consolidada, definindo-a como a área de imóvel rural com ocupação antrópica preexistente a 22 de julho de 2008, com edificações, benfeitorias ou atividades agrossilvipastoris, admitida, neste último caso, a adoção do regime de pousio[2].

A adoção do marco temporal estabelecido em 22 de julho de 2008 tem por razão o fato de que nessa data foi publicado o Decreto Federal nº 6.514/2008, que dispôs sobre infrações administrativas de caráter ambiental e respectivas sanções.

Observe-se, pois, que a definição de área rural consolidada distingue nitidamente as áreas já utilizadas na data apontada daquelas não utilizadas naquele tempo.

Segue a Lei nº 12.651/12 estabelecendo o regime legal aplicável a tais áreas, o que faz com especificidade nos arts. 61-A e seguintes. Nos dispositivos citados, cuida de fazer referência às áreas consolidadas em áreas de preservação permanente (Seção II do Capítulo XIII) e às áreas consolidadas em áreas de reserva legal (Seção III do Capítulo XIII).

Em ambos os casos, trata a lei de: (i) dispensar os proprietários ou possuidores das obrigações de recompor vegetação nativa em espaços protegidos; (ii) permitir a continuidade da exploração econômica das áreas citadas.

O Código Florestal define, desse modo, nos arts. 61-A e seguintes, obrigações de proteger e recompor áreas de preservação permanente em metragens e espaços muito menores do que aqueles inicialmente estabelecidos no art. 4º da mesma lei, regra geral para delimitação das áreas de preservação permanente[3].

---

2 *"Art. 3º Para os efeitos desta Lei, entende-se por: (...) IV - área rural consolidada: área de imóvel rural com ocupação antrópica preexistente a 22 de julho de 2008, com edificações, benfeitorias ou atividades agrossilvipastoris, admitida, neste último caso, a adoção do regime de pousio; (...)".*

3 *"Art. 61-A. Nas Áreas de Preservação Permanente, é autorizada, exclusivamente, a continuidade das atividades agrossilvipastoris, de ecoturismo e de turismo rural em áreas rurais consolidadas até 22 de julho de 2008. (Incluído pela Lei nº 12.727, de 2012). § 1º Para os imóveis rurais com área de até 1 (um) módulo fiscal que possuam áreas consolidadas em Áreas de Preservação Permanente ao longo de cursos d'água naturais, será obrigatória a recomposição das respectivas faixas marginais em 5 (cinco) metros, contados da borda da calha do leito regular, independentemente da largura do curso d'água. (Incluído pela Lei nº 12.727, de 2012). § 2º Para os imóveis rurais com área superior a 1*

*(um) módulo fiscal e de até 2 (dois) módulos fiscais que possuam áreas consolidadas em Áreas de Preservação Permanente ao longo de cursos d'água naturais, será obrigatória a recomposição das respectivas faixas marginais em 8 (oito) metros, contados da borda da calha do leito regular, independentemente da largura do curso d'água. (Incluído pela Lei nº 12.727, de 2012). § 3º Para os imóveis rurais com área superior a 2 (dois) módulos fiscais e de até 4 (quatro) módulos fiscais que possuam áreas consolidadas em Áreas de Preservação Permanente ao longo de cursos d'água naturais, será obrigatória a recomposição das respectivas faixas marginais em 15 (quinze) metros, contados da borda da calha do leito regular, independentemente da largura do curso d'água. (Incluído pela Lei nº 12.727, de 2012). § 4º Para os imóveis rurais com área superior a 4 (quatro) módulos fiscais que possuam áreas consolidadas em Áreas de Preservação Permanente ao longo de cursos d'água naturais, será obrigatória a recomposição das respectivas faixas marginais: I - (VETADO); e II - nos demais casos, conforme determinação do PRA, observado o mínimo de 20 (vinte) e o máximo de 100 (cem) metros, contados da borda da calha do leito regular. § 5º Nos casos de áreas rurais consolidadas em Áreas de Preservação Permanente no entorno de nascentes e olhos d'água perenes, será admitida a manutenção de atividades agrossilvipastoris, de ecoturismo ou de turismo rural, sendo obrigatória a recomposição do raio mínimo de 15 (quinze) metros.
§ 6º Para os imóveis rurais que possuam áreas consolidadas em Áreas de Preservação Permanente no entorno de lagos e lagoas naturais, será admitida a manutenção de atividades agrossilvipastoris, de ecoturismo ou de turismo rural, sendo obrigatória a recomposição de faixa marginal com largura mínima de: I - 5 (cinco) metros, para imóveis rurais com área de até 1 (um) módulo fiscal; II - 8 (oito) metros, para imóveis rurais com área superior a 1 (um) módulo fiscal e de até 2 (dois) módulos fiscais; III - 15 (quinze) metros, para imóveis rurais com área superior a 2 (dois) módulos fiscais e de até 4 (quatro) módulos fiscais; IV - 30 (trinta) metros, para imóveis rurais com área superior a 4 (quatro) módulos fiscais. (Incluído pela Lei nº 12.727, de 2012). § 7o Nos casos de áreas rurais consolidadas em veredas, será obrigatória a recomposição das faixas marginais, em projeção horizontal, delimitadas a partir do espaço brejoso e encharcado, de largura mínima de: (Incluído pela Lei nº 12.727, de 2012). I - 30 (trinta) metros, para imóveis rurais com área de até 4 (quatro) módulos fiscais; e (Incluído pela Lei nº 12.727, de 2012). II - 50 (cinquenta) metros, para imóveis rurais com área superior a 4 (quatro) módulos fiscais. (Incluído pela Lei nº 12.727, de 2012). § 8º Será considerada, para os fins do disposto no caput e nos §§ 1o a 7o, a área detida pelo imóvel rural em 22 de julho de 2008. (Incluído pela Lei nº 12.727, de 2012). § 9º A existência das situações previstas no caput deverá ser informada no CAR para fins de monitoramento, sendo exigida, nesses casos, a adoção de técnicas de conservação do solo e da água que visem à mitigação dos eventuais impactos. (Incluído pela Lei nº 12.727, de 2012). § 10. Antes mesmo da disponibilização do CAR, no caso das intervenções já existentes, é o proprietário ou possuidor rural responsável pela conservação do solo e da água, por meio de adoção de boas práticas agronômicas. (Incluído pela Lei nº 12.727, de 2012). § 11. A realização das atividades previstas no caput observará critérios técnicos de conservação do solo e da água indicados no PRA previsto nesta Lei, sendo vedada a conversão de novas áreas para uso alternativo do solo nesses locais. (Incluído pela Lei nº 12.727, de 2012). § 12. Será admitida a manutenção de residências e da infraestrutura associada às atividades agrossilvipastoris, de ecoturismo e de turismo rural, inclusive o acesso a essas atividades, independentemente das determinações contidas no caput e nos §§ 1o a 7o, desde que não estejam em área que ofereça risco à vida ou à integridade física das pessoas. § 13. A recomposição de que trata este artigo poderá ser feita, isolada ou conjuntamente, pelos seguintes métodos: I - condução de regeneração natural de espécies nativas; II - plantio de espécies nativas; III - plantio de espécies nativas conjuga-*

CAPÍTULO I – DISCUSSÕES SOBRE A LEI 12.651/2012

do com a condução da regeneração natural de espécies nativas; IV - plantio intercalado de espécies lenhosas, perenes ou de ciclo longo, exóticas com nativas de ocorrência regional, em até 50% (cinquenta por cento) da área total a ser recomposta, no caso dos imóveis a que se refere o inciso V do caput do art. 3o; V - (VETADO). § 14. Em todos os casos previstos neste artigo, o poder público, verificada a existência de risco de agravamento de processos erosivos ou de inundações, determinará a adoção de medidas mitigadoras que garantam a estabilidade das margens e a qualidade da água, após deliberação do Conselho Estadual de Meio Ambiente ou de órgão colegiado estadual equivalente. § 15. A partir da data da publicação desta Lei e até o término do prazo de adesão ao PRA de que trata o § 2o do art. 59, é autorizada a continuidade das atividades desenvolvidas nas áreas de que trata o caput, as quais deverão ser informadas no CAR para fins de monitoramento, sendo exigida a adoção de medidas de conservação do solo e da água. (Incluído pela Lei nº 12.727, de 2012). § 16. As Áreas de Preservação Permanente localizadas em imóveis inseridos nos limites de Unidades de Conservação de Proteção Integral criadas por ato do poder público até a data de publicação desta Lei não são passíveis de ter quaisquer atividades consideradas como consolidadas nos termos do caput e dos §§ 1o a 15, ressalvado o que dispuser o Plano de Manejo elaborado e aprovado de acordo com as orientações emitidas pelo órgão competente do Sisnama, nos termos do que dispuser regulamento do Chefe do Poder Executivo, devendo o proprietário, possuidor rural ou ocupante a qualquer título adotar todas as medidas indicadas. (Incluído pela Lei nº 12.727, de 2012). § 17. Em bacias hidrográficas consideradas críticas, conforme previsto em legislação específica, o Chefe do Poder Executivo poderá, em ato próprio, estabelecer metas e diretrizes de recuperação ou conservação da vegetação nativa superiores às definidas no caput e nos §§ 1o a 7o, como projeto prioritário, ouvidos o Comitê de Bacia Hidrográfica e o Conselho Estadual de Meio Ambiente. (Incluído pela Lei nº 12.727, de 2012). § 18. (VETADO). (Incluído pela Lei nº 12.727, de 2012).
Art. 61-B. Aos proprietários e possuidores dos imóveis rurais que, em 22 de julho de 2008, detinham até 10 (dez) módulos fiscais e desenvolviam atividades agrossilvipastoris nas áreas consolidadas em Áreas de Preservação Permanente é garantido que a exigência de recomposição, nos termos desta Lei, somadas todas as Áreas de Preservação Permanente do imóvel, não ultrapassará: (Incluído pela Lei nº 12.727, de 2012).
I - 10% (dez por cento) da área total do imóvel, para imóveis rurais com área de até 2 (dois) módulos fiscais; (Incluído pela Lei nº 12.727, de 2012).
II - 20% (vinte por cento) da área total do imóvel, para imóveis rurais com área superior a 2 (dois) e de até 4 (quatro) módulos fiscais; (Incluído pela Lei nº 12.727, de 2012).
III - (VETADO). (Incluído pela Lei nº 12.727, de 2012).
Art. 61-C. Para os assentamentos do Programa de Reforma Agrária, a recomposição de áreas consolidadas em Áreas de Preservação Permanente ao longo ou no entorno de cursos d›água, lagos e lagoas naturais observará as exigências estabelecidas no art. 61-A, observados os limites de cada área demarcada individualmente, objeto de contrato de concessão de uso, até a titulação por parte do Instituto Nacional de Colonização e Reforma Agrária - Incra. (Incluído pela Lei nº 12.727, de 2012).
Art. 62. Para os reservatórios artificiais de água destinados a geração de energia ou abastecimento público que foram registrados ou tiveram seus contratos de concessão ou autorização assinados anteriormente à Medida Provisória no 2.166-67, de 24 de agosto de 2001, a faixa da Área de Preservação Permanente será a distância entre o nível máximo operativo normal e a cota máxima maximorum.
Art. 63. Nas áreas rurais consolidadas nos locais de que tratam os incisos V, VIII, IX e X do art. 4o, será admitida a manutenção de atividades florestais, culturas de espécies lenhosas, perenes ou de ciclo longo, bem como da infraestrutura física associada ao de-

Também estabelece o Código Florestal um regime diferenciado para as chamadas áreas rurais consolidadas em áreas de reserva legal, o que faz nos arts. 66 e seguintes[4].

---

senvolvimento de atividades *agrossilvipastoris*, vedada a conversão de novas áreas para uso alternativo do solo.

§ 1º O pastoreio extensivo nos locais referidos no caput deverá ficar restrito às áreas de vegetação campestre natural ou já convertidas para vegetação campestre, admitindo-se o consórcio com vegetação lenhosa perene ou de ciclo longo.

§ 2º A manutenção das culturas e da infraestrutura de que trata o caput é condicionada à adoção de práticas conservacionistas do solo e da água indicadas pelos órgãos de assistência técnica rural.

§ 3º Admite-se, nas Áreas de Preservação Permanente, previstas no inciso VIII do art. 4o, dos imóveis rurais de até 4 (quatro) módulos fiscais, no âmbito do PRA, a partir de boas práticas agronômicas e de conservação do solo e da água, mediante deliberação dos Conselhos Estaduais de Meio Ambiente ou órgãos colegiados estaduais equivalentes, a consolidação de outras atividades *agrossilvipastoris, ressalvadas as situações de risco de vida"*.

4  *"Seção III - Das Áreas Consolidadas em Áreas de Reserva Legal*
*Art. 66. O proprietário ou possuidor de imóvel rural que detinha, em 22 de julho de 2008, área de Reserva Legal em extensão inferior ao estabelecido no art. 12, poderá regularizar sua situação, independentemente da adesão ao PRA, adotando as seguintes alternativas, isolada ou conjuntamente:*
*I - recompor a Reserva Legal;*
*II - permitir a regeneração natural da vegetação na área de Reserva Legal;*
*III - compensar a Reserva Legal.*
§ 1º A obrigação prevista no caput tem natureza real e é transmitida ao sucessor no caso de transferência de domínio ou posse do imóvel rural.
§ 2º A recomposição de que trata o inciso I do caput deverá atender os critérios estipulados pelo órgão competente do *Sisnama e ser concluída em até 20 (vinte) anos, abrangendo, a cada 2 (dois) anos, no mínimo 1/10 (um décimo) da área total necessária à sua complementação.*
§ 3º A recomposição de que trata o inciso I do caput poderá ser realizada mediante o plantio intercalado de espécies nativas e exóticas, em sistema agroflorestal, observados os seguintes parâmetros:
§ 3º A recomposição de que trata o inciso I do caput poderá ser realizada mediante o plantio intercalado de espécies nativas com exóticas ou frutíferas, em sistema agroflorestal, observados os seguintes parâmetros: (Incluído pela Lei nº 12.727, de 2012).
*I - o plantio de espécies exóticas deverá ser combinado com as espécies nativas de ocorrência regional;*
*II - a área recomposta com espécies exóticas não poderá exceder a 50% (cinquenta por cento) da área total a ser recuperada.*
§ 4º Os proprietários ou possuidores do imóvel que optarem por recompor a Reserva Legal na forma dos §§ 2o e 3o terão direito à sua exploração econômica, nos termos desta Lei.
§ 5º *A compensação de que trata o inciso III do caput deverá ser precedida pela inscrição da propriedade no CAR e poderá ser feita mediante:*
*I - aquisição de Cota de Reserva Ambiental - CRA;*
*II - arrendamento de área sob regime de servidão ambiental ou Reserva Legal;*
*III - doação ao poder público de área localizada no interior de Unidade de Conservação de domínio público pendente de regularização fundiária;*

CAPÍTULO I – DISCUSSÕES SOBRE A LEI 12.651/2012

A análise de tais dispositivos e seu cotejo com o regime geral imposto a áreas de preservação permanente e de reserva legal demonstra que foi dado ao instituto das áreas rurais consolidadas tratamento diferenciado, marcado especialmente pela concessão de ampla anistia aos proprietários e possuidores que, em princípio, teriam a obrigação de recompor a vegetação nativa originalmente existente em tais áreas.

---

*IV - cadastramento de outra área equivalente e excedente à Reserva Legal, em imóvel de mesma titularidade ou adquirida em imóvel de terceiro, com vegetação nativa estabelecida, em regeneração ou recomposição, desde que localizada no mesmo bioma.*
§ 6º As áreas a serem utilizadas para compensação na forma do § 5o deverão:
*I - ser equivalentes em extensão à área da Reserva Legal a ser compensada;*
*II - estar localizadas no mesmo bioma da área de Reserva Legal a ser compensada;*
*III - se fora do Estado, estar localizadas em áreas identificadas como prioritárias pela União ou pelos Estados.*
§ 7º A definição de áreas prioritárias de que trata o § 6o buscará favorecer, entre outros, a recuperação de bacias hidrográficas excessivamente desmatadas, a criação de corredores ecológicos, a conservação de grandes áreas protegidas e a conservação ou recuperação de ecossistemas ou espécies ameaçados.
§ 8º Quando se tratar de imóveis públicos, a compensação de que trata o inciso III do caput poderá ser feita mediante concessão de direito real de uso ou doação, por parte da pessoa jurídica de direito público proprietária de imóvel rural que não detém Reserva Legal em extensão suficiente, ao órgão público responsável pela Unidade de Conservação de área localizada no interior de Unidade de Conservação de domínio público, a ser criada ou pendente de regularização fundiária.
§ 9º As medidas de compensação previstas neste artigo não poderão ser utilizadas como forma de viabilizar a conversão de novas áreas para uso alternativo do solo.
*Art. 67. Nos imóveis rurais que detinham, em 22 de julho de 2008, área de até 4 (quatro) módulos fiscais e que possuam remanescente de vegetação nativa em percentuais inferiores ao previsto no art. 12, a Reserva Legal será constituída com a área ocupada com a vegetação nativa existente em 22 de julho de 2008, vedadas novas conversões para uso alternativo do solo.*
*Art. 68. Os proprietários ou possuidores de imóveis rurais que realizaram supressão de vegetação nativa respeitando os percentuais de Reserva Legal previstos pela legislação em vigor à época em que ocorreu a supressão são dispensados de promover a recomposição, compensação ou regeneração para os percentuais exigidos nesta Lei.*
§ 1º Os proprietários ou possuidores de imóveis rurais poderão provar essas situações consolidadas por documentos tais como a descrição de fatos históricos de ocupação da região, registros de comercialização, dados agropecuários da atividade, contratos e documentos bancários relativos à produção, e por todos os outros meios de prova em direito admitidos.
§ 2º Os proprietários ou possuidores de imóveis rurais, na Amazônia Legal, e seus herdeiros necessários que possuam índice de Reserva Legal maior que 50% (cinquenta por cento) de cobertura florestal e não realizaram a supressão da vegetação nos percentuais previstos pela legislação em vigor à época poderão utilizar a área excedente de Reserva Legal também para fins de constituição de servidão ambiental, Cota de Reserva Ambiental - CRA e outros instrumentos congêneres previstos nesta Lei".

A razão para a concessão da ampla anistia citada é evidentemente de ordem econômica, baseada no raciocínio lógico de que os custos pela recomposição de tais áreas, se suportados integralmente pelos proprietários/possuidores, onerá-los-ia por demais, numa realidade econômica que já não se mostra desfavorável a um grande número de produtores rurais, especialmente os de menor porte.

O que olvidou o legislador, no entanto, é que uma aparente economia dos recursos financeiros disponíveis neste momento pode representar um grave e incalculável prejuízo ambiental no futuro.

### 3. O caráter antiambiental do instituto e a violação da diretriz constitucional de proteção ao meio ambiente

Na análise dos mais variados temas jurídico-ambientais, não se pode desprezar a característica da interdisciplinaridade do Direito Ambiental. Os institutos jurídico-ambientais tem todos eles fundamentação metajurídica.

Isso ocorre e assim deve ser pois a função primordial do Direito Ambiental é justamente a de garantir uma tal proteção aos recursos naturais, de modo que se mantenha um mínimo equilíbrio entre a vida humana em sociedade e a natureza.

É evidente, portanto, que, para que bem cumpram sua função protetiva, os institutos ambientais devem observar com rigor os ensinamentos e bases que as demais ciências revelam sobre a natureza.

Também porque a alteração da lei não altera a natureza, que preexiste à ação humana e deve ter suas leis naturais respeitadas pelo homem.

A legislação ambiental que se divorcie das revelações científicas é, portanto, ineficaz e inconstitucional, por desatender à ordem constitucional de adequada proteção do meio ambiente. Por certo, a aplicação cotidiana do direito ambiental deve sempre ter em conta as diretrizes traçadas no art. 225 da Constituição da República:

> *"Art. 225. Todos têm direito ao meio ambiente ecologicamente equilibrado, bem de uso comum do povo e essencial à sadia qualidade de vida, impondo-se ao Poder Público e à coletividade o dever de defendê-lo e preservá-lo para as presentes e futuras gerações.*
>
> *§ 1º Para assegurar a efetividade desse direito, incumbe ao Poder Público:*

*I— preservar e restaurar os processos ecológicos essenciais e prover o manejo ecológico das espécies e ecossistemas;*

*II— preservar a diversidade e a integridade do patrimônio genético do País e fiscalizar as entidades dedicadas à pesquisa e manipulação de material genético;*

*III— definir, em todas as unidades da Federação, espaços territoriais e seus componentes a serem especialmente protegidos, sendo a alteração e a supressão permitidas somente através de lei, vedada qualquer utilização que comprometa a integridade dos atributos que justifiquem a sua proteção;*

*[...]*

*V— controlar a produção, a comercialização e o emprego de técnicas, métodos e substâncias que comportem risco para a vida, a qualidade de vida e o meio ambiente;*

*[...]*

*VII— proteger a fauna e a flora, vedadas, na forma da lei, as práticas que coloquem em risco sua função ecológica, provoquem a extinção de espécies, ou submetam animais à crueldade.*

*[...]*

*§ 3º As condutas e atividades consideradas lesivas ao meio ambiente sujeitarão os infratores, pessoas físicas ou jurídicas, a sanções penais e administrativas, independentemente da obrigação de reparar os danos causados".*

Os institutos das áreas de preservação permanente e de reserva legal têm relevância ímpar no cumprimento da diretriz constitucional protetiva do meio ambiente e na função de manter um patamar de exploração sustentável dos recursos naturais[5].

---

5   Dentre as expressões mais utilizadas e repetidas na atualidade figura a sustentabilidade ou mesmo o adjetivo sustentável. Sustentável é termo definido como característica do "que pode ser sustentado, passível de sustentação, suportável" (HOUAISS, Antônio, e VILLAR, Mauro de Salles. Grande Dicionário Houaiss da Língua Portuguesa. Rio de Janeiro: Objetiva, 2001, p. 2649). Leonardo Boff analisa a sustentabilidade, conferindo-lhe um sentido passivo e outro ativo. Proclama, então, que a sustentabilidade abrange "tudo o que fizermos para que um ecossistema não decaia e se arruíne" (passivo) e ainda "os procedimentos que se tomam para permitir que um bioma se mantenha vivo, protegido, alimentado de nutrientes a ponto de sempre se conservar bem e estar sempre à altura dos

A sustentabilidade, como prática e valor a ser buscado[6], deve nortear toda e qualquer decisão pública ou privada, especialmente aquelas de grande expressão ou abrangência social.

A finitude dos recursos naturais, por sua vez, torna imperativa sua racional utilização, de modo a se garantir um mínimo de segurança ambiental às presentes e futuras gerações[7].

Esse raciocínio redunda inevitavelmente na necessária reflexão acerca do conceito de desenvolvimento econômico[8].

A Declaração das Nações Unidas sobre Meio Ambiente e Desenvolvimento (Rio de Janeiro, 1992), proclama que *"o direito ao desenvolvimento deve ser exercido, de modo a permitir que sejam atendidas eqüitativamente as necessidades de gerações presentes e futuras"* (Princípio 3); *"para alcançar o desenvolvimento sustentável, a proteção ambiental deve constituir parte integrante do processo de desenvolvimento, e não pode ser considerada isoladamente deste"* (Princípio 4).

Particularmente, a exploração das áreas rurais e a manutenção de espaços protegidos é tema em que se deve ter especial atenção à sustentabilidade e ao conceito de desenvolvimento sustentável.

---

riscos que possam advir" (ativo) (BOFF, Leonardo. *Sustentabilidade: o que é: o que não é*. Petrópolis: Vozes, 2012, p. 31-32). Aplicada aos problemas ambientais, a sustentabilidade deve refletir a característica das atividades que possam ser racional e razoavelmente suportadas pela própria sociedade e/ou pelo ambiente habitado por esta.

6   Para Juarez Freitas, a sustentabilidade pode ser definida, em termos jurídicos, como o "princípio constitucional que determina, independentemente de regulamentação legal, com eficácia direta e imediata, a responsabilidade do Estado e da sociedade pela concretização solidária do desenvolvimento material e imaterial, socialmente inclusivo, durável e equânime, ambientalmente limpo, inovador, ético e eficiente, no intuito de assegurar, preferencialmente de modo preventivo e precavido, no presente e no futuro, o direito ao bem-estar físico, psíquico e espiritual, em consonância homeostática com o bem de todos" (FREITAS, Juarez. *Sustentabilidade: direito ao futuro*. Belo Horizonte: Fórum, 2011, p. 40-41).

7   Imposição do próprio art. 225 da Constituição Federal, ao estabelecer que incumbe ao Poder Público e à sociedade o dever de preservar e defender o meio ambiente, garantindo-o sadio às "presentes e futuras gerações".

8   "O conceito de desenvolvimento transcende, substancialmente, a ideia limitada de crescimento econômico" (SARLET, Ingo Wolfgang; FENSTERSEIFER, Tiago. *Estado socioambiental e mínimo existencial (ecológico?): algumas aproximações*. In SARLET, Ingo Wolfgang, *Estado Socioambiental e Direitos Fundamentais*. Porto Alegre: Livraria do Advogado Editora, 2010, p. 21).

CAPÍTULO I – DISCUSSÕES SOBRE A LEI 12.651/2012

Os institutos das áreas de preservação permanente e de reserva legal possuem funções ambientais relevantíssimas pois prestam os chamados serviços ecossistêmicos, interações entre seres e elementos que beneficiam o próprio ambiente, sua sanidade e a vida humana.

Por ocasião da tramitação do projeto de lei que se converteu no Código Florestal vigente (Lei nº 12.651/12), o Ministério Público de São Paulo lançou-se em árduo trabalho de investigação científica sobre os institutos jurídico-ambientais e as mudanças que apontavam no horizonte próximo da legislação brasileira. O trabalho referido resultou no já conhecido Relatório do Subgrupo de Defesa do Patrimônio Florestal e de Combate às Práticas Rurais Antiambientais[9], documento em que são formuladas conclusões acerca dos institutos existentes no Código Florestal de 1965, das mudanças legislativas propostas e especialmente da necessidade de se manter o patamar de proteção legislativa então existente.

Do relatório referido, extrai-se esclarecedora sistematização sobre as funções exercidas pelos institutos das áreas de preservação permanente e de reserva legal[10].

---

9    Disponível em http://www.mpsp.mp.br/portal/page/portal/projeto_florestar/Programa_diagnosticos/material-apoio. Acesso em 10.06.2015. O Subgrupo de Trabalho mencionado foi composto pelos Promotores de Justiça do Estado de São Paulo Alexandre Petry Helena, Almachia Zwarg Acerbi, Cláudia Maria Lico Habib, Cláudio José Baptista Morelli, Cristina Godoy de Araújo Freitas (GAEMA/Secretária Executiva), Felipe José Zamponi Santiago, Flávia Maria Gonçalves, Ivan Carneiro Castanheiro, José Eduardo Ismael Lutti, José Roberto Fumach Júnior, Marcelo Pedroso Goulart (Coordenador/Relator), Marcos Akira Mizusaki, Marcos Mendes Lyra, Matheus Jacob Fialdini, Nathan Glina e Renata Bertoni Vita.

10   "Dentre as inúmeras funções ecológicas das áreas de preservação permanente, podemos citar, com base em NEPOMUCENO e outros (2011, *passim*): • funções bióticas: - preservação do patrimônio genético e do fluxo gênico de fauna e flora típicas das áreas ripárias, de encosta, de topo de morro e alagados; - abrigo, conservação e proteção das espécies da flora e da fauna nativas adaptadas às condições microclimáticas ripárias, de encosta, de topo de morro, de alagados; - abrigo de agentes polinizadores, dispersores de sementes e inimigos naturais de pragas, responsáveis pela produção e reprodução das espécies nativas; - asseguração de circulação contínua para a fauna (corredor de fauna); - provisão de alimentos para a fauna aquática e silvestre. • funções hídricas: - asseguração da perenidade das fontes e nascentes mediante o armazenamento de águas pluviais no perfil do solo; - asseguração do armazenamento de água na microbacia ao longo da zona ripária, contribuindo para o aumento da vazão na estação seca do ano; - promoção e redução das vazões máximas (ou críticas) dos cursos d'água, mediante o armazenamento das águas pluviais, contribuindo para a diminuição das enchentes e inundações nas cidades e no campo; - filtragem das águas do lençól freático delas retirando o excesso de nitratos, fosfatos e outras moléculas advindas dos campos agrícolas; - arma-

zenagem e estocagem de água nos reservatórios subterrâneos ou aquíferos. • funções edáficas: - promoção da estabilização das ribanceiras dos cursos d'água pelo desenvolvimento de um emaranhado sistema radicular nas margens, reduzindo as perdas de solo e o assoreamento dos mananciais; - contribuição para a redução dos processos erosivos e do carreamento de partículas e sais minerais para os corpos d'água; • funções climáticas: - amenização dos efeitos adversos de eventos climáticos extremos, tanto no campo como nas cidades; - contribuição para a estabilização térmica dos pequenos cursos d'água ao absorver e interceptar a radiação solar; - contribuição para a redução da ocorrência de extremos climáticos, como as altas temperaturas, mediante a interceptação de parte da radiação solar e, com isso, reduzindo os efeitos das "ilhas de calor" (aumento localizado da temperatura devido a exposição da superfície do solo); - contribuição para a redução do "efeito estufa" mediante o sequestro e fixação de carbono, uma vez que os solos das florestas nativas abrigam uma microflora muito abundante e diversificada, constituída basicamente por compostos carbônicos. • funções sanitárias: - interceptação de parte expressiva do material particulado carreado pelos ventos, melhorando as condições fitossanitárias das culturas nas áreas rurais e a qualidade do ar nas áreas urbanas e rurais. • funções estéticas: - melhoramento da composição da paisagem e da beleza cênica.

Ao cumprir essas funções ecológicas, as áreas de preservação permanente também prestam serviços ecossistêmicos, dos quais podemos destacar, exemplificativamente, os seguintes: • fixação e fornecimento de nutrientes; • absorção de gás carbônico (estoque de carbono); • manutenção das características da paisagem, em seus aspectos estéticos e cênicos, por meio da preservação do mosaico de ecossistemas integrados; • manutenção de banco de germoplasma de espécies típicas de ambientes ripários e de áreas úmidas; • polinização: abrigo para agentes polinizadores (como insetos, pássaros e morcegos); • controle de pragas agrícolas: abrigo para grande variedade de insetos, aracnídeos, pássaros, répteis e anfíbios que atuam como predadores de pragas agrícolas; • controle biológico de doenças: abrigo para uma extensa gama de espécies de microorganismos saprófitas, parasitas, comensais ou simbiontes (bactérias, fungos e virus) que podem atuar como antagonistas ou hiperparasitas de microorganismos fitopatogênicos (fungos, bactérias, vírus), provendo o controle biológico de doenças das plantas cultivadas; • melhora da produção agrícola, em decorrência da ação de agentes polinizadores, dispersores de sementes e inimigos naturais de pragas que nelas habitam e encontram abrigo; • melhora da qualidade dos produtos agrícolas, com redução do emprego de agrotóxicos, em decorrência da ação de agentes polinizadores, dispersores de sementes e inimigos naturais de pragas que nelas habitam e encontram abrigo. (...)

Dentre as inúmeras funções ecológicas da reserva legal, podemos citar as seguintes, com base em NEPOMUCENO, CAMPOS, GAIA & ANDRADE JÚNIOR (2011, passim): • funções bióticas: - preservação do patrimônio genético e do fluxo gênico de fauna e flora típicas das áreas distintas das áreas ripárias e úmidas; - abrigo e proteção de espécies da flora e da fauna nativas adaptadas às condições microclimáticas de áreas distintas das áreas ripárias e úmidas; - abrigo para agentes polinizadores, dispersores de sementes e inimigos naturais de pragas, responsáveis pela produção e reprodução das espécies nativas; - provisão de alimentos para a fauna silvestre; - asseguração de circulação contínua para a fauna (corredor de fauna) pela interligação de áreas de preservação permanente nos divisores de água. • funções hídricas: - facilitação da infiltração da água no solo das partes mais afastadas dos fundos de vale, nas quais os solos são geralmente mais profundos, incrementando o reabastecimento dos lençóis freáticos e dos aquíferos; - manutenção do fluxo de água ou vazão nas nascentes, contribuindo para a sua perenidade, uma vez que a infiltração das águas pluviais é significativamente maior nas áreas florestadas quando comparada à infiltração nos solos cultivados, o que provoca a elevação do lençol

Evidentemente, para que se cumpram as funções ecológicas referidas em tal estudo, há necessidade de se preservar a vegetação nativa ali existente ou de recompô-la, se inexistente[11].

A relevância ambiental de tais áreas impõe que sejam elas mantidas com cobertura de vegetação nativa e o descumprimento dessa exigência põe em risco a sanidade do ambiente por desprovê-lo de todos os serviços ecossistêmicos ali prestados pela floresta.

---

freático; - redução da quantidade ou do volume dos deflúvios (enxurradas); - redução das vazões máximas (ou críticas) dos cursos d'água, diminuindo proporcionalmente a frequência e a intensidade das enchentes e inundações nas cidades e no campo; - armazenamento e estocagem de água nos reservatórios subterrâneos. • funções edáficas: - redução dos processos erosivos e do carreamento de partículas e sais minerais das partes mais altas para as partes mais baixas das encostas cultivadas, como conseqüência da maior infiltração das águas pluviais nas partes mais altas do relevo. • funções climáticas: - redução da ocorrência de extremos climáticos, como as altas temperaturas, mediante a interceptação de parte da radiação solar e, consequentemente, a redução dos efeitos das "ilhas de calor"; - redução do "efeito estufa" mediante o sequestro e fixação de carbono, tal qual nenhuma outra área agrícola ou silvicultural, uma vez que os solos das florestas nativas abrigam uma microflora muito abundante e diversificada, constituída basicamente por compostos carbônicos. • funções sanitárias: - interceptação de parte expressiva do material particulado carreado pelos ventos, melhorando as condições fitossanitárias das culturas nas áreas rurais e a qualidade do ar nas áreas urbanas; - preservação de substâncias aptas à produção de medicamentos. • funções estéticas: - melhoria da composição da paisagem e da beleza cênica.

Ao cumprir essas funções ecológicas, a reserva legal também presta serviços ecossistêmicos, dos quais podemos destacar os seguintes; • disponibilização de mais água para as culturas agrícolas, devido ao maior armazenamento de água nas partes mais altas do relevo e a consequente elevação dos níveis d'água dos lençóis freáticos e dos aquíferos; • fornecimento de água potável de baixo custo para a população: ao facilitar a infiltração de água pluvial para os aquíferos, garante balanço hídrico que permite a continuidade de explotação de água para abastecimento público sem os custos de tratamento; • abrigo para agentes polinizadores (insetos, pássaros); • controle de pragas agrícolas: abrigo para grande variedade de insetos, aracnídeos, pássaros, répteis e anfíbios que atuam como predadores de pragas agrícolas, melhorando a produção agrícola e a qualidade dos produtos agrícolas, com redução do emprego de agrotóxicos (inseticidas, acaricidas, etc.); • abrigo para uma extensa gama de espécies de microrganismos saprófitas, parasitas, comensais ou simbiontes (bactérias, fungos e vírus) que podem atuar como antagonistas ou hiperparasitas de microrganismos fitopatogênicos (fungos, bactérias, vírus), provendo o controle biológico de doenças das plantas cultivadas, melhorando a produção agrícola e reduzindo o emprego de agrotóxicos (fungicidas, bactericidas, acaricidas etc.); • melhora da produção agrícola, em decorrência da ação de agentes polinizadores, dispersores de sementes e inimigos naturais de pragas que nelas habitam e encontram abrigo; • melhora da qualidade dos produtos agrícolas, com redução do emprego de agrotóxicos, em decorrência da ação de agentes polinizadores, dispersores de sementes e inimigos naturais de pragas que nelas habitam e encontram abrigo".

11  Conforme se extrai do disposto nos arts. 7° e 17 da Lei n° 12.651/12.

As áreas rurais consolidadas representam a evidente violação de tais exigências, descumprem a diretriz constitucional que determina a proteção ambiental e, por tais razões, podem ser consideradas instituto de um direito antiambiental. De modo algum podem se entender como componentes de um direito que se preze pela proteção do meio ambiente, já que, indiscutivelmente, atentam contra o equilíbrio ambiental.

Acatar friamente a aplicação dos institutos permissivos das áreas consolidadas é violar a Constituição Federal, por se desprezar todo o arcabouço científico que fundamenta a proteção ambiental de áreas relevantes.

### 4. A constitucionalização do direito e a interpretação do direito ambiental

Não se olvide que há que se atentar para a necessidade de interpretação dos dispositivos legais em conformidade com o texto constitucional.

Em um regime de supremacia da Constituição, é preciso que se apliquem os institutos jurídicos sempre de modo a se buscar o cumprimento da mais alta lei do Estado brasileiro.

Note-se que a Constituição Federal exige, no proclamado art. 225, a adequada proteção do bem jurídico ambiental, garantindo sua existência perene e sustentável para as presentes e futuras gerações.

Frise-se ainda que o movimento de constitucionalização do direito, tardiamente ocorrido no Brasil, implica o reconhecimento de que as normas constitucionais irradiam seus efeitos para todo o ordenamento, orientando a atividade de interpretação/aplicação do direito pelo intérprete.

A expressão constitucionalização, na acepção aqui adotada, pretende designar o efeito expansivo das normas constitucionais, que se irradiam por todo o sistema jurídico, resultando disso ao menos três principais efeitos: (a) a possibilidade de aplicação direta e imediata da Constituição a diversas situações concretas; (b) a avaliação e declaração de inconstitucionalidade de normas incompatíveis com a Constituição; (c) e a obrigatoriedade de interpretação de todas as normas e atos jurídicos em conformidade com as disposições da Constituição.

A Constituição, vista sob esse prisma, condiciona a atuação dos poderes públicos e também se impõe nas relações entre os particulares.

A partir da noção de constitucionalização do direito, todos os ramos do direito nacional são influenciados por uma assim nomeada

CAPÍTULO I – DISCUSSÕES SOBRE A LEI 12.651/2012

filtragem constitucional e todo e qualquer ato jurídico deve ser analisado a partir da Constituição, repelindo-se disposições ou situações que gerem resultados contrários à diretriz expressa na Constituição[12].

Os fatores que convergiram para a chamada constitucionalização do direito podem ser mencionados: a aproximação histórica entre o constitucionalismo e a democracia; o reconhecimento da força normativa da Constituição e em especial dos princípios constitucionais; e a expansão da jurisdição constitucional.

No Brasil, é possível dizer que a constitucionalização é um movimento tardio[13], que somente se inicia após a vigência da Constituição de 1988, que tem papel destacado, seja pelo momento histórico que a precedeu, seja pelos mais diversos interesses que agasalhou e buscou conciliar. Fato é que nossa Constituição passou a tratar de matérias e questões que

---

12 "Nesse ambiente, a Constituição passa a ser não apenas um sistema em si – com a sua ordem, unidade e harmonia –, mas também um modo de olhar e interpretar todos os demais ramos do direito. Este fenômeno, identificado por alguns autores como *filtragem constitucional*, consiste em que toda a ordem jurídica deve ser lida e apreendida sob a lente da Constituição, de modo a realizar os valores nela consagrados. Como antes já assinalado, a constitucionalização do direito infraconstitucional não tem como sua principal marca a inclusão na Lei Maior de normas próprias de outros domínios, mas, sobretudo, a reinterpretação de seus institutos sob uma ótica constitucional" (BARROSO, Luís Roberto. A constitucionalização do direito e suas repercussões no âmbito administrativo. *In*: ARAGÃO, Alexandre Santos de; MARQUES NETO, Floriano de Azevedo. *Direito Administrativo e seus novos paradigmas*. Belo Horizonte: Fórum, 2008, p.43).

13 A fim de se localizar histórica e geograficamente a tendência de constitucionalização do direito, citam-se exemplos relevantes no direito comparado: na Inglaterra - embora haja uma constituição histórica, não se pode falar de constitucionalização do direito, por não haver naquele país um sistema de controle de constitucionalidade. Também porque não vigora o princípio da supremacia da constituição, mas sim o da supremacia do Parlamento; nos Estados Unidos da América - naquele país, sempre se entendeu que a Constituição tinha aplicabilidade direta e imediata pelo Judiciário. Desde o célebre caso Marbury vs Madson (1803), a jurisprudência da Suprema Corte consolidou essa tendência; na Alemanha, a partir da vigência da Lei fundamental de 1949, iniciou-se tendência jurisprudência de aplicação da Constituição a diversos temas, inclusive àqueles próprios do direito provado, sendo célebre o exemplo do Caso Lüth (1958), em que se reconheceram de forma pioneira a dimensão objetiva dos direitos fundamentais e sua chamada eficácia horizontal. Além disso, é de 1959 a importante obra de Konrad Hesse (*A força normativa da Constituição*); na França, a peculiaridade que se verifica é a inexistência de controle posterior de constitucionalidade. Porém, há o reconhecimento da "impregnação" do ordenamento pelos valores constitucionais a partir do início da década de 1970 (nesse sentido, ver BARROSO, Luís Roberto. A constitucionalização do direito e suas repercussões no âmbito administrativo. *In*: ARAGÃO, Alexandre Santos de; MARQUES NETO, Floriano de Azevedo. *Direito Administrativo e seus novos paradigmas*. Belo Horizonte: Fórum, 2008, p. 33-39).

até então ficavam a cargo da legislação infraconstitucional, e embora não seja isso o que se quer designar com a expressão «constitucionalização do direito", os dois fenômenos mantêm íntima relação[14].

Fala-se então em supremacia formal e material da Constituição e esta se apresenta como parâmetro de validade e vetor de interpretação de todo o sistema jurídico.

Tal constatação se mostra relevante, na medida em que o direito ambiental, assim como de resto ocorre com os mais variados ramos do direito, admite múltiplas interpretações, diante do regramento dado a determinado tema e dos fatos postos em especificada situação[15].

Nas últimas décadas, aliás, tem se verificado tendência marcante no pensamento jurídico ocidental, qual seja a de se valorizar a figura do intérprete, em um movimento de migração do poder antes concentrado no legislador.

Observe-se que o poder de que se trata é o de expressar a norma jurídica, diferentemente do poder de produzir o texto legal. Este, aliás, não se confunde com aquela e a diferenciação entre tais conceitos vem já há tempos sendo frisada pela doutrina da teoria geral e da filosofia do direito[16].

---

14 A constitucionalização marcou-se também pela passagem da Constituição ao centro do sistema jurídico, papel antes ocupado pelo Código Civil. Zagrebelsky observa que o Estado nascido na França após a Revolução de 1789 teve como característica marcante a configuração dos direitos *segundo a legislação*. Ressalta ainda que no Estado francês a "verdadera 'Constitución' jurídicamente operante no fu ela *Déclaration*, sino el *Code civil*, no en vano denominado com frecuencia la 'Constitución de la burguesía' liberal" (ZAGREBELSKY, Gustavo. *El derecho dúctil: Ley, derechos, justicia*. 9ª ed., Madrid: Editorial Trotta, 2009., p. 53).

15 Eros Grau já advertiu, em obra clássica: *"O direito é alográfico. E alográfico é porque o texto normativo não se completa no sentido nele impresso pelo legislador. A 'completude' do texto somente é atingida quando o sentido por ele expresso é produzido, como nova forma de expressão, pelo intérprete. [...] Nego peremptoriamente a existência de uma única resposta correta (verdadeira, portanto) para o caso jurídico – ainda que o intérprete esteja, através dos princípios, vinculado pelo sistema jurídico. Nem mesmo o juiz Hércules [Dworkin] estará em condições de encontrar para cada caso uma resposta verdadeira, pois aquela que seria a única resposta correta simplesmente não existe"* (*Ensaio e discurso sobre a interpretação/aplicação do direito*. São Paulo: Malheiros Editores, 2006, p. 30 e 40).

16 John M. Kelly faz referência à obra do alemão Josef Esser, um dos precursores na investigação do rico tema da interpretação jurídica: *"Na verdade, a preocupação com esse aspecto dos sistemas jurídicos já existia desde há muito tempo, não só antes de Dworkin, mas vários anos antes de O conceito de direito de Hart. Foi ventilada pelo Professor alemão Josef Esser, cujo livro Grundsatz und norm (Princípio e norma) foi publicado pela primeira vez em 1956. O objetivo de Esser era estudar a interação entre a legislação – na tradição da Europa continental, um termo virtualmente idêntico a 'direito' – e sua inter-*

## CAPÍTULO I – DISCUSSÕES SOBRE A LEI 12.651/2012

No ensinamento de Humberto Ávila, "normas não são textos nem o conjunto deles, mas os sentidos construídos a partir da interpretação sistemática de textos normativos. Daí se afirmar que os dispositivos se constituem no objeto da interpretação; e as normas, no seu resultado"[17].

Nesse contexto, resta evidente que a norma jurídica de fato aplicável a determinada situação concreta somente se obtém após o exercício de competências públicas complexas e sucessivas, atribuídas a diferentes atores alocados em diferentes Poderes de Estado.

Desse modo, claramente se vê que o intérprete participa do processo de construção ou de definição da norma jurídica solucionadora de determinado conflito ou situação concreta[18].

A valorização da figura do intérprete dos textos legais é fenômeno que tem ligação íntima com as características de um direito fluido[19], com o incremento da força normativa dos princípios e com as exi-

---

*pretação. Ao longo de seu trabalho, baseado em uma grande fundamentação comparativa, ele demonstrou que a suposta diferença entre o juiz do civil law, preso ao texto de seu código, e o juiz do common law, livre para construir novas soluções para novos casos, era amplamente imaginária. O juiz do civil law também cria e molda o direito, embora pareça que está somente aplicando o código; e faz isso exprimindo princípios extralegais enquanto seleciona e desenvolve os artigos de seus códigos"* (KELLY, John M. *Uma breve história da teoria do direito ocidental.* Tradução de Marylene Pinto Michael. São Paulo: Editora WMF Martins Fontes, 2010, p. 537).

17  *Teoria dos princípios: da definição à aplicação dos princípios jurídicos.* 12ª ed. ampl., São Paulo: Malheiros Editores, 2011, p. 30.

18  Humberto Ávila, avaliando as possibilidades de distinção entre princípios e regras jurídicas realça ainda mais o papel do intérprete: *"A relação entre as normas constitucionais e os fins e os valores para cuja realização elas servem de instrumento não está concluída antes da interpretação, nem incorporada ao próprio texto constitucional antes da interpretação. Essa relação deve ser, nos limites textuais e contextuais, corretamente construída pelo próprio intérprete"* (*Teoria dos princípios: da definição à aplicação dos princípios jurídicos.* 12ª ed. ampl., São Paulo: Malheiros Editores, 2011, p. 41).

19  Com relação ao caráter fluido do direito, apontado pelos pensadores na atualidade, vale citar a lição do constitucionalista italiano Gustavo Zagrebelsky: *"Si, mediante una palabra lo más aproximada posible, quisiéramos indicar el sentido de este carácter esencial del derecho de los Estados constitucionales actuales, quizás podríamos usar la imagen de la ductilidad. La coexistencia de valores y principios, sobre la que hoy debe basarse necesariamente una Constitución para no renunciar a sus cometidos de unidad e integración y al mismo tiempo no hacerse incompatible com su base material pluralista, exige que cada uno de tales valores y principios se asuma con carácter no absoluto, compatible con aquellos otros con los que debe convivir. Solamente asume carácter absoluto el metavalor que se expresa en el doble imperativo del pluralismo de los valores (en lo tocante al aspecto sustancial) y la lealtad en su enfrentamiento (en lo referente ao aspecto procedimental). Éstas son, al final, las supremas exigencias constitucionales de toda sociedad pluralista que quiera ser y preservarse como tal"* (ZAGREBELSKY, Gustavo.

gências políticas de uma maior efetividade do direito posto em relação a seu aspecto finalístico[20].

Nesse aspecto, ganha relevância a questão de serem os direitos ambientais categorizados como direitos fundamentais.

---

*El derecho dúctil: Ley, derechos, justicia.* 9ª ed., Madrid: Editorial Trotta, 2009, p. 14-15). A utilização do qualificativo *dúctil* atribuído ao direito foi criação do jurista italiano e atende satisfatoriamente à intenção de ligar ao direito atualmente praticado as ideias de relatividade, flexibilidade, adaptabilidade. Tais características são, aliás, próprias de um modo de aplicar o direito que se caracteriza pela maleabilidade dos textos jurídicos, adaptáveis que são a situações concretas, de modo a dar a cada uma delas solução ou resultado justo. Não se ignore, porém, o risco que se corre ao supervalorizar a posição do intérprete, qual seja, o de se entregar a definição do direito ao subjetivismo, o que leva à total incerteza, situação absolutamente contraditória em relação aos fins da própria lei e do direito. Por tal razão, incumbe à doutrina e à jurisprudência um papel por demais relevante, o de traçar parâmetros minimamente objetivos e seguros para balizar o caminho a ser percorrido pelo intérprete. Há interessante passagem em que BOBBIO aborda a polêmica existente entre dois textos clássicos, um de Aristóteles, outro de Platão, em que se dá o diálogo entre vantagens e desvantagens apontadas por cada um deles na análise da produção do direito por leis e das decisões jurídicas tomadas por órgãos de governo ou de justiça em casos concretos, particulares. Ou seja, retrata o autor o confronto que se dá entre as expressões "governo das leis" e "governo dos homens". A leitura atenta de seu texto, porém, demonstra que, por vezes, o apontamento da absoluta ineficiência de um ou de outro modo de se fazer/aplicar o direito é tendencioso e dá valor apenas a falhas que se possam verificar na prática do exercício do poder: *"Como se vê, quem sustenta a tese da superioridade do governo dos homens altera completamente a tese do adversário: o que constitui para este último o elemento positivo da lei, a sua 'generalidade', torna-se para o primeiro o elemento negativo, na medida em que, exatamente por sua generalidade, a lei não pode abarcar todos os casos possíveis e acaba, assim, por exigir a intervenção do sábio governante para que seja dado a cada um o que lhe é devido. O outro, porém, por sua vez, pode defender-se alegando o segundo caráter da lei: o fato de ser 'sem paixões'. Com esta expressão, Aristóteles quer demonstrar que onde o governante respeita a lei não pode fazer valer as próprias preferências pessoais. (...) Enquanto o primado da lei protege o cidadão do arbítrio do mau governante, o primado do homem o protege da aplicação indiscriminada da norma geral – desde que, entende-se, o governante seja justo. A primeira solução subtrai o indivíduo à singularidade da decisão, a segunda o subtrai à generalidade da prescrição. Além do mais, assim como esta segunda pressupõe o bom governante, a primeira pressupõe a boa lei. As duas soluções são postas uma diante da outra como se se tratasse de uma escolha em termos absolutos: aut-aut. Na realidade, porém, ambas pressupõem uma condição que acaba por torná-las, com a mudança da condição, intercambiáveis"* (BOBBIO, Norberto. *O futuro da democracia*, p. 167-168). O que de fato deve ser reconhecido é que as atividades de legiferação e de aplicação da lei ao caso concreto são interdependentes entre si e, quando se fala em governo das leis e governo dos homens, há que se ter em conta o sentido figurado dessas expressões, já que as leis também são feitas e aplicadas por homens e as atividades de que se cuida são eminentemente humanas (intrinsecamente) e sociais (nos seus efeitos).

20 Note-se que no Brasil o aspecto finalístico do direito posto deve ser ligado ao disposto no texto da Constituição Federal de 1988 e em especial aos fundamentos da República, arrolados no art. 1º, e aos objetivos do Estado, que se encontram traçados no art. 3º.

CAPÍTULO I – DISCUSSÕES SOBRE A LEI 12.651/2012

A configuração dos direitos de índole ambiental como direitos fundamentais já foi afirmada pelo Supremo Tribunal Federal, em acórdão de culta redação:

*"O direito ao meio ambiente ecologicamente equilibrado – direito de terceira geração – constitui prerrogativa jurídica de titularidade coletiva, refletindo, dentro do processo de afirmação dos direitos humanos, a expressão significativa de um poder atribuído não ao indivíduo identificado em sua singularidade, mas num sentido verdadeiramente mais abrangente, a própria coletividade social. Enquanto os direitos de primeira geração (direitos civis e políticos) que compreendem as liberdades clássicas, negativas ou formais, realçam o princípio da liberdade e os direitos de segunda geração (direitos econômicos, sociais e culturais), que se identificam com as liberdades positivas, reais ou concretas, acentuam o princípio da igualdade, os direitos de terceira geração, que materializam poderes de titularidade coletiva atribuídos genericamente a todas as formações sociais, consagram o princípio da solidariedade e constituem um momento importante no processo de desenvolvimento, expansão e reconhecimento dos direitos humanos, caracterizados enquanto valores fundamentais indisponíveis, pela nota de uma essencial inexauribilidade"* (STF. MS 22.164 – SP. Rel. Min. Celso de Mello. Diário de Justiça, 30/10/1995).

Considerado, pois, o direito de natureza ambiental como direito constitucional fundamental, disso decorre inexoravelmente que às questões ambientais devem se aplicar os princípios reconhecidos como impositivos em matéria de direitos fundamentais.

Cuida-se, aqui, especificamente de frisar o princípio nomeado pela doutrina como da máxima efetividade das normas constitucionais e dos direitos fundamentais.

É a ideia fundamental extraída do seguinte trecho da obra de Luís Roberto Barroso:

*"O intérprete constitucional deve ter compromisso com a efetividade da Constituição: entre interpretações alternativas e plausíveis, deverá prestigiar aquela que permita a atuação da vontade constitucional, evitando, no limite do possível, soluções que*

*se refugiem no argumento da não-auto-aplicabilidade da norma ou na ocorrência de omissão do legislador*"[21].

Em conclusão, aduz-se que a interpretação a ser dada aos institutos e dispositivos jurídico-ambientais deve ser aquela que privilegia a máxima efetividade da diretriz estabelecida claramente no *caput* do art. 225 da Constituição, isto é, a de se preservar o ambiente equilibrado *para as presentes e futuras gerações.*

**5. A subversão dos princípios setoriais do direito ambiental e dos princípios gerais do direito**

Como já ressaltado, o instituto das áreas rurais consolidadas contraria a diretriz de proteção ambiental estabelecida no art. 225 da Constituição Federal.

Mas não é só. Afronta também princípios setoriais do direito ambiental.

Os princípios jurídico-ambientais, normas estruturantes e conformantes do sistema jurídico-ambiental, devem conduzir os aplicadores do direito a uma interpretação das normas que seja consentânea com as diretrizes constitucionais vigentes.

A diretriz constitucional maior em matéria ambiental é aquela que se extrai do *caput* do art. 225 da Constituição Federal, segundo a qual o direito ao ambiente equilibrado pertence a todos e por todos deve ser preservado, para as presentes e futuras gerações.

Esta diretriz maior conduz-nos à adoção de princípios setoriais do direito ambiental, fundamentais para a solução das diversas lides que se verifiquem.

Os primeiros princípios a que se faz referência são os da **prevenção** e da **precaução**. Pelo mandamento contido no princípio da **prevenção**, deve ser dada preferência a medidas preventivas de danos ambientais. A tutela ambiental adequada não pode se contentar tão somente com a reparação de danos já ocorridos, mas deve buscar com preferência medidas que evitem a ocorrência de danos. Não se olvide também que muitos danos há que são tecnicamente irreparáveis na espécie, restando a possibilidade insatisfatória de uma compensação.

---

21 *Curso de direito constitucional contemporâneo: os conceitos fundamentais e a construção do novo modelo.* São Paulo: Saraiva, 2009, p. 305.

Já o princípio da **precaução** contém em si a ideia de que, ainda que não haja certeza sobre o caráter degradador de determinada atividade, devem ser adotadas cautelas para que se evite dano ambiental, ou seja, deve ser prolatada uma decisão em favor do meio ambiente. É o que se expressa por meio da máxima *in dubio pro* ambiente.

Por imposição de ambos os princípios referidos, há que se afastar a aplicação dos conceitos de áreas rurais consolidadas. A indevida ocupação das áreas de preservação permanente e de reserva legal, propiciada pelo instituto, vai de encontro aos mandamentos contidos em tais princípios, por permitirem a perpetuação de danos cujas consequências são comprovadamente danosas ao ambiente.

Também vale apontar o desrespeito ao princípio do **poluidor-pagador**, que exige que a pessoa responsável pela atividade poluidora arque com os custos do dano ambiental. Tal norma tem origem no preceito lógico de que os custos sociais da produção de bens ou serviços devem ser internalizados pela empresa ou pessoa que aufere os bônus de tal atividade.

O instituto das áreas rurais consolidadas viola tal princípio, por conferir indevida anistia ao poluidor e socializar os danos decorrentes do ilícito ambiental, numa lógica absolutamente invertida e desarrazoada.

Por fim, há que se reconhecer que o conceito criado constitui uma aberração jurídica, o que se conclui por sua análise à luz da teoria geral do direito.

Observe-se o resultado da aplicação de tais normas: aquele proprietário que agiu em conformidade com o direito vigente e sempre protegeu as áreas ambientalmente relevantes simplesmente deve continuar a protegê-las; já o proprietário que agiu em contrariedade ao direito, utilizando-se de espaços protegidos de maneira ilícita e antiambiental, recebe um prêmio: dispensa de obrigações de recomposição e possibilidade de continuar utilizando a área que deveria ter sido protegida.

É algo que contraria de maneira evidente o princípio geral do direito que versa que *ninguém deve se beneficiar de sua própria torpeza*. É a lei premiando o próprio ilícito.

É certo que a lei pode realizar discriminações entre as pessoas, o que se coaduna com uma noção material de isonomia. No entanto, as discriminações previstas pelo legislador devem ter em conta uma adequada fundamentação, uma correlação lógica entre o fator utilizado para discriminar e o resultado que se pretende. Evidentemente, a discriminação pretendida pelo legislador deve suportar um efetivo confronto com os valores postos na Constituição vigente.

No tratamento conferido às áreas rurais consolidadas, o que se nota é uma grave quebra de isonomia, numa aplicação invertida da célebre máxima aristotélica, que proclama tratamento igual às pessoas em idêntica situação e tratamento desigual a pessoas em situações diferentes.

De fato, deu-se tratamento desigual a pessoas proprietárias ou possuidoras de áreas que em julho de 2008 estivessem ocupadas. Diferenciou-se essa situação daquela outra, em que os espaços protegidos estavam intocados.

A discriminação perpetrada, entretanto, pune a retidão e premia o ilícito.

É realmente uma criação infeliz, a ser extirpada do mundo jurídico pela via do controle de constitucionalidade judicial, já que não o foi no âmbito do debate político.

### 6. Conclusão

A conclusão a que se chega, após o percurso dos raciocínios acima expostos, não pode ser outra senão a que considera inconstitucional a previsão legislativa acerca das áreas rurais consolidadas, tal como delineadas na Lei nº 12.651/12.

O assim chamado Código Florestal prestou, neste tema, um desfavor à sociedade brasileira, desconsiderando as revelações científicas que inevitavelmente devem ser adotadas na criação de um direito ambiental efetivo.

Observou-se também que o instituto referido afronta as mais antigas e conhecidas normas integrantes da teoria geral do direito, premiando ilícitos ambientais.

Espera-se que o Poder Judiciário, pelo exercício da sua função de último guardião dos direitos constitucionais, acolha a argumentação que é levada à esfera judicial, seja no âmbito do controle difuso de constitucionalidade, seja nas ações diretas de inconstitucionalidade ajuizadas perante o Supremo Tribunal Federal.

## Referências bibliográficas

AFONSO DA SILVA, José. *Aplicabilidade das normas constitucionais*. 6ª ed., São Paulo: Malheiros Editores, 2002.

ALEXY, Robert. *Teoria dos direitos fundamentais*. Tradução de Virgílio Afonso da Silva. São Paulo: Malheiros Editores, 2008.

ÁVILA, Humberto. *Teoria dos princípios: da definição à aplicação dos princípios jurídicos*. 12ª ed. ampl., São Paulo: Malheiros Editores, 2011.

BANDEIRA DE MELLO, Celso Antônio. *Curso de Direito Administrativo*. 27ª ed., São Paulo: Malheiros Editores, 2010.

_____. *Eficácia das Normas Constitucionais e Direitos Sociais*. São Paulo: Malheiros Editores, 2009.

_____. *Grandes Temas de Direito Administrativo*. São Paulo: Malheiros Editores, 2007.

BARROSO, Luís Roberto. A constitucionalização do direito e suas repercussões no âmbito administrativo. In: ARAGÃO, Alexandre Santos de; MARQUES NETO, Floriano de Azevedo. *Direito Administrativo e seus novos paradigmas*. Belo Horizonte: Fórum, 2008.

_____. *Curso de direito constitucional contemporâneo: os conceitos fundamentais e a construção do novo modelo*. São Paulo: Saraiva, 2009

_____. *Interpretação e aplicação da Constituição*. São Paulo: Editora Saraiva, 2009.

BOBBIO, Norberto. *O Futuro da Democracia*. 10ª ed., São Paulo: Paz e Terra, 2006.

BOFF, Leonardo. *Sustentabilidade: o que é: o que não é*. Petrópolis: Vozes, 2012.

CAMBI, Eduardo. *Neoconstitucionalismo e neoprocessualismo: direitos fundamentais, políticas públicas e protagonismo judiciário*. São Paulo: Editora RT, 2009.

DALLARI, Dalmo de Abreu. *A Constituição na vida dos povos: da Idade Média ao Século XXI*. São Paulo: Saraiva, 2010.

FERREIRA FILHO, Manoel Gonçalves. *O papel político do Judiciário na ordem constitucional vigente*. In Revista do Advogado nº 99. São Paulo: AASP, p. 86-91, 2008.

FREITAS, Juarez. *Sustentabilidade: direito ao futuro*. Belo Horizonte: Fórum, 2011.

GOULART, Marcelo Pedroso. *Relatório do Subgrupo de Defesa do Patrimônio Florestal e de Combate às Práticas Rurais Antiambientais*. São Paulo: Ministério Público, 2012. Disponível em http://www.mpsp.mp.br/portal/page/portal/projeto_florestar/Programa_diagnosticos/material-apoio. Acesso em 10.06.2015.

GRAU, Eros Roberto. *Ensaio e discurso sobre a interpretação/aplicação do Direito*. 4ª ed., São Paulo: Malheiros Editores, 2006.

_____. *O direito posto e o direito pressuposto*. 7ª ed., rev. e ampl., São Paulo: 2008.

_____. *Por que tenho medo dos juízes: a interpretação/aplicação do direito e os princípios*. São Paulo: Malheiros Editores, 2013.

HESSE, Konrad. *A força normativa da Constituição*. 1ª ed., Porto Alegre: Sérgio Antonio Fabris, 1991.

HOUAISS, Antônio, e VILLAR, Mauro de Salles. *Grande Dicionário Houaiss da Língua Portuguesa*. Rio de Janeiro: Objetiva, 2001.

KELLY, John M. *Uma breve história da teoria do direito ocidental*. Tradução de Marylene Pinto Michael. São Paulo: Editora WMF Martins Fontes, 2010.

KRIELE, Martin. *Introdução à teoria do estado: os fundamentos históricos da legitimidade do estado constitucional democrático*. Tradução de Urbano Carvelli. Porto Alegre: Sergio Antonio Fabris Ed., 2009.

REALE, Miguel. *Horizontes do Direito e da História*. 3ª ed., rev. e aument., São Paulo: Saraiva, 2000.

RODRIGUES, Geisa de Assis. *Ação civil pública e compromisso de ajustamento de conduta: teoria e prática*. Rio de Janeiro: Forense, 2002.

SARLET, Ingo Wolfgang; FENSTERSEIFER, Tiago. Estado socioambiental e mínimo existencial (ecológico?): algumas aproximações. In SARLET, Ingo Wolfgang, *Estado Socioambiental e Direitos Fundamentais*. Porto Alegre: Livraria do Advogado Editora, 2010.

ZIPPELIUS, Reinhold. *Teoria Geral do Estado*. Tradução de Karin Praefke-Aires Coutinho, 3ª ed., Lisboa: Fundação Calouste Gulbenkian, 1997.

ZAGREBELSKY, Gustavo. *El derecho* dúctil: *Ley, derechos, justicia*. 9ª ed., Madrid: Editorial Trotta, 2009.

# RESERVA FLORESTAL LEGAL: AVERBAÇÃO NO REGISTRO DE IMÓVEIS *VERSUS* INSCRIÇÃO NO CADASTRO AMBIENTAL RURAL[1]

Álvaro Luiz Valery Mirra[2]

**Resumo:** O presente trabalho analisa a questão da obrigatoriedade da averbação da reserva legal no registro de imóveis, estabelecida no § 8º do art. 16 do Código Florestal de 1965, à vista da nova disciplina legal da matéria, constante do § 4º do art. 18 do novo Código Florestal, que pretendeu dispensar o proprietário rural da averbação da reserva, uma vez inscrita esta última no CAR. Ressalta-se a importância do ato registral em questão para a instituição da reserva florestal legal, necessária para a preservação e a restauração de processos ecológicos essenciais e da biodiversidade, imprescindíveis à garantia do direito de todos ao meio ambiente ecologicamente equilibrado. Analisa-se, também, a orientação firmada no âmbito do Superior Tribunal de Justiça e da Corregedoria Geral da Justiça de São Paulo, sob a égide do Código Florestal revogado, que condicionou a prática de atos de transmissão de domínio, desmembramento e retificação da área de bens imóveis à prévia averbação da reserva legal, fazendo do registro de imóveis importante instrumento de controle e publicidade ambiental. A partir daí, examina-se a permanência da obrigação do proprietário rural de averbar a reserva legal no RI, enquanto não inscrita a reserva no CAR e, independentemente dessa inscrição, nas hipóteses de aplicação da norma do Código Florestal revogado a fatos ocorridos sob a sua vigência, uma vez mais à luz do entendimento do

---

1 Texto, acrescido de notas e de novos desenvolvimentos, de exposição realizada no Workshp "O novo Código Florestal em debate", realizado em conjunto pela Escola Paulista da Magistratura e pela Escola Superior do Ministério Público do Estado de São Paulo, no dia 15 de maio de 2015. Foram analisados no trabalho, ainda, alguns aspectos decorrentes dos debates realizados no evento, com as devidas indicações.

2 Juiz de Direito em São Paulo-SP; Doutor em Direito Processual pela Faculdade de Direito da Universidade de São Paulo; Diplomado em Estudos Superiores Especializados em Direito Ambiental pela Faculdade de Direito da Universidade de Estrasburgo – França; Membro de Instituto "O Direito Por Um Planeta Verde"; Membro da Associação dos Professores de Direito Ambiental do Brasil.

Superior Tribunal de Justiça no tocante à aplicação da nova legislação florestal. Por fim, cuida-se da supressão da obrigação da averbação da reserva legal, pretendida pelo Código Florestal de 2012, sob a ótica do princípio da proibição de retrocesso ambiental.

**Palavras-chave:** Reserva Legal. Inscrição no CAR. Averbação no registro de imóveis. Código Florestal de 1965 x Código Florestal de 2012. Proibição de retrocesso ambiental.

**Sumário:** 1. Considerações iniciais – 2. O registro de imóveis e a proteção do meio ambiente – 3. A averbação da reserva legal no Código Florestal de 1965 – 4. A averbação da reserva legal no novo Código Florestal: 4.1 A ausência de regra expressa na Lei n. 12.651/2012 a respeito da obrigatoriedade da averbação da reserva legal no RI; 4.2 A norma do § 4º do art. 18 do novo Código Florestal e a permanência da obrigatoriedade da averbação da reserva legal: 4.2.1 A obrigatoriedade da averbação da reserva legal nas hipóteses de incidência do novo Código Florestal; 4.2.2 A permanência da obrigatoriedade de averbação da reserva legal no RI em relação a fatos ocorridos sob a égide do Código Florestal de 1965; 4.3 A norma do art. 18, § 4º, do novo Código Florestal e o princípio da proibição de retrocesso ambiental – 5. Considerações finais.

## 1. Considerações iniciais

A Lei n. 12.651/2012, como sabido, trouxe nova disciplina legal para a proteção das florestas e demais formas de vegetação no Brasil e revogou o Código Florestal anterior, regulado pela Lei n. 4.771/1965. Essa nova legislação florestal introduziu diversas alterações no regime jurídico até então em vigor, que têm suscitado inúmeras discussões e debates na matéria.

Dentre os assuntos tratados pela nova lei está o concernente à averbação da reserva florestal legal nas matrículas dos imóveis rurais, cuja obrigatoriedade, anteriormente prevista no Código Florestal de 1965 e na Lei de Registros Públicos, o legislador pretendeu agora dispensar, uma vez inscrita a reserva no denominado Cadastro Ambiental Rural – CAR.

Em virtude desse novo tratamento normativo da questão, discute a doutrina a respeito da permanência ou não da obrigatoriedade da averbação da reserva florestal legal no registro de imóveis e da substituição pura e simples de tal providência pelo registro da reserva no CAR, com reflexos inegáveis nas decisões judiciais relacionadas à aplicação da nova legislação florestal.

A matéria, sem dúvida, não é destituída de importância, sob o ponto de vista do direito ambiental, notadamente diante da orientação firmada pelo Superior Tribunal de Justiça, sob a égide do Código Florestal revogado, de que a prévia averbação da reserva florestal legal no registro de imóveis é condição para a prática de qualquer ato que implique transmissão, desmembramento e retificação da área de imóvel rural. A partir desse posicionamento do STJ, o registro de imóveis passou a ser considerado como um importante instrumento de proteção e controle ambiental, notadamente no que se refere ao cumprimento da obrigação do proprietário rural de demarcar e averbar a reserva legal, indispensável à preservação e à restauração dos processos ecológicos essenciais e da biodiversidade.

Esse entendimento do Superior Tribunal de Justiça, ainda, além de repercutir sobre a orientação jurisprudencial dos demais tribunais do País, influiu igualmente sobre o posicionamento das diversas Corregedorias Gerais das Justiças dos Estados, que, em muitos casos, passaram a determinar aos oficiais registradores a exigência de prévia averbação da reserva legal nas matrículas dos imóveis rurais antes do registro de atos de transmissão do domínio, de desmembramento ou da retificação da área dos bens.

Daí a relevância do questionamento que vem sendo feito sobre a permanência ou não da obrigatoriedade da averbação da reserva legal nas matrículas dos imóveis rurais, junto aos oficiais de registro de imóveis, à vista da nova legislação florestal, e a possibilidade, admitida por esta, de dispensa da averbação desde que inscrita a reserva no CAR.

## 2. O registro de imóveis e a proteção do meio ambiente

O ponto de partida para a exata compreensão da matéria, quer nos parecer, está na análise da relação que existe entre o registro de imóveis e a proteção do meio ambiente, que, segundo a doutrina autorizada, comporta exame sob diversas perspectivas.

Com efeito, dentro de uma concepção tradicional, o registro imobiliário pode ser visto como repositório de situações ambientais destinado ao cumprimento da sua finalidade precípua de proteção do direito de propriedade.[3] Nessa ótica, o registro de imóveis acolhe determinadas informações de natureza ambiental, capazes de limitar e de condicionar o exercício do direito de propriedade, como garantia do próprio direito de propriedade e como elemento de segurança jurídica do tráfego imobiliário, a fim de que o sistema de transmissão da propriedade imobiliária seja seguro, à luz das restrições ao exercício do direito de propriedade resultantes da legislação protetiva do meio ambiente.

Já sob o ponto de vista mais atual e moderno, o registro de imóveis aparece como uma estrutura administrativa capaz de concentrar informações ambientais relevantes, para fins de publicidade e indução da prática de atos e comportamentos compatíveis com a legislação ambiental, imprescindíveis, ainda aqui, à garantia do direito de propriedade e da segurança do tráfego imobiliário.[4] Nessa concepção, o registro de imóveis passa a ser instrumento de publicidade da peculiar situação ambiental dos bens imóveis para ciência pública de tal situação, como forma de levar o proprietário a compatibilizar o exercício do seu direito de propriedade com a proteção do meio ambiente.[5]

Por fim, defende-se, hoje em dia, também, a viabilidade de considerar o registro de imóveis, na lição de Vicente de Abreu Amadei, como um autêntico instrumento protetivo-social, de controle urbanístico-ambiental, voltado a fazer com que a propriedade cumpra, efeti-

---

3   Vicente de Abreu Amadei. Anotações para uma reflexão sobre o aspecto instrumental do registro imobiliário no controle urbanístico da propriedade. *Revista de Direito Imobiliário*, São Paulo, nºs 31/32, p. 45-47, jan./dez. 1993; Marcelo Augusto Santana de Melo. O meio ambiente e o registro de imóveis. *Revista de Direito Imobiliário*, São Paulo, n. 57, p. 11 e 117-118, jul./dez. 2004; Flauzilino Araújo dos Santos. Registro de imóveis e meio ambiente: uma reflexão intra-organizacional necessária. Contribuição aos estudos desenvolvidos no X Congresso Brasileiro de Direito Notarial e de Registro realizado em Foz do Iguaçu-PR, de 15 a 18 de novembro de 2008, p. 07 (texto gentilmente cedido pelo autor).

4   Vicente de Abreu Amadei, ob. cit., p. 45-47; Marcelo Augusto Santana de Melo, ob. cit., p. 117-118; Anelise Grehs Stifelman. O registro de imóveis e a tutela do meio ambiente. In: BENJAMIN, Antônio Herman; IRIGARAY, Carlos Teodoro; LECEY, Eladio; CAPPELLI, Sílvia (Org.). *Florestas, mudanças climáticas e serviços ecológicos*. São Paulo: Imprensa Oficial do Estado de São Paulo, 2010, v. 1, p. 479; Leonardo Castro Maia. O novo Código Florestal e a averbação da reserva legal no registro de imóveis. *Revista de Direito Ambiental*, São Paulo, n. 70, p. 91, abr./jun. 2013.

5   É o que acontece na hipótese em que a informação constante do registro de imóveis é de tal natureza que prejudica, se não juridicamente, pelo menos em termos fáticos, a disponibilidade do bem. Exemplo expressivo é o da averbação nas matrículas dos imóveis das áreas contaminadas, que acaba levando o proprietário do bem a promover a descontaminação, a fim de poder dele dispor.

CAPÍTULO I – DISCUSSÕES SOBRE A LEI 12.651/2012

vamente, a sua função socioambiental.[6] Nesse sentido, como analisa Marcelo Augusto Santana de Melo, o registro de imóveis passa da condição de guardião do direito de propriedade à condição de guardião da função socioambiental da propriedade[7], chegando até, em determinados casos, a obstar a prática de atos registrais enquanto não cumpridas certas prescrições trazidas pelo direito ambiental.

Esse, portanto, o contexto em que deve ser analisada a questão da averbação da reserva florestal legal no RI, considerado este último tanto na condição de repositório de situações e informações ambientais que interferem com o direito de propriedade e implicam mudanças de comportamento do proprietário em prol do cumprimento da legislação ambiental, quanto na qualidade de instrumento de proteção e controle ambiental, garantidor do cumprimento da função socioambiental da propriedade.[8]

### 3. A averbação da reserva legal no Código Florestal de 1965

A reserva florestal legal, como sabido, é uma área que deve ser mantida com vegetação nativa em todas as propriedades rurais, observados os percentuais estabelecidos na legislação própria e específica. A sua manutenção, conforme analisado pela doutrina[9], justifica-se pela relevância que ela tem para a preservação e a restauração dos processos ecológicos essenciais e para a preservação da diversidade biológica, imprescindíveis à efetividade do direito de todos ao meio ambiente ecologicamente equilibrado, por força de norma expressa na Constituição Federal (art. 225, § 1º, I e II).

---

6   Ob. cit., p. 45-47. Na mesma direção caminha, segundo nos parece, Marcelo Augusto Santana de Melo, ob. cit., p. 117-118.

7   Ob. cit., p. 117-118.

8   Álvaro Luiz Valery Mirra. Direito ambiental e registro de imóveis. In: GUERRA, Alexandre; BENACCHIO, Marcelo. *Direito imobiliário brasileiro*: novas fronteiras na legalidade constitucional. São Paulo: Quartier Latin, 2011, p. 1238.

9   Antônio Herman V. Benjamin. Reflexões sobre a hipertrofia do direito de propriedade na tutela da reserva legal e das áreas de preservação permanente. *Revista de Direito Ambiental*, São Paulo, n. 4, p. 55, out./dez.1996; Nicolao Dino de Castro e Costa Neto. *Proteção jurídica do meio ambiente*. Belo Horizonte: Del Rey, 2003, p. 214; Paulo Affonso Leme Machado. *Direito ambiental brasileiro*. 23ª ed. São Paulo: Malheiros, 2015, p. 909; Édis Milaré. *Direito do ambiente*. 9ª ed. São Paulo: Ed. Revista dos Tribunais, 2014, p. 1302-1303. No mesmo sentido se pronunciou, ainda, em exposição realizada no próprio Workshop, Marcelo Pedroso Goulart.

De acordo com o art. 16, § 8º, do Código Florestal revogado, a área de reserva legal deveria ser averbada pelo proprietário à margem da matrícula do imóvel, após sua regular especificação – vale dizer, após a sua delimitação e demarcação concreta -, vedada a alteração da sua destinação nos casos de transmissão a qualquer título, desmembramento ou retificação da área do bem. Constituiu-se, assim, a obrigação de averbar a reserva legal em importante instrumento de proteção do meio ambiente, como forma de assegurar a instituição e a manutenção desse espaço territorial especialmente protegido, indispensável à preservação de processos ecológicos essenciais e da biodiversidade, necessária, por sua vez, como referido, à garantia do direito fundamental de todos ao meio ambiente.[10]

Importante, no ponto, lembrar a evolução operada na jurisprudência dos tribunais, especialmente no âmbito do Superior Tribunal de Justiça, no sentido de que a obrigação de delimitar, averbar, manter e restaurar a área de reserva legal é uma obrigação *propter rem*, ou seja, uma obrigação real, que acompanha o imóvel independentemente de quem seja o seu proprietário. Assim, pouco importa que o atual proprietário do imóvel não seja o causador da supressão da vegetação ou mesmo que ele já tenha adquirido a área sem a vegetação, uma vez que, pela sua simples condição de proprietário, fica ele obrigado a delimitar, demarcar e manter a reserva legal e de promover, ainda, a averbação da reserva no registro de imóveis.[11]

Nesses termos, sob a vigência do Código Florestal revogado, chegou-se ao entendimento pacífico a respeito do dever do proprietário

---

[10] Como anota Leonardo Castro Maia, a respeito da matéria, "a averbação da Reserva Legal no registro de imóveis sempre interessou sobremaneira à defesa do meio ambiente, no que tange à instituição e proteção deste espaço protegido, de modo a assegurar sua inalterabilidade e a publicidade sobre seus dados em um só local, com vocação para repositório das informações sobre bens imóveis (o registro de imóveis)" – O novo Código Florestal e a averbação da reserva legal no registro de imóveis. *Revista de Direito Ambiental*, São Paulo, n. 70, p. 91, abr./jun. 2013. Assim, também, já entendeu o Superior Tribunal de Justiça, em julgado relatado pelo eminente Ministro Luiz Fux: "A averbação da reserva legal, à margem da inscrição da matrícula da propriedade, é consequência imediata do preceito normativo e está colocada entre as medidas necessárias à proteção do meio ambiente, previstas tanto no Código Florestal como na Legislação extravagante" (STJ – 1ª T. – REsp n. 821.083/MG – j. 25.03.2008 – rel. Min. Luiz Fux).

[11] STJ – 2ª T. – REsp n. 948.921/SP – j. 23.10.2007 – rel. Min. Herman Benjamin; STJ – 2ª T. – Resp n. 263.383/PR – j. 16.05.2005 – rel. Min. João Otávio de Noronha; STJ – 2ª T. – REsp n. 217.858/PR – j. 04.11.2003 – rel. Min. Franciulli Netto.

CAPÍTULO I – DISCUSSÕES SOBRE A LEI 12.651/2012

atual do imóvel de manter a reserva florestal legal, ficando obrigado, na hipótese de inexistência da reserva, a implantá-la, com os correspondentes deveres de recompor a vegetação no local e de promover a averbação no registro imobiliário.

Diante dessa orientação, surgiu uma questão interessante, concernente à possibilidade de condicionar o ingresso de títulos de transmissão de domínio de bens imóveis no registro predial à prévia delimitação e averbação da reserva florestal legal na forma prevista na legislação. Passou-se a indagar, então, se, ausente a reserva legal em uma determinada propriedade rural, tendo o proprietário da área se omitido no cumprimento do dever de especificá-la e averbá-la no registro de imóveis, seria possível ao oficial registrador, na eventualidade de transmissão do domínio do bem, recusar o registro do título respectivo enquanto não averbada previamente a reserva.

A matéria foi discutida inicialmente no âmbito das Corregedorias Gerais das Justiças dos Estados e, em especial, no âmbito da Corregedoria Geral da Justiça do Estado de São Paulo, a partir de provocação feita pelo Ministério Público Estadual.[12]

A conclusão a que se chegou, em um primeiro momento, no Estado de São Paulo, foi a de que não se poderia proibir o ingresso no registro de imóveis de atos translativos da propriedade imobiliária ou de atos relacionados a fracionamentos dos bens imóveis, e nem a efetivação da retificação da área de imóveis rurais, sob o fundamento de não ter sido observada a determinação do Código Florestal de averbação da reserva legal. Segundo se entendeu, não havia disposição expressa de lei que condicionasse o acesso ao registro de imóveis de atos de transmissão de domínio, de fracionamento ou de retificação de área de imóveis rurais à prévia averbação da reserva legal, imprescindível na matéria.[13]

---

12 A iniciativa partiu do ilustre Promotor de Justiça do Estado de São Paulo, Dr. Luís Henrique Paccagnella.

13 Processo CG n. 421/2000 – parecer do Meritíssimo Juiz Auxiliar da Corregedoria, Dr. Antonio Carlos Morais Pucci, aprovado pelo eminente Desembargador Luís de Macedo, então Corregedor Geral da Justiça de São Paulo. Essa orientação foi reafirmada, na sequência, no Processo CG n. 2009/114013, com parecer do Meritíssimo Juiz Auxiliar da Corregedoria, Dr. José Antonio de Paula Santos Neto, aprovado pelo eminente Desembargador Antonio Carlos Munhoz Soares, então Corregedor Geral da Justiça de São Paulo. No mesmo sentido, em doutrina, Narciso Orlandi Neto. Reservas florestais. *Revista de Direito Imobiliário*, n° 42, p. 55-57.

Desse modo, no entendimento da Corregedoria Geral da Justiça de São Paulo, o registro imobiliário não poderia ser utilizado como instrumento para compelir o proprietário rural a instituir a reserva florestal legal na sua propriedade e a averbá-la no fólio predial.

Ocorre que, apesar desse posicionamento inicial da Corregedoria Geral da Justiça de São Paulo, sobreveio, na sequência, julgado do Superior Tribunal de Justiça, com voto condutor da eminente Ministra Nancy Andrighi, que extraiu da norma do § 8º do art. 16 do Código Florestal de 1965 a orientação no sentido de que "a averbação da reserva florestal é condição para a prática de qualquer ato que implique transmissão, desmembramento ou retificação de área de imóvel sujeito à disciplina da Lei n. 4.771/65".[14] Tal entendimento foi, em seguida, reafirmado pelo próprio Superior Tribunal de Justiça, em acórdão relatado pelo eminente Ministro Herman Benjamin, segundo o qual é, inclusive, dever do oficial de registro de imóveis obstar o ingresso no fólio predial de título de transmissão de domínio, desmembramento ou retificação da área de imóvel rural se não houver prévia averbação da reserva legal.[15]

Ressalte-se, no ponto, que, com esse posicionamento, o Superior Tribunal de Justiça admitiu, de forma clara, a utilização do registro de imóveis não apenas como instrumento de publicidade ambiental, mas, também, como instrumento capaz de viabilizar um *amplo controle ambiental*, até mesmo para o fim de inibir o ingresso no registro predial de qualquer ato relativo a transmissão de domínio, desmembramento ou retificação de área de bem imóvel que não esteja conforme à legislação protetiva do meio ambiente; ao menos no que

---

14  STJ – 3ª T. – REsp n. 831.212/MG – j. 01.09.2009 – rel. Min. Nancy Andrighi.

15  STJ – 2ª T. – REsp. n. 1221867 – j. 15.05.2012 – rel. Min. Herman Benjamin. É interessante observar que as decisões ora comentadas, na realidade, representam o ponto culminante de uma orientação que já vinha se desenhando anteriormente no âmbito do próprio Superior Tribunal de Justiça, quando se decidiu que "Desborda do mencionado regramento constitucional [do art. 225 da CF] portaria administrativa que dispensa novos adquirentes de propriedades rurais da respectiva averbação de reserva legal na matrícula do imóvel (STJ – 2ª T. – Recurso Ordinário em Mandado de Segurança n. 18.301/MG – j. 24.08.2005 – rel. Min. João Otávio de Noronha), impondo-se, ainda, "nos atos de transmissão de imóveis rurais realizados perante o Ofício de Registro de Imóveis da Comarca de São Sebastião do Paraíso/MG, seja cumprida a norma prevista no § 8º do art. 16 do Código Florestal, a qual determina a averbação da reserva legal" (STJ – 1ª T. – Recurso Ordinário em Mandado de Segurança n. 22.391/MG – j. 04.11.2008 – rel. Min. Denise Arruda).

CAPÍTULO I – DISCUSSÕES SOBRE A LEI 12.651/2012

se refere à especificação e averbação da reserva legal. Ou seja: a partir dessa interpretação dada pelo STJ à norma do § 8º do art. 16 do Código Florestal de 1965, o registro de imóveis passou a ter como função, igualmente, o exercício do controle ambiental no tocante à averbação da reserva legal.

Em virtude dessa orientação do Superior Tribunal de Justiça, a Corregedoria Geral da Justiça de São Paulo alterou o entendimento anteriormente adotado para condicionar a retificação da área de imóvel rural à prévia averbação da reserva florestal legal na matrícula no bem.[16]

Portanto, seja na esfera jurisdicional, à vista das decisões proferidas pelo Superior Tribunal de Justiça, seja na esfera administrativa, notadamente no âmbito da Corregedoria Geral da Justiça de São Paulo, a orientação que passou a ser seguida foi a de condicionar a prática de qualquer ato que implique transmissão, desmembramento ou retificação de área de imóvel rural à prévia averbação da reserva legal no fólio predial, na forma estabelecida no § 8º do art. 16 do Código Florestal de 1965, fazendo com que, nessa matéria pelo menos, o registro de imóveis fosse tido como verdadeiro instrumento protetivo-social, de amplo controle ambiental, indo muito além da sua função clássica de garantidor do direito de propriedade e da segurança do tráfego imobiliário, em conformidade, como visto, com a tendência já indicada pela doutrina especializada na área registral imobiliária.

Essa foi, sem dúvida, uma extraordinária evolução na matéria, sob o ponto de vista do direito ambiental, em que se reconheceu a importante função do registro de imóveis para a proteção do meio ambiente, notadamente no concernente à preservação dos processos ecológicos essenciais e da biodiversidade – alvos principais da tutela obtida por intermédio da reserva legal -, e, com isso, para a efetividade do

---

[16] Processo CG n. 2012/44.346, com parecer do Meritíssimo Juiz Assessor da Corregedoria, Dr. Marcelo Benacchio, aprovado pelo eminente Desembargador José Renato Nalini, então Corregedor Geral da Justiça de São Paulo. Anote-se que essa especial relevância da averbação da reserva legal no registro de imóveis levou, inclusive, a Corregedoria Geral da Justiça de São Paulo a flexibilizar o princípio da especialidade registral, a fim de viabilizar a prática do ato (Processo CG n. 2012/00077684, com parecer do Meritíssimo Juiz Assessor, Dr. Luciano Gonçalves Paes Leme, aprovado pelo eminente Desembargador José Renato Nalini, então Corregedor Geral da Justiça do Estado de São Paulo).

direito de todos ao meio ambiente ecologicamente equilibrado, direito humano fundamental consagrado na Constituição de 1988 (art. 225, *caput*, e § 1°, I e II).

Reitere-se, porém, que toda essa construção jurisdicional e administrativa diz respeito às normas do Código Florestal revogado, razão pela qual se passou a discutir sobre a orientação a ser extraída na matéria a partir da entrada em vigor da nova legislação florestal, introduzida com a Lei n. 12.651/2012, alterada pela Lei n. 12.727/2012.

### 4. A averbação da reserva legal no novo Código Florestal

**4.1. A ausência de regra expressa na Lei n. 12.651/2012 a respeito da obrigatoriedade da averbação da reserva legal no RI**

De início, cumpre reconhecer que a Lei n. 12.651/2012 não trouxe disposição semelhante à do § 8° do art. 16 do Código Florestal revogado, inexistindo na legislação florestal hoje em vigor regra expressa que imponha ao proprietário rural a averbação da reserva legal na matrícula do imóvel. A nova lei somente faz referência expressa à obrigatoriedade da inscrição da área da reserva legal no Cadastro Ambiental Rural – CAR (art. 18), o qual é um cadastro criado pelos órgãos administrativos ambientais (art. 29), integrante do Sistema Nacional de Informação sobre o Meio Ambiente – SINIMA, sem qualquer relação, como é fácil de perceber, com a antiga averbação da reserva no registro de imóveis.

Daí por que a questão pertinente na matéria, ora debatida pela doutrina e no âmbito dos tribunais, é a seguinte: não existiria mais, após a edição da Lei n. 12.651/2012, a obrigação, para o proprietário rural, de averbar a reserva legal na matrícula do imóvel?

Em uma primeira análise, essa poderia, de fato, ser a conclusão cabível no tema, até porque a própria Lei n. 12.651/2012 estabelece, no § 4° do art. 18, que o registro da reserva legal no CAR desobriga a averbação da reserva no registro de imóveis.

É bem verdade que o novo Código Florestal não revogou, de maneira expressa, a norma do art. 167, II, n. 22, da Lei de Registros Públicos, a qual prevê, ainda no presente, a averbação da reserva legal[17], certo, também, que, nos termos do art. 169 deste último diploma legal, "Todos os atos enumerados no art. 167 são obrigatórios e efetuar-se-ão no cartório da situação do imóvel". Contudo, não há como desconsiderar o temperamento trazido pela Lei n. 12.651/2012 a essa obrigatoriedade, no tocante ao proprietário rural, se cumprida por ele a imposição normativa de inscrever a reserva legal no CAR.[18]

Dessa forma, em um exame inicial, poder-se-ia concluir que, com o novo Código Florestal, não haveria mais a obrigação *para o proprietário rural* de averbar a reserva legal nas matrículas dos imóveis rurais, do que decorreria, logicamente, também, de agora em diante, a impossibilidade de condicionar a prática de atos registrais à prévia averbação da reserva no RI.

Não são poucos os autores, com efeito, que se posicionaram nesse sentido[19], o mesmo tendo se dado com alguns tribunais do País.[20]

Contudo, a matéria comporta, segundo nos parece, análise diversa, seja pelo próprio exame do novo regime da averbação da reserva legal, confrontado com o antigo, seja pela aplicação do princípio da proibição de retrocesso ambiental.

---

17  Saliente-se, a propósito, que houve, inclusive, tentativa de revogação do disposto no art. 167, II, n. 22, da LRP, pela Lei n. 12.727/2012, por meio da qual se alterou a norma do art. 83 da Lei n. 12.651/2012. Essa iniciativa, contudo, foi obstada pelo veto ao dispositivo em questão por parte da Presidência da República, por reconhecer a relevância da averbação da reserva legal no registro de imóveis, mesmo com as alterações introduzidas pela nova legislação florestal.

18  Como analisa Marcelo Augusto Santana de Melo, "(...) se os atos de registro são obrigatórios, como interpretar a regra constante do § 4º do art. 18 do novo Código Florestal, que expressamente desobriga da averbação no Registro de Imóveis? Obviamente, desobrigar não é sinônimo de impedir, de sorte que, para nós, a averbação da reserva legal florestal prevalece no Brasil. Os atos de registro continuam obrigatórios e o novo Código Florestal, a teor do que dispõe o art. 18, desobriga o proprietário de averbar a reserva florestal no Registro de Imóveis e não a autoridade ambiental ou qualquer interessado. Referido dispositivo representa uma obrigação do proprietário ou possuidor e a desobrigação da averbação da reserva é justificada em razão da centralização em um cadastro ambiental" (O novo Código Florestal e o registro de imóveis, p. 08 - texto cedido gentilmente pelo autor).

19  Édis Milaré, ob. cit., p. 1313-1314; Marcio Silva Pereira e Rafael Lima Daudt D'Oliveira. In: MILARÉ, Édis; MACHADO, Paulo Affonso Leme (Coord.). *Novo Código Florestal*: comentários à Lei 12.651, de 25 de maio de 2012 e à MedProv 571, de 25 de maio de 2012. São Paulo: Ed. Revista dos Tribunais, 2012, p. 250-252, comentários ao art. 18.

20  TJMG – 3ª Câmara Cível – Ap. Cív. n. 1.0016.09.1011731-5/002 – rel. Des. Elias Camilo; TJSC – 4ª Câmara de Direito Civil – AI n. 2011.079146-6 – j. 04.10.2012 – rel. Luiz Fernando Boller.

### 4.2. A norma do § 4º do art. 18 do novo Código Florestal e a permanência da obrigatoriedade da averbação da reserva legal

#### 4.2.1. A obrigatoriedade da averbação da reserva legal nas hipóteses de incidência do novo Código Florestal

Conforme acima anotado, a Lei n. 12.651/2012, no art. 18, § 4º, estabelece que o registro da reserva legal no Cadastro Ambiental Rural desobriga a averbação no registro de imóveis. Disso decorre, à evidência, que, na hipótese de não implantação do CAR ou na ausência de registro da reserva legal no cadastro, deve-se ter como mantida a obrigação do proprietário rural de averbá-la no registro de imóveis. Tal conclusão resulta não só da interpretação da norma do § 4º do art. 18 da Lei n. 12.651/2012 como, ainda, do disposto nos arts. 167, II, n. 22, e 169, da Lei de Registros Públicos, segundo os quais, com se viu, a averbação da reserva legal é, ainda, em termos gerais, obrigatória.[21]

Esse, inclusive, tem sido o entendimento reiterado da Corregedoria Geral da Justiça do Estado de São Paulo:

"RETIFICAÇÃO DO REGISTRO IMOBILIÁRIO – Necessidade de averbação da reserva legal enquanto não implantado o cadastro de imóvel rural previsto no novo Código Florestal (Lei n. 12.651/12). Recurso provido".[22]

"REGISTRO DE IMÓVEIS – Retificação de registro de imóvel rural – Necessidade de averbação da reserva legal florestal – Observância ao princípio da especialidade, a fim de possibilitar informações inequívocas pelo registro e eficazes a terceiros – Inexistência de criação e inscrição da reserva legal no 'CAR' (Cadastro Ambiental Rural) a justificar a dispensa prevista no § 4º do artigo 18 da Lei n. 12.658/12 – Recurso não provido".[23]

Neste passo, vale ressaltar que o que, nos termos da lei, dispensa o proprietário rural da obrigação de averbar a reserva legal no registro

---

[21] Essa observação foi feita, com ênfase, pelo eminente Ministro Herman Benjamin, nos debates realizados no próprio Workshop.

[22] Processo CG n. 2013/00027025 – parecer do Meritíssimo Juiz Assessor da Corregedoria, Dr. Marcelo Benacchio, aprovado pelo eminente Desembargador José Renato Nalini, então Corregedor Geral da Justiça de São Paulo.

[23] Processo CG n. 2014/6903 – parecer da Meritíssima Juíza Assessora da Corregedoria, Dra. Ana Luisa Villa Nova, aprovado pelo eminente Desembargador Hamilton Elliot Akel, Corregedor Geral da Justiça de São Paulo.

## CAPÍTULO I – DISCUSSÕES SOBRE A LEI 12.651/2012

de imóveis é o *registro* dela no CAR; não a mera criação ou implantação do Cadastro Ambiental Rural, como por vezes se tem entendido na doutrina e visto em decisões judiciais.[24] É preciso o efetivo registro da reserva florestal legal no CAR para que, nos estritos termos do § 4º do art. 18 da Lei n. 12.651/2012, fique o proprietário rural desobrigado de averbar a reserva no RI.

Nesse sentido, já teve a oportunidade de decidir a 1ª Câmara Reserva ao Meio Ambiente do Tribunal de Justiça do Estado de São Paulo, em acórdão relatado pelo eminente Desembargador Torres de Carvalho:

"(...) Reserva legal. Averbação. O novo Código Florestal (LF n. 12.651/12 de 25-5-2012 com as alterações posteriores) manteve a obrigação de formação e recomposição da reserva legal e não extinguiu a obrigação de averbar. A averbação continua obrigatória, dispensada se o interessado demonstrar o registro dela no Cadastro Ambiental Rural, como determinou a sentença (...).

(...)

(...) Como bem determinou a sentença e conforme temos entendido, a reserva legal deve ser averbada na matrícula do registro de imóveis, dispensada, no entanto se o interessado comprovar o registro dela no CAR, conforme entendimento firmado pela Corregedoria deste Tribunal no processo CG n. 2012/00044: 'até que implementado o CAR, persiste a obrigação de se averbar a reserva legal do imóvel rural no registro de imóveis (...)' (Ofício n. 715/2013 – RAA/GAB 3 de 7-2-2013 recebido em mãos por este relator). A ausência de demonstração pelos réus da inscrição no Cadastro Ambiental Rural não permite que a obrigação de averbação da reserva legal seja extinta". [25]

Dessa forma, ausente efetivo registro no CAR, o proprietário rural permanece obrigado a averbar a reserva legal no registro de imóveis. Ademais, ausente efetivo registro da reserva legal no CAR, permanece, também, e sobretudo, o dever do oficial registrador de exigir a prévia averbação da reserva na matrícula do imóvel, antes da prática

---

24 TJSP – 2ª Câmara Reservada ao Meio Ambiente – Ap. Cív. n. 0011647-30.2012.8.26.0597 – j. 23.10.2014 – rel. Des. Eutálio Porto; TJSP – 4ª Câmara Extraordinária de Direito Público – j. 03.11.2014 – rel. Des. Magalhães Coelho.

25 TJSP – 1ª Câmara Reservada ao Meio Ambiente – Ap. Cív. n. 0009790-43.2011.8.26.0189 – j. 04.12.2014 – rel. Des. Torres de Carvalho.

de atos de transmissão de domínio, desmembramento e retificação de área de imóvel rural, em consonância com a orientação administrativa e jurisdicional firmada, respectivamente, pela Corregedoria Geral da Justiça de São Paulo e pelo Superior Tribunal de Justiça, que, como se viu, atribuiu ao registro de imóveis a importante função de controle ambiental, para além das atribuições de garantia da publicidade da situação ambiental dos imóveis e da segurança jurídica do tráfego imobiliário.

De outra banda, deve-se ter como viável, uma vez mais à luz dos estritos termos do § 4º do art. 18 do novo Código Florestal, a imposição ao proprietário rural da obrigação de averbar a reserva legal no registro imobiliário por intermédio das ações civis públicas ambientais, enquanto não realizada a inscrição no CAR.

Pode-se questionar, aqui, até que momento, no curso do processo da ação coletiva ambiental, poderia o proprietário rural comprovar o registro da reserva legal no CAR para o fim de se exonerar da obrigação de averbar a reserva no RI. Seria até a sentença ou acórdão que impusesse a obrigação? Seria até o trânsito em julgado da sentença ou do acórdão? Ou seria admissível a prova do registro da reserva legal no CAR a qualquer momento, inclusive na fase de execução do julgado?

Pelo que se tem visto nas decisões proferidas pelo Superior Tribunal de Justiça a propósito da aplicação do novo Código Florestal, com reiterada ressalva da preservação do ato jurídico perfeito, dos direitos ambientais adquiridos e da coisa julgada[26], a tendência deve ser no sentido da possibilidade de o proprietário rural comprovar o registro da reserva legal no CAR até o trânsito em julgado da sentença ou do acórdão que impôs a obrigação de averbá-la no registro de imóveis. Após o esgotamento das vias recursais, tal comprovação não seria mais possível, sob pena de violação da coisa julgada.[27]

Do mesmo modo, assumida pelo proprietário rural a obrigação de averbar a reserva legal no registro de imóveis em compromisso

---

26 STJ – 2ª T. - PET no REsp n. 1.240.122/PR – j. 02.10.2012 – rel. Min. Herman Benjamin. No mesmo sentido: STJ – 2ª T. – AgRg no REsp n. 1.367.968/SP – 17.12.2013 – rel. Min. Humberto Martins.

27 No Tribunal de Justiça de São Paulo, de acordo com intervenção realizada no Workshop pelo Desembargador Torres de Carvalho, a tendência seria a de admitir a prova do registro da reserva legal no CAR durante a fase de execução do julgado.

de ajustamento de conduta celebrado nos termos do art. 5°, § 6°, da Lei n. 7.347/1985, mostrar-se-ia impossível subsequente exoneração dessa prestação convencionada, em função do registro da reserva no CAR, pois, do contrário, haveria atentado ao ato jurídico perfeito.

No ponto, impõe-se anotar que a Corregedoria Geral da Justiça do Estado de São Paulo tem admitido a possibilidade de arquivamento no registro imobiliário do ajuizamento de ações civis públicas ambientais, passando a constar tal informação das certidões expedidas pelo oficial registrador a respeito dos imóveis a ela relacionados[28], possibilidade essa que deve ser estendida, em princípio, às sentenças e acórdãos transitados em julgado, proferidos na sequência, que impuseram a obrigação de averbar a reserva legal. E partir do arquivamento dessas informações, reafirma-se o dever do oficial registrador de exigir, para a prática de atos registrais subsequentes, relativos à transmissão do domínio, ao desmembramento e à retificação da área dos bens imóveis respectivos, a prévia averbação da reserva legal, sempre em conformidade com a jurisprudência tantas vezes referida do Superior Tribunal de Justiça e da própria Corregedoria Geral da Justiça de São Paulo.

Além do mais, a Corregedoria Geral da Justiça do Estado de São Paulo também já se pronunciou no sentido da admissibilidade da averbação de termos de ajustamento de conduta ambientais à margem das transcrições e nas matrículas dos bens imóveis.[29] Aqui, igualmente, uma vez averbado no fólio predial o termo de ajustamento de conduta, por intermédio do qual se ajustou a obrigação do proprietário rural de averbar a reserva florestal legal, fica o oficial registrador, com maior ênfase ainda, sempre à vista da orientação firmada pelo Superior Tribunal de Justiça e pela Corregedoria Geral da Justiça de São Paulo, obrigado a exigir para as futuras transmissões do domínio, desmembramentos e retificações das áreas dos imóveis a prévia averbação da reserva, em cumprimento do quanto ajustado.

---

28 Processo CG n. 8505/2000, com parecer do Meritíssimo Juiz Auxiliar da Corregedoria, Dr. Luís Paulo Aliende Ribeiro, aprovado pelo eminente Desembargador Luís de Macedo, então Corregedor Geral da Justiça do Estado de São Paulo.

29 Processo CG n. 215/2006, com parecer do Meritíssimo Juiz Auxiliar da Corregedoria, Dr. Roberto Maia Filho, aprovado pelo eminente Desembargador Gilberto Passos de Freitas, então Corregedor Geral da Justiça do Estado de São Paulo.

### 4.2.2. A permanência da obrigatoriedade de averbação da reserva legal no RI em relação a fatos ocorridos sob a égide do Código Florestal de 1965

Tudo o que acima se disse está restrito às hipóteses em que a omissão do proprietário rural em averbar a reserva legal no registro de imóveis tiver se dado já sob a vigência a nova legislação florestal. Situação diversa é a da omissão do proprietário na averbação da reserva legal havida sob a égide do Código Florestal de 1965.

Neste último caso, é lícito esperar que a jurisprudência mantenha a obrigatoriedade da averbação da reserva legal no fólio predial, independentemente da inscrição ou não no CAR. Tal orientação coaduna-se com o entendimento firmado pelo Superior Tribunal de Justiça sobre a inaplicabilidade da norma ambiental superveniente, de cunho material, mais branda sob o prisma da proteção do meio ambiente, aos fatos anteriores, a fim de resguardar da incidência da nova lei os atos jurídicos perfeitos, os direitos ambientais adquiridos e a coisa julgada e de evitar a redução do patamar de proteção de ecossistemas frágeis, sem as necessárias compensações ambientais.[30]

Pertinente, na matéria, transcrever trecho de expressivo pronunciamento do eminente Ministro Herman Benjamin, ao analisar petição apresentada no Recurso Especial n. 1.240.122/PR:

"(...) o novo Código Florestal não pode retroagir para atingir o ato jurídico perfeito, direitos ambientais adquiridos e a coisa julgada, tampouco para reduzir de tal modo e sem as necessárias compensações ambientais o patamar de proteção de ecossistemas frágeis ou espécies ameaçadas de extinção, a ponto de transgredir o limite constitucional intocável e intransponível da 'incumbência' do Estado de garantir a *preservação e restauração dos processos ecológicos essenciais* (art. 225, § 1º, I). No mais, não ocorre impedimento à retroação e alcançamento de fatos pretéritos.

Dispõe o art. 6º, *caput*, da Lei de Introdução às Normas do Direito Brasileiro: a nova lei 'terá efeito imediato e geral, respeitados o ato jurídico perfeito, o direito adquirido e a coisa julgada' (ou, nos termos do art. 5º, XXXVI, da Constituição, com redação assemelhada: 'a lei não prejudicará o direito adquirido, o ato jurídico perfeito e a coisa julgada').

---

30  STJ – 2ª T. – REsp n. 1.367.968/SP – j. 17.12.2013 – rel. Min. Humberto Martins; STJ – 2ª T. – AgRg no AREsp n. 231.561/MG – j. 16.12.2014 – rel. Min. Herman Benjamin.

A regra geral, pois, é a irretroatividade da lei nova (*lex non habet oculos retro*); a retroatividade plasma exceção, blindados, no Direito brasileiro, o ato jurídico perfeito, o direito adquirido e a coisa julgada. Mesmo fora desses três domínios de intocabilidade, a retroatividade sempre será exceção, daí requerendo-se manifestação expressa do legislador, que deve, ademais, fundar-se em *extraordinárias razões de ordem pública*, nunca para atender interesses patrimoniais egoísticos dos particulares em prejuízo da coletividade e das gerações futuras.

Precisamente por conta dessa excepcionalidade, interpreta-se estrita ou restritivamente; na dúvida, a opção do juiz deve ser pela irretroatividade, mormente quando a ordem pública e o interesse da sociedade se acham mais bem resguardados pelo regime jurídico pretérito, em oposição ao interesse econômico do indivíduo privado mais bem assegurado ou ampliado pela legislação posterior. Eis a razão para a presunção relativa em favor da irretroatividade, o que conduz a não se acolherem efeitos retro-operantes tácitos, embora dispensadas fórmulas sacramentais.

Indubitável que ao legislador compete modificar e revogar suas próprias leis. Ao fazê-lo, porém, seja para substituí-las por outra seja para simplesmente no seu lugar deixar o vazio, a Constituição e a Lei de Introdução às Normas do Direito Brasileiro vedam-lhe atingir direitos adquiridos, o ato jurídico perfeito e a coisa julgada constituídos sob o império do regime anterior. Em suma, a lei pode, sim, retroagir, desde que não dilapide o *patrimônio material, moral ou ecológico*, constitucional ou legalmente garantido, dos sujeitos individuais ou coletivos: essa a fronteira da retroatividade.

Consequentemente, mesmo que na hipótese sob apreciação judicial seja admissível, em tese, a retroação (isto é, ausente qualquer antagonismo com o ato jurídico perfeito, direito adquirido e coisa julgada), incumbe ao juiz examinar a) o inequívoco intuito de excluir (*animus excludendi*), total ou parcialmente, o regime jurídico anterior quanto a fatos praticados ou sucedidos na sua vigência, e, até mais fundamental, b) o *justo motivo para a exclusão – justa causa exclusionis* -, que, no Direito Ambiental, deve estar totalmente conforme à garantia constitucional da manutenção dos processos ecológicos essenciais, acima referida".[31]

---

[31] STJ – 2ª T. - PET no REsp n. 1.240.122/PR – j. 02.10.2012 – rel. Min. Herman Benjamin (itálicos no original).

Além disso, como também já teve a oportunidade de decidir essa mesma Colenda Corte de Justiça, em mais de um julgado, "Em matéria ambiental, a adoção do princípio *tempus regit actum* impõe obediência à lei em vigor quando da ocorrência do fato ilícito".[32]

Portanto, tendo a omissão do proprietário rural no cumprimento da obrigação de averbar a reserva legal ocorrido na vigência do Código Florestal de 1965, impõe-se ao titular do domínio do imóvel a realização do ato registral, sem possibilidade de dispensa por força da superveniência da norma do art. 18, § 4º, da Lei n. 12.651/2012, mesmo com a inscrição da reserva no CAR. Do contrário, estar-se-ia aplicando a nova lei a fato ilícito ocorrido sob o império da norma anterior - do § 8º do art. 16 do Código Florestal de 1965 -, com violação de direitos ambientais adquiridos, notadamente no tocante à maior proteção ambiental trazida com a averbação da reserva legal no RI.

Isso se dá, notadamente, em virtude do entendimento firmado de que "A averbação da reserva legal, à margem da inscrição da matrícula da propriedade, é consequência imediata do preceito normativo e está colocada entre as medidas necessárias à proteção do meio ambiente, previstas tanto no Código Florestal como na Legislação extravagante".[33] Por essa razão, não cumprida a obrigação, terá havido violação a direitos ambientais adquiridos - de toda a coletividade[34]

---

32  STJ – 2ª T. – AgRg no AREsp n. 231.561/MG – j. 16.12.2014 – rel. Min. Herman Benjamin; STJ – 2ª T. – AgRg no REsp n. 1.367.968/SP – DJe 12.03.2014 – rel. Min. Humberto Martins; STJ – 1ª T. – REsp n. 1.090.969/SP – DJe 03.08.2010 – rel. Min. Luiz Fux; STJ – 2ª T. – REsp n. 625.024/RO – rel. Min. Herman Benjamin.

33  STJ – 1ª T. – REsp n. 821.083/MG – j. 25.03.2008 – rel. Min. Luiz Fux.

34  Sobre a garantia dos direitos ambientais *coletivos* adquiridos, contra a investida de novas leis que reduzem o rigor da proteção do meio ambiente, manifestou-se com ênfase o eminente Ministro Herman Benjamin nos debates realizados no Workshop. Assim, também, já decidiu o Superior Tribunal de Justiça, em acórdão relatado igualmente pelo eminente Ministro Herman Benjamin: "(...) o ordenamento jurídico brasileiro outorgou às gerações futuras (e à própria coletividade atual) a possibilidade, nessa sua condição de *titular de direito subjetivo transindividual*, de se beneficiar da proteção constitucional, na integralidade, conferida aos direitos adquiridos (...). Tanto ao indivíduo (visão individualístico-intrageracional), como à coletividade presente e futura (visão coletivo--intrageracional e coletivo-intergeracional) se garantem contra a retroatividade da lei posterior os direitos adquiridos sob o regime antecedente que se incorporarem a seu patrimônio. Um e outro são sujeitos; um e outro contam com patrimônio constitucional e legalmente inabalável, que, além de material e moral no enfoque clássico, é também ecológico. Em suma, podemos e devemos considerar a existência de *direitos ambientais adquiridos*, que emergem a partir e sob o império de uma ordem jurídica pretérita

- à preservação e à recuperação dos processos ecológicos essenciais e da biodiversidade, pela via da implantação e manutenção da reserva legal, para o que se fazia necessária, à luz do Código Florestal de 1965, a averbação desse espaço territorial especialmente protegido no registro de imóveis.

Questão importante nessa matéria é a do marco temporal para a verificação da permanência da incidência da norma do art. 16, § 8°, do Código Florestal de 1965 ou para a aplicação do art. 18, § 4°, do novo Código Florestal.

A propósito, duas possibilidades podem ser vislumbradas.

A primeira delas seria o momento da entrada em vigor da Lei n. 7.803/1989[35], quando se deu a imposição ao proprietário rural da obrigação de averbar a reserva legal no registro de imóveis, pela nova redação trazida ao art. 16 do Código Florestal de 1965. A partir da vigência dessa lei, passou-se a entender, inclusive no âmbito do Superior Tribunal de Justiça, como exigível do proprietário rural a averbação da reserva legal.[36]

Por via de consequência, desde então, a rigor, ter-se-ia como configurado o fato ilícito, consistente na ausência de delimitação e averbação da reserva legal no fólio predial, circunstância que faria incidir a norma do § 8° do art. 16 do Código Florestal 1965, decorrente da Medida Provisória n. 2.166-67/2001, a qual reafirmou a obrigação de inscrição da reserva já estabelecida pelas alterações introduzidas com a edição da Lei n. 7.803/1989, sem possibilidade de aplicação do novo Código Florestal.

Seguir-se-ia daí, igualmente, a permanência do dever do oficial registrador de exigir a prévia averbação da reserva legal para a prática de atos relacionados à transmissão do domínio, desmembramento e retificação da área de bens imóveis rurais, sempre – vale insistir - à vista da orientação traçada pelo Superior Tribunal de Justiça e pela Correge-

---

revogada ou substituída por outra (...)." (STJ – 2ª T. - PET no REsp n. 1.240.122/PR – j. 02.10.2012 – rel. Min. Herman Benjamin (itálicos no original).

35  A Lei n. 7.803 foi editada em 18.07.1989.

36  STJ – 2ª T. – REsp n 58.937 – j. 16.09.1997 – rel. Min. Ari Pargendler; STJ – 1ª T. – REsp n. 1090968/SP – Dje 03.08.2010 – rel. Min. Luiz Fux. Em doutrina, Juraci Perez Magalhães. *Comentários ao Código Florestal: doutrina e jurisprudência.* 2ª ed. São Paulo: Juarez de Oliveira, 2001, p. 169.

doria Geral da Justiça de São Paulo sob o império do Código Florestal de 1965, cuja aplicação seria, então, inafastável na hipótese.

A segunda possibilidade para a definição do marco temporal suscetível de determinar a prevalência da norma do art. 16, § 8º, do Código Florestal de 1965 ou a incidência do disposto no art. 18, § 4º, do novo Código Florestal, seria o momento da *apuração* dos fatos relacionados à omissão do proprietário rural em manter no imóvel a reserva florestal legal e em averbá-la no fólio registral, seja pela autuação administrativa realizada pelo órgão ou agente incumbido do exercício do poder de polícia ambiental, seja pela instauração do inquérito civil pelo Ministério Público.

Esse entendimento, sem dúvida mais benéfico ao proprietário rural, tomaria como ponto de partida, para a aplicação do antigo Código Florestal ou da nova legislação, a época em que se deu a constatação do descumprimento do dever de averbar a reserva legal por ato de alguma das autoridades incumbidas de fazer valer a norma ambiental. Dessa forma, se a omissão na obrigação de especificar e averbar a reserva legal tivesse sido apurada ainda na vigência do Código Florestal de 1965, resultaria claro o dever do proprietário rural de promover a inscrição da reserva no registro de imóveis, ainda que já em vigor a Lei n. 12.651/2012. Esta, por sua vez, somente teria incidência se o inadimplemento da obrigação houvesse sido apurado oficialmente por ocasião da sua vigência, com possibilidade de dispensa do ato registral, desde que, à evidência, inscrita a reserva no CAR, como acima analisado.

Para a eventualidade de adoção dessa segunda orientação – que, em verdade, estaria divorciada da jurisprudência do Superior Tribunal de Justiça -, cumpre mencionar que a Corregedoria Geral da Justiça de São Paulo tem admitido a possibilidade de arquivamento no registro de imóveis da instauração de inquéritos civis.[37] Bem por isso, comunicada ao oficial registrador a apuração da omissão do proprietário rural de averbar a reserva legal ainda na vigência do Código Florestal de 1965, por intermédio do arquivamento na serventia predial da notícia da instauração do inquérito civil correspondente, deveria ele, em linha de princípio, passar a exigir a prévia averbação da reserva no registro imobiliário, antes da prática de qualquer ato relativo à transmissão do

---

37 Processo CG n. 8505/2000, com parecer do Meritíssimo Juiz Auxiliar da Corregedoria, Dr. Luís Paulo Aliende Ribeiro, aprovado pelo eminente Desembargador Luís de Macedo, então Corregedor Geral da Justiça do Estado de São Paulo.

domínio, ao desmembramento e à retificação da área de bem imóvel, à vista do disposto no art. 16, § 8°, do referido diploma legal, aplicável à espécie, e da orientação administrativa e jurisdicional na matéria, que fez do RI – reitere-se à exaustão - um autêntico instrumento de controle ambiental.

### 4.3. A norma do art. 18, § 4°, do novo Código Florestal e o princípio da proibição de retrocesso ambiental

A questão da permanência ou não da obrigatoriedade da averbação da reserva legal no registro de imóveis, pelo proprietário rural, para além do confronto entre o regime anterior – do Código Florestal de 1965 – com o regime atualmente em vigor – do Código Florestal de 2012 – comporta, ainda, análise mais ampla, sob a ótica do princípio da proibição de retrocesso ambiental.[38]

O princípio da proibição de retrocesso, em termos gerais, é considerado pela doutrina do direito constitucional como um princípio constitucional implícito, segundo o qual se uma lei ou outra espécie normativa, ao regulamentar um determinado mandamento constitucional, para concretização de um direito fundamental, instituir um determinado direito ou assegurar uma determinada posição jurídica – inclusive pela via da cominação de uma determinada obrigação -, esse direito ou essa posição jurídica se incorporam ao patrimônio jurídico da cidadania, não podendo ser *arbitrariamente* suprimidos ou reduzidos por lei ou norma diversa posterior.[39] Vale dizer: uma vez instituídos por lei, para

---

38  Sob o tema, ver também Leonardo Castro Maia, ob. cit., p. 97-99.

39  É a lição de Luís Roberto Barroso. *O direito constitucional e a efetividade de suas normas*: limites e possibilidades da Constituição brasileira. 7ª ed. Rio de Janeiro: Renovar, 2003, p. 158. Ainda: Ingo Wolfgang Sarlet. *A eficácia dos direitos fundamentais*. 3ª ed. Porto Alegre: Livraria do Advogado Editora, 2003, p. 393-396, e Proibição de retrocesso, dignidade da pessoa humana e direitos sociais: manifestação de um constitucionalismo dirigente possível. In: BONAVIDES, Paulo; LIMA, Francisco Gérson Marque de; BEDÊ, Fayga Silveira (Coord.). *Constituição e democracia*: estudos em homenagem ao Prof. J.J. Gomes Canotilho. São Paulo: Malheiros, 2006, p. 291 e ss. Embora mais comumente relacionado aos direitos fundamentais sociais, tal princípio não tem sua manifestação limitada a essa matéria, dizendo respeito, diversamente, aos direitos fundamentais em geral (cf. Ingo Wolfgang Sarlet. Proibição de retrocesso, dignidade da pessoa humana e direitos sociais: manifestação de um constitucionalismo dirigente possível, cit., p. 305, nota 28). Ainda na doutrina de direito constitucional: Gilmar Ferreira Mendes, Inocêncio Mártires Coelho e Paulo Gustavo Gonet Branco. *Curso de direito constitucional*. São Paulo: Saraiva, 2007, p. 236; Jorge Miranda. *Manual de direito constitucional*: direitos

concretização de um mandamento constitucional relacionado a direito fundamental, um direito ou uma posição jurídica, estes não poderão ser reduzidos ou suprimidos por lei posterior, a menos que essa supressão ou redução (i) se mostre justificada, sobretudo do ponto de vista constitucional, e (ii) venha acompanhada de alternativas capazes de manter o grau de proteção anteriormente instituído.[40]

Essa, segundo nos parece, é a essência do princípio da proibição de retrocesso, de inegável aplicação no direito ambiental, conforme tem se pronunciado a doutrina[41] e decidido o Superior Tribunal de Justiça.[42]

---

fundamentais. 3ª ed. Coimbra: Coimbra Editora, 2000, t. 4, p. 397; J.J. Gomes Canotilho. *Direito constitucional*. 5ª ed. Coimbra: Almedina, 1992, p. 474-475.

40 Benoît Jadot. Les cas dans lesquels une enquête publique doit être organisée en matière d'urbanisme et d'environnement: l'inexorable évolution. In: JADOT, Benoît. *La participation du public au processos de décision en matière d'environnement et d'urbanisme*. Bruxelles: Bruylant, 2005, p. 86.

41 Benoît Jadot, ob. cit., p. 86; Louis-Paul Suetens. Le droit à la protection d'un environnement sain (article 23 de la Constitution belge). In: PRIEUR, Michel; LAMBRECHTS, Claude (Org.). *Les hommes et l'environnement*: quels droits pour le vingt-et-unième siècle?: études en homage à Alexandre Kiss. Paris: Frison-Roche, 1998, p. 496; Michel Prieur. Princípio da proibição de retrocesso ambiental. In: COMISSÃO DE MEIO AMBIENTE, DEFESA DO CONSUMIDOR E FISCALIZAÇÃO E CONTROLE. Senado Federal. Brasília, 2012, p. 11-54; Antônio Herman V. Benjamin. O meio ambiente na Constituição Federal de 1988. In: KISHI, Sandra Akemi Shimada; SILVA, Solange Teles da; SOARES, Inês Virgínia Prado (Org.). *Desafios do direito ambiental no século XXI*: estudos em homenagem a Paulo Affonso Leme Machado. São Paulo: Malheiros, 2005, p. 398, e Princípio da proibição de retrocesso ambiental. In: COMISSÃO DE MEIO AMBIENTE, DEFESA DO CONSUMIDOR E FISCALIZAÇÃO E CONTROLE. Senado Federal. Brasília, 2012, p. 55-72; Anizio Pires Gavião Filho. *Direito fundamental ao meio ambiente*. Porto Alegre: Livraria do Advogado Editora, 2005, p. 49-50; Ingo Wolfgang Sarlet e Tiago Fensterseifer. *Direito constitucional ambiental*: constituição, direitos fundamentais e proteção do ambiente. 2ª ed. São Paulo: Editora Revista dos Tribunais, 2012, p. 196 e ss., e *Princípios do direito ambiental*. São Paulo: Saraiva, 2014, p. 193 e ss.; Guilherme José Purvin de Figueiredo. *Curso de direito ambiental*. 5ª ed. São Paulo: Editora Revista dos Tribunais, 2012, p. 149-154; Carlos Alberto Molinaro. Interdição da retrogradação ambiental: reflexões sobre um princípio. In: COMISSÃO DE MEIO AMBIENTE, DEFESA DO CONSUMIDOR E FISCALIZAÇÃO E CONTROLE. Senado Federal. Brasília, 2012, p. 73-120; Patryck de Araújo Ayala. Direito fundamental ao ambiente e a proibição de regresso nos níveis de proteção ambiental na Constituição brasileira. In: COMISSÃO DE MEIO AMBIENTE, DEFESA DO CONSUMIDOR E FISCALIZAÇÃO E CONTROLE. Senado Federal. Brasília, 2012, p. 207-246; Walter Claudius Rothenburg. Não retrocesso ambiental: direito fundamental e controle de constitucionalidade. In: COMISSÃO DE MEIO AMBIENTE, DEFESA DO CONSUMIDOR E FISCALIZAÇÃO E CONTROLE. Senado Federal. Brasília, 2012, p. 247-270. Há variações nas análises dos autores a respeito do princípio em questão.

42 STJ – 2ª T. – REsp n. 302.906/SP – j. 26.08.2010 – rel. Min. Herman Benjamin; STJ – 2ª

# CAPÍTULO I – DISCUSSÕES SOBRE A LEI 12.651/2012

No caso aqui em exame, a norma do § 8º do art. 16 do Código Florestal revogado, como visto, estabeleceu a obrigação do proprietário rural de delimitar e averbar a reserva florestal legal na matrícula do seu imóvel, como providência indispensável para efetivação desse espaço territorial especialmente protegido, necessário, como tantas vezes referido, para a preservação e a restauração de processos ecológicos essenciais e da biodiversidade, imprescindíveis, por seu turno, à garantia do direito de todos ao meio ambiente ecologicamente equilibrado, consagrado na Constituição Federal (art. 225, caput, e § 1º, I e II). Tal obrigação fez, ainda, do registro de imóveis, de acordo com a jurisprudência do Superior Tribunal de Justiça e da Corregedoria Geral da Justiça de São Paulo, um autêntico instrumento protetivo-social, de amplo controle e publicidade ambiental, necessário, uma vez mais, para que se garantam a preservação e a restauração dos processos ecológicos essenciais e da diversidade biológica, sem o que não se pode assegurar a satisfação do direito fundamental ao meio ambiente constitucionalmente reconhecido.

Dessa forma, a aludida obrigação de averbar a reserva legal, como mecanismo de proteção de recursos ambientais sensíveis e de grande importância, ensejadora de amplo controle e publicidade ambiental pelo registro de imóveis, instituída, no final das contas, como medida indispensável à efetividade do direito fundamental de todos ao meio ambiente são e ecologicamente equilibrado, somente poderia ser suprimida (i) se houvesse justificativa, especialmente de ordem constitucional, para tanto e (ii) se a sua supressão viesse acompanhada de alguma providência capaz de manter o grau de proteção por ela anteriormente alcançado.

Ora, qual seria a justificativa, sobretudo constitucional, para suprimir-se a averbação da reserva legal no registro de imóveis?

Parece difícil imaginar uma justificativa válida e aceitável na hipótese.

Uma razão poderia ser o temor de que a recusa do oficial registrador de praticar atos de registro, sem a prévia ou concomitante averbação da reserva, em observância à orientação estabelecida pelo

---

T. – AgRg no REsp n. 1.367.968/SP – j. 17.12.2013 – rel. Min. Humberto Martins; STJ – 2ª T. – PET no REsp n. 1.240.122/PR – j. 02.10.2012 – rel. Min. Herman Benjamin.

Superior Tribunal de Justiça e pelas Corregedorias Gerais das Justiças dos Estados - e notadamente pela Corregedoria Geral da Justiça de São Paulo -, acarretasse o aumento da informalidade nas transmissões de domínio e nas regularizações dos imóveis no fólio predial, circunstância que prejudicaria a segurança do tráfego imobiliário e a regularidade da situação registral dos imóveis rurais, com repercussões negativas sobre o próprio direito de propriedade, garantido constitucionalmente.

Mas esse temor, fundado em mera hipótese, seria suficiente para justificar a dispensa da averbação da reserva legal no RI?

Observe-se que a nova legislação florestal, editada em 2012, teria pretendido alterar a situação então vigente pouco tempo depois da orientação estabelecida pelo Superior Tribunal de Justiça e pela Corregedoria Geral da Justiça de São Paulo, respectivamente, nos anos de 2009 e 2012, sem que se soubesse, efetivamente, se teria ela trazido o temido aumento da informalidade nas situações que envolveriam transmissões de domínio, fracionamentos e retificações de áreas de imóveis rurais. Em verdade, não teria havido, na prática, sequer a possibilidade de avaliar tal possibilidade, tudo ficando no plano da mera conjectura, o que a desautorizaria como justificativa para a supressão da obrigação em questão.

Registre-se que a mudança da legislação ora em discussão, para dispensar o proprietário rural da averbação da reserva legal, uma vez inscrita esta última no CAR, parece ainda mais injustificável se se considerar que a Lei n. 12.651/2012 manteve a obrigatoriedade da averbação no RI em relação a outros institutos, como a servidão florestal (art. 78) e a área relativa à Cota de Reserva Ambiental – CRA (art. 45, § 3º).[43] Tal particularidade da Lei n. 12.651/2012 evidencia que a dispensa da averbação da reserva legal pretendida pela nova lei foi meramente discriminatória, muito provavelmente devido à nova orientação estabelecida pelo Superior Tribunal de Justiça e pelas Corregedorias Gerais das Justiças dos Estados, que condicionou a transmissão de domínio, o desmembramento e a retificação de área de bem imóvel rural à prévia inscrição da reserva no fólio predial.

---

43 Essa incongruência da nova lei foi observada por Leonardo Castro Maia (ob. cit., p. 91-92).

CAPÍTULO I – DISCUSSÕES SOBRE A LEI 12.651/2012

De todo modo, ainda que fosse justificável a modificação ora em discussão – e definitivamente não parece ser – restaria verificar a alternativa trazida pela nova lei para a dispensa da averbação da reserva legal no RI e o grau de proteção ambiental por ela instituído, outra condição para se ter como legítima a supressão da obrigação anteriormente existente.

Inquestionavelmente, a alternativa apresentada pela Lei n. 12.651/2012 foi a inscrição da reserva legal no CAR, providência administrativa totalmente diversa, sem qualquer relação com a providência suprimida que, nunca é demais reafirmar, não só reforçou a proteção de processos ecológicos essenciais e da biodiversidade como também atribuiu ao registro de imóveis a importante função de controle e publicidade ambiental.

Saliente-se que, apesar de a inscrição da reserva legal no CAR ter como finalidade, também, a informação e o controle, o monitoramento e o planejamento ambiental, além do combate ao desmatamento, nem de longe pode ela ser comparada à averbação na matrícula do imóvel[44], seja pela publicidade dada pelo registro imobiliário à reserva legal – muito mais ampla e efetiva do que a do cadastro -, seja pela amplitude do controle ambiental propiciado pelo registro de imóveis, já que, segundo se viu, em conformidade com a jurisprudência firmada nas esferas jurisdicional e administrativa, à luz da norma do § 8º do art. 16 do Código Florestal revogado, sem a averbação da reserva legal não se admite o ingresso no RI de atos de transmissão, desmembramento e retificação de área de bem imóvel rural.

Vale dizer: o grau de proteção trazido com a inscrição no CAR não é o mesmo daquele proporcionado pela averbação da reserva legal no RI. A alternativa trazida pela Lei n. 12.651/2012 não mantém o mesmo grau de proteção ambiental propiciado pelo Código Florestal revogado, imprescindível à preservação e à restauração dos processos ecológicos essenciais e da biodiversidade e, bem assim, para a garantia do direito fundamental de todos ao meio ambiente ecologicamente equilibrado.

---

44 Sobre o tema, ver Marcio Silva Pereira e Rafael Lima Daudt D'Oliveira, ob. cit., p. 252, e Sandra Mara Pretini Medaglia e Antonio Luiz Lima de Queiroz, *apud* Édis Milaré, ob. cit., p. 1313-1314.

Daí se poder questionar seriamente a validade, do ponto de vista constitucional, da supressão da obrigação do proprietário rural de averbar a reserva legal no registro de imóveis, sob a ótica do princípio da proibição de retrocesso ambiental.[45]

Mencione-se, apenas, que essa possível inconstitucionalidade da Lei n. 12.651/2012 não foi arguida por intermédio de nenhuma das ações diretas de inconstitucionalidade propostas para questionar alguns dos dispositivos da nova legislação florestal.[46]

## 5. Considerações finais

A análise acima empreendida teve como objetivo contribuir para o debate hoje travado na doutrina e no âmbito dos tribunais a respeito da permanência da obrigação do proprietário rural de averbar a reserva legal no registro de imóveis, mesmo com as alterações introduzidas na matéria pela nova legislação florestal, decorrente da edição da Lei n. 12.651/2012.

De acordo com o que se procurou demonstrar, o Código Florestal de 1965, por intermédio da norma do § 8° do art. 16, estabeleceu a obrigação do proprietário rural de delimitar e averbar a reserva florestal legal na matrícula do seu imóvel, como providência indispensável para efetivação desse espaço territorial especialmente protegido, necessário para a preservação e a restauração de processos ecológicos essenciais e da biodiversidade, imprescindíveis, por seu turno, à garantia do direito de todos ao meio ambiente ecologicamente equilibrado, consagrado na Constituição Federal (art. 225, *caput*, e § 1°, I e II). Essa obrigação fez, ainda, do registro de imóveis, em conformidade com a jurisprudência do Superior Tribunal de Justiça e da Corregedoria Geral

---

45 Entendimento diverso, porém, parece ter sido adotado pelo Superior Tribunal de Justiça, no Recurso Especial n. 1.356.207, relatado pelo eminente Ministro Paulo de Tarso Sanseverino, que entendeu inexistir redução da eficácia da norma ambiental com a modificação promovida pela nova legislação ambiental, já que teria havido apenas alteração do órgão responsável pelo registro da reserva legal, o qual antes era o Cartório de Registro de Imóveis e agora passou a ser o órgão ambiental responsável pelo CAR (STJ – 3ª T. – REsp n. 1.356.207 – j. 28.04.2015 – rel. Min. Paulo de Tarso Sanseverino). Ainda assim, nesse julgado, o STJ entendeu que a inscrição da sentença de usucapião no registro de imóveis – questão que estava em discussão – está condicionada ao prévio registro da reserva legal no CAR.

46 ADIs n°s 4901, 4902 e 4903 propostas pela Procuradoria Geral da República e ADI n° 4937 proposta pelo PSOL.

## CAPÍTULO I – DISCUSSÕES SOBRE A LEI 12.651/2012

da Justiça de São Paulo, um autêntico instrumento protetivo-social, de amplo controle e publicidade ambiental, já que, como decidido nas esferas jurisdicional e administrativa, sem a prévia ou concomitante averbação da reserva legal no fólio predial deve o oficial registrador obstar o registro de atos de transmissão de domínio, desmembramento e retificação da área de imóvel rural.

Bem por isso, a dispensa da averbação da reserva legal pelo proprietário do imóvel rural no registro de imóveis, uma vez inscrita a reserva no CAR, à vista do que dispõe o art. 18, § 4°, do novo Código Florestal, deve ser examinada com cuidado e ponderação.

Nesse sentido, em uma análise mais conservadora, a partir do mero confronto entre o revogado Código Florestal de 1965 e o novo Código Florestal de 2012, deve-se exigir do proprietário rural a averbação da reserva legal na matrícula do imóvel enquanto não houver o registro da reserva no Cadastro Ambiental Rural - CAR, nos termos do art. 18, § 4°, da nova lei. Somente com o registro efetivo da reserva legal no CAR é que se poderá, em princípio, dispensar a averbação no registro de imóveis.

Ainda assim, nessa hipótese, devem ser preservados da incidência do novo estatuto os direitos ambientais adquiridos, os atos jurídicos perfeitos e a coisa julgada, com a ressalva, também, da aplicação do disposto no art. 16, § 8°, do diploma de 1965 nos casos em que a omissão da averbação pelo proprietário rural tiver se dado sob a vigência de tal norma, em atenção ao entendimento firmado pelo Superior Tribunal de Justiça no sentido da inaplicabilidade da norma ambiental superveniente mais branda (do ponto de vista da preservação do meio ambiente) a fatos anteriores.

Já numa avaliação mais ampla e talvez um pouco mais extremada, sob a ótica do princípio da proibição de retrocesso, afastar-se-ia, pura e simplesmente, de maneira incondicional, a possibilidade de dispensa da averbação da reserva legal, em qualquer circunstância, independentemente do registro da reserva no CAR.

Isso porque, tendo a averbação da reserva legal se tornado, sob a égide do Código Florestal de 1965, providência imprescindível à preservação e à restauração dos processos ecológicos essenciais e da biodiversidade e, bem assim, para a garantia do direito fundamental de todos ao meio ambiente ecologicamente equilibrado, a sua supressão somente poderia ser admitida se houvesse justificativa, sobretudo constitucional, para tanto e se, em seu lugar, tivesse sido prevista alternativa capaz de manter o grau de proteção ambiental por ela anteriormente instituído. Ocorre que tal não se deu, na espécie, se se considerarem a ausência de justificativa válida e aceitável para a supressão da obrigatoriedade da averbação da reserva no RI e a insuficiência da alternativa trazida pela Lei n. 12.651/2012 – inscrição da reserva legal no CAR –, sob o prisma da proteção do meio ambiente, em comparação com a providência suprimida.

A consequência, em uma ou outra orientação, é a viabilidade de se continuar exigindo do proprietário rural o cumprimento da obrigação em questão, seja pela via jurisdicional, seja na esfera administrativa, inclusive com a subsistência do dever do oficial registrador de condicionar o registro de atos de transmissão de domínio, de desmembramento e de retificação de área de bem imóvel à prévia averbação da reserva legal no RI, sempre à luz do entendimento assentado na matéria pelo Superior Tribunal de Justiça e pela Corregedoria Geral da Justiça do Estado de São Paulo.

### Referências bibliográficas

AMADEI, Vicente de Abreu. Anotações para uma reflexão sobre o aspecto instrumental do registro imobiliário no controle urbanístico da propriedade. *Revista de Direito Imobiliário*, São Paulo, nºs 31/32, jan./dez. 1993.

AYALA, Patryck de Araújo. Direito fundamental ao ambiente e a proibição de regresso nos níveis de proteção ambiental na Constituição brasileira. In: COMISSÃO DE MEIO AMBIENTE, DEFESA DO CONSUMIDOR E FISCALIZAÇÃO E CONTROLE. Senado Federal. Brasília, 2012.

BARROSO, Luís Roberto. *O direito constitucional e a efetividade de suas normas*: limites e possibilidades da Constituição brasileira. 7ª ed. Rio de Janeiro: Renovar, 2003.

BENJAMIN, Antônio Herman V. Reflexões sobre a hipertrofia do direito de propriedade na tutela da reserva legal e das áreas de preservação permanente. *Revista de Direito Ambiental*, São Paulo, n. 4, out./dez.1996.

BENJAMIN, Antônio Herman V. O meio ambiente na Constituição Federal de 1988. In: KISHI, Sandra Akemi Shimada; SILVA, Solange Teles da; SOARES, Inês Virgínia Prado (Org.). *Desafios do direito ambiental no século XXI*: estudos em homenagem a Paulo Affonso Leme Machado. São Paulo: Malheiros, 2005.

BENJAMIN, Antônio Herman V. Princípio da proibição de retrocesso ambiental. In: COMISSÃO DE MEIO AMBIENTE, DEFESA DO CONSUMIDOR E FISCALIZAÇÃO E CONTROLE. Senado Federal. Brasília, 2012.

CANOTILHO, J.J. Gomes. *Direito constitucional*. 5ª ed. Coimbra: Almedina, 1992.

COSTA NETO, Nicolao Dino de Castro e. *Proteção jurídica do meio ambiente*. Belo Horizonte: Del Rey, 2003.

FIGUEIREDO. Guilherme José Purvin de. *Curso de direito ambiental*. 5ª ed. São Paulo: Editora Revista dos Tribunais, 2012.

GAVIÃO FILHO, Anizio Pires. *Direito fundamental ao meio ambiente*. Porto Alegre: Livraria do Advogado Editora, 2005.

JADOT, Benoît. Les cas dans lesquels une enquête publique doit être organisée en matière d'urbanisme et d'environnement: l'inexorable évolution. In: JADOT, Benoît. *La participation du public au processus de décision en matière d'environnement et d'urbanisme*. Bruxelles: Bruylant, 2005.

MACHADO, Paulo Affonso Leme. *Direito ambiental brasileiro*. 23ª ed. São Paulo: Malheiros, 2015.

MAGALHÃES, Juraci Perez. *Comentários ao Código Florestal*: doutrina e jurisprudência. 2ª ed. São Paulo: Juarez de Oliveira, 2001.

MAIA, Leonardo Castro. O novo Código Florestal e a averbação da reserva legal no registro de imóveis. *Revista de Direito Ambiental*, São Paulo, n. 70, abr./jun. 2013.

MELO, Marcelo Augusto Santana de. O meio ambiente e o registro de imóveis. *Revista de Direito Imobiliário*, São Paulo, n. 57, jul./dez. 2004.

MELO, Marcelo Augusto Santana de. O novo Código Florestal e o registro de imóveis (texto cedido pelo autor).

MENDES, Gilmar Ferreira Mendes; COELHO, Inocêncio Mártires; BRANCO, Paulo Gustavo Gonet. *Curso de direito constitucional*. São Paulo: Saraiva, 2007.

MILARÉ, Édis. *Direito do ambiente*. 9ª ed. São Paulo: Ed. Revista dos Tribunais, 2014.

MIRANDA, Jorge. *Manual de direito constitucional*: direitos fundamentais. 3ª ed. Coimbra: Coimbra Editora, 2000, t. 4.

MIRRA, Álvaro Luiz Valery. Direito ambiental e registro de imóveis. In: GUERRA, Alexandre; BENACCHIO, Marcelo. *Direito imobiliário brasileiro*: novas fronteiras na legalidade constitucional. São Paulo: Quartier Latin, 2011.

MOLINARO, Carlos Alberto. Interdição da retrogradação ambiental: reflexões sobre um princípio. In: COMISSÃO DE MEIO AMBIENTE, DEFESA DO CONSUMIDOR E FISCALIZAÇÃO E CONTROLE. Senado Federal. Brasília, 2012.

ORLANDI NETO, Narciso. Reservas florestais. *Revista de Direito Imobiliário*, nº 42.

PEREIRA, Marcio Silva; D'OLIVEIRA, Rafael Lima Daudt. In: MILARÉ, Édis; MACHADO, Paulo Affonso Leme (Coord.). *Novo Código Florestal*: comentários à Lei 12.651, de 25 de maio de 2012 e à MedProv 571, de 25 de maio de 2012. São Paulo: Ed. Revista dos Tribunais, 2012, comentários ao art. 18.

PRIEUR, Michel. Princípio da proibição de retrocesso ambiental. In: COMISSÃO DE MEIO AMBIENTE, DEFESA DO CONSUMIDOR E FISCALIZAÇÃO E CONTROLE. Senado Federal. Brasília, 2012.

ROTHENBURG, Walter Claudius. Não retrocesso ambiental: direito fundamental e controle de constitucionalidade. In: COMISSÃO DE MEIO AMBIENTE, DEFESA DO CONSUMIDOR E FISCALIZAÇÃO E CONTROLE. Senado Federal. Brasília, 2012.

SANTOS, Flauzilino Araújo dos. Registro de imóveis e meio ambiente: uma reflexão intra-organizacional necessária. Contribuição aos estudos desenvolvidos no X Congresso Brasileiro de Direito Notarial e de Registro realizado em Foz do Iguaçu-PR, de 15 a 18 de novembro de 2008.

SARLET, Ingo Wolfgang. *A eficácia dos direitos fundamentais*. 3ª ed. Porto Alegre: Livraria do Advogado Editora, 2003.

SARLET, Ingo Wolfgang. Proibição de retrocesso, dignidade da pessoa humana e direitos sociais: manifestação de um constitucionalismo dirigente possível. In: BONAVIDES, Paulo; LIMA, Francisco Gérson Marque de; BEDÊ, Fayga Silveira (Coord.). *Constituição e democracia*: estudos em homenagem ao Prof. J.J. Gomes Canotilho. São Paulo: Malheiros, 2006.

SARLET, Ingo Wolfgang; FENSTERSEIFER, Tiago. *Direito constitucional ambiental*: constituição, direitos fundamentais e proteção do ambiente. 2ª ed. São Paulo: Editora Revista dos Tribunais, 2012.

SARLET, Ingo Wolfgang; FENSTERSEIFER, Tiago. *Princípios do direito ambiental*. São Paulo: Saraiva, 2014.

STIFELMAN, Anelise Grehs. O registro de imóveis e a tutela do meio ambiente. In: BENJAMIN, Antônio Herman; IRIGARAY, Carlos Teodoro; LECEY,

Eladio; CAPPELLI, Sílvia (Org.). *Florestas, mudanças climáticas e serviços ecológicos*. São Paulo: Imprensa Oficial do Estado de São Paulo, 2010, v. 1.

SUETENS, Louis-Paul. Le droit à la protection d'un environnement sain (article 23 de la Constitution belge). In: PRIEUR, Michel; LAMBRECHTS, Claude (Org.). *Les hommes et l'environnement*: quels droits pour le vingt-et-unième siècle?: études en homage à Alexandre Kiss. Paris: Frison-Roche, 1998.

# CÓDIGO NEOFLORESTAL: RECUO NA PROTEÇÃO DOS BENS NATURAIS AMEAÇA AMPLIAR DESMATAMENTO E AGRAVAR CRISE HÍDRICA

Eduardo Pereira Lustosa[1]
Dalva Hashimoto[2]

**Resumo:** A devastação da vegetação nativa do Estado foi desencadeada pela expansão do café no fim do século XIX e prosseguiu por mais de cem anos. O desmatamento consumado nesse período em mais de 86% do território paulista destruiu a biodiversidade, causando a extinção de diversas espécies e ameaçando muitas outras. Também gerou graves problemas de erosão, assoreamento e redução de disponibilidade hídrica. Os primeiros indícios de mudança nessa tendência de desmate foram registrados pelo Instituto Florestal a partir de 1990, o que coincide com a aplicação mais efetiva do Código Florestal e alterações mais protetivas nessa lei, sobretudo para os recursos hídricos. Mas a tendência de estabilização poderá ser prejudicada com a supressão desses dispositivos protetivos pela Lei 12.651/12, podendo agravar a pior crise hídrica da história paulista.

**Palavras-chave:** Devastação. Desmatamento. Código Florestal. Lei 12.651/12. Crise hídrica.

**Sumário:** 1. Breve histórico da destruição da vegetação nativa do Estado de São Paulo: 1.1 Cem anos do alerta visionário sobre a escassez hídrica no Estado desmatado; 1.2 A luta da *Folha* e dos *defensores da flora* contra os *amigos do deserto* no Pontal; 1.3 Alguns números da vitória literalmente arrasadora dos *amigos do deserto* – 2. Legado da devastação: mais de 1.400 espécies em risco de extinção e colossal volume de água e terra perdido ao ano por erosão – 3. Pri-

---
[1] Assistente Técnico de Promotoria do Ministério Público do Estado de São Paulo (MP/SP), Engenheiro Agrônomo.
[2] Assistente Técnica de Promotoria do Ministério Público do Estado de São Paulo (MP/SP), Bióloga.
Endereço eletrônico: dalvahashimoto@mpsp.mp.br

meiros indícios de relativa estabilidade nos índices de desmatamento: 3.1 Contenção do desmate no mesmo período de alterações mais protetivas na Lei 4.771/65 - Código Florestal; 3.2 Desmate estancado no mesmo período de aplicação mais efetiva da Lei 4771/65 - Código Florestal; 3.3 Devastação contida após conquista do estado democrático de direito assegurado pela Constituição – 4. Lei 12.651/12: risco de retomada da devastação com o recuo na proteção que ajudou a conter o desmate: 4.1 Detalhamento das perdas nas APPs de topos de morros decorrentes da Lei 12.651/12; 4.2 Detalhamento das perdas nas APPs de nascentes e olhos d'água decorrentes da Lei 12.651/12; 4.3 Detalhamento das perdas nas APPs de curso d'água decorrentes da Lei 12.651/12; 4.4 Detalhamento das perdas nas APPs de reservatórios para geração de energia e abastecimento público, com a Lei 12.651/12 – 5. Lei 12.651/12 e Lei 15.684/15: risco de agravar crise de água com as perdas na proteção aos recursos hídricos: 5.1 Código Neoflorestal: a lei da seca.

### 1. Breve histórico da destruição da vegetação nativa do Estado de São Paulo

A ocupação agrícola do território paulista teve caráter predatório que levou à destruição de grande parte das formações vegetais originais. O desmatamento em larga escala foi desencadeado pela expansão da cafeicultura a partir da segunda metade do século XIX e prosseguiu em ritmo avassalador por mais de cem anos, conforme descrito por Victor *et al.* (1975) em "A devastação florestal" e em "Cem anos de devastação: revisitada 30 anos depois" (VICTOR, *et al.*, 2005).

O célebre e pioneiro trabalho publicado inicialmente em 1975 apresentou a reconstituição da cobertura florestal primitiva do Estado e retratou seu alarmante decréscimo nos mapas sequenciais do desmatamento dos anos 1854; 1886; 1907; 1920; 1935; 1952; 1962 e 1973.

De acordo com tal série histórica, a área de floresta primitiva, que originalmente cobria 81,8% da superfície estadual, encolheu para 58% em 1907 e atingiu 44,8% em 1920. Nesse período, foi escrito um documento premonitório sobre os reflexos lesivos da intensa predação dos recursos naturais.

CAPÍTULO I – DISCUSSÕES SOBRE A LEI 12.651/2012

**1.1 Cem anos do alerta visionário sobre a escassez hídrica no Estado desmatado**

O cenário de terra arrasada e os primeiros impactos ambientais da devastação foram descritos no ano de 1915 em representação enviada ao presidente do Estado de São Paulo pelo então presidente do Sindicato da Sociedade Paulista de Agricultura, Augusto da Silva Telles, com um alerta premonitório sobre a escassez hídrica, publicado em "Cem anos de devastação: revisitada 30 anos depois".

> *Sensível é a transformação que se vai operando nas condições climáticas deste Estado: as geadas vão sendo de mais a mais, raras; zonas antes frias impróprias para nossa cultura, são hoje invadidas por vastos cafezais; a temperatura média geral do Estado se tem sensivelmente elevado; o estado higrométrico de nossa atmosfera revela uma impressionante diminuição de umidade; as chuvas escasseiam de ano a ano; diminui o volume d'água de todos os nossos rios; a minguados lacrimais se reduzem grande número de nossos ribeiros, quando mesmo só não deixam o vestígio de seus leitos a seco; as quadras de estiagem cada vez mais se alongam e abrasam a atmosfera; a água escasseia em todo o Estado. (VICTOR, et. al., 2005, p.22-23).*

Entretanto, o clamor desse dirigente rural não foi suficiente para conter a sanha devastadora no interior de São Paulo, que nas décadas seguintes atingiu proporções estarrecedoras.

A sequência de mapas (VICTOR, *et al., 2005, p. 37*) da devastação do Estado indica que, em 1952, a área de floresta primitiva foi reduzida para apenas 18,2% do território paulista, concentrando-se no litoral e Vale do Ribeira. No interior, o principal contínuo de mata primária remanescia no Pontal do Paranapanema, a última região do Estado a ser atingida pela marcha da devastação, motivada não mais pelo café e sim pelo pasto.

**1.2 A luta da *Folha* e dos *defensores da flora* contra os *amigos do deserto* no Pontal**

Na história do desmatamento do território paulista, a devastação do Pontal do Paranapanema (extremo Oeste do Estado) merece um capítulo à parte devido à ampla repercussão alcançada na grande imprensa, motivando reações em diversos setores.

Até o início da década de 1940, as florestas nativas ocupavam grande parte da superfície dessa região, onde as reservas estaduais abrangiam cerca de 284 mil hectares (VICTOR, et al., 2005, p. 28). No entanto, a proteção legal não impediu que essas áreas fossem submetidas a um processo contínuo de invasões e desmatamentos com a finalidade de implantar pastagens, em sua maioria, improdutivas.

Entre 1954 e 1956, o jornal *Folha da Manhã* (atual *Folha de São Paulo*) promoveu uma ampla campanha contra as derrubadas das matas e a apropriação irregular de terras nas reservas florestais do Pontal. Tais questões pautaram diversas matérias publicadas com frequência em espaço destacado, como se observa na edição de 09/05/1954, que trouxe uma grande reportagem com o título *"Num Estado sem florestas assume aspectos dramáticos a história da grande Reserva do Pontal do Paranapanema"* (NUM ESTADO..., 1954).

Em 15/10/1955, o jornal publicou emblemática matéria (TOMADA..., 1955) de página inteira em que denunciou as autoridades apoiadoras do desmatamento na região, exibindo suas fotos e um texto desabonador no quadro intitulado *Amigos do Deserto*. Já os opositores da devastação eram saudados na coluna vizinha com o título de *Defensores da Flora e da Fauna*. A grande reportagem também alertava a população com chamadas como: *"Não compre terras em reserva florestal"*.

A campanha da *Folha* prosseguiu no ano seguinte. Na edição de 04/08/1956 (LACERDA e MORAIS, 1956) um título com letras garrafais alertava para a iminência de uma grande queimada na região: *"Planejado gigantesco incêndio para destruição das reservas do Pontal"*. A respectiva matéria era ilustrada pela fotografia de dezenas de machados apreendidos durante operação policial ao lado de outra foto exibindo toras colossais resultantes da derrubada da floresta.

Tratou-se, no entanto, de alerta em vão e de luta inglória como demonstra o cenário descrito em 1973, pela própria *Folha*, na matéria intitulada *No Pontal só tristeza e abandono*:

> Do que foi a floresta do Pontal, o espectro. Paus secos em pé, ainda mostrando as marcas do fogo. No chão, em milhares de alqueires, o que não resistiu ao fogo e tombou. Em muitos quilômetros, nem uma árvore para dar sombra aos homens e aos animais. Os pássaros são raros nesses pontos e só o boi pode viver ali. (NO PONTAL..., 1973, p. 37).

CAPÍTULO I – DISCUSSÕES SOBRE A LEI 12.651/2012

Coincidentemente, também é de 1973 o último mapa da série histórica sobre a devastação do Estado, que não deixa dúvida sobre a veracidade da ruinosa situação do Pontal noticiada pela *Folha*. A grande floresta representada pela mancha escura contínua que preenchia a ponta esquerda do mapa de 1952 foi destroçada nos 21 anos seguintes, restando somente a mata do atual Parque Estadual do Morro do Diabo e pequenos fragmentos que pouco contribuíram na soma das áreas remanescentes de floresta primitiva no território paulista, que encolheu para 8,3% no ano de 1973.

### 1.3 Alguns números da vitória literalmente arrasadora dos *amigos do deserto*

Hoje, quem visita o Pontal do Paranapanema percebe que a iniciativa da *Folha da Manhã* não impediu a vitória, literalmente arrasadora, dos "*amigos do deserto*", que também triunfaram em quase todo o território paulista, como restou demonstrado nos levantamentos da vegetação natural subsequentes.

Além da reconstituição da situação pretérita, Victor (1975) apresentou em 1975 uma projeção para o futuro. Em mapa fora da série histórica, estimou que só restariam 3% da floresta primitiva no ano 2000. Três décadas mais tarde, foi apurado por Kronka, *et al.*, (2005, p.31) que ocorriam apenas 5,76% de *mata* (primitiva) no território paulista em 2000-2001, índice superior ao da sombria previsão, mas indicativo de situação igualmente crítica.

Embora tenham sido desconsideradas na série de mapas do histórico trabalho, as fitofisionomias não florestais também foram dizimadas pela atroz marcha devastadora, como é o caso da vegetação de Cerrado, que originalmente ocupava 14% da superfície paulista (KRONKA *et al.* 1998) e foi reduzida em 1992 a ínfimos 0,85% apontados no *Inventário da Vegetação Natural do Estado de São Paulo* (KRONKA *et al.*, 2005, p.32) produzido pelo Instituto Florestal (IF), da Secretaria do Meio Ambiente.

Verifica-se em publicações desse instituto que a partir de 1962 foram produzidos inventários da vegetação natural do Estado contemplando as diversas fitofisionomias (florestais e não florestais), incluindo também formações secundárias (capoeiras). A análise dos levantamentos com tal abrangência revela que a área total de vegetação natural do Estado continuou decrescendo até o período 1990-1992, quando foi registrado o menor entre todos os índices divulgados pelo Instituto Florestal (KRONKA et al., 2005, p. 32), apontando a ocorrência de cobertura vegetal em apenas 13,43% da superfície paulista, concentrada principalmente no Vale do Ribeira e litoral.

A devastação consumada em mais de 86% do território paulista originou um enorme vazio de conservação no interior do Estado, com imensas áreas desprovidas de ecossistemas naturais, apresentando baixíssimos níveis de biodiversidade.

## 2. Legado da devastação: mais de 1.400 espécies em risco de extinção e colossal volume de água e terra perdido ao ano por erosão

As formações vegetais dizimadas no predatório processo de ocupação agrícola do nosso Estado pertenciam aos biomas Mata Atlântica (majoritário) e Cerrado, que são reconhecidos mundialmente como *hot spots* ("áreas quentes") de biodiversidade por concentrar em exíguas extensões territoriais, os mais altos índices de diversidade biológica da Terra. Em termos numéricos, são cerca de 35 *hot spots* ao redor do globo, que reúnem em menos de 3% da área do planeta, mais da metade das espécies vivas. Como 43% dessas espécies são endêmicas e restritas a tais áreas (THERE ARE... s/d), não é demais considerá-las como últimos repositórios de biodiversidade e arcabouço da história evolutiva da vida na Terra.

Por conseguinte, destruir formações vegetais desses biomas significou destruir a biodiversidade e dilapidar um inestimável patrimônio natural. Grande parte da exuberante e suntuosa Mata Atlântica e das resilientes e ricas formações de Cerrado, deram lugar a imensas áreas ocupadas pela monocultura formando um deserto verde a perder de vista.

A vasta perda de *habitats* causou a extinção de grande quantidade de espécies, devendo ser considerado nesse passivo inumeráveis substâncias que seriam de grande relevância para a humanidade e desapareceram antes mesmo de serem descobertas. Muitas outras espécies que ainda resistem nos acanhados remanescentes de ecossistemas naturais sofreram expressiva redução populacional, correndo o risco de desaparecer. As listas do Estado de São Paulo registram mais de 1.000 espécies da flora [3] e 434 da fauna [4], oficialmente ameaça-

---

3   Cf. Resolução SMA 48/2004.
4   Cf. Decreto Estadual nº 60.133, de 07 de fevereiro de 2014.

das de extinção, além de 120 espécies listadas na categoria *"Quase Ameaçada"* e outras 327 com dados insuficientes para inferir sobre a incidência de risco.

No extenso rol das extintas e ameaçadas, desapareceram ou minguaram eficazes e insaciáveis predadores naturais de pragas agrícolas além de muitos polinizadores certeiros e incansáveis. Desta forma, o excessivo desmatamento, que dizimou o habitat dessas espécies *amigas* da agricultura, prejudicou a produção agrícola pela perda de serviços ecossistêmicos de polinização e controle biológico de pragas.

No ambiente desequilibrado, onde ecossistemas com imensa riqueza de espécies deram lugar à monocultura, a ausência de competidores e inimigos naturais favoreceu a proliferação de pragas agrícolas e de agentes causadores de doenças nas plantas. Para combatê-los, houve uso excessivo de agrotóxicos, que fez multiplicar as ocorrências de contaminação de alimentos, intoxicação de trabalhadores rurais e poluição de diversos compartimentos (solo, água, etc), além de consolidar o extermínio de polinizadores e predadores, num círculo vicioso que só faz agravar os desequilíbrios ecológicos. Não é demais lembrar que o Brasil é o maior consumidor de agrotóxicos do mundo; e São Paulo é o segundo Estado que mais consome esses produtos no país. E o problema é agravado pela perda de fertilidade do solo decorrente da erosão.

Destituídos do protetor revestimento florestal, os solos das regiões mais devastadas do território paulista ficaram muito mais vulneráveis à erosão, que acarreta problemas ambientais graves e prejudica a produção agrícola pela perda de fertilidade, aumentando ainda mais o consumo de agroquímicos. Dados divulgados pela Coordenadoria de Assistência Técnica Integral – CATI, da Secretaria da Agricultura e Abastecimento (LOMBARDI NETO e DRUGOWICH, 1994, p.15), indicam que o Estado de São Paulo perde com a erosão, a cada ano, 194 milhões de toneladas de terras férteis, das quais 40 milhões de toneladas vão para o fundo dos corpos hídricos, sendo que os nutrientes perdidos nessas terras equivalem a um gasto de fertilizantes da ordem de U$ 200 milhões.

No solo desprotegido, acentuam-se ainda o dessecamento, a compactação e a perda de permeabilidade, o que dificulta a infiltração de água no solo e intensifica o escoamento hídrico superficial, resultando em monumental perda de água em forma de enxurrada. Os dados divulgados pela CATI apontam que se perde em forma de enxurrada um volume de 10 bilhões de metros cúbicos de água por ano, o que equivale a um rio com vazão de 314 m³/s durante um ano. Portanto, outo reflexo lesivo do desmedido desmate consiste na redução da disponibilidade hídrica atrelada à perda de qualidade da água.

Não se pode esquecer que a vasta floresta preexistente promovia a infiltração, armazenagem e estocagem de água nos reservatórios subterrâneos ou aquíferos, garantindo a alimentação das nascentes e o escoamento básico dos córregos e rios. Além disso, a supressão das matas nativas implicou na perda dramática de compartimento autorregulado de captação e liberação de água para o meio.

O desflorestamento em larga escala também contribui para o desequilíbrio climático. A perda do componente arbóreo das florestas nativas acarreta alterações microclimáticas com efeitos cumulativos e sinérgicos, propiciando a ocorrência de eventos climáticos adversos e críticos, como períodos prolongados de estiagem e precipitações torrenciais mal distribuídas no território. Vale lembrar que esse impacto ambiental do desmatamento é do conhecimento de nossas autoridades há pelo menos 100 anos, tendo sido destacado na representação enviada em 1915 ao presidente do Estado de São Paulo pelo então presidente do Sindicato da Sociedade Paulista de Agricultura, Augusto da Silva Telles, publicado em *Cem anos de devastação: revisitada 30 anos depois*:

> *Por muito conhecida e destacada que tenha sido a influência das florestas sobre o clima de qualquer região do globo, nunca será em demasia clamar contra a prodigalidade com que devastamos as nossas matas.* (VICTOR, et al., 2005, p.22-23).

Mais do que ignorar o conhecimento antigo, a sanha devastadora também eliminou os vestígios do conhecimento ancestral, dizimando populações indígenas e destruindo sítios arqueológicos de inestimável valor. A devastação no interior do Estado também se caracterizou como uma marcha de extermínio sangrenta que avançou impiedosamente e com extrema truculência sobre populações indígenas.

De acordo com Sampaio (1890, p.128) em seu clássico "Considerações geográficas e econômicas sobre o Vale do Rio Paranapanema", estimava-se em cerca de 3.000 índios Kaiowá e 5.000 integrantes de outros grupos. Em 1923, Cobra (*apud* LEONÍDIO 2009, p.37-48) relata o processo de "expansão" das fronteiras agrícolas no *sertão* paulista e conta detalhes da matança, com inimagináveis requintes de crueldades, praticada por sitiantes contra populações indígenas, sem poupar mulheres nem crianças.

### 3. Primeiros indícios de relativa estabilidade nos índices de desmatamento

Quatro décadas após a célebre matéria em que a Folha da Manhã denunciou os políticos "*amigos do deserto*" e saudou os "*defensores da fauna e da flora*", esse segundo grupo começou a esboçar uma tímida reação, ainda que tardia, após sucessivas e arrasadoras derrotas. O *Inventário da Vegetação Natural do Estado de São Paulo* produzido em 2005 pelo Instituto Florestal (KRONKA, *et al.*, 2005, p.33) registrou pela primeira vez que a taxa de desmatamento alcançou relativa estabilidade após 1992.

Após atingir em 1990/1992 o menor entre todos os índices divulgados pelo Instituto Florestal (3.330.740 hectares ou 13,43% da área estadual), a cobertura vegetal natural passou a 3.457.301 hectares (13,94%) no período 2000/2001. O inventário mais recente apresentado pelo Instituto Florestal em 2009 confirmou essa mudança na tendência de desmatamento e apontou nova recuperação da área total de vegetação natural do Estado de São Paulo, passando a 4,3 milhões de hectares (17,5% do território paulista). Cabe ressalvar, no entanto que nesse último inventário foram utilizadas imagens que apresentavam escala maior (1:25.000) em relação aos trabalhos anteriores (1:50.000), o que permitiu identificar fragmentos vegetais menores, que não puderam ser localizados nos outros levantamentos.

### 3.1 Contenção do desmate no mesmo período de alterações mais protetivas na Lei 4.771/65 - Código Florestal

Esses primeiros sinais de contenção do desastroso e avassalador processo de devastação do Estado só foram registrados após 1990/1992, o que coincide com o período de aplicação mais efetiva da Lei Federal 4.771, de 15 de setembro de 1965 (Código Florestal), e de alterações mais protetivas introduzidas nessa lei, sobretudo em relação aos recursos hídricos.

O Código Florestal Brasileiro, de 1965, trouxe inovações quanto às definições e delimitações de elementos e espaços territoriais especialmente protegidos, lançando as bases para o reconhecimento de tipologias de vegetação e configurações territoriais (confluências de mananciais, topos de morros, montanhas, serras, encostas, veredas, etc.) de importância estratégica para a manutenção do equilíbrio ecológico.

Entretanto, seus efeitos e alcance serão observados com maior expressão somente a partir do final da década de 1980, período de significativos avanços na legislação florestal decorrentes, dentre outros, da Lei Federal 6.938/81 que instituiu a Política Nacional do Meio Ambiente (PNMA). Essa lei introduziu e operacionalizou importantes conceitos no direito ambiental, como poluidor-pagador, responsabilidade objetiva, licenciamento ambiental, dentre outros, além de criar o Sistema Nacional do Meio Ambiente (SISNAMA) e o Conselho Nacional do Meio Ambiente (CONAMA), responsável por resoluções que ampliaram a proteção das áreas de preservação permanentes citadas na Lei 4771/65, destacadas abaixo.

Com essa nova estrutura, houve espaço para a elaboração e incorporação de dispositivos mais protetivos no Código de 1965, que ampliaram a proteção das áreas de preservação permanentes anteriormente previstas, pautadas, sobretudo, no avanço do conhecimento técnico-científico, criando as bases para posterior assentamento de dispositivos mais protetivos, conforme exemplificado abaixo:

a) Resolução CONAMA 04/1985: introduziu a preservação da faixa de 300 metros de restinga e de 50 metros ao redor de nascentes, incluindo as intermitentes e olhos d'água; fixou metragens das faixas nas margens de corpos d'água (incluindo represas e reservatórios artificiais); alterou o critério de demarcação de APP de recursos hídricos, ampliando sua proteção a partir do leito maior sazonal; estabeleceu critérios protetivos para a delimitação de espaços territoriais protegidos nos terços superiores de morros, montanhas e serras, assegurando a preservação de extensas áreas. Esses dispositivos de proteção foram mantidos nas resoluções posteriores do CONAMA (302/2002 e 303/2002).

b) Lei Federal 7.511/86: proibiu a derrubada de florestas heterogêneas para o plantio daquelas homogêneas, o que era liberado até então, e ampliou as larguras de faixa de preservação permanente ao longo de cursos d'água, com a metragem mínima passando de 5 para 30 metros.

c) Lei Federal 7.803/89: trouxe inovação de grande relevância para a perenidade e qualidade dos recursos hídricos, especificando a proteção de nascentes, inclusive intermitentes e olhos d'água, em raio de 50m, além de alterar o parâmetro para a demarcação das áreas protegidas ao longo dos cursos d'água (a partir do nível mais alto); obrigatoriedade de averbação da reserva legal à margem da matrícula, vedada a conversão do uso do solo independente dos atos de transmissão.

d) Medida Provisória 2166-67 de 2001 que introduziu a inovação de proteção às áreas de preservação permanente, independente de sua cobertura vegetal, vinculando a proteção ao território (espaço geográfico).

### 3.2 Desmate estancado no mesmo período de aplicação mais efetiva da Lei 4771/65 - Código Florestal

Os primeiros dados indicativos de que a devastação começou a ser contida também coincidem com o período de aplicação mais efetiva e rigorosa da Lei 4.771/65 no licenciamento e na fiscalização. Um dos fatores que contribuíram para essa relativa estabilização das taxas de desmate foi a alteração da estrutura licenciadora da supressão vegetal, com o deslocamento desta atribuição para a Secretaria Estadual do Meio Ambiente, ocorrida em 1987. Até então, as autorizações de desmatamento eram expedidas pela Secretaria da Agricultura, o que era um contrassenso visto que foi a expansão da agricultura que dizimou a vegetação natural no território paulista.

Soma-se a isso, o aperfeiçoamento dos mecanismos de controle e estruturação dos órgãos ambientais e da Polícia Ambiental no final da década de 1980, que instrumentalizou e propiciou condições à efetiva aplicação da Lei 4.771/65.

Outro acontecimento marcante no final da década de 1980 foi a atuação mais efetiva do Ministério Público (MP) na área ambiental, legitimada na Lei da Ação Civil Pública (Lei 7.347/1985). Até então, a penalização dos infratores ficava limitada a sanções administrativas muitas vezes irrisórias, que eram desprezadas pelos grandes degradadores e se mostravam ineficazes para conter o desmatamento, desmoralizando a fiscalização.

As ações judiciais movidas pelo MP a partir de então contribuíram sobremaneira para a redução do desmatamento ilegal e para o cumprimento da Lei 4771/65 com suas alterações protetivas e regulamentações do CONAMA. E o respeito ao Código Florestal aumentou ainda mais a partir de 1998 com a promulgação da Lei de Crimes Ambientais (Lei 9.6503/98).

### 3.3 Devastação contida após a conquista do estado democrático de direito assegurado pela Constituição

Não se pode esquecer que essas medidas mais protetivas e sua aplicação mais eficaz coincidem com o fim da ditadura militar e com a conquista do novo estado democrático de direito, que teve como um marco a Constituição Federal de 1988 (CF/88), que lançou as bases para a reconstrução de um novo paradigma em diversas esferas da cidadania brasileira. Foram estabelecidos e assentados os direitos e as garantias fundamentais, partindo dos direitos individuais, passando pelos sociais até os difusos e coletivos, onde se articulava o direito de *acesso universal* ao meio ambiente ecologicamente equilibrado (art. 225 *caput*) à obrigatoriedade de defendê-lo e preservá-lo para as presentes e futuras gerações (equidade intergeracional).

Assim, as diretrizes protetivas encetadas pelo Código Florestal Brasileiro de 1965 (especialmente após as alterações mais restritivas) ecoava com as novas garantias objetivadas e estabelecidas na democracia nascitura, sendo então, acolhido pela Constituição em sua integralidade.

Não só isto; a CF/88 viria a inovar o papel dos diversos entes da nova ordem republicana, proporcionando espaço político e afirmando a vontade do poder público, para que os diferentes órgãos viabilizassem antigos anseios da sociedade (adiados até então).

Desta feita, o resultado de tal alteração paradigmática (conquistada nas últimas décadas), alinhada e afeita à diretriz de acesso universal ao meio ambiente ecologicamente equilibrado no novo cenário democrático, não se fez sem impactos ou reações de interesses conflituosos de setores da sociedade, como se discutirá a seguir.

## 4. Lei 12.651/12: risco de retomada da devastação com o recuo na proteção que ajudou a conter o desmate

Se por um lado, a partir dos anos 90, a aglutinação de um sistema legal mais protetivo, aliado à atuação do poder público enquanto expressão da vontade do povo conseguiu estancar a devastação da natureza no Estado de São Paulo e promover melhorias, assegurando que o território paulista ainda retivesse um pequeno percentual de sua área com cobertura vegetal nativa. Por outro, o avanço protetivo das últimas décadas incitou forte reação dos *"amigos do deserto"* em busca de retrocesso na legislação para retomar as antigas "liberdades" devastadoras. O esforço foi recompensado com a sanção da Lei 12.651/12, chamada indevidamente de Novo Código Florestal, que veio demolir os pilares da proteção ambiental promovida pela Lei 4771/65 (e alterações).

A nova lei desfigurou dispositivos da Lei 4771/65 que foram importantes para conter a devastação, como averbação de Reserva Legal, concepção e delimitação de diversas APPs, como a de topos de morros e recursos hídricos (nascentes intermitentes, leito maior sazonal, margem de reservatórios, etc). Por conseguinte, reduziu impedimentos e liberou a expansão agrícola sobre os exíguos resquícios de vegetação nativa, o que ameaça a estabilização alcançada e aumenta o risco de retomar a devastação interrompida.

Convém realçar que apenas 22% da área coberta por vegetação natural remanescente no território paulista está dentro de unidades de conservação de proteção integral, ou seja, 78% dos remanescentes encontram-se fora dessas áreas especialmente protegidas. Como agravante, parcela considerável dessas áreas está em propriedades rurais particulares, onde o desmatamento estava contido por força dos critérios protetivos da Lei 4.771/65 e suas regulamentações, muitos dos quais foram subtraídos pela Lei 12.651/12.

Portanto, os remanescentes nativos estão em situação de grave vulnerabilidade e constante ameaça de desmatamento, com anteparo na Lei 12.651/12, que caminha na contramão da história, pois altera a legislação florestal de forma a reduzir a proteção, o que ameaça a frágil estabilização do desmatamento e aumenta as chances de retomada da devastação interrompida, reincidindo em práticas retrógradas do século XIX.

Numa visada superficial, a Lei 12.651/12 supostamente manteve os critérios lançados pela Lei 4.771/65, no tocante à manutenção de conceitos como *áreas de preservação permanente* e *reserva legal*. Entretanto, alterações introduzidas tanto nos conceitos quanto nos critérios para a demarcação dos diferentes espaços territoriais especialmente protegidos acarretaram amplas e drásticas perdas na extensão mínima a ser protegida, para as mais variadas tipologias de APPs.

O recuo drástico da proteção ambiental em áreas estratégicas na paisagem foi demonstrado através de exemplificativos organizados e elaborados pelo CAO-UMA/MPSP (com apoio da assistência técnica do MP/SP e de diversos Ministérios Públicos estaduais) durante o processo de alteração do Código Florestal, e que dava conta da aviltante e preocupante perda que se assentaria caso a Medida Provisória 571/12 fosse sancionada.

Decorridos três anos da sanção da Lei 12.651/12, elencamos alguns dos desdobramentos das alterações trazidas sobre as APPs de topo de morro e de recursos hídricos, por serem componentes intimamente relacionados.

### 4.1 Detalhamento das perdas nas APPs de topos de morros decorrentes da Lei 12.651/12

O Código Florestal de 1965 previa a proteção de topos de morros, montanhas, serras, cumeadas (divisor de águas), dentre outras formações do relevo. A Resolução CONAMA 04/1985 estabeleceu as diretrizes gerais e os critérios para a caracterização destas formações no relevo, bem como as respectivas áreas a serem protegidas. A necessidade de proteção e recuperação do terço superior dessas formações, isto é, topos de morros/montanhas/serras/cumeadas, advinha, dentre outros, da crescente e urgente necessidade de preservação da qualidade e perenidade dos recursos hídricos.

O terço superior destas formações é considerado uma das porções do relevo mais importantes para a recarga de aqüíferos e também por concentrar as cabeceiras de nascentes, que dão origem aos diversos cursos d'água de primeira ordem que escoam em direção aos fundos de vale, contribuindo decisivamente para a manutenção dos níveis de água nos cursos d'água mais caudalosos e nos reservatórios localizados a jusante de tais áreas.

A caracterização e definição destas feições são realizadas com base em alguns critérios que devem ser atendidos, sucessiva- e cumulativamente, quais sejam: amplitude e declividade. As diretrizes principais e inicialmente propostas na Resolução CONAMA 04/85 são mantidas na Resolução CONAMA 303/02 (a título de exemplo destacamos apenas a análise de topos de morros e montanhas):

> Art. 2°. Para os efeitos dessa Resolução, são adotadas as seguintes definições:
>
> IV – morro: elevação do terreno com cota do topo em relação a base entre cinquenta e trezentos metros e encostas com declividade superior a trinta por cento (aproximadamente dezessete graus) na linha de maior declividade;
>
> V – montanha: elevação do terreno com cota em relação a base superior a trezentos metros;
>
> (...)
>
> VII - linha de cumeada: linha que une os pontos mais altos de uma seqüência de morros ou de montanhas, constituindo-se no divisor de águas;

No Art. 2° e incisos são apresentadas as definições de morro e montanha, respectivamente: formações com amplitude entre 50 a 300 metros, e a partir de 300 metros; e declividade de 30% (aprox. 17°) na linha de maior declive.

No inciso VI, apresenta-se o referencial para definir a amplitude destas formações, isto é, a base a ser adotada:

> VI – base de morro ou montanha: plano horizontal definido por planície ou superfície de lençol d'água adjacente ou, nos relevos ondulados, pela cota da depressão mais baixa ao seu redor;

Atendidos ambos os critérios (amplitude e declividade mínimas) é estabelecida a área de preservação permanente, que é, logicamente, proporcional a amplitude das formações em questão:

> V - no topo de morros e montanhas, em áreas delimitadas a partir da curva de nível correspondente a dois terços da altura mínima da elevação em relação a base;
>
> VI - nas linhas de cumeada, em área delimitada a partir da curva de nível correspondente a dois terços da altura, em relação à base, do

*pico mais baixo da cumeada, fixando-se a curva de nível para cada segmento da linha de cumeada equivalente a mil metros;*
*Parágrafo único. Na ocorrência de dois ou mais morros ou montanhas cujos cumes estejam separados entre si por distâncias inferiores a quinhentos metros, a Área de Preservação Permanente abrangerá o conjunto de morros ou montanhas, delimitada a partir da curva de nível correspondente a dois terços da altura em relação à base do morro ou montanha de menor altura do conjunto, aplicando-se o que segue:*
*I - agrupam-se os morros ou montanhas cuja proximidade seja de até quinhentos metros entre seus topos;*
*II - identifica-se o menor morro ou montanha;*
*III - traça-se uma linha na curva de nível correspondente a dois terços deste; e*
*IV - considera-se de preservação permanente toda a área acima deste nível.*

Aparentemente, a Lei 12.651/12 manteve as áreas de preservação permanente decorrente de conformação no relevo. Vejamos:

*Art. 4º Considera-se Área de Preservação Permanente, em zonas rurais ou urbanas, para os efeitos desta Lei:*
*(...)*
*IX – no topo de morros, montes, montanhas e serras, com altura mínima de 100 (cem) metros e inclinação média maior que 25°, as áreas delimitadas a partir da curva de nível correspondente a 2/3 (dois terços) da altura mínima da elevação sempre em relação á base, sendo esta definida pelo plano horizontal determinada por planície ou espelho d'água adjacente ou, nos relevos ondulados, pela cota do ponto de sela mais próximo da elevação; (g.n.)*

Contudo, numa leitura mais detida, nota-se a gritante alteração da forma de caracterização de morro/montanha, associada à adoção de critérios bastante excludentes com relação ao relevo comumente encontrado no País. Isto é, aumentando em 200% a amplitude mínima, aliada a um nível de declividade incomum no território nacional (25°); agravada pela interposição do termo "declividade média" (o que restringe ainda mais a ocorrência deste tipo de formação). Assim, a Lei 12.651/12 acarretou a desqualificação de maior parte das feições caracterizadas como morros/montanhas da CONAMA 303/02; Consequentemente chegou-se a quase extinção das APPs desta tipologia (relevo). Assim, com este artifício, as áreas antes protegidas foram praticamente desguarnecidas e as poucas que restaram, são exíguas, excepcionais e insignificantes.

As alterações de definição e delimitação descritas anteriormente retiraram a proteção legal sobre extensas áreas de topo de morro, embora estas áreas continuem tendo o mesmo papel fundamental para a proteção dos recursos hídricos. Ainda, os critérios indicados na Lei 12.651/12 não alteram a realidade fática da dinâmica hídrica natural, da dinâmica do relevo e da dinâmica biótica, que continuarão a operar exatamente da mesma forma. Ainda, no tocante à dinâmica de relevo, cabe destacar que parcela dessas áreas também se sobrepõe àquelas de risco, dada a declividade do terreno, não sendo apropriadas ao adensamento humano. Não são raros os casos de deslizamentos nas regiões serranas. A expansão das ocupações, referendadas pela nova lei, contribuirá para aumentar as estatísticas e as notícias de tragédias com perdas de vidas humanas, especialmente durante o período de chuvas.

Além das graves perdas em termos de proteção aos recursos hídricos (já que haverá perda de amplas áreas de recarga de aqüíferos e de cabeceira de nascentes), cabe destacar que estas áreas são aquelas que abrigam as ditas comunidades relíquias, os campos de altitude e diversos endemismos típicos (*hot spot*).

### 4.2 Detalhamento das perdas nas APPs de nascentes e olhos d'água decorrentes da Lei 12.651/12

• Da Lei 4.771/65 com redação da Lei 7.803/89 (supracitada):

*Art. 2º Consideram-se de preservação permanente, pelo só efeito desta Lei, as florestas e demais formas de vegetação natural situadas:*
*(...)*
*c) nas nascentes, ainda que intermitentes e nos chamados "olhos d'água", qualquer que seja a situação topográfica, num raio mínimo de 50 (cinquenta) metros de largura;* (g.n)

• Da Lei 12.651/12 com redação da Lei 12.727/12:

*Art. 4º Considera-se Área de Preservação Permanente, em zonas rurais ou urbanas, para os efeitos desta Lei:*

*(...)*
*IV – as áreas no entorno das* nascentes e dos olhos d'água perenes, *qualquer que seja sua situação topográfica, no raio mínimo de 50 (cinquenta) metros;*

Neste caso, o texto do novel dispositivo desconsiderou completamente as nascentes intermitentes, restringindo a proteção àquelas ditas perenes. Não satisfeitos, a Lei 12.651/12 ainda prevê anistia para áreas rurais consolidadas, reduzindo a proteção de 50m de raio das nascentes perenes para 15m.

Há que se lembrar que uma vasta gama de diminutos cursos d'água, os de primeira ordem, se origina de nascentes intermitentes - geralmente localizadas no terço superior de morros e montanhas (que também perdeu a proteção). Esses singelos cursos d'água, ao receberem a contribuição cumulativa e sucessiva de diversos outros "olhos d'água" (igualmente intermitentes), acabam por corporificar os diversos rios e córregos (que tiveram a proteção reduzida) que recortam os vales e que deságuam nutrindo os diversos reservatórios de abastecimento público de água e de geração de energia elétrica.

### 4.3 Detalhamento das perdas nas APPs de curso d'água decorrentes da Lei 12.651/12

• Da Lei 4.771/65 com redação da Lei 7.803/89 (supracitada):

*Art. 2º Consideram-se de* preservação permanente, *pelo só efeito desta Lei, as florestas e demais formas de vegetação natural situadas:*
*a) ao longo dos rios ou de qualquer curso d'água desde o seu nível mais alto em faixa marginal cuja largura mínima será:*
*1 – de 30 (trinta) metros para os cursos d'água de menos de 10 (dez) metros de largura; (...)* (g.n)

• Da Lei 12.651/12 com redação da Lei 12.727/12:

*Art. 4º Considera-se* Área de Preservação Permanente, *em zonas rurais ou urbanas, para os efeitos desta Lei:*
*I – as faixas marginais de qualquer curso d'água natural perene e intermitente, excluídos os efêmeros, desde a* borda da calha do leito regular, *em largura mínima de:*
*a) 30 (trinta) metros, para os cursos d'água de menos de 10 (dez) metros de largura;* (g.n)

No caso em questão, observa-se que aparentemente manteve-se a extensão de APP de curso d'água da Lei 4.771/65 (os mesmos 30m para cursos d'água de até 10m de largura, por exemplo). Contudo, a singela alteração do *ponto de referência* para a *demarcação da APP* – qual seja: do *nível mais alto em faixa marginal* para a *borda da calha regular*; Implicou de início, em conceito tecnicamente equivocado, além de grave e drástica perda de proteção aos recursos hídricos.

Explica-se: Muitos dos cursos d'água apresentam sazonalidade em função da variação pluviométrica. Na região sudeste do país, por exemplo, é evidente a maior precipitação nos meses de verão, em contraposição ao período mais seco no inverno – o que acarreta *extravasamento das águas da calha regular* dos rios para as áreas *inundáveis* (ou, em outras palavras, o *nível mais alto em faixa marginal* da Lei 4.771/65).

Daí depreende-se que a definição do Código de 1965, alterado pela Lei 7803/89 e regulamentações, estar em consonância à concepção técnica da dinâmica hídrica natural dos rios, ao definir a APP a partir do nível mais alto. Concepção técnica que foi desvirtuada na Lei 12.651/12, que redefiniu como limite para a demarcação de APP de curso d'água, a calha regular. Isto é, aquela por onde as águas correm apenas nos períodos de maior secura ou de menor vazão.

Tal conceituação não apenas representa grave equívoco do ponto de vista técnico-científico por desconsiderar porção dos cursos d'água, mas também pelas graves e evidentes consequências atreladas à desconsideração deste componente dos rios.

A delimitação das APPs de curso d'água a partir da calha regular implica, muitas vezes, em faixas menores que a própria extensão da área inundável de um determinado rio. Assim, observa-se um recuo das APPs para "dentro" dos cursos d'água, com liberação para uso e ocupação dessas áreas.

Note-se que a liberação do uso e ocupação das áreas inundáveis *per se*, configura-se em situação de risco e vulnerabilidade tanto para os ocupantes (ou às atividades que ali se desenvolvem) quanto para o equilíbrio ecossistêmico.

Do ponto de vista ecológico, as APPs de curso d'água concebidas tal como prescrito na Lei 12.651/12, têm sua eficácia amplamente prejudicada (senão, invalidada), pois desvinculada da dinâmica natural e por desconsiderar componente essencial dos cursos d'água. Contudo, o amplo desguarnecimento da proteção ambiental dos recursos hídricos, em colisão frontal e ao arrepio de todo conhecimento científico acumulado até então, não pára aqui, pois atinge também os reservatórios artificiais, como se verá a seguir.

### 4.4 Detalhamento das perdas nas APPs de reservatórios para geração de energia e abastecimento público, com a Lei 12.651/12

Até a revogação do Código Florestal de 1965 pela Lei 12.651/12, as margens de todos os reservatórios de abastecimento público de água eram protegidas em projeção horizontal, medida a partir do nível máximo normal, em pelo menos 100 metros para áreas rurais, por exemplo. Entretanto, com o novo dispositivo, para os reservatórios atualmente existentes (com concessão até agosto de 2001) esta faixa ficou restrita entre o nível máximo operativo normal e a cota máxima maximorum na prática, a faixa de 100m fica reduzida a uma delgada camada. E não há obrigação de recomposição dessa exígua faixa de "proteção".

Note-se que dados científicos demonstram a necessidade de ampliação das faixas protegidas, indo inclusive, além daquelas previstas pelo Código de 1965 com regulamentações posteriores (METZGER, 2010), que se configurariam num *minimum minimorum*.

Note-se que a drástica perda de áreas protegidas com as alterações introduzidas pela Lei 12.651/12 (e derivadas) colide frontalmente com a necessidade de ampliação da proteção e melhoria da qualidade ambiental, com o agravante de liberar a expansão de uma miríade de atividades sobre os últimos remanescentes ainda não ocupados ou explorados. Trata-se de mais um passo (gigantesco) dos "amigos do deserto" sobre os exíguos territórios ainda renitentemente recobertos por singelos traços de vida silvestre, que tenderão a ser exterminados sob a chancela deste permissivo dispositivo.

### 5. Lei 12.651/12 e Lei 15.684/15: risco de agravar crise de água com as perdas na proteção aos recursos hídricos

A partir do exemplo acima, observa-se que há um grave efeito cumulativo dos recuos e perdas de proteção ambiental referendadas pela Lei 12.651/12, que desguarnece ampla e drasticamente os recursos hídricos desde seu afloramento (na cabeceira de nascentes intermitentes nos topos de morros/montanhas) e ao longo de todo o seu caminhamento na superfície (drástico recuo das APPs de curso d'água), até a sua acumulação nos reservatórios para abastecimento público e de geração de energia (que também perderam proteção).

Essa situação gera perdas sucessivas e cumulativas tanto da capacidade de "produção" e armazenamento de água, quanto de sua qualidade ao liberar tais áreas para uso e exploração das mais diversificadas formas, em detrimento da mata ciliar protetora e "produtora de água".

O retrocesso na proteção dos recursos hídricos será ainda maior no Estado de São Paulo, em consequência da aprovação da Lei Estadual 15.684, em 14 de janeiro de 2015, que regulamenta o Programa de Regularização Ambiental (PRA).

Apesar de ter sido sancionada em meio a mais grave crise de desabastecimento hídrico da história recente do Estado, essa lei reproduziu os mecanismos de retrocesso e amplas perdas à proteção dos recursos hídricos já trazidos pela Lei Federal 12.651/2012 e ainda os agrava pela revogação de norma protetora das águas. Sua aprovação abrandou a necessidade da devida restauração e proteção das áreas de preservação permanente pela diminuição ou subtração das faixas de proteção de nascentes, cursos d'água, lagoas naturais e reservatórios artificiais, o que coloca em risco a preservação dos recursos hídricos e o abastecimento público de água.

Entre os dispositivos de proteção aos recursos hídricos revogados por esta lei, destaca-se a Lei Estadual 9989/98 que tornou obrigatória a recomposição florestal pelos proprietários nas áreas situadas ao longo dos rios e demais cursos d'água, ao redor de reservatórios d'água naturais e artificiais, bem como nas nascentes e nos "olhos d'água". O artigo 43 de tal diploma prevê expressamente a revogação dessa lei, que é a única norma estadual que obriga a recompor a vegetação nas áreas de preservação permanente tanto em áreas rurais quanto em áreas urbanas, e que conta com critérios minimamente sustentáveis de proteção do ponto de vista técnico-científico.

A eliminação desses mecanismos de proteção prejudica muito a adequada gestão territorial especialmente no que se refere à manutenção e melhoria da qualidade ambiental, além de agravar a alarmante crise de escassez hídrica e o risco de desabastecimento público no Estado de São Paulo.

Os reflexos lesivos deverão afetar diretamente o conjunto de represas que formam o Sistema Cantareira, responsável pelo abastecimento hídrico de grande parte da população da Região Metropolitana da Grande São Paulo. Além de liberar extensas áreas ao longo de topos de morros (que abrigam as nascentes intermitentes que mantêm os níveis de água nos mananciais), cursos d'água e margens de reservatórios contribuintes do Sistema Cantareira.

Na representação hidrográfica dos mapas oficiais do Instituto Geográfico e Cartográfico (escala 1:10.000) é fácil constatar que na região das cabeceiras dos reservatórios do Sistema Cantareira há ampla ocorrência de nascentes intermitentes, as quais perderam a proteção na Lei 12651/12, o que foi reproduzido na norma estadual.

As represas do Sistema Cantareira também sofrerão uma redução drástica nas áreas de preservação permanente das margens, o que poderá comprometer a reservação de água para consumo humano, assim como deve acontecer com outros sistemas que abastecem áreas metropolitanas estaduais.

A vegetação preservada nas margens cumpre funções vitais para a manutenção dos reservatórios, principalmente na proteção contra o assoreamento e evitando a contaminação dos corpos hídricos por esgotos, agrotóxicos, adubos minerais, matéria orgânica, além de permitir a conservação da biodiversidade. Isso sem falar em muitos outros serviços ecossistêmicos desempenhados pelas áreas de preservação permanentes. A perda da vegetação nativa assim como a não recuperação da mesma também pode comprometer a recarga dos reservatórios, por alteração no regime de chuvas, acarretando grandes estiagens e/ou chuvas torrenciais mal distribuídas no território.

A preservação dos recursos hídricos, da integridade do relevo e da segurança ambiental depende da delimitação da área de preservação permanente a partir do nível de cheias sazonais e não só da calha regular dos rios como prevê a Lei 12.651/12 e a Lei 15.684/15, uma vez que o uso de tais áreas expõe os ocupantes a riscos de vida e de perdas materiais.

Também não é possível aceitar, neste contexto e em sã consciência, o desguarnecimento da proteção das nascentes intermitentes, já que as mesmas foram condenadas pela Lei 12.651/12, cabendo lembrar que a Lei 9.989/98 protege as nascentes indistintamente (área de preservação com raio de 50 metros).

CAPÍTULO I – DISCUSSÕES SOBRE A LEI 12.651/2012

### 5.1 Código Neoflorestal: a lei da seca

O suposto benefício à produção de alimentos pelos produtores rurais foi a justificativa recorrente dos defensores da Lei 12.651/2012, que substituiu o Código Florestal e eliminou diversos mecanismos de proteção anteriormente previstos, com a drástica redução das áreas destinadas à preservação e à recuperação.

Mas diferentemente dessa alegação, a eliminação de medidas protetivas do antigo código é que será desfavorável à produção agrícola, pois prejudicará funções e serviços ecossistêmicos desempenhados pelas florestas que beneficiam a agricultura, como polinização, controle biológico de pragas, proteção do solo contra a erosão e, especialmente, conservação da água.

Além de não favorecer a produção de alimentos, a Lei 12.651 prejudica a produção de água. Não ajuda a combater a fome, mas deverá fomentar a sede. Mesmo assim foi aprovada com a ajuda decisiva da recorrente lembrança de que os alimentos são produzidos na fazenda e do esquecimento permanente de que a água consumida pela população também é produzida, em grande parte, nas propriedades rurais.

Se ruralistas e legisladores tivessem considerado esse serviço ecossistêmico vital prestado pelas reservas de mata dos imóveis rurais, não teriam aprovado essa lei que representa um dos maiores retrocessos na proteção aos recursos hídricos.

A perda de área de preservação permanente ao redor de nascentes intermitentes, margens de reservatórios, várzeas e topos de morros deverá agravar a séria crise de escassez hídrica e o risco de desabastecimento público no Estado de São Paulo e até mesmo em outras regiões do país, o que também tem implicações na geração de energia hidrelétrica.

É indiscutível que a demanda por água potável é cada vez maior no Brasil e no mundo, tanto que em 2003 foi promulgado pela UNESCO o "Ano Internacional da Água". Mas a aprovação da Lei 12.651/12 representou um grande e desastroso passo na contramão da história. Ao invés de assegurar a conservação dos recursos hídricos, retira e diminui mecanismos de proteção vitais para as sociedades humanas.

O cenário de escassez hídrica torna urgente o restabelecimento de diversos dispositivos de proteção essenciais para a conservação dos recursos hídricos anteriormente previstos no verdadeiro e único Código Florestal.

Não cabe, portanto, chamar a Lei 12.651/12 de "Novo Código Florestal". Mais apropriado seria "Código Neoflorestal", precursor de uma nova ordem que preconiza o florestado mínimo, com metragens e limites definidos de modo a favorecer mais a lógica de mercado e os interesses privados em detrimento da dinâmica ambiental e dos interesses sociais, difusos e coletivos. Considerando seus inevitáveis desdobramentos, o codinome que melhor sintetiza a Lei 12.651 seria "Lei da Seca".

**Referências bibliográficas**

BRASIL. Constituição da República Federativa do Brasil de 1988. Brasília, DF. 2000. Disponível em: <http://www.planalto.gov.br/ccivil_03/constituicao/constituicaocompilado.htm>. Acesso em: 29 de junho de 2015.

_____. Lei nº 4.771/1965. Institui o novo Código Florestal, Brasília DF. 1965. Disponível em: <http://www.planalto.gov.br/Ccivil_03/LeiS/L4771impressao.htm>. Acesso em: 29 de junho de 2015.

_____. Lei nº 6.938/1981. Dispõe sobre a Política Nacional do Meio Ambiente, seus fins e mecanismos de formulação e aplicação, e dá outras providências. Brasília, DF. 1981. Disponível em: <http://www.planalto.gov.br/ccivil_03/leis/L6938compilada.htm>. Acesso em: 29 de junho de 2015.

_____. Lei nº 7.511/1986. Altera os dispositivos da Lei nº 4.771/1965, que institui o novo Código Florestal. Brasília, DF. 1986. Disponível em: <http://www.planalto.gov.br/ccivil_03/Leis/L7511impressao.htm>. Acesso em: 29 de junho de 2015.

_____. Lei nº 6.938/1981. Dispõe sobre a Política Nacional do Meio Ambiente, seus fins e mecanismos de formulação e aplicação, e dá outras providências. Brasília, DF. 1981. Disponível em: <http://www.planalto.gov.br/ccivil_03/leis/L6938compilada.htm>. Acesso em: 29 de junho de 2015.

_____. Lei nº 7.347/1985. Disciplina a ação civil pública de responsabilidade por danos causados ao meio-ambiente, ao consumidor, a bens e direitos de valor artístico, estético, histórico, turístico e paisagístico (VETADO) e dá outras providências. Brasília, DF. 2000. Disponível em: <http://www.planalto.gov.br/ccivil_03/LeIs/L7347orig.htm>. Acesso em: 29 de junho de 2015.

_____. Lei nº 7.511/1986. Altera os dispositivos da Lei nº 4.771/1965, que institui o novo Código Florestal. Brasília, DF. 1986. Disponível em: <http://

www.planalto.gov.br/ccivil_03/Leis/L7511impressao.htm>. Acesso em: 29 de junho de 2015.

_____. Lei nº 7.803/1989. Altera a redação da Lei nº 4.771, de 15 de setembro de 165, e revoga as Leis nº 6.535, de 15 de junho de 1978, e 7.511, de 7 de julho de 1986. Brasília, DF. 1989. Disponível em: <http://www.planalto.gov.br/ccivil_03/leis/L7803.htm#art2c>. Acesso em: 29 de junho de 2015.

_____. Lei nº 9.605/1998. Dispõe sobre as sanções penais e administrativas derivadas de condutas e atividades lesivas ao meio ambiente, e dá outras providências. Brasília, DF. 1998. Disponível em: <http://www.planalto.gov.br/CCIVIL_03/leis/L9605.htm>. Acesso em: 29 de junho de 2015.

_____. Lei nº 12.651/2012. Dispõe sobre a proteção da vegetação nativa; altera as Leis nº 6.938, de 31 de agosto de 1981, 9.39, de 19 de dezembro de 1996, e 11.428/, de 22 de dezembro de 2006; revoga as Leis nº 4.771, de 15 de setembro de 1965, e 7.754, de 14 de abril de 1989, e a Medida Provisória mº 2.166-67, de 24 de agosto de 2001; e dá outras providências. Brasília, DF. 2012. Disponível em: <http://www.planalto.gov.br/ccivil_03/_ato2011-2014/2012/lei/l12651.htm>. Acesso em: 29 de junho de 2015.

_____. Resolução CONAMA nº 04/1985. Dispõe sobre definições e conceitos sobre Reservas Ecológicas. Brasília, DF. 1985. Disponível em: <http://www.mma.gov.br/port/conama/legiabre.cfm?codlegi=21>. Acesso em: 29 de junho de 2015.

_____. Resolução CONAMA nº 303/2002. Dispõe sobre parâmetros, definições e limites de Áreas de Preservação Permanente. Brasília, DF. 2002. Disponível em: <http://www.mma.gov.br/port/conama/legiabre.cfm?codlegi=299>. Acesso em: 29 de junho de 2015.

COBRA, Amadeu Nogueira. Em um recanto do sertão paulista. São Paulo. Hennies. 1923. *apud* LEONÍDIO, A. Violências fundadoras: o Pontal do Paranapanema entre 1850 e 1930. Ambiente e Sociedade. Campinas. 2009. V. XII (I). pp. 37-48.

KRONKA, Francisco José Nascimento. et al. *Inventário florestal da vegetação natural do Estado de São Paulo*. São Paulo: Secretaria do Meio Ambiente, Instituto Florestal, 2005, p. 31.

LACERDA, Jarbas; MORAIS, Ronaldo. Planejado gigantesco incêndio para destruição das reservas do Pontal. *Folha da Manhã*. São Paulo, 04/08/1956. Disponível em: http://acervo.folha.com.br/fdm/1956/08/04/1/. Acesso em 02/07/2015.

LOMBARDI NETO, Francisco; DRUGOWICH, Mario Ivo. Manual técnico de manejo e conservação de solo e água. Campinas: CATI, 1994, 15p.

METZGER, Jean-Paul. O Código florestal tem base científica? Conservação e Natureza. 8. 2010. Disponível em: <http://www.lerf.esalq.usp.br/divulgacao/recomendados/artigos/metzger2010.pdf.> Acesso em 29 de junho de 2015.

O Ministério Público e o Projeto de Alteração do Código Florestal – Demonstrativos Exemplificativos. CAO-UMA – MP/SP. 2011. Disponível em: <http://www.mpsp.mp.br/portal/page/portal/cao_urbanismo_e_meio_ambiente/apresenta%C3%A7%C3%A3o%20SENADO_0.pdf .> Acesso em: 02/07/2015.

NO PONTAL só tristeza e abandono. *Folha de São Paulo*. São Paulo, 07/10/1973, p. 37. Disponível em: <http://acervo.folha.com.br/fsp/1973/10/07/387>. Acesso em 02/07/2015.

NUM ESTADO sem florestas assume aspectos dramáticos a história da grande Reserva do Pontal do Paranapanema. *Folha da Manhã*. São Paulo, 09/05/1954. Disponível em: <http://acervo.folha.com.br/fdm/1954/05/09/1/>. Acesso em 02/07/2015.

SAMPAIO, Theodoro. *Considerações geographicas e economicas sobre o Valle do Rio Paranapanema*. In: Boletim da Commissão Geographica e Geologica. São Paulo. Leroy King Bookwalter. Typographia King. 1890. p.128

SÃO PAULO (Estado). Decreto Estadual nº 60.133, de 07 de fevereiro de 2014. Declara as espécies da fauna silvestre ameaçadas de extinção, as quase ameaçadas e as deficientes de dados para avaliação no Estado de São Paulo e dá providências correlatas. São Paulo. ALESP, 2014. Disponível em: <http://www.al.sp.gov.br/repositorio/legislacao/decreto/2014/decreto-60133-07.02.2014.html>. Acesso em: 29 de junho de 2015.

_____. Lei Estadual nº 9.989, de 22 de maio de 1998. Dispõe sobre a recomposição da cobertura vegetal no Estado de São Paulo. Disponível em: <http://www.al.sp.gov.br/repositorio/legislacao/lei/1998/lei-9989-22.05.1998.html>. Acesso em: 16 de junho de 2015.

_____. Lei Estadual nº 15.684, de 14 de janeiro de 2015. Dispõe em caráter específico e suplementar, nos termos dos artigos 23, III, VI e VII e 24 e parágrafos da Constituição Federal e nos termos dos artigos 191, 193, XVI, 194, parágrafo único, 197, 205, III, 209, 213, da Constituição do Estado de São Paulo, sobre o Programa de Regularização Ambiental – PRA das propriedades e imóveis rurais, criado pela Lei Federal nº 12.651, de 25 de maio de 2012 e sobre a aplicação da Lei Complementar Federal nº 140, de 8 de dezembro de 2011, no âmbito do Estado de São Paulo. Disponível em: <http://www.al.sp.gov.br/repositorio/legislacao/lei/2015/lei-15684-14.01.2015.html>. Acesso em: 29 de junho de 2015.

_____. Resolução SMA 48/2004 - Lista oficial das espécies da flora do Estado de São Paulo ameaçadas de extinção. São Paulo: Secretaria de Estado do Meio Ambiente, 2004. Disponível em:

<http://botanica.sp.gov.br/files/2014/02/resolu%C3%A7%C3%A3o_-sma48.pdf>. Acesso em: 05 de julho de 2015.

*There are places on Earth that both biologically rich* (...). Conservation Internacional [s.l.; s.n.]. Disponível em <http://www.conservation.org/How/Pages/Hotspots.aspx.>. Acesso em 29/06/15.

TOMADA de posição na Assembléia Legislativa em face dos recursos florestais. Folha da Manhã. S. Paulo, 15/10/1955. Disponível em: <http://acervo.folha.com.br/fdm/1955/10/15/1/>. Acesso em 02/07/15.

VICTOR, Mauro Antônio Moraes et al. *A devastação florestal.* São Paulo: Sociedade Brasileira de Silvicultura, 1975, 48 p.

VICTOR, Mauro Antônio Moraes; CAVALLI, Antônio Carlos; GUILLAUMON, João Regis; SERRA-FILHO, R., Cem anos de devastação: revisitada 30 anos depois. Brasília: Ministério do Meio Ambiente. Secretaria de Biodiversidade e Florestas. 2005, 72 p.

# CAPÍTULO II

A PROTEÇÃO DOS RECURSOS HÍDRICOS

# PROTEÇÃO DAS ÁGUAS SUBTERRÂNEAS

Cláudia Maria Lico Habib[1]
Luis Henrique Paccagnella[2]

**Resumo:** O presente trabalho tem por finalidade tratar da importância da água subterrânea para a segurança hídrica do Brasil e do Mundo e também a forma pela qual é utilizada para abastecimento público, irrigação de lavouras, desenvolvimento industrial e geração de energia. Trata-se também dos aquíferos e em especial do Aquífero Guarani, inclusive no que diz respeito ao uso e ocupação das áreas de recarga destes mananciais. Aborda-se, outrossim, a importância de se discutir a proteção dos aquíferos e do desenvolvimento de políticas públicas que permitam o uso racional das águas subterrâneas, de modo a garantir o seu uso em qualidade e quantidade adequadas para as presentes e futuras gerações.

**Palavras-chave:** Águas subterrâneas. Aquíferos. Áreas de recarga. Desenvolvimento sustentável. Uso e ocupação do solo.

**Sumário:** 1. Introdução – 2. Definição, características e importância das águas subterrâneas – 3. Aquíferos: 3.1 Áreas de Reabastecimento e Descarga do Aquífero; 3.2 Funções dos Aquíferos – 4. Aquífero Guarani: 4.1 Características e história – 5. Proteção dos Aquíferos: 5.1 Garantia da permeabilidade e ocupação ordenada; 5.2 Saneamento de passivos e prevenção de contaminação; 5.3 Controle de exploração excessiva – 6. Conclusão.

### 1. Introdução

É sabido que a livre iniciativa e a propriedade privada, bem como o interesse público secundário (da Administração Pública) são subordinadas ao interesse social em razão do princípio constitucional da supre-

---
[1] 1ª Promotora de Justiça de Sertãozinho
[2] 20° Promotor de Justiça de Ribeirão Preto - Mestre em Direito Difuso pela Pontifícia Universidade Católica de São Paulo.

macia do interesse público, o qual tem como corolário o princípio da supremacia do interesse ambiental. Assim, o desenvolvimento econômico sempre deve ser compatível com a proteção do meio ambiente.

O interesse na proteção do meio ambiente, por ser de natureza pública e social difusa (interesse público primário) deve prevalecer sobre os interesses privados e também sobre os interesses públicos secundários.

Em razão disto, deve o Poder Público adotar medidas para proteger os recursos naturais, sob a pena de grave dano ao meio ambiente, comprometendo os recursos hídricos de importância nacional.

Neste passo cite-se o princípio do desenvolvimento sustentável, extraído do artigo 225, *caput,* da Lei Maior.

A Lei Federal 6.938/81 – Lei da Política Nacional do Meio Ambiente - estabelece:

> *"Art 2º - A Política Nacional do Meio Ambiente tem por objetivo a preservação, melhoria e recuperação da qualidade ambiental propícia à vida, visando assegurar, no País, condições ao desenvolvimento socioeconômico, aos interesses da segurança nacional e à proteção da dignidade da vida humana, atendidos os seguintes princípios: ... IX - proteção de áreas ameaçadas de degradação".*
>
> *"Art 4º - A Política Nacional do Meio Ambiente visará: I - à compatibilização do desenvolvimento econômico-social com a preservação da qualidade do meio ambiente e do equilíbrio ecológico; II - à definição de áreas prioritárias de ação governamental relativa à qualidade e ao equilíbrio ecológico, atendendo aos interesses da União, dos Estados, do Distrito Federal, dos Territórios e dos Municípios; ... VI - à preservação e restauração dos recursos ambientais com vistas à sua utilização racional e disponibilidade permanente, concorrendo para a manutenção do equilíbrio ecológico propício à vida";*
>
> *"Art 9º - São instrumentos da Política Nacional do Meio Ambiente: ... VI - a criação de espaços territoriais especialmente protegidos pelo Poder Público federal, estadual e municipal, tais como áreas de proteção ambiental, de relevante interesse ecológico e reservas extrativistas";*

Nada obstante exista o direito ao desenvolvimento econômico, há de se notar que este não pode ser alcançado a qualquer preço, máxime considerando que os bens naturais são finitos.

CAPÍTULO II – A PROTEÇÃO DOS RECURSOS HÍDRICOS

De salientar que o princípio constitucional do poluidor pagador também impõe aos empreendedores a obrigação de reparar e/ou minimizar o dano ambiental causado. Aludido princípio impõe ao empreendedor a adoção de técnicas, métodos, meios e instrumentos de prevenção de danos ao meio ambiente (poluição e outras formas de degradação), obrigando-o a assumir os custos necessários à diminuição, eliminação ou neutralização dos riscos e danos ambientais.

Ademais, é patente a necessidade de prevenção do exercício antissocial do direito de propriedade, do uso nocivo dos imóveis e do descumprimento de sua função social, tudo para a garantia dos princípios constitucionais.

Portanto, o presente texto busca analisar a necessidade de preservação das águas subterrâneas, através de medidas pelo Poder Público e pelos particulares, em prol das futuras gerações.

## 2. Definição, características e importância das águas subterrâneas

"Água subterrânea pode ser definida como aquela que ocorre abaixo da superfície da Terra, preenchendo os poros ou vazios intergranulares das rochas sedimentares, ou as fraturas, falhas e fissuras das rochas compactas". (www.abas.org/educação.php).

As águas subterrâneas estão armazenadas nos poros e fissuras das rochas e fazem parte do ciclo hidrológico. Após o período de armazenamento, elas abastecem os rios, lagos e oceanos, evaporando e precipitando, retornando, após, aos aquíferos novamente.

O volume das águas subterrâneas, segundo a Associação Brasileira de Águas Subterrâneas, é de 10.360.230 km$^3$ e são aproximadamente 100 (cem) vezes mais abundantes que as águas superficiais que possuem 92.168 km$^3$. (www.abas.org/educação.php).

Nada obstante esta grandeza, em algumas situações, a profundidade do armazenamento da água subterrânea impede ou torna economicamente inviável o seu uso. Estudos revelam que é possível captar as águas armazenadas a menos de 4.000 metros de profundidade, o que corresponde a um volume disponível de 8 e 10 milhões de km$^3$.

A importância das águas subterrâneas é imensurável na medida em que, aproximadamente, 95% da água doce do planeta encontra-se confinada em aquíferos.

Afirma-se que 75% do abastecimento público da Europa é proveniente das águas subterrâneas, sendo que em alguns países, como Alemanha, França e Holanda, este índice atinge o patamar de 90%.

No Brasil entorno de 30-40% da população é abastecida com água subterrânea. No Estado de São Paulo, 70% dos núcleos urbanos são abastecidos total ou parcialmente por água subterrânea extraída de diferentes aquíferos. (HIRATA et al, 2010).

### 3. Aquíferos

Etimologicamente, aquífero significa: aqui = água; fero = transfere; ou do grego, suporte de água.

"Aquífero é um reservatório subterrâneo de água, caracterizado por camadas ou formações geológicas suficientemente permeáveis, capazes de armazenar e transmitir água em quantidades que possam ser aproveitadas como fonte de abastecimento para diferentes usos" (IRITANI et al, 2012).

Como é sabido, os mananciais apresentam extensões de poucos quilômetros quadrados a milhares de quilômetros quadrados. Quanto às espessuras, varia-se de poucos metros a centenas de metros.

Pode-se definir a importância de um Aquífero pela sua extensão ou pela transnacionalidade. Com base nestes critérios, os seguintes mananciais são considerados os mais importantes do mundo: (www.abas.org/educação.php).

a) Alter do Chão – ou Sistema Aquífero Grande Amazônia – SAGA (162.520 km³ na amazônica brasileira, com volume estimado de 39 mil km³)

b) Guarani, que abrange os países Argentina, Brasil, Paraguai, Uruguai (1,2 milhões de km²);

c) Arenito, que abrange os países Núbia Líbia, Egito, Chade e Sudão (2 milhões de km²);

d) Kalaharij Karoo, que abrange os países Namíbia, Bostwanam e África do Sul (135 mil km² );

e) Digitalwaterway Vechte - Alemanha, Holanda (7,5 mil km²);

f) SlovakKarst-Aggtelek, que abrange os países República Eslováquia e Hungria);

g) Praded, que abrange os países República Checa e Polônia (3,3 mil km²);

CAPÍTULO II – A PROTEÇÃO DOS RECURSOS HÍDRICOS

h) Grande Bacia Artesiana (1,7 milhões km²) e a Bacia Murray (297 mil km²), ambos na Austrália.

No Estado de São Paulo os Aquíferos foram divididos em dois grupos, quais sejam, os sedimentares e os fraturados. Os primeiros (sedimentares) são aqueles formados por sedimentos transportados e depositados pela ação dos ventos e das águas em movimento. Como exemplo de aquíferos sedimentares pode-se citar o Guarani, Taubaté, Bauru, Tubarão e São Paulo. Os segundos (fraturados) são constituídos por rochas ígneas e metamórficas, dentre eles, os aquíferos da formação Serra Geral e o Cristalino (IRITANI et al, 2012).

### 3.1 Áreas de Reabastecimento e Descarga do Aquífero

Os aquíferos são recarregados, em regra, pela infiltração das águas da chuva nas áreas aflorantes e permeáveis das formações geológicas. Estas áreas são denominadas áreas ou zonas de recarga, que podem ser diretas ou indiretas. As regiões planas e com maior cobertura vegetal favorecem maiores taxas de recarga.

Já as áreas de descarga são aquelas onde a água sai do aquífero, podendo, normalmente, voltar à superfície do terreno, seja em forma de nascente ou como escoamento básico, alimentando os córregos, rios e lagos. (www.abas.org/educação.php).

### 3.2 Funções dos Aquíferos

Como é sabido, 70% da superfície terrestre é coberta por água. Deste percentual, 97,6% constitui-se por água salgada e 2,4% por água doce. Estima-se que apenas 0,2% da água doce é própria para consumo, sendo que a maior parte dela está localizada em reservas subterrâneas, como os aquíferos. (http// eugestor.com/editoriais/2014/06/aquifero-riqueza-subterranea/).

Daí decorre a importância dos aquíferos, que desempenham relevantes funções, dentre elas, a de produção, de estocagem, de filtro, a ambiental, a de transporte, a estratégica, a energética e a mantenedor: (www.abas.org/educacao.php).

- Função de produção: corresponde a sua função mais tradicional de produção de água para o consumo humano, industrial ou irrigação.

- Função de estocagem e regularização: utilização do aquífero para estocar excedentes de água que ocorrem durante as enchentes

151

dos rios, correspondentes à capacidade máxima das estações de tratamento durante os períodos de demanda baixa, ou referentes ao reuso de efluentes domésticos e/ ou industriais.

- Função de filtro: corresponde à utilização da capacidade filtrante e de depuração bio-geoquímica do maciço natural permeável. Para isso, são implantados poços a distâncias adequadas de rios perenes, lagoas, lagos ou reservatórios, para extrair água naturalmente clarificada e purificada, reduzindo substancialmente os custos dos processos convencionais de tratamento.

- Função ambiental: a hidrogeologia evoluiu de enfoque naturalista tradicional (década de 40) para hidráulico quantitativo até a década de 60. A partir daí, desenvolveu-se a hidroquímica, em razão da utilização intensa de insumos químicos nas áreas urbanas, indústrias e nas atividades agrícolas. Na década de 80 surgiu a necessidade de uma abordagem multidisciplinar integrada da hidrogeologia ambiental.

- Função transporte: o aquífero é utilizado como um sistema de transporte de água entre zonas de recarga artificial ou natural e áreas de extração excessiva.

- Função estratégica: a água contida em um aquífero foi acumulada durante muitos anos ou até séculos e é uma reserva estratégica para épocas de pouca ou nenhuma chuva.

- Função energética: utilização de água subterrânea aquecida pelo gradiente geotermal como fonte de energia elétrica ou termal.

- Função mantenedora: mantém o fluxo de base dos rios

### 4. Aquífero Guarani

#### 4.1 Características e história

O Aquífero Guarani é um dos maiores mananciais de água doce subterrânea da América Latina e do planeta. Com uma área de 1.190.000 quilômetros quadrados, aproximadamente. É transfronteiriço e 71% encontra-se no Brasil, atingindo os estados do Mato Grosso, Mato Grosso do Sul, São Paulo, Minas Gerais, Paraná, Santa Catarina e Rio Grande do Sul, além da Argentina (225.000 km$^2$), Paraguai (75.000 km$^2$) e Uruguai (45.000 km$^2$).

A formação do Sistema Aquífero Guarani (SAG) deu-se há cerca de 130 a 200 milhões de anos. Nessa época, um imenso deserto cobria grande parte da atual América do Sul, com ocorrência de gigantescas dunas de areia que, após o concrescimento (concrescimento, fusão ou cimentação) dos grânulos de areia e o metamorfismo do material devido ao calor, à pressão e à cimentação parcial, deram origem aos arenitos das formações Botucatu e Pirambóia, que tem como característica a grande quantidade de vazios intercomunicantes, que determinam a alta porosidade dessas rochas, condição excelente para o armazenamento de água.

Durante a separação dos continentes, a crosta terrestre passou por um intenso vulcanismo fissural, que resultou no recobrimento total ou parcial dos arenitos, tornando-os parcialmente confinados e protegidos a profundidades de alguns poucos metros a até 2.000 metros.

O preenchimento dos espaços vazios existentes entre os grãos do arenito pelas águas que penetraram lentamente no antigo deserto, ao longo de milhões de anos, deu origem aos aquíferos das formações Botucatu e Pirambóia. A partir de proposta formulada pelo geólogo uruguaio Danilo Anton, as duas formações passaram a ser denominados Sistema Aquífero Guarani (SAG), em homenagem a nação indígena que originalmente habitava a região de abrangência do aquífero.

Dada a magnitude do manancial, existe a crença largamente disseminada, mas absolutamente falsa, de que as águas por ele armazenadas são inesgotáveis.

Porém, nas últimas décadas, constatou-se um rebaixamento acentuado do nível freático do manancial, de aproximadamente, 70 (setenta) metros. Atualmente estima-se que o rebaixamento ocorre a uma taxa ou velocidade aproximada de 1 (um) metro/ano.

### 5. Proteção dos Aquíferos

Na lição da professora Maria Luíza Machado Granziero, "discutir a proteção dos aquíferos é discutir a segurança hídrica do país, uma vez que as águas subterrâneas possuem um enorme potencial para garantir o abastecimento público de qualidade e em quantidades adequadas para o ser humano"

Assim, neste passo, uma proteção eficaz dos aquíferos envolve quatro pontos de extrema importância:

a) garantia da permeabilidade, especialmente nas áreas de afloramento;

b) saneamento dos passivos ambientais e afastamento da contaminação;

c) controle da exploração dos poços de captação de águas subterrâneas e;

d) ocupação ordenada das áreas urbanizadas ou de expansão urbana.

### 5.1 Garantia da permeabilidade e ocupação ordenada

Os aquíferos, conforme já salientando, são recarregados, em regra, pela infiltração das águas da chuva.

Desta forma, é fundamental que na zona de recarga sejam destinadas áreas destinadas à manutenção da permeabilidade, além de cobertura vegetal.

Em se tratando de áreas de recarga que se situam em regiões urbanas a situação exige maior cautela. Torna-se necessário que os empreendimentos que ali se instalarem destinem áreas significativas para mantença de permeabilidade.

A ocupação desordenada do solo nas áreas de recarga compromete a qualidade e a disponibilidade hídrica dos aquíferos.

As legislações municipais devem obrigatoriamente ter dispositivos que protejam de forma eficaz o uso e ocupação do solo nas áreas de recarga.

Infelizmente, os municípios nem sempre dedicam atenção para o uso e ocupação do solo nas áreas de recarga, as quais são tratadas como quaisquer outras, sem regramento e cuidados adequados.

Permitir que edificações em áreas urbanas de recarga ocorram sem a devida proteção implica em manifesta ofensa aos princípios constitucionais da supremacia do interesse público sobre o particular e do desenvolvimento sustentável.

Ora, sendo a água direito humano fundamental, a sua proteção prevalece sobre os demais interesses particulares e individuais (princípio da supremacia do interesse público sobre o particular).

Da mesma forma, a urbanização das áreas de recarga deve obedecer rigorosamente o princípio do desenvolvimento sustentável, que é aquele que atende às necessidades do presente sem comprometer a possibilidade de as gerações futuras atenderem suas necessidades.

Como é sabido, o princípio do desenvolvimento sustentável busca a equidade geracional, de forma a conciliar eficiência econômica com a proteção ambiental.

CAPÍTULO II – A PROTEÇÃO DOS RECURSOS HÍDRICOS

Um exemplo de intervenção do Ministério Público visando impor restrições à ocupação desordenada das áreas de recarga do aquífero Guarani foi o ajuizamento de ação civil pública no âmbito do GAEMA Pardo, voltada à obrigação de implantação, pelo Estado de São Paulo, da chamada APA Estadual de Cajuru (ou APA do Médio Pardo), que abrange os municípios Cajuru, Cássia dos Coqueiros, Santa Cruz da Esperança, Altinópolis, Serra Azul e Santo Antônio da Alegria.

Esse modelo de unidade de conservação foi objeto de um plano de trabalho da Fundação Florestal do Estado, pelo que não foi implantado pelo Governo em razão da alegação de carência de recursos financeiros, segundo informação da Secretaria de Estado do Meio Ambiente (Inquérito Civil n. 632 08 – GAEMA Pardo; ACP n. 0001318-54.2015.8.26.0111 - Vara Única de Cajuru/SP).

### 5.2 Saneamento de passivos e prevenção de contaminação

As áreas existentes sobre os Aquíferos não podem ser objeto de vazadouros de lixo a céu aberto, depósito de lixos superficiais ou vazamentos de esgoto.

Da mesma maneira, as áreas rurais ali exploradas necessitam de controle no que diz respeito ao tipo de cultura e aos usos de insumos e agrotóxicos. A exploração do solo para atividades agrícolas também pode contribuir para impermeabilização das áreas de recarga e contaminação das águas.

Ressalte-se que parte significativa das propriedades agrícolas que se localizam nas áreas de recarga dos mananciais não possuem remanescentes florestais preservados e áreas de preservação permanente devidamente preservadas, fatores que agravam sensivelmente a degradação ambiental. Isto porque os maciços arbóreos contribuem significativamente para o aumento da taxa de infiltração das águas.

Infelizmente, existem diversos exemplos no mundo de esgotamento de aquíferos por superexploração para uso em irrigação.

Os empreendimentos imobiliários causam significativo impacto ao ciclo hidrológico, já que o parcelamento do solo para fins residências, comerciais e industriais implicam na impermeabilização de porcentagens significativas do solo e comprometimento da infiltração das águas pluviais.

Os princípios da precaução e da prevenção devem reger as atividades industriais e rurais nestes locais, de modo que, havendo dúvida quanto a possibilidade de dano, as atividades propostas não devem, em princípio, serem empreendidas.

### 5.3 Controle de exploração excessiva

Calcula-se que a extração anual dos aquíferos é de 160 bilhões de metros cúbicos (160 trilhões de litros) no mundo.

Em quase todos os continentes, muitos dos principais aquíferos estão sendo exauridos com uma rapidez maior do que sua taxa natural de recarga. A mais severa exaustão de água subterrânea ocorre na Índia, China, Estados Unidos, Norte da África e Oriente Médio, causando um déficit hídrico mundial de cerca de 200 bilhões de metros cúbicos por ano.

O esgotamento de mananciais já provocou o afundamento dos solos situados sobre os aquíferos na cidade do México e na Califórnia, Estados Unidos. E mesmo com este cenário, as águas subterrâneas são apontadas como a "salvação" da crise hídrica. Isto é muito preocupante, pois simplesmente não é verdadeiro.

O rebaixamento existente nas águas armazenadas pelos Aquíferos tem como uma das causas a superexplotação ou superexploração.

Atualmente, a exploração destas águas para diversos usos (industriais, abastecimento público e rural) é maior que a recarga.

Além da exaustão do aquífero, a superexploração pode provocar a contaminação do solo e afundamento deste, provocando uma compactação diferenciada do terreno, que leva ao colapso das construções civis.

Neste passo, o controle dos poços de captação que possuem outorgas expedidas pelo DAEE é de suma importância, uma vez que a exploração do aquífero exige rigoroso monitoramento.

Outrossim, deve haver controle em relação aos poços clandestinos, já que implicam em sérios riscos de contaminação, especialmente em se tratando das áreas de recarga, além de comprometer o sistema de abastecimento. Pode-se classificar "como prática predatória a construção de poços tubulares clandestinos e uma ameaça à proteção do Aquífero e da saúde pública" (IRITANI et al, 2012).

Atualmente, a construção de novos poços de captação tem sido coibida mediante o estabelecimento de áreas de restrição.

Na região de Ribeirão Preto, por exemplo, o Comitê da Bacia do Pardo editou a deliberação CBH-Pardo 04/06 regulamentando a perfuração de poços de captação em razão da existência do "cone" profundo de rebaixamento.

Em alguns locais admite-se a perfuração apenas em caso de substituição dos poços existentes. Em outros apenas para abastecimento público. Por fim, nos demais admite-se a perfuração desde que haja distanciamento mínimo de 1000 (mil) metros entre os poços.

Em vista desse tipo de problema na zona de recarga sita na franja da zona urbana de Ribeirão Preto, mais uma vez no intuito de tentar impor restrições à ocupação desordenada das áreas de recarga do aquífero Guarani, houve ajuizamento de ação civil pública no âmbito do GAEMA Pardo, voltada à obrigação de implantação, pelo Município, da chamada APA Municipal, a fim de declarar a área de recarga ainda não urbanizada como zona rural permanente, bem como manter sua permeabilidade.

Esse modelo de intervenção (Unidade de Conservação) foi objeto de um relatório técnico subscrito por vários órgãos públicos, técnicos e universidades do Estado e do Município, além de diversas organizações da sociedade civil, o qual, a despeito de firmado até mesmo pela própria Prefeitura Municipal, não tem sido observado pela municipalidade nos procedimentos de licenciamento e fiscalização municipais.

### 6. Conclusão

Nada obstante a magnitude dos Aquíferos, suas águas são finitas e em decorrência da ação danosa do homem, os mananciais subterrâneos estão sofrendo severos danos ambientais.

Inquestionavelmente, já sabemos onde iremos chegar se tratarmos as águas subterrâneas da mesma forma com que cuidamos das superficiais.

O uso racional das águas subterrâneas e o efetivo controle da sua captação são pontos chaves na condução destas questões.

Nada obstante a água subterrânea seja um recurso abundante em nosso país, acaba por se tornar escasso na medida em que é utilizado para diversos fins e, algumas vezes, seu uso é realizado de modo indiscriminado e sem controle.

Além disto, a escassez da água superficial e a poluição desta, aliada a crescente demanda, agravam a questão.

O Estado de São Paulo no ano de 2014 viveu calamitosa e inacreditável situação que implicou em severos racionamentos municipais (em diversas cidades decretou-se estado de calamidade pública). A diminuição - e em alguns casos até ausência - de água superficial que abastece muitos municípios revelou a falta de atenção e cuidado para com a segurança hídrica em nosso país.

Faz-se premente que tratemos a água subterrânea como bem finito, o qual deve ser utilizado, porém de maneira a preservá-la para as presentes e futuras gerações, em obediência ao princípio do desenvolvimento sustentável.

Por fim em 2009, Ban Ki-monn, Secretário Geral da Organização da ONU, na 3° Conferência Mundial sobre o clima, já nos alertou que:

*"O tempo de hesitar acabou,
Precisamos que o mundo inteiro entenda,
de uma vez por todas, que a hora de agir é agora
e que devemos trabalhar juntos para enfrentar esse desafio monumental.
Esse é o desafio moral de nossa geração".*

### Referências bibliográficas

Amado, Frederico Augusto Di Trindade. *Direito ambiental esquematizado*. Frederico Augusto Di Trindade Amado. - 6ª ed. rev., atual. e ampl. – Rio de Janeiro: Forense; São Paulo: Método, 2015.

ASSOCIAÇÃO BRASILEIRA DE ÁGUAS SUBTERRÂNEAS. Disponível em: <www.abas.org/educação.php>. Acesso em: 27 de junho de 2015.

BRASIL, Constituição da República Federativa do Brasil de 1988. Brasília, DF, 1988. Disponível em: <http://www.planalto.gov.br/ccivil_03/constituicao/constituicao.htm>. Acesso em: 08 de julho de 2015.

BRASIL, Lei n°. 6.938/81. Política Nacional do Meio Ambiente. Brasília, DF, 1981. Disponível em: <http://www.planalto.gov.br/ccivil_03/leis/L6938.htm>. Acesso em: 08 de julho de 2015.

Granziera, Maria Luiza Machado. *Direito de águas*: disciplina jurídica das águas doces. M. Luiza Machado Granziera. – 4. Ed. – São Paulo: Altas, 2014.

Hirata, R.; Zoby, J. L. G.; Oliveira, F. R. de (2010). Água Subterrânea: Reserva Estratégica ou Emergencial. In.: Águas do Brasil: análises estratégicas – Carlos E. de M. Bicudo; José G. Tundisi; Marcos C. Barnsley Scheuenstuhl (Org.). Disponível em: <http://www.abc.org.br/IMG/pdf/doc-815.pdf>. Acesso em: 30 de junho de 2015.

Iritani, M. A.; Ezaki, Sibele. *As águas subterrâneas do Estado de São Paulo/ Mara Akie Iritani, Sibele Ezaki.* 3ª ed. São Paulo: Secretaria de Estado do Meio Ambiente, 2012.

Kappler, Juliana. *Aquífero:* Riqueza Subterrânea. Disponível em: <http://eugestor.com/editoriais/2014/06/aquifero-riqueza-subterranea>. Acesso em: 27 de junho de 2015.

Pompeu, Cid Tomanik. *Direito de águas no Brasil*. Cid Tomanik Popeu. – 2. ed. – São Paulo: Editora Revista dos Tribunais, 2010.

SÃO PAULO (Estado). Secretaria de Saneamento e Recursos Hídricos. *Guia do sistema paulista de recursos hídricos*: comitês de bacias: CRH, COFEHIDRO, CORHI/ Secretaria de Saneamento e Recursos Hídricos: coordenação Saulo Ribeiro Martins, Flávia Braga Rodrigues; equipe técnica Nilceia Franchi [et al.]. – São Paulo: SSRH, 2011.

# PRINCÍPIOS DA VALORAÇÃO DOS RECURSOS HÍDRICOS SUBTERRÂNEOS IMPACTADOS POR ATIVIDADES CONTAMINANTES

Osvaldo Aly Junior[1]
Reginaldo Bertolo[2]
Ricardo Hirata[3]
Bruno P. Pugga[4]

**Resumo:** Mais de 51% dos municípios brasileiros são total (38%) ou parcialmente (13%) abastecidos pelas águas subterrâneas. Mesmo em muitas grandes cidades onde o fornecimento público é baseado em mananciais superficiais, milhares de poços privados abastecem complementarmente o serviço público, e em vários casos acabam se transformando em um recurso imprescindível para o equilíbrio entre produção e demanda, como é o caso de São Paulo, Recife, Manaus e Fortaleza. As águas subterrâneas são também um importante recurso para os ecossistemas, pois atuam na perenidade de rios e lagos e na sustentação da vida aquática e da vegetação ribeirinha. Nas últimas décadas, este recurso vem progressivamente sendo deteriorado por atividades humanas, colocando em risco essas funções e serviços, em especial nas áreas classificadas como contaminadas. Os procedimentos de gerenciamento de áreas contaminadas contribuem para a melhoria das condições ambientais e criam condições seguras de uso do solo, mas têm ação limitada quanto a aspectos legais no país, que exigem a reparação integral dos recursos ambientais impactados até as suas condições originais. Neste trabalho, são lançadas as bases para o método de valoração ambiental e econômica da água subterrânea con-

---

1   Eng. Agrônomo, MSc PROCAM-USP, professor UNIARA, pesquisador do CEPAS/USP e doutorando pelo IGc-USP;

2   Geólogo, MSc e DSc (USP), Professor do IGc-USP e Diretor do CEPAS/USP;

3   Geólogo, MSc e DSc (USP), Professor do IGc-USP e Vice-Diretor do CEPAS/USP, Post Doc (Universidade de Waterloo, Canadá);

4   Economista, MSc Economia e Meio Ambiente (UNICAMP), pesquisador do CEPAS/USP, doutorando pelo Instituto de Economia da Universidade de Campinas

taminada. O resultado é a criação de conformidades entre o processo de gerenciamento de áreas contaminadas com as regras da CF 1988 e, notavelmente, a criação de condições para a melhoria da situação da água subterrânea, em especial nestes tempos de escassez.

**Palavras-chave:** Água subterrânea. Serviços ecossistêmicos. Valoração. Áreas contaminadas. Remediação. Reparação ambiental.

**Sumário:** 1. Introdução – 2. Funções e serviços ecossistêmicos das águas subterrâneas: 2.1 Funções ecossistêmicas; 2.2 Serviços ecossistêmicos – 3. Valoração econômica ambiental das águas subterrâneas: 3.1 Valores de uso; 3.2 Valor de não uso – 4. Reparação integral do dano ambiental e a recuperação de águas contaminadas – 5. Considerações finais.

## 1. Introdução

As águas subterrâneas participam do abastecimento público, suprindo total ou parcialmente, mais de 51% dos núcleos urbanos brasileiros[5]. No Estado de São Paulo, mais de 75% de seus municípios são supridos com águas do subsolo. Em cidades onde as águas subterrâneas não são a principal fonte de água, o suprimento complementar, feito por poços tubulares (vulgo artesianos) privados, ajuda a equilibrar as demandas, chegando a ser imprescindíveis em muitas cidades[6]. A Região Metropolitana de São Paulo (SP), por exemplo, é um destes casos, pois a somatória das extrações de mais de 12 mil poços privados faz deste recurso o quarto mais importante em abundância, com extrações superiores a 10 mil litros por segundo. Em Recife (PE), os poços privados somam vazões que igualam a um dos principais mananciais de água, o Sistema Pirapama, com 5 mil litros por segundo. Em ambas regiões, a perda das extrações subterrâneas causaria um colapso no sistema público de água, pois as companhias concessionárias não teriam como substituir as vazões dos poços perdidos.

As águas subterrâneas apresentam ainda boa qualidade na grande maioria das situações, mesmo em aquíferos localizados sob grandes

---

5   Brasil. Atlas das águas. Agência Nacional das Águas (ANA). www.ana.gov.br. Acesso em junho de 2015.
6   HIRATA, R; FOSTER, S; OLIVEIRA, F. Águas subterrâneas urbanas no Brasil. IGc-USP e FAPESP. São Paulo, 2015.

cidades. Nestes casos, há por vezes problemas de contaminação nas porções mais superficiais do aquífero, mas naquelas mais profundas têm-se ainda águas de boa a excelente qualidade. Isso decorre do fato de que as águas subterrâneas são mais bem protegidas da contaminação, devido a presença de solos e extratos rochosos com grande capacidade de degradar ou mesmo diluir vários poluentes. Mesmo assim, tem-se notado que os aquíferos vem sofrendo deterioração ao longo das décadas. Os estados que têm programas contínuos de gerenciamento de áreas contaminadas reportam milhares de casos comprovados, mas o número real de áreas potenciais contaminadas e que ainda não foram identificadas pode ser pelo menos dez vezes maior.

Nas últimas décadas, a legislação e as ações de governo têm sido aprimoradas, resultando na melhora das ações de gerenciamento das áreas contaminadas, entretanto, falta ao poder público e stakeholders a percepção da importância e muitas vezes ações efetivas de proteção do recurso hídrico subterrâneo. Nota-se ainda que há desconhecimento do real papel das águas subterrâneas, não somente para o abastecimento público e privado, mas a clareza das funções ecológicas e a valoração econômica de suas águas.

Este artigo é produto de uma pesquisa que o CEPAS (Centro de Pesquisas de Águas Subterrâneas da Universidade de São Paulo) vêm desenvolvendo, no âmbito do convênio com o Ministério Público de São Paulo, e compreende a criação de um método para a valoração dos recursos hídricos subterrâneos impactados pelas atividades humanas. Este texto descreve primeiramente as funções e os serviços ecossistêmicos relacionados às águas subterrâneas, seguida de uma discussão sobre a valoração, incluindo o conjunto de serviços a serem valorados. Por último, uma análise dos potenciais e os limites do método de gerenciamento de áreas contaminadas é realizada, tendo como parâmetros as funções e os serviços ecossistêmicos e a meta da reparação integral de danos ambientais.

## 2. Funções e serviços ecossistêmicos das águas subterrâneas

Embora com poucos estudos desenvolvidos no país, é nítido que nas últimas décadas tenha havido um incremento de problemas relacionados à superexplotação – retirada de água além das capacidades do aquífero – e à sua poluição, em decorrência dos impactos da urbanização e industrialização, da pressão populacional e das atividades econômicas. Estes problemas têm colocado em risco as funções e serviços ecossistêmicos prestados pelas águas subterrâneas.

Por sua vez, as respostas dos ecossistemas às intervenções humanas dependem do contexto ecológico e da dinâmica de uso da terra e podem gerar consequências locais, regionais ou globais, de curto e longo prazos. Quando se trata de funções e/ou serviços ecossistêmicos, as alterações podem ser de tal monta que ultrapassam os limiares de resiliência dos ecossistemas e levam a perdas irreversíveis, podendo colapsar o conjunto de funções e serviços ecossistêmicos prestados e até o próprio ecossistema.

A origem histórica do conceito de serviços ecossistêmicos data dos anos 1970, com o enquadramento utilitarista das funções benéficas dos ecossistemas, como uma forma de ganhar a atenção pública quanto às ameaças sofridas pelos distintos ecossistemas[7]. O termo *serviço ecossistêmico* foi primeiramente introduzido por Ehrlich & Ehrlich[8] e, até meados dos anos 1980, este conceito tinha viés preponderantemente pedagógico, para mostrar como a desaparição da biodiversidade afetaria diretamente as funções dos ecossistemas que sustentam serviços essenciais para o bem-estar humano.

Segundo Daly[9], os serviços ecossistêmicos são aqueles prestados pelos ecossistemas e espécies que os habitam para a sustentação das condições da vida humana na Terra[10]. No ano de 2005, a ONU, através do Programa das Nações Unidas para o Meio Ambiente, lançou o Relatório de Avaliação Ecossistêmica do Milênio ou Avaliação do Milênio[11], que trouxe os resultados de uma estimativa multiescala sobre as consequências que as mudanças nos ecossistemas trariam para o bem-estar

---

7 GÓMEZ-BAGGETHUN, E.; GROOT, R. DE; LOMAS, P. L.; MONTES, C. The history of ecosystem services in economic theory and practice: From early notions to markets and payment schemes. Ecological Economics, v. 69, n. 6, p. 1209–1218, abr 2010.

8 EHRLICH, P.R., EHRLICH, A.H. Extinction: the causes and consequences of the disappearance of species. Random House, New York, 1981.

9 DAILY, G. (ed). Nature's Services: Societal Dependence on Natural Ecosystems. Island Press, Washington, DC, 1997.

10 MINISTÉRIO PÚBLICO ESTADUAL. Relatório do grupo de trabalho – Ato PGJ no 36. SP:MPE, 2011.

11 No presente documento o Relatório da Avaliação Ecossistêmica do Milênio será chamado de Avaliação do Milênio.

CAPÍTULO II – A PROTEÇÃO DOS RECURSOS HÍDRICOS

humano. Este estudo buscou fundamentar as ações necessárias para assegurar a conservação e o uso sustentável dos ecossistemas, bem como dos serviços que garantem o bem-estar humano[12].

No caso das águas subterrâneas, as funções e os serviços ecossistêmicos são diretamente relacionados às condições de ocorrência dessas águas em uma determinada região, da interação entre os fatores climáticos (irregulares no tempo e no espaço) e os fatores geológicos (cuja variabilidade também é muito grande em função da dimensão da área estudada). Além dos já citados, outros aspectos são relevantes na avaliação das funções e dos serviços das águas subterrâneas, como a possibilidade da área estar em zona de recarga ou descarga dos aquíferos; o tipo de uso e ocupação do terreno; se há adequação na deposição de resíduos; se existem fontes não convencionais de recursos hídricos; e se há presença de impacto da urbanização e do uso do solo sobre o ciclo hidrológico.

No estudo dos serviços ecossistêmicos[13,14,15,16] para a valoração ambiental e econômica, deve-se partir primeiramente da identificação das funções ecológicas fundamentais, através da qual, mediante diferentes e distintas interações, ocorrem os diferentes serviços ecossistêmicos.

**2.1 Funções ecossistêmicas**

As funções ecossistêmicas podem ser definidas como as interações existentes entre os elementos estruturais da natureza ou de um ecossistema, incluindo a transferência de energia, a ciclagem de nu-

---

12 PROGRAMA DAS NAÇÕES UNIDAS PARA O MEIO AMBIENTE (PNUMA). Relatório síntese da avaliação ecossistêmica do milênio. ONU, 2005, http://www.millenniumassessment.org/documents/document.446.aspx.pdf, acesso em 15/06/2014.

13 DALY, H., FARLEY, J. Economia Ecológica: princípios e aplicações. Portugal: Instituto Piaget, 2008.

14 COOK, B.R., SPRAY, C. J. Ecosystem Services and integrated water resources management: different path to same end? Journal of Enviromental Management, vol 109, pg. 93-100, 2012. www.elsevier.com/locate/jenvman, acesso em abril de 2014.

15 DANIELOPOL, D. L.; GIBERT, J.; GRIEBLER, C.; et al. Incorporating ecological perspectives in european groundwater management policy. Environmental Conservation, v. 31, n. 3, p. 185–189, 2004. Disponível em: http://www.journals.cambridge.org/abstract_S0376892904001444, acesso em: 27/5/2014.

16 REBOUÇAS, A. Águas Subterrâneas. In REBOUÇAS, A., BRAGA, B., TUNDISI, J. G., (org). Águas doces no Brasil: capital ecológico, uso e conservação, SP: Escrituras Editora, 3ª. Edição, 2006.

trientes, a relação climática e o ciclo da água. Estas funções são consideradas um subconjunto dos processos ecológicos e das estruturas ecossistêmicas.

O estudo das funções ecossistêmicas deve ser feito de acordo com as diferentes escalas espaciais e temporais, o que torna esta tarefa ainda mais complexa. Dentro da literatura pertinente a esse tema, uma tipologia comumente utilizada é dividir tais funções em quatro grupos: regulação, habitat, produção e informação, conforme apresentação feita a seguir.

• *Função de Regulação*

As funções de regulação estão relacionadas com a capacidade dos ecossistemas adequarem os processos ecológicos essenciais de suporte à vida, através de ciclos biogeoquímicos e outros processos da biosfera. Estas funções têm o papel de manter a saúde dos ecossistemas que impactam direta ou indiretamente as populações humanas[17].

No caso dos aquíferos, podem ser citadas a proteção e a preservação das águas subterrâneas em áreas de descarga (no mar ou em áreas poluídas), onde a saída da água do aquífero (para outro aquífero ou para um corpo de água superficial) forma cunhas de proteção que evitam a intrusão salina ou de contaminantes.

Uma outra função, produto do afloramento das águas subterrâneas é o fornecimento de água e minerais dissolvidos nos sistemas e que garantem parte do suporte aos ecossistemas e à dessedentação humana e animal.

Outro aspecto a ser destacado é a capacidade que o aquífero possui de absorver, filtrar e estocar água. Este armazenamento e a liberação gradual deste recurso regula a sua disponibilidade ao longo das diferentes estações climáticas, tornando um recurso muito resiliente a períodos prolongados de falta de recarga.

• *Função de Habitat*

As funções de habitat são essenciais para a conservação biológica e genética, e a preservação de processos evolutivos.

---

17  Ibid. nota 6.

As águas subterrâneas permitem a manutenção do fluxo de base dos rios que os torna perenes. Nos oceanos, as áreas de descarga propiciam o surgimento de ecossistemas próprios e o desenvolvimento de toda uma fauna que somente aí habita. Também viabiliza o surgimento e a manutenção de ecossistemas úmidos de várzeas, pântanos ou brejos.

• *Função de Produção*

As funções de produção estão relacionadas com a capacidade de fornecer alimentos para o consumo humano e animal, através de processos como a fotossíntese, sequestro de nutrientes, entre outros. Independentemente do tipo de ecossistema é possível se obter recursos da parte biótica e abiótica (incluindo os recursos minerais)[18].

No caso das águas subterrâneas, o afloramento da água e a viabilização do desenvolvimento dos ecossistemas permite a emergência da vida e o desenvolvimento de diferentes espécies da cadeia trófica.

• *Funções de Informação*

As funções de informação se relacionam com a formação de valores humanos. Estão relacionadas com a interação entre os ecossistemas naturais e a manutenção da saúde humana, mediante a oferta de possibilidades de reflexão, de enriquecimento espiritual, de aspectos lúdicos, recreativos, reflexivos e estéticos da vida[19].

As áreas de afloramento dos aquíferos e os ecossistemas que aí se formam criam uma beleza cênica para a contemplação. Já as cavernas – quase todas associadas a fluxos de águas subterrâneas – propiciam desenvolvimento de ecossistemas próprios, e podem ser locais de peregrinação, pesquisa ou de turismo.

### 2.2 Serviços ecossistêmicos

Os serviços ecossistêmicos são aqueles derivados das funções de diferentes sistemas naturais e que formam uma complexa relação de suporte à vida humana. Este conceito parte do pressuposto da existência de uma correlação positiva entre bem-estar humano e bem-estar

---

18  Citada na nota 6.
19  ibid.

ambiental, ou seja, que exista uma conexão entre a existência humana e a manutenção das funções dos ecossistemas.

Os serviços ecossistêmicos são o resultado das interações entre as diferentes funções ecológicas, porém uma função ecológica também pode gerar um ou mais serviços ecossistêmicos. Do ponto operativo, o conceito de serviços ecossistêmicos pode ser subdividido em quatro categorias, como segue.

• *Serviços de Provisão*

Os serviços de provisão são definidos como "produtos obtidos dos ecossistemas"[20]. Os serviços de provisão relacionados com as águas subterrâneas são o fornecimento de água potável mediante extração, tanto para consumo humano (engarrafada ou encanada), como para consumo animal. Relaciona-se também com o fornecimento de água não potável para irrigação de jardins ou produção agrícola, lavagem de carros e ruas, dentre outros.

Outro serviço prestado pelas águas subterrâneas, em algumas localidades, embora ainda não no Brasil, é a da geração de energia geotérmica pelo aproveitamento de suas altas temperaturas. O afloramento das águas subterrâneas em zonas de descarga também presta o serviço de diluir esgotos e transportar sedimentos em rios, evitando o assoreamento e a ocorrência de enchentes. Assim, ao perenizar os rios, elas garantem transporte fluvial, a pesca, a aquicultura, o lazer e a geração de energia.

As águas subterrâneas podem prover, ainda, espécies químicas essenciais na forma dissolvida, tais como o oxigênio, nitrato e sulfato dentre outros, como meio para o desenvolvimento de microorganismos capazes de biodegradar contaminantes orgânicos[21].

• *Serviços de Regulação*

Os serviços de regulação se relacionam com as características regulatórias dos processos ecossistêmicos, como a manutenção da quali-

---

20  ibid. nota 06
21  BERGKAMP, G.; CROSS, K. Groundwater and Ecosystem Services: towards their sustainable use. Switzerland: IUCN (The World Conservation Union): International Symposium on Groundwater Sustainability (ISGWAS), http://aguas.igme.es/igme/isgwas/Ponencias%20ISGWAS/13-Bergkamp.pdf, acesso março de 2015.

CAPÍTULO II – A PROTEÇÃO DOS RECURSOS HÍDRICOS

dade do ar, a regulação climática, a purificação de água e o tratamento de resíduos[22,23].

No caso das águas subterrâneas aí estão incluídas a retenção, o armazenamento e a descarga da água, a sua purificação, o tratamento de resíduos, a redução dos processos de erosão, como também o controle de enchentes e a regulação do clima. Ainda, deve ser destacada a importância da manutenção dos níveis dos aquíferos para evitar a subsidência dos solos e garantir a estabilidade das edificações.

O afloramento das águas dos aquíferos mantém e sustentam nascentes e áreas úmidas, como pântanos e mangues. Ademais, a água subterrânea tem um tempo de residência muito longo e uma gigantesca capacidade de armazenamento de água – lembrando-se que 97% de toda a água doce e líquida do planeta está contida em aquíferos – isso faz com que o recurso seja menos sensível a longos períodos de seca; sendo uma alternativa importante para aumentar a segurança hídrica, sobretudo com os problemas que se esperam da variabilidade climática.

Possíveis mudanças que ocorram com o ciclo hidrológico impactarão também as fontes de água subterrânea. Se as reservas de águas subterrâneas se esgotam e a regulação é interrompida, os ecossistemas frágeis, como as zonas úmidas, correm grande risco de degradação e mesmo de extinção. A redução da reserva de água subterrânea leva um aprofundamento do lençol freático. A dinâmica das águas subterrâneas e dos níveis freáticos em aquíferos controlam, com o clima, o aumento da salinidade dos solos, reduzindo ou inviabilizando o desenvolvimento vegetal e, nos casos onde este conjunto tenha uma função cênica, pode reduzir os atrativos turísticos ao redor dessas áreas úmidas.

Os aquíferos também contribuem com o controle ou aumento da erosão e das inundações, retendo a água que escorreria superficialmente. Além disso, os aquíferos também regulam indiretamente a erosão do solo ao viabilizar o desenvolvimento de cobertura vegetal.

---

22 Tuinstra, J., Wensen, J. van. Ecosystem services in sustainable groundwater management. Science of total Environment, 2014, http://dx.doi.org/10.1016/j.scitotenv.2014.03.098, acesso março 2015.

23 Obra citada na nota 06.

• *Serviços de Suporte*

Os serviços de suporte são aqueles necessários para a produção de outros serviços ecossistêmicos. Eles diferem dos demais na medida em que seus impactos sobre o ser humano são indiretos e/ou ocorrem em longo prazo.

O processo de recarga de aquíferos, tanto o natural por infiltração de água de chuva, como o artificial com água tratada, tem importante papel por viabilizar o desenvolvimento de ecossistemas situados sobre estas reservas de água. O mesmo ocorre com os ecossistemas que se desenvolvem nas áreas de descarga de águas subterrâneas. O fluxo subterrâneo e a descarga de aquíferos junto à costa limita o ingresso da cunha de água salgada marinha que contaminaria os recursos hídricos subterrâneos.

A filtragem e a depuração que ocorrem mediante a infiltração da água no subsolo são serviços prestados quando da recarga artificial e na captação de água em áreas situadas ao longo dos rios (que induz a infiltração das águas superficiais no leito dos rios e extrações em poços nas suas margens). A filtragem/depuração são também serviços prestados pelos aquíferos, dada a presença de microrganismos que atuam na degradação de contaminantes orgânicos. Desta maneira, é possível atenuar o impacto das plumas contaminantes por meio da filtração mecânica, em camadas pouco permeáveis, pela dispersão hidrodinâmica e sua diluição e pela degradação.

A perturbação ou interferência nas taxas de recarga dos aquíferos trará como consequência a redução das taxas de descarga natural em rios ou zonas úmidas. Esta situação pode chegar a ameaçar a saúde e a sobrevivência do ecossistema e, em casos mais graves, incidir localmente ou regionalmente sobre o funcionamento do ciclo hidrológico, alterando a evaporação, a condensação, a precipitação e/ou a umidade do solo.

• *Serviços Culturais*

Os serviços culturais são definidos como os "benefícios imateriais que as pessoas obtêm dos ecossistemas através de enriquecimento espiritual, o desenvolvimento cognitivo, reflexão, recreação e experiências estéticas"[24]. As águas subterrâneas são um componente essencial

---

24  Ibid. nota 15.

## CAPÍTULO II – A PROTEÇÃO DOS RECURSOS HÍDRICOS

da vida cotidiana e estão integradas aos vários serviços culturais, incluindo as relações sociais, os valores espiritual e religioso. Os ecossistemas podem influenciar o tipo de sistemas de conhecimento tradicional e formal, desenvolvidos por diferentes povos e nações[25].

Os aquíferos possibilitam a formação de beleza cênica para a contemplação, servindo para o desenvolvimento de atividades de lazer e turismo de águas termais e minerais. As cavernas possibilitam a contemplação e o desenvolvimento do turismo associado e, por sua vez, as fontes (afloramentos) podem tornar-se locais de inspiração religiosa e festiva, que também são atrações turísticas.

### 3. Valoração econômica ambiental das águas subterrâneas

A valoração ambiental[26,27,28] é um método através do qual se busca estimar os custos dos danos ou dos passivos ambientais sobre o patrimônio natural, que é um recurso estratégico dos povos e das nações e que constitui a base do seu desenvolvimento e do seu crescimento econômico[29]. Considera-se neste caso que os danos ambientais são uma externalidade (não contabilizados nos custos de produção) praticada pelo mercado ao realizar seus lucros e que contaminam o ambiente comum.

A valoração é o resultado do emprego de um conjunto de ferramentas de suporte à gestão ambiental e que permite estimar de forma preventiva e/ou corretiva o valor dos serviços prestados pela natureza para a sociedade. Também, permite estimar o valor dos impactos ambientais, avaliar as políticas públicas e entender de forma objetiva até que ponto as pessoas estão dispostas a pagar pela preservação ou pela recomposição do ambiente natural[30].

---

25  Ibid nota 15.
26  ANDRADE, D. C. Modelagem e valoração de serviços ecossistêmicos: uma contribuição da economia ecológica. SP: Campinas - Unicamp, (Tese de Doutoramento).
27  DUNFORD, R. W. Estimating groundwater damage from hazardous substance releases. Journal of Water Resources Planning and Management, v. 126, 2000.
28  JOB, C. A. Groundwater economics. EUA: CRC Press and Taylor & Francis Group, 2010, pg. 519 – 546.
29  MOTA et al. A valoração da biodiversidade: conceito e concepções metodológicas. in MAY, P. H. Economia do Meio Ambiente: teoria e prática. RJ: Elsevier, 2010; MOTA, R. S. Economia ambiental. RJ:Editora FGV, 2006; MOTA, R. S. Manual para a Valoração Econômica de Recursos Ambientais. RJ:IPEA/PNUD?CNPq, 1997.
30  Ibid.

Um aspecto a ser destacado é que, muitas vezes, os métodos de valoração captam apenas os valores e os bens que a natureza fornece para o bem-estar humano, pois na maioria das vezes se desconsidera a importância do patrimônio natural para a formação da identidade cultural de um povo, para as suas tradições, bem como para as práticas de lazer, para a saúde, o conforto, entre outros[31].

Desta maneira, a identificação das funções e dos serviços ecossistêmicos é essencial para se entender as relações entre as perturbações que ocorrem com os componentes ecossistêmicos e as suas consequências em termos da provisão de serviços ecossistêmicos. Entretanto, a complexidade inerente aos ecossistemas nem sempre permite fazer estas relações de forma direta, já que, na maioria dos casos, os estudos são muito específicos e não são passíveis de ser generalizados.

Para o caso dos aquíferos, por exemplo, significa afirmar que é preciso entender como a contaminação de uma determinada área poderá comprometer a provisão de água potável para a população local e como isso irá alterar as funções ecológicas prestadas pelas águas subterrâneas para o ecossistema local.

Nos casos de contaminação das águas subterrâneas, a valoração deverá estimar o dano ocorrido e deverá dar conta da lacuna existente entre o que, atualmente, as normas afirmam serem os limites de exposição a contaminantes que colocam em risco a vida das pessoas e do meio ambiente e a recuperação e o retorno à qualidade original do ambiente.

Para realizar o cálculo econômico dos recursos ambientais, adota-se o método da Valoração Econômica do Recurso Ambiental (VERA)[32], que pode ser decomposto em valores de uso (direto, indireto e de opção) e valores de não uso (valor de existência) dos recursos ambientais, como será apresentado adiante. No caso dos serviços ecossistêmicos relacionados às águas subterrâneas, ainda são poucos os estudos que adotam esta tipologia. Os estudos de Bergkamp e Cross[33] e

---

31  Ibid.
32  Ibid notas 23 e nota 04.
33  BERGKAMP, G., CROSS, K. Groundwater and Ecosystem Services: towards their sustainable use. Switzerland: IUCN (The World Conservation Union): International Symposium on Groundwater Sustainability (ISGWAS), http://aguas.igme.es/igme/ isgwas/Ponencias%20ISGWAS/13-Bergkamp.pdf, acesso março de 2015.

## CAPÍTULO II – A PROTEÇÃO DOS RECURSOS HÍDRICOS

Tuinstra e Wensen[34] revelam que o uso da água subterrânea tem tido sua importância relativizada nas questões técnicas, o que torna a tarefa ainda mais complexa, dado que muitos dos serviços ecossistêmicos não encontram elementos de comparação nos mercados econômicos.

De acordo com Maia *et al*[35] o valor de uso envolve o valor direto (benefícios econômicos diretos da apropriação dos recursos via extração), valor indireto e valor de opção. Já os valores de não uso se referem aos valores que não são passíveis de serem valorados de forma econômica. Tais valores são comumente atrelados ao valor da existência de determinando bem, não sendo passíveis de valoração de forma monetária por estar associado, geralmente, a questões culturais. Apresenta-se a seguir a composição do VERA para o caso das águas subterrâneas e dos aquíferos.

### 3.1 Valores de Uso

• *Valor de Uso Direto*

É o valor que os indivíduos atribuem a um recurso ambiental pelo fato de haver uma apropriação direta deste recurso via extração, visitação ou outra atividade de produção ou consumo direto[36]. Os benefícios são gerados pelo meio ambiente como insumo de produção, de bem de serviço privado, e/ou como objetivo final pelos indivíduos. No caso dos aquíferos, considera-se que os valores de uso direto estão relacionados ao uso das águas subterrâneas, destacando-se:

- o fornecimento de água potável para uso e dessedentação humana e animal, bem como o consumo pela indústria de alimentos ou fármacos. Este fornecimento pode ser realizado mediante a extração e distribuição de água engarrafada ou encanada;
- o fornecimento de água de não potável para os diferentes usos, como irrigação, lavagem de carros e ruas, entre outros; e
- a comercialização de água mineral.

---

34   Ibid nota 16.
35   MAIA, A.G., ROMEIRO, A.R., REYDON, B.P. Valoração de recursos ambientais – metodologias e recomendações. Campinas: IE/UNICAMP: Texto para Discussão n.116, 2004.
36   Ibid notas 23 e nota 04.

• *Valor de Uso Indireto*

Podem ser chamados de valores de uso indireto aqueles benefícios obtidos de forma indireta e que se relacionam com as funções ecossistêmicas. Neste caso, eles estão relacionados com a dinâmica e o funcionamento dos aquíferos, destacando-se:

- o fluxo de base dos rios, que permite garantir o suporte à vida em épocas de estiagem, assim como também diluir esgotos e transportar sedimentos de forma a evitar o assoreamento de rios;

- a filtragem e a depuração da água que ocorre através do sistema solo-aquífero. Os contaminantes, ao se deslocarem através destes meios, sofrem processos biofisicoquímicos que favorecem a sua atenuação natural, que corresponde à somatória de processos que envolvem a dispersão, diluição, adsorção, volatilização, transformações químicas abióticas e, em especial, a biodegradação. Estes fenômenos representam um significativo serviço ambiental prestado pelo ecossistema subterrâneo para a diminuição de impactos ambientais originados por atividades humanas em áreas contaminadas.

• *Valor de Opção*

É o valor atribuído à preservação dos recursos naturais e dos ecossistemas e que podem estar ameaçados para uso direto e/ou indireto em um futuro próximo[37]. Todos os serviços elencados nos itens acima e que não são utilizados no momento presente pela sociedade apresentam um valor de opção, já que estes poderão ser utilizados em algum momento futuro.

### 3.2 Valor de Não Uso

• *Valores de existência*

Os valores de existência são intrínsecos dos recursos e estão dissociados do uso. Eles têm seu valor oriundo de uma posição moral, cultural, ética ou altruísta em relação ao direito de existência de espécies que não a humana ou de outras riquezas naturais, mesmo que

---

37  Ibid nota 23.

não representem uso atual ou futuro para ninguém[38]. Sua mensuração tem elevado grau de subjetividade, uma vez que é realizada mediante pesquisa de opinião com a população.

## 4. Reparação integral do dano ambiental e a recuperação de áreas contaminadas

De acordo com a Constituição Federal (artigo 225, §3º) e a Lei 6938/81 da Política Nacional de Meio Ambiente (artigo 14, §1º), o Brasil escolheu adotar a ideia de que todo dano ambiental deverá ser *integralmente reparado* pelo poluidor até a restituição completa do equilíbrio ecológico e das funções e serviços do ecossistema impactado. A consequência prática deste conjunto de regras é que, em casos de contaminação de água subterrânea, os serviços de remediação deveriam ocorrer até que os limites de potabilidade dos parâmetros poluentes de interesse (hoje previstos pela Portaria 2914/2011 do Ministério da Saúde) fossem atingidos. Encontra-se também incluída nesse conjunto de regras, a ideia de que o poluidor deve ressarcir a sociedade de todo o prejuízo que a poluição causou no período entre o início do dano até a sua reparação total, período este que a sociedade permaneceu impedida de se beneficiar dos serviços ecossistêmicos prestados pelo recurso danificado.

O processo de gerenciamento ambiental de áreas contaminadas (GAC), que está a cargo dos estados, apresenta, como ferramentas importantes, as regras descritas na Resolução CONAMA 420/2009 (a nível federal) e na Lei 13577/2009 (no Estado de São Paulo). Esta Legislação apresenta a *recuperação ambiental* como a meta a ser alcançada, definindo-a como um conjunto de ações que visam a isolar, conter, minimizar ou eliminar a contaminação, objetivando a utilização da área contaminada para determinado uso[39].

O GAC parte do princípio que a *recuperação* da aptidão para determinado uso do solo é mais viável técnica e economicamente do que o princípio da *reparação integral* das funções e serviços ecossistêmicos originais, que possibilitariam o uso do solo de forma plena. Portanto,

---

38  Ibid. 23.
39  CETESB. Manual de Gerenciamento de Áreas Contaminadas. 2001. Disponível em www.cetesb.sp.gov.br.

o GAC não tem como meta final a reparação integral do dano, mas a garantia do uso seguro da área contaminada para um uso declarado. Nos casos de áreas urbanas antigas e já submetidas historicamente a muitas alterações das condições ambientais originais, o GAC consiste na adoção de uma série de medidas que visam a preservar a saúde das pessoas usuárias da área recuperada, mas que contém ainda alguma quantidade do contaminante em concentrações seguras.

No processo de gestão de áreas contaminadas, as dimensões e intensidades da contaminação são mensuradas nos diferentes meios afetados, os receptores reais e potenciais à contaminação são identificados e os riscos são mensurados. A recuperação da área contaminada é então realizada através de ações de remediação e ações de compatibilização do uso do solo. Na remediação, ações de engenharia são realizadas visando à aceleração da redução das concentrações dos contaminantes até que sejam atingidos os valores seguros (MRBR = meta de remediação baseado em risco) para aquele tipo de uso do solo. Estas ações são somadas a outras medidas de controle institucional, que possibilitam a utilização de uma área contendo o contaminante em determinadas concentrações que são seguras para os seres humanos e para o meio ambiente, desde que certas precauções sejam tomadas. Um exemplo típico desta situação seria a de uma *"área declarada habilitada para o uso declarado"*, que apresentaria restrições de uso da água subterrânea para consumo como água potável, dada a sua condição de apresentar contaminantes em concentrações acima do limite de potabilidade, mesmo após a sua remediação. Assim, a ocupação poderia ser segura, mas o uso da água como fonte de potável seria proibida e uma outra fonte de água teria que ser provida.

Os campos de ação da remediação e da reparação integral são visualizados na Figura 1, que apresenta, de forma conceitual e genérica, o comportamento das concentrações de um contaminante na água subterrânea desde o tempo inicial da contaminação (t=0) até o tempo em que a concentração atingiu o limite de potabilidade (t=4), passando por um período intermediário de execução de atividades de remediação, entre os tempos t=1 e t=3.

## CAPÍTULO II – A PROTEÇÃO DOS RECURSOS HÍDRICOS

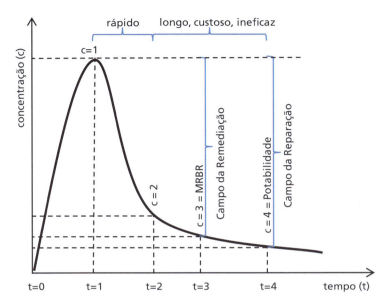

**Figura 1** – Comportamento genérico das concentrações de contaminantes na água subterrânea antes, durante e após a execução de medidas de remediação

Durante a dispersão da contaminação, as concentrações se elevam rapidamente entre os tempos t=0 e t=1. Após a realização das investigações detalhadas, avaliação de riscos, da definição de metas de remediação e do plano de intervenção no tempo t=1, a remediação se estende até o tempo t=3, quando a meta de remediação baseada em risco (MRBR) é atingida. As concentrações diminuem rapidamente de t=1 a t=2, mas, especialmente devido a complexidades de ordem hidrogeológica, o ritmo da queda das concentrações do contaminante na água subterrânea diminui consideravelmente até a MRBR no tempo t=3. Entre os tempos t=3 e t=4, a metodologia de avaliação de riscos garante que os riscos estão controlados, mas o recurso água subterrânea está impossibilitado de uso como água potável, enquanto os serviços ambientais de atenuação natural não reduzem as concentrações até a potabilidade. O tempo entre t=2 e t=4, não raro, é bastante elevado, pois as concentrações c3 (MRBR) e c4 (potabilidade) são consideravelmente pequenas. Isto, associado com as complexidades hidrogeológicas, faz criar limitações técnicas e econômicas que tornam a remediação, muitas vezes, ineficaz e dispendiosa. Desta forma, é razoável considerar a existência de situações de contaminação de água subterrânea classificáveis como irreversíveis, dada a impossibilidade das concentrações alcançarem os limites de potabilidade entre os tempos t=2 e t=4 num período menor que 25 anos (ou o tempo de uma geração).

É importante mencionar que a complexidade hidrogeológica, as características físico-químicas e a toxicidade dos contaminantes fazem com que as distâncias entre as concentrações c2, c3 e c4 sejam específicas para cada caso de contaminação. Complexidades hidrogeológicas podem fazer a concentração c2 ser muito maior que a c3, inviabilizando qualquer ação de remediação ainda no tempo t=1. Por sua vez, as concentrações c3 (MRBR) podem ser mais restritivas (menores) que as concentrações c4 (potabilidade), o que é comum para vários contaminantes que se descobriram mais tóxicos num tempo mais recente que a legislação de potabilidade. Desta forma, o próprio valor da potabilidade pode ser questionável como indicador da reparação integral do dano ambiental, visto que, para vários compostos orgânicos sintéticos, a concentração típica de ambientes intocados deveria ser virtualmente próxima de zero.

Na maioria das situações, entretanto, as ações de recuperação são mais limitadas que as ações de reparação integral do dano, o que torna questionável, do ponto de vista legal, a correção destas atividades se somente elas são realizadas no caminho. As ações de gerenciamento de áreas contaminadas (GAC), entretanto, representam uma abordagem inteligente, importante e imprescindível, pois possibilitam a reabilitação, revitalização e reutilização de áreas contaminadas de forma segura e viável economicamente, dada as restrições de uso do solo que são passíveis de aplicação.

A realização da valoração da água subterrânea parece ser um caminho adequado para complementar a lacuna que existe entre a recuperação da qualidade da água subterrânea executada pelas ações de GAC e as ações de reparação integral do dano a este recurso exigidas pela Legislação, em especial nos tempos atuais, em que a água de abastecimento público está se tornando escassa. A valoração também se serve ao cálculo de indenização à sociedade pelo período em que ela ficou privada do uso do recurso (entre t=0 e t=4). De qualquer forma, a valoração serve como parâmetro para a avaliação da reparação

## CAPÍTULO II – A PROTEÇÃO DOS RECURSOS HÍDRICOS

integral do dano, para quantificar a substituição do recurso poluído no caso de ser inviável a sua reparação integral num tempo razoável, ou mesmo para a indenização pecuniária do dano, que poderia posteriormente fazer parte de um fundo voltado para a gestão de áreas contaminadas órfãs, tal como o FEPRAC (Fundo Estadual para Prevenção e Remediação de Áreas Contaminadas), previsto no Decreto Estadual 59263/2013 (Estado de São Paulo), que regulamenta a Lei 13577/2009.

A valoração de águas subterrâneas contaminadas pode ser realizada de forma apropriada como parte dos procedimentos do gerenciamento de áreas contaminadas (GAC). Isto se deve pois dados diretos e detalhados da contaminação são necessários para a quantificação do volume de água que foi (e será) impactada. Estes dados estão disponíveis especialmente após a conclusão da etapa de Investigação Detalhada do GAC, quando teoricamente as plumas de contaminação possuem seus limites reconhecidos, assim como as taxas de propagação da contaminação. As metas de remediação baseadas em risco (MRBR) deverão já estar determinadas com base nos resultados da avaliação de riscos, assim como as ações de intervenção, tanto o tipo de remediação como as ações de controle institucional.

O momento para a execução da valoração corresponde ao tempo $t=1$ (Figura 1). Neste tempo, todo o volume de água impactada é calculado pelas dimensões determinadas da pluma de contaminação. Durante a remediação, entre $t=1$ e $t=3$, a pluma de contaminação terá seu volume diminuído, mas entre os tempos $t=3$ e $t=4$, a pluma ainda existe em concentrações acima do limite de potabilidade e se expandirá novamente por conta da recarga do aquífero.

Considerando o momento presente como correspondente ao tempo $t=1$, o volume de água subterrânea a ser valorado corresponderia, desta forma, àquele associado ao impacto passado (entre os momentos $t=0$ e $t=1$), mais o remanescente de contaminação do futuro, que permanece após a remediação (entre os momentos $t=3$ e $t=4$), até que os limites de potabilidade sejam atingidos pelo efeito dos serviços ambientais da atenuação natural. O impacto passado é facilmente medido pelo volume de água contaminada na pluma de contaminação. A quantificação do impacto futuro, entretanto, depende da mensuração do volume de água que atravessa o trecho contaminado do aquífero durante o período entre $t=3$ e $t=4$, o que é possível de se determinar através de modelação matemática do aquífero e sabendo-se a taxa de degradação dos contaminantes.

## 5. Considerações finais

Apesar de sua elevada importância, as águas subterrâneas ainda são invisíveis aos olhos da sociedade e da percepção dos próprios gestores de recursos hídricos. As águas subterrâneas são ainda uma desconhecida em um país onde mais de 51% de seus municípios são total ou parcialmente abastecidos pelas águas de aquíferos. As secas dos últimos períodos, que têm atingido muitas regiões do país, têm igualmente exposta a fragilidade do abastecimento público convencional, baseado em águas superficiais. De outro lado, a restrição à água tem mostrado a capacidade dos recursos subterrâneos de auxiliar no abastecimento público, sendo que a seca tem desempenhado um papel pedagógico nestes momentos de crise, tornando os recursos subterrâneos mais visíveis. Entretanto, este recurso tem sofrido ameaças que afetam diretamente sua provisão e os benefícios que a sociedade obtém dele.

Atualmente, o principal problema de contaminação de águas subterrâneas no Estado de São Paulo está relacionado com os impactos que o modo de vida urbano-industrial provoca sobre os recursos naturais, o ciclo hidrológico e as águas subterrâneas. Entretanto, deve--se reconhecer que os estudos hoje disponíveis são insuficientes para se indicar o grau de impacto das águas subterrâneas em áreas rurais, sobretudo naquelas sob culturas agrícolas extensivas, originados por problemas de contaminação pela aplicação inadequada de fertilizantes e de agroquímicos ou da criação intensiva de animais.

Este artigo é fruto do esforço de incorporar o tema das funções e dos serviços ecossistêmicos de aquíferos e de águas subterrâneas ao gerenciamento de áreas contaminadas e, assim, analisar em que medida o que hoje se pratica no Estado de São Paulo se aproxima da meta de reparação integral do dano ambiental, restaurando as funções e serviços originais prestados por esses corpos de águas subterrâneas nas áreas contaminadas. Este tema se insere em outro que é mais geral: o da gestão das águas subterrâneas pelos governos estaduais, mas, neste assunto, o país ainda tem muito o que avançar.

O gerenciamento de áreas contaminadas (GAC) é uma prática

que busca a *recuperação ambiental* como a meta a ser alcançada, definindo-a como um conjunto de ações que visam isolar, conter, minimizar ou eliminar a contaminação, objetivando tornar a área contaminada apta para determinado uso, entretanto sem necessariamente atingir a sua *reparação integral* ou seja o saneamento completo do solo, água subterrânea ou aquífero. Assim, percebe-se que seria de grande valia se, no momento em que se realiza a investigação detalhada no processo de GAC, fossem incorporados estudos determinando as funções e serviços ambientais que as águas subterrâneas e aquíferos prestavam antes de suas contaminações. Assim, as ações de remediação não deveriam se restringir à redução do risco à saúde humana e à adequação do terreno para um uso específico, mas sim avaliados em um contexto de uma reparação integral do dano.

Desta forma, à remediação deve-se somar a valoração econômica de danos ambientais, determinando o valor de bens e serviços que, usualmente, não são precificados e, assim, fornecer subsídios para a construção de políticas de proteção dos recursos hídricos mais eficazes. Com isso, pretende-se alertar a sociedade para a importância dos serviços prestados pelas águas subterrâneas, seus valores, o porquê da importância da sua preservação e fazer com que o poluidor compense à sociedade e ao ambiente a qualidade ambiental e de vida que foi perdida.

**Referências bibliográficas**

ANDRADE, D. C. *Modelagem e valoração de serviços ecossistêmicos*: uma contribuição da economia ecológica. Tese de doutoramento, Unicamp, SP, 2010:

BERGKAMP, G.; CROSS, K. Groundwater and Ecosystem Services: towards their sustainable use. Switzerland: IUCN (The World Conservation Union): International Symposium on Groundwater Sustainability (ISGWAS), Disponível em: <http://aguas.igme.es/igme/isgwas/Ponencias%20ISGWAS/13-Bergkamp.pdf>. Acesso em: março de 2015

BRASIL. *Atlas das águas*. Agência Nacional das Águas (ANA). Disponível em: <http://www.ana.gov.br>. Acesso em: junho de 2015

CETESB. *Manual de Gerenciamento de Áreas Contaminadas*. 2001. Disponível em: <www.cetesb.sp.gov.br>.

COOK, B.R., SPRAY, C. J. Ecosystem Services and integrated water resources management: different path to same end? Journal of Enviromental Management, vol 109, pg. 93-100, 2012. Disponível em: <http://www.elsevier.com/locate/jenvman>. Acesso em: abril de 2014.

DAILY, G. (ed). *Nature's Services: Societal Dependence on Natural Ecosystems.* Island Press, Washington, DC, 1997.

DALY, H., FARLEY, J. *Economia Ecológica*: princípios e aplicações. Portugal: Instituto Piaget, 2008.

DANIELOPOL, D. L.; GIBERT, J.; GRIEBLER, C.; et al. Incorporating ecological perspectives in european groundwater management policy. Environmental Conservation, v. 31, n. 3, p. 185–189, 2004. Disponível em: <http://www.journals.cambridge.org/abstract_S0376892904001444>. Acesso em: 27 de maio de 2014.

DUNFORD, R. W. Estimating groundwater damage from hazardous substance releases. Journal of Water Resources Planning and Management, v. 126, 2000.

EHRLICH, P.R., EHRLICH, A.H. *Extinction: the causes and consequences of the disappearance of species.* Random House, New York, 1981.

GÓMEZ-BAGGETHUN, E.; GROOT, R. DE; LOMAS, P. L.; MONTES, C. The history of ecosystem services in economic theory and practice: From early notions to markets and payment schemes. Ecological Economics, v. 69, n. 6, p. 1209–1218, abr. 2010.

HIRATA, R; FOSTER, S; OLIVEIRA, F. *Águas subterrâneas urbanas no Brasil.* IGc--USP e FAPESP. São Paulo, 2015.

JOB, C. A. Groundwater economics. EUA: CRC Press and Taylor & Francis Group, 2010, pg. 519 – 546.

MAIA, A.G., ROMEIRO, A.R., REYDON, B.P. *Valoração de recursos ambientais – metodologias e recomendações.* Campinas: IE/UNICAMP: Texto para Discussão n. 116, 2004.

MINISTÉRIO PÚBLICO ESTADUAL. Relatório do grupo de trabalho – Ato PGJ n. 36. SP: MPE, 2011.

MOTA et al. A valoração da biodiversidade: conceito e concepções metodológicas. in MAY, P. H. *Economia do Meio Ambiente*: teoria e prática. RJ: Elsevier, 2010.

MOTA, R. S. *Economia ambiental.* RJ: Editora FGV, 2006.

MOTA, R. S. *Manual para a Valoração Econômica de Recursos Ambientais.* RJ: IPEA/PNUD/CNPq, 1997.

PROGRAMA DAS NAÇÕES UNIDAS PARA O MEIO AMBIENTE (PNUMA). Relatório síntese da avaliação ecossistêmica do milênio. ONU, 2005. Disponível em: <http://www.millenniumassessment.org/documents/document.446.aspx.pdf>. Acesso em: 15 de junho de 2014.

REBOUÇAS, A. Águas Subterrâneas. In REBOUÇAS, A., BRAGA, B., TUNDISI, J. G., (org). *Águas doces no Brasil*: capital ecológico, uso e conservação. SP: Escrituras Editora, 3ª. Edição, 2006.

TUINSTRA, J.; WENSEN, J. van. Ecosystem services in sustainable groundwater management. Science of total Environment, 2014. Disponível em: <http://dx.doi.org/10.1016/j.scitotenv.2014.03.098>. Acesso em: março de 2015.

# O GERENCIAMENTO DE ÁREAS CONTAMINADAS NO ESTADO DE SÃO PAULO E OS IMPACTOS NA ÁGUA SUBTERRÂNEA

Djalma Luiz Sanches[1]
Fernando Gonçalves de Castro[2]

**Resumo:** As áreas contaminadas vêm sendo gerenciadas no Estado de São Paulo com base nas normas específicas que regulamentam o tema, fundamentadas no controle de risco à saúde humana. As intervenções necessárias para restabelecer o nível de risco aceitável para o uso declarado da área não pressupõem a necessidade de eliminar os contaminantes presentes no solo ou na água subterrânea. Na maior parte dos casos, os contaminantes remanescentes geram passivos ambientais com implicações de restrição de uso do solo e da água subterrânea. Nas áreas urbanizadas, que correspondem à situação da maioria das áreas relacionadas pela CETESB, as soluções de engenharia ou a restrição de escavação do solo possibilitam o uso industrial, comercial ou residencial e até mesmo o lazer no terreno impactado. Porém, a presença de contaminantes na água subterrânea com elevada frequência nesses locais, em concentrações acima do limite de potabilidade, impossibilita o seu uso por longo período de tempo. A escassez de água potável e a restrição de uso da água subterrânea caracterizam um dano ambiental significativo. A recuperação da qualidade desse recurso natural impõe a necessidade de eliminação ou isolamento das fontes de contaminação primárias e secundárias situadas no solo, além das medidas de remediação dos aquíferos. Assim, a reparação do dano ambiental não deve se restringir apenas ao controle de risco à saúde humana, devendo também almejar a recuperação da qualidade da água subterrânea.

---

1   Assistente Técnico de Promotoria do CAEX (Centro de Apoio à Execução; MP/SP). Geólogo pela Universidade de São Paulo (USP) e especialista em Gestão Ambiental pela Universidade Estadual de Campinas (Unicamp). Endereço eletrônico: djalmasanches@mpsp.mp.br

2   Assistente Técnico de Promotoria do CAEX (Centro de Apoio à Execução; MP/SP). Engenheiro Químico, MSc – University of Washington. Endereço eletrônico: fernandogcastro@mpsp.mp.br

**Palavras-chave:** Áreas contaminadas. Restrição de uso das águas subterrâneas. Reparação de danos ambientais.

**Sumário:** 1. Normas do gerenciamento de áreas contaminadas – 2. Avaliação de risco à saúde humana – 3. Medidas de intervenção – 4. Os impactos na água subterrânea - 5. Recuperação da qualidade das águas subterrâneas – 6. Conclusões – 7. Referências bibliográficas.

## 1. Normas do gerenciamento de áreas contaminadas

O gerenciamento de áreas contaminadas no Estado de São Paulo é pautado pelas disposições do Decreto Estadual nº 59.263/2013, que regulamentou a Lei Estadual nº 13.577/09.

No âmbito federal, o CONAMA aprovou a Resolução nº 420 em 2009, que também estabelece diretrizes para o gerenciamento ambiental de áreas contaminadas, bem como dispõe sobre critérios e valores orientadores de qualidade do solo quanto à presença de substâncias químicas.

Antes da aprovação dessas normas, as ações da CETESB eram regradas pelas disposições do Decreto nº 8.468/76, que regulamenta a Lei Estadual nº 997/76, que dispõe sobre a prevenção e controle da poluição do meio ambiente.

Com base em estudos com a colaboração do governo da Alemanha, o órgão ambiental elaborou o manual de gerenciamento de áreas contaminadas no final dos anos 90 e início da década seguinte. Em 2000, foi publicada a Decisão de Diretoria 023/00/C/E, apresentando pela primeira vez os procedimentos para o gerenciamento de áreas contaminadas, que acabou sendo revidada, em 2007, por meio da Decisão de Diretoria nº 103/2007/C/E, que continua vigente.

Para fins de se estabelecer os parâmetros de monitoramento da qualidade dos solos e das águas subterrâneas, bem como definir o limite de contaminação destes compartimentos, acima do qual, existe risco potencial à saúde humana, foi publicada pela CETESB, em 2001, a lista preliminar de valores orientadores, que foi revisada posteriormente em 2005 e 2014.

Inclui nessa lista o valor de intervenção, o qual indica o limite, acima do qual, existe risco potencial à saúde humana, exigindo do responsável legal o gerenciamento da área contaminada, com a realização de vários procedimentos, incluindo investigações e avaliação de risco.

Segundo o artigo 23 da Lei Estadual nº 13.577/09, a área será classificada como Área Contaminada e deve ser remediada só quando forem ultrapassados os valores definidos para risco aceitável à vida, à saúde humana e ao meio ambiente e será considerada Área Remediada para o Uso Declarado quando for restabelecido nível de risco aceitável para o uso declarado (artigo 26).

De acordo com o artigo 39 do Decreto nº 59.263/2013, o gerenciamento de áreas contaminadas deverá atender aos procedimentos estabelecidos pelo Sistema Estadual de Administração da Qualidade Ambiental, Proteção, Controle e Desenvolvimento do Meio Ambiente e Uso Adequado dos Recursos Naturais - SEAQUA, e na ausência destes, às normas da Associação Brasileira de Normas Técnicas – ABNT.

A ABNT publicou várias normas técnicas relacionadas ao gerenciamento de áreas contaminadas, abrangendo as etapas de avaliação preliminar (NBR 15515-1), de investigação confirmatória (NBR 15515-2), investigação detalhada (NBR 14515-3), modelo conceitual (NBR 16210) e avaliação de risco à saúde humana (NBR 16209).

Apesar a Lei Estadual nº 13.577/09, bem como o decreto que a regulamentou, determinarem que os riscos ecológicos devem ser observados no gerenciamento das áreas contaminadas, tanto os procedimentos normalizados pela CETESB quanto pela ABNT, referem-se exclusivamente à avaliação de risco à saúde humana, cujos resultados orientarão a tomada de decisão sobre as medidas de intervenção a serem adotadas (artigo 40 do Decreto nº 59.263/2013).

## 2. Avaliação de risco à saúde humana

De acordo com o IPT (2014), com base em informações da USEPA - *United States Environmental Protection Agency* e da ATSDR - *Agency for Toxic Substances and Disease Registry*, a Avaliação de Risco à Saúde Humana pode ser definida como sendo o processo qualitativo e/ou quantitativo utilizado para determinação das chances de ocorrência de efeitos adversos à saúde, decorrentes da exposição humana a substâncias perigosas presentes em áreas contaminadas.

A Avaliação de Risco à Saúde Humana baseia-se no princípio de que é possível conviver com contaminantes presentes no solo e na água subterrânea, desde que não fiquem configuradas as vias de exposição dos mesmos aos ocupantes ou frequentadores da área afetada ou que os teores presentes não qualifiquem o risco através dessas vias. O risco é calculado através de um modelamento matemático onde são simulados os efeitos da presença dos contaminantes no solo e na água subterrânea sobre os ocupantes ou frequentadores do local afetado levando em consideração a forma de utilização da área e os perfis das pessoas.

**Figura 1** – Modelo conceitual esquemático

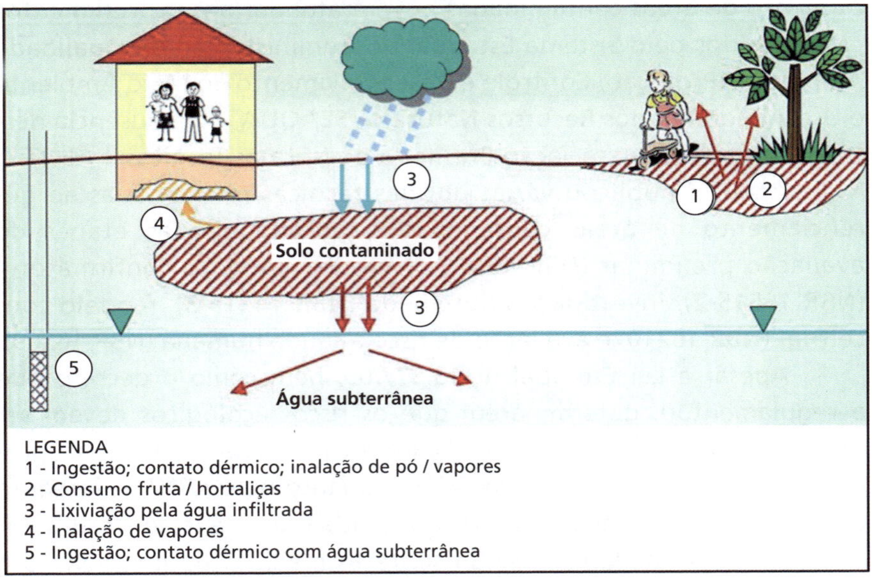
3
1
2
4
Solo contaminado
3
5
Água subterrânea
LEGENDA
1 - Ingestão; contato dérmico; inalação de pó / vapores
2 - Consumo fruta / hortaliças
3 - Lixiviação pela água infiltrada
4 - Inalação de vapores
5 - Ingestão; contato dérmico com água subterrânea

Para que o risco seja efetivo, isto é, que haja probabilidade de ocorrer um evento danoso, a cadeia formada entre a fonte, a via de contato ou exposição e o receptor deve estar completa.

Identificado o risco, são necessárias intervenções, que pode incluir a remedição, para que se reduzam os teores dos contaminantes a níveis aceitáveis ou implantação de outras medidas que descaracterizem as vias de exposição.

## 3. Medidas de intervenção

De acordo com o Decreto nº 59.263/2013, as Medidas de Intervenção constituem um conjunto de ações adotadas visando à elimi-

## CAPÍTULO II – A PROTEÇÃO DOS RECURSOS HÍDRICOS

nação ou redução dos riscos à saúde humana, ao meio ambiente ou a outro bem a proteger, decorrentes de uma exposição aos contaminantes presentes em uma área contaminada, consistindo da aplicação medidas de remediação, controle institucional e de engenharia.

As Medidas de Remediação constituem um conjunto de técnicas aplicadas em áreas contaminadas, divididas em técnicas de tratamento, quando destinadas à remoção ou redução da massa de contaminantes, e técnicas de contenção ou isolamento, quando destinadas a prevenir a migração dos contaminantes.

No cadastro de áreas contaminadas da CETESB é possível constatar as inúmeras técnicas de remedição utilizadas no Estado de São Paulo, sendo que a maioria está associada aos contaminantes presentes, dissolvidos ou não, na água subterrânea.

Figura 2 - Técnicas de remediação declaradas no cadastro de áreas contaminadas da CETESB

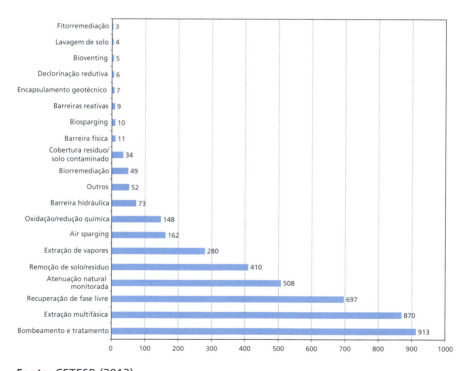

Fonte: CETESB (2013)

189

As Medidas de Engenharia correspondem às ações baseadas em práticas de engenharia, com a finalidade de interromper a exposição dos receptores, atuando sobre os caminhos de migração dos contaminantes.

Estas medidas visam apenas o controle e mitigação da exposição dos receptores potencialmente expostos em uma área contaminada, tais como a impermeabilização ou pavimentação de uma área com solo superficial contaminado que servirá para estacionamento em um condomínio residencial a ser construído. Não têm por objetivo a redução da massa do contaminante no solo ou na água subterrânea que apresentaram concentrações de substâncias químicas de interesse acima das concentrações máximas aceitáveis (IPT, 2014).

Constituem Medidas de Controle Institucional as ações implementadas em substituição ou complementarmente às técnicas de remediação, visando a afastar o risco ou impedir ou reduzir a exposição de um determinado receptor sensível aos contaminantes presentes nas áreas ou águas subterrâneas contaminadas, por meio da imposição de restrições de uso, incluindo, entre outras, ao uso do solo, ao uso de água subterrânea, ao uso de água superficial, ao consumo de alimentos e ao uso de edificações, podendo ser provisórias ou não.

A Reabilitação de uma área contaminada, que tem por objetivo proporcionar o seu uso seguro por meio da adoção de um conjunto de medidas que levam à eliminação ou redução dos riscos impostos pela área aos bens a proteger, poderá empregar um conjunto de medidas de remediação para redução de massa, medidas de controle institucional e medidas de engenharia para controle da exposição, que irão compor o Plano de Intervenção exigido do responsável legal pela CETESB (artigo 41 do Decreto nº 59.263/2013).

De acordo com as normas vigentes, o Plano de Intervenção só será exigido para os casos em que haja confirmação do risco na avaliação realizada pelo responsável legal.

Mesmo dando preferência às soluções de remoção da massa de contaminantes, as normas referidas admitem medidas de remediação para contenção de contaminantes, medidas de controle institucional e medidas de engenharia. No caso da adoção destas medidas, o Plano de Intervenção deve contemplar uma análise técnica, econômica e financeira que comprove a inviabilidade da solução de remoção de massa.

Nos casos em que sejam adotadas medidas de remediação para tratamento ou para contenção dos contaminantes, o Plano de Intervenção deverá conter as concentrações a serem atingidas (metas de remediação), com as medidas de remediação propostas.

Caso sejam necessárias medidas de controle institucional para o uso e ocupação do solo ou para o uso das águas subterrâneas e superficiais, o responsável legal deverá contemplá-las no Plano de Intervenção, justificar a necessidade, detalhá-las, indicar sua localização por meio de coordenadas geográficas e o período de vigência, e garantir sua manutenção pelo período de aplicação.

As medidas de controle institucional deverão ser mantidas enquanto persistir o cenário responsável pela existência de risco aos bens a proteger.

Encerrado o período de monitoramento a que se refere o artigo 52 desse decreto e mantidas as concentrações dos contaminantes abaixo das metas de remediação, a área será classificada como Área Reabilitada para o Uso Declarado.

Nos casos em que a situação de risco aceitável estiver mantida por força de medidas de controle institucional ou de engenharia, a eficácia dessas medidas deverá ser avaliada por todo o período em que forem necessárias.

O uso futuro do local contaminado é definido pelo responsável da área contaminada, o que vai balizar o risco aceitável, bem como o plano de intervenção, evidentemente, respeitada a legislação de uso e ocupação do solo.

Considerando tais exigências, o Relatório do Grupo de Trabalho do Ministério Público do Estado de São Paulo criado pelo ATO PGJ no 45/2012 concluiu que as normas vigentes relativas ao gerenciamento de áreas contaminadas no Estado de São Paulo não garantem a promoção da restauração da qualidade ambiental, uma vez que as medidas são baseadas no nível de risco aceitável para o uso declarado.

### 4. Os impactos na água subterrânea

De acordo com SILVA (2008), no ciclo hidrológico, parte das águas das chuvas que atinge o solo se infiltra no seu interior e percola através dos poros. Esse processo possibilita que ocorra a depuração da água através de uma série de processos físico-químicos e bacteriológicos que modificam as suas características adquiridas na superfície. A composição química e biológica da água subterrânea é o resultado combinado da composição da água que adentra o solo e das suas transformações influenciadas diretamente pelos meios percolados.

Nas áreas contaminadas, as funções e os serviços ecossistêmicos são alterados, pois os contaminantes dispostos, derramados, vazados ou infiltrados no solo interagem com a água percolada e alteram negativamente a qualidade das águas subterrâneas, podendo torná-la inadequada ao consumo humano ou para outros usos.

Segundo dados da CETESB (2013), os postos de combustível representam 75% das áreas contaminadas do Estado de São Paulo. A atividade industrial como origem das contaminações representa 16% das áreas contaminadas, seguida da comercial (5%). A disposição inadequada de resíduos deu origem a 3%, enquanto as áreas contaminadas decorrentes de acidentes no transporte, das atividades desconhecidas ou da agricultura somam apenas 1% do total.

Tais dados evidenciam que quase a totalidade das áreas contaminadas identificadas pela CETESB encontra-se em áreas urbanizadas, onde a presença de pessoas e as condições ambientais locais determinam o gerenciamento das áreas contaminadas com base no risco à saúde humana.

Quanto aos principais grupos de contaminantes, os dados da CETESB mostram o reflexo do número de áreas contaminadas pelos postos de combustíveis, destacando-se os solventes aromáticos (benzeno, tolueno, etilbenzeno e xilenos presentes na gasolina vazada), os combustíveis líquidos, hidrocarbonetos policíclicos aromáticos (PAHs), metais e solventes halogenados, conforme o gráfico a seguir.

**Figura 3** – Principais grupos de contaminantes encontrados

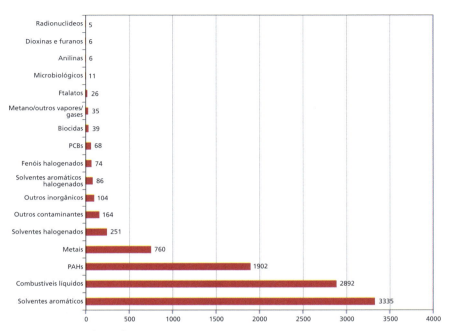

**Fonte:** CETESB (2013)

Em relação aos meios impactados, das 4.771 áreas contaminadas relacionadas na última publicação da CETESB (2013), 94% dos casos atingiu a água subterrânea, sendo que em 1.021 áreas a contaminação ultrapassou os limites da propriedade. Nos casos restantes, a contaminação estaria restrita aos outros compartimentos (solo, sedimento e água superficial), sendo que para 61 áreas não há essa informação.

Os dados da CETESB confirmam que os contaminantes dispostos, derramados, vazados ou infiltrados no solo, excluindo algumas exceções, acabam contaminando as águas subterrâneas por meio de processo de lixiviação pelas águas pluviais ou pela oscilação de nível do lençol freático, bem como pelo próprio deslocamento das substâncias fluidas.

Como consequência desse processo há uma tendência de formação de plumas que espalham a contaminação e possibilitam que esta atinja outros meios (ex: água superficial em nascentes, rios e lagos; ar pela volatilização; etc.) ampliando as vias de exposição e os riscos aos receptores.

Por esses motivos, os manuais da CETESB orientam que as investigações de áreas contaminadas devem se pautar não só nas amostras e análises de água subterrânea, coletadas em pontos estrategicamente posicionados, como também em outros dados que possibilitem a caracterização hidrogeológica local.

A conclusão do gerenciamento de áreas subterrâneas e a obtenção do Termo de Reabilitação para o Uso Declarado fornecido pela CETESB só serão efetivadas após o monitoramento para encerramento. De acordo com a orientação desse órgão ambiental, o monitoramento deverá ser realizado por meio de quatro campanhas de amostragem e análise, com periodicidade semestral coincidentes com os períodos de maior (março e abril) e menor (setembro e outubro) elevação do nível d'água subterrânea, com o objetivo de avaliar a manutenção das concentrações de contaminantes abaixo das metas de remediação definidas para a área (CETESB, 2007).

Como as metas são definidas com base na avaliação de risco à saúde humana, é quase certo que, mesmo que estas sejam atingidas, restará um passivo ambiental decorrente da presença de contaminantes na água subterrânea em níveis de concentração aceitáveis no escopo do gerenciamento, porém impossibilitada de uso, principalmente, no quesito de potabilidade. Nesses casos, que corresponde à maioria das áreas contaminadas relacionadas pela CETESB, exige-se a aplicação de medidas institucionais, tal como a averbação da informação sobre a contaminação identificada na área na respectiva matrícula imobiliária.

Tais constatações são motivos de importantes preocupações se considerar que as águas subterrâneas são utilizadas com elevada frequência no Estado de São Paulo. Segundo dados da CETESB (2013), aproximadamente 80% dos municípios são total ou parcialmente abastecidos por águas subterrâneas, atendendo uma população de mais de 5,5 milhões habitantes. Nesse levantamento, referente ao período 2010 - 2012, não foram pesquisados os demais usos que deve ampliar significativamente o número de consumidores, ainda mais no atual período de crise hídrica.

De acordo com a Secretaria de Saneamento e Recursos Hídricos do Estado de São Paulo (2013), a relevância das águas subterrâneas como fonte de abastecimento e de bem-estar das populações há muito requeria a implantação de um sistema de base de dados para gestão ordenada, em que estivessem disponíveis os elementos necessários para o controle da intensidade de uso e da qualidade dos recursos hídricos subterrâneos. Para tanto, o Departamento de Águas e Energia Elétrica (DAEE) celebrou contrato com a Fundação para o Desenvolvimento da UNESP (FUNDUNESP) para execução do projeto "Regionalização de Diretrizes de Utilização e Proteção das Águas Subterrâneas", concebido pelo Conselho Estadual de Recursos Hídricos (CORHI).

Não por outro motivo, que o artigo 206 da Constituição Estadual determina que as águas subterrâneas, reservas estratégicas para o desenvolvimento econômico-social e valiosas para o suprimento de água às populações, deverão ter programa permanente de conservação e proteção contra poluição e superexploração, com diretrizes em lei.

Nesse mesmo sentido, a Lei nº 6.134, de 2 de junho de 1988 e o Decreto nº 32.955, de 7 de fevereiro de 1991, que a regulamenta, estabelecem que as águas subterrâneas deverão ter programa permanente de preservação e conservação, visando ao seu melhor aproveitamento.

### 5. Recuperação da qualidade das águas subterrâneas

A reparação integral do dano ambiental, conforme tratada no Relatório do Grupo de Trabalho do Ministério Público do Estado de São Paulo, criado pelo Ato PGJ nº 36/2011, não será alcançada com a aplicação das normas específicas ao gerenciamento das áreas contaminadas.

Mesmo que, em hipótese, se remova ou elimine toda a massa de contaminantes do solo e da água subterrânea restará o dano intercorrente, correspondente ao tempo em que esses compartimentos se mantiveram contaminados, com a consequente perda ou redução das funções e serviços ecossistêmicos, até a conclusão da remediação.

Essa perda ou redução das funções e serviços ecossistêmicos alimenta a temática sobre a justiça entre as gerações presentes e futuras, conforme as conclusões da Avaliação Ecossistêmica do Milênio (MEA, 2003).

Na maioria dos casos de gerenciamento de áreas contaminadas observados, após a conclusão das medidas de intervenção resta um passivo, correspondente à presença de contaminantes remanescentes no solo ou na água subterrânea por determinados períodos, quando são aplicadas as restrições de uso do solo ou da água subterrânea.

Além desses casos, existem situações menos frequentes em que os contaminantes são transportados para fora da propriedade onde se encontra a fonte de contaminação, atingindo cursos d'água do entorno e se alojando nos sedimentos de fundo. Para esses tipos de ocorrência, as normas não prevêem procedimentos específicos, implicando na avaliação de risco à saúde humana e, eventualmente, em outras medidas que a CETESB exigir. Até o momento, não foram padronizados os procedimentos para a avaliação de riscos ecológicos.

Como os casos mais frequentes encontram-se em áreas urbanizadas, a contaminação não será impeditiva do seu uso nas situações em que os riscos são aceitáveis à saúde humana, porém implicará na restrição do uso da água subterrânea, que pode se entender por longo período de tempo.

Dessa forma, a aplicação das normas específicas ao gerenciamento das áreas contaminadas não promoverá a melhoria da qualidade da água subterrânea em níveis que possibilite o consumo humano.

Segundo Lutti as propostas de reabilitação e de remediação de áreas contaminadas, previstas no art. 6.º, VIII, da Res. Conama 420/2009, e arts. 3.º, V e XVIII, e 21, da Lei estadual 13.577/2009, padecem de inconstitucionalidade por não exigirem a reparação integral ou recuperação dos processos ecológicos essenciais à sadia qualidade de vida, possibilitando a concretização de inadmissível passivo ambiental para as presentes e futuras gerações.

Esse autor, afirma também que: *todas as ações de gerenciamento de áreas contaminadas estabelecidas na Resolução Conama 420/2009 e na Lei estadual 13.577/2009, que se limitarem somente a afastar os "riscos potenciais, diretos ou indiretos, à saúde humana, considerando um cenário de exposição" ou "risco aceitável à saúde humana", são igualmente inconstitucionais, bem como contrárias ao princípio da reparação integral, ou recuperação do meio ambiente degradado, previsto na PNMA – Política Nacional do Meio Ambiente.*

### 6. Conclusões

Enquanto restarem contaminantes residuais no solo que atuem como fontes secundárias de contaminação para as águas subterrâneas, de forma a torná-la imprestável para o consumo humano, em oposição à situação original, a área não estará recuperada como prevê a Política Nacional do Meio Ambiente, afrontando as Constituições federal e estadual.

O mesmo se aplica à presença dos contaminantes nas águas subterrâneas em níveis de concentração que as tornem inadequadas ao consumo humano.

Nesse sentido, a exigência de se restituir a qualidade da água subterrânea às condições anteriores à contaminação pode ser considerada o principal objetivo a ser almejado na reparação do dano ambiental. Além disso, resta o dano intercorrente a ser reparado, correspondente ao período no qual a sociedade ficou privada da utilização desse recurso hídrico.

### 7. Referências bibliográficas

ASSOCIAÇÃO BRASILEIRA DE NORMAS TÉCNICAS. NBR 16209:2013: 2013: Modelo conceitual no gerenciamento de áreas contaminadas — Procedimento. Rio de Janeiro: ABNT, 2013. 4 p.

ASSOCIAÇÃO BRASILEIRA DE NORMAS TÉCNICAS. NBR 16210:2013: 2013: Avaliação de risco a saúde humana para fins de gerenciamento de áreas contaminadas. Rio de Janeiro: ABNT, 2013. 40 p.

ASSOCIAÇÃO BRASILEIRA DE NORMAS TÉCNICAS. NBR 15515-1: 2007: Passivo ambiental em solo e água subterrânea. Parte 1: Avaliação Preliminar. Rio de Janeiro: ABNT, Versão Corrigida: 2011. 47 p.

ASSOCIAÇÃO BRASILEIRA DE NORMAS TÉCNICAS. NBR 15515-2: 2011: Passivo ambiental em solo e água subterrânea. Parte 2: Investigação confirmatória. Rio de Janeiro: ABNT, 2011. 19 p.

ASSOCIAÇÃO BRASILEIRA DE NORMAS TÉCNICAS. NBR 15515-3: 2013: Passivo ambiental em solo e água subterrânea. Parte 3: Investigação detalhada. Rio de Janeiro: ABNT, 2013. 18 p.

BRASIL. Constituição do Estado de São Paulo, 1989. Disponível em: <http://www.al.sp.gov.br/repositorio/legislacao/constituicao/1989/constituicao--anotada%20de%2005.10.1989.htm>. Acesso em 10.07.2015.

_____. Lei Federal 12.651 de 25 de maio de 2012. Disponível em: <http://www.planalto.gov.br/ccivil_03/_ato2011-2014/2012/lei/l12651.htm>. Acesso em 29.06.2015.

_____. CONAMA - Conselho Nacional do Meio Ambiente. Resolução 420 de 28 de dezembro de 2009. Dispõe sobre critérios e valores orientadores de qualidade do solo quanto à presença de substâncias químicas e estabelece diretrizes para o gerenciamento ambiental de áreas contaminadas por essas substâncias em decorrência de atividades antrópicas. Disponível em: <http://www.mma.gov.br/port/conama/legiabre.cfm?codlegi=620> Acesso em 29.06.2015.

CETESB. Manual de Gerenciamento de Áreas Contaminadas. 2001. Disponível em: <http://residuossolidos.cetesb.sp.gov.br/residuos-solidos/residuos-urbanos--saude-construcao-civil/publicacoes-e-relatorios/r>. Acesso em 10.07.2015.

CETESB. Relatório de estabelecimento de Valores Orientadores para Solos e Águas Subterrâneas no Estado de São Paulo. São Paulo, 2001. Disponível em: <http://residuossolidos.cetesb.sp.gov.br/residuos-solidos/residuos-urbanos-saude-construcao-civil/publicacoes-e-relatorios/r>. Acesso em 10.07.2015.

CETESB. Relação de áreas contaminadas e reabilitadas no Estado de São Paulo. 2013. Disponível em: <http://residuossolidos.cetesb.sp.gov.br/residuos--solidos/residuos-urbanos-saude-construcao-civil/publicacoes-e-relatorios/r>. Acesso em 10.07.2015.

CETESB. Qualidade das águas subterrâneas do estado de São Paulo 2010-2012. 2013. Disponível em: <http://aguassubterraneas.cetesb.sp.gov.br/publicacoes-e-relatorios/>. Acesso em 10.07.2015.

IPT. Guia de elaboração de planos de intervenção para o gerenciamento de áreas contaminadas. São Paulo: IPT - Instituto de Pesquisas Tecnológicas do Estado de São Paulo: 2014. Disponível em: <www.ipt.br>. Acesso em 10.07.2015.

LUTTI, José Eduardo Ismael. Resolução CONAMA 420/2009 e Lei Estadual 13.577/2009: inconstitucionalidade da "remediação para uso declarado". Revista de Direito Ambiental. São Paulo: Editora Revista dos Tribunais, 2012, n° 65, p. 13.

MEA - MILLENNIUM ECOSYSTEM ASSESSMENT. Ecosystem and human well--being: a framework for assessment. Island Press, Washington, DC. 2003. Disponível em: <http://www.mpsp.mp.br/portal/page/portal/cao_urbanismo_ e_meio_ambiente/Relatorio%20Final%20%20GT%20 Valora%C3%A7%C3%A3o%20de%20Danos%20Ambientais%202012.doc>. Acesso em 29.06.2015.

SÃO PAULO (ESTADO). Decreto Estadual 32.955, de 7 de fevereiro de 1991. Disponível em: <http://www.al.sp.gov.br/norma/?id=21159>. Acesso em 10.07.2015

CAPÍTULO II – A PROTEÇÃO DOS RECURSOS HÍDRICOS

_____. Decreto Estadual 59.263 de 5 de junho de 2013. Disponível em: <http://www.al.sp.gov.br/repositorio/legislacao/decreto/2013/decreto-59263-05.06.2013.html>. Acesso em 10.07.2015.

_____. Lei Estadual 13.577, DE 08 de julho de 2009. Disponível em: <http://www.al.sp.gov.br/repositorio/legislacao/lei/2009/lei-13577 08.07.2009.html>. Acesso em 10.07.2015.

_____. Lei 6.134 de 2 de junho de 1988. Disponível em: <http://www.al.sp.gov.br/norma/?id=25548>. Acesso em 10.07.2015.

_____. CETESB. Decisão de Diretoria 103/2007/C/E, de 22 de junho de 2007. Dispõe sobre o procedimento para gerenciamento de áreas contaminadas. Disponível em: <http://areascontaminadas.cetesb.sp.gov.br/>. Acesso em 10.07.2015.

_____. CETESB. Decisão de Diretoria 103/2007/C/E, de 22 de junho de 2007. Dispõe sobre o procedimento para gerenciamento de áreas contaminadas. Disponível em: <http://areascontaminadas.cetesb.sp.gov.br/>. Acesso em 10.07.2015.

_____. MINISTÉRIO PÚBLICO DO ESTADO DE SÃO PAULO. Relatório Final do GT de Valoração de Dano Ambiental criado pelo ATO PGJ no 36/2011. Disponível em: < Disponível em:http://www.mpsp.mp.br/portal/page/portal/cao _urbanismo_e_meio_ambiente/Relatorio%20Final%20%20GT%20Valora%C3%A7%C3%A3o%20de%20Danos%20Ambientais%202012.doc>. Acesso em 10.07.2015.

_____. MINISTÉRIO PÚBLICO DO ESTADO DE SÃO PAULO. Relatório Final do GT de Valoração de Dano Ambiental do ATO PGJ no 45/2012. Disponível em: <http://www.mpsp.mp.br/portal/page/portal/cao_urbanismo_e_ meio _ambiente/relat%C3%B3rio%20final%20-%20retificado_0.pdf>. Acesso em 10.07.2015.

_____. SECRETARIA DE SANEAMENTO E RECURSOS HÍDRICOS. Águas subterrâneas no Estado de São Paulo. Diretrizes de Utilização e Proteção. - São Paulo: DAEE/LEBAC, 2013

SILVA, R. B. G. 2008. Águas Subterrâneas: Um valioso recurso que requer proteção. CEPIS e DAEE, São Paulo, 3ª ed, 28 p.

# CAPÍTULO III

AS MULTIFACES DA TUTELA AMBIENTAL

# OS VAZIOS GEOGRÁFICOS NA CONSERVAÇÃO DE ÁREAS NATURAIS NO ESTADO DE SÃO PAULO E O ISOLAMENTO DAS UNIDADES DE CONSERVAÇÃO DE PROTEÇÃO INTEGRAL – UMA SITUAÇÃO QUE PRECISA SER REVERTIDA

Silvia Jordão[1]

**Resumo:** Discute-se brevemente a devastação histórica da vegetação nativa no Estado de São Paulo e as áreas naturais remanescentes protegidas na forma de Unidades de Conservação de proteção integral, bem como a distribuição das mesmas no território paulista, o qual apresenta significativos vazios geográficos de conservação. Estratégias para amenizar os impactos do isolamento e a viabilidade ambiental e genética destas áreas também são abordadas. Conclui-se pela necessidade de aprimoramento do modelo de ordenamento territorial estadual a fim de possibilitar uma efetiva coexistência entre áreas naturais e formas de uso antropogênicas, onde a supressão de ecossistemas nativos remanescentes não seja mais considerada uma opção. Destaca-se que o conhecimento científico atual sobre a biodiversidade paulista dispõe de elementos para subsidiar e orientar o reordenamento necessário.

**Palavras-chave:** Biodiversidade. Unidades de conservação de proteção integral.

**Sumário:** 1. Breve contextualização histórica dos processos de empobrecimento biológico no Estado de São Paulo – 2. As Unidades de Conservação e a importância das relações de conectividade – 3. A criação de Unidades de Conservação no Estado de São Paulo – 4. Breve síntese da diversidade ambiental paulista e a distribuição das Unidades de Conservação de proteção integral – 5. Os vazios e os impactos advindos da insularização – 6. As ações necessárias – 7. Considerações finais.

---
[1] Assistente Técnica de Promotoria do MP/SP, Geógrafa, Mestre e Doutora em Geografia Física pelo Depto. de Geografia da FFLCH/USP. Endereço eletrônico: silviajordao@mpsp.mp.br

## 1. Breve contextualização histórica dos processos de empobrecimento biológico no Estado de São Paulo

Os processos de transformação da superfície terrestre e simplificação biológica parecem acompanhar a trajetória da expansão humana sobre a face da Terra, eliminando e transformando a diversidade natural em favor da homogeneização e assim construindo paisagens similares entre si e repletas de espécies generalistas. Grandes metrópoles, áreas industriais, condomínios fechados de alto-padrão, conjuntos habitacionais para a população de baixa renda, extensos e contínuos campos de monocultura, grandes lagos de barragens, minerações a céu aberto, extensas áreas portuárias, além de outras formas de apropriação dos espaços naturais, vem igualando diferentes territórios, em diferentes países, em diferentes continentes. Com isso nossa memória visual de paisagens naturais e nossas referências histórico culturais de relação com a natureza parecem que vão se apagando cada vez mais, a cada nova geração. Adicionalmente a possibilidade de melhor conhecer os elementos naturais de nosso planeta e suas relações também vão diminuindo a cada geração. Neste sentido OLMOS & SILVA e SILVA (2003) colocam: "Nossos ancestrais nos negaram o direito de nos maravilharmos com os Tigres-dentes-de-sabre, Mamutes e Dodos. Transformaram os cardumes de baleias que vinham se reproduzir na Baía de Santos em óleo de lamparina, nos obrigam a usar um escafandro se quisermos nadar no rio Tietê. Todos perdemos com isso. Vivemos em um mundo mais pobre, e infelizmente não parece que tenhamos aprendido a lição."

O histórico da organização territorial do espaço brasileiro revela uma relação de desprezo pela biodiversidade em função de uma visão utilitária de curto prazo dos recursos naturais, sendo a apropriação dos espaços naturais, muito bem definida por SCHUARTZ (2000) em sua síntese do trabalho de DEAN (2000) que relata "...a história do Brasil, uma história crítica da exploração econômica, às vezes movida por necessidade, mas quase sempre pela ganância irrefreável com pouca ou nenhuma preocupação com a mata – símbolo, no Brasil, do atraso, do sub-desenvolvimento, do selvagem."

Indicadores recentes do IBGE[2] em relação aos remanescentes dos

---

2 <http://br.noticias.yahoo.com/ibge-tra%C3%A7a-retrato-desmatamento-brasil-140800937.html>. Acesso em 20/06/2015.

CAPÍTULO III – AS MULTIFACES DA TUTELA AMBIENTAL

biomas Mata Atlântica e Cerrado no Brasil revelam que "estão preservados apenas 12% da área original da Mata Atlântica, o bioma mais devastado do país. De 1,8 milhão km², sobraram 149,7 mil km². A área desmatada chega a 1,13 milhão km² (88% do original)... Os dados se referem ao ano de 2010. A devastação do Cerrado, segundo maior bioma do País, chegou a 49,1% no mesmo ano."

O desmatamento do Estado de São Paulo teve início por volta da segunda metade do século XVI; no início timidamente e a partir dos fins do século XVIII de forma ostensiva em função do café e das monoculturas que o sucederam. Paralelamente os crescentes processos de adensamento populacional, urbanização desordenada e industrialização foram se apropriando dos espaços disponíveis e, sobretudo daqueles de baixo custo e sem infraestrutura, muitas vezes constituídos por remanescentes de áreas naturais.

De acordo com o último inventário florestal da vegetação nativa do Estado de São Paulo realizado pelo INSTITUTO FLORESTAL (2010), com base em imagens de 2009, 17,5% do território paulista apresentavam remanescentes de sua cobertura nativa, dos quais 16,63% de formações da Mata Atlântica e 0,87% de formações do Cerrado.

Já dados do último atlas dos remanescentes florestais da Mata Atlântica, realizado pela FUNDAÇÃO SOS MATA ATLÂNTICA/INPE (2015) e com base em imagens do período 2013-2014 revelam um índice ainda menor deste bioma no Estado, onde restariam apenas 15,6% de sua área original, o que equivale atualmente a aproximadamente apenas 11% da superfície estadual. Embora este levantamento empregue metodologia diferenciada daquela utilizada pelo Instituto Florestal, no atlas produzido encontram-se disponibilizados os valores de decréscimo da Mata Atlântica no Estado desde 1985, sendo que apesar dos valores estarem diminuindo ao longo dos anos, com uma abrupta redução a partir do ano 2000, o processo histórico de sua redução não cessou por completo.

Ainda hoje nos procedimentos de licenciamento ambiental de grandes empreendimentos no Estado é comum a alegação da necessidade de supressão de ecossistemas naturais remanescentes, utilizando-se os argumentos do "desenvolvimento econômico" e da geração de empregos. Foge-se assim da discussão das verdadeiras causas de "atrasos" e de injustiças sociais e que estão relacionadas a questões mais amplas de espectro político-econômico como a concentração de renda e de terras, formas perdulárias de utilização dos recursos naturais, a falta de investimentos em pesquisas e tecnologias nos setores produtivos, a submissão a interesses corporativos internacionais, entre outras. Também é omitida, e mesmo considerada inoportuna, a discussão de que a produção do capital é uma produção social, embora os lucros obtidos não sejam socializados, o que de fato poderia contribuir para uma nova ordem econômica e social.

Não é possível acreditar que se forem eliminados os ecossistemas nativos que ainda restam no território paulista conseguiremos sanar os problemas estruturais e as desigualdades sociais. Atribuir culpa de "atrasos" ao meio ambiente é uma estratégia perversa, embora recorrente.

Muitas formas de apropriação dos espaços pelo poder econômico ao insistirem em querer suprimir os remanescentes de vegetação nativa que permaneceram, sob o pretexto de que precisam de novas áreas para expansão, fogem também da discussão de alternativas relativas a requalificação de espaços subutilizados e também do emprego de outras matrizes tecnológicas. Um exemplo comum no Estado de São Paulo é o licenciamento da supressão de remanescentes de Mata Atlântica, em estágios médio e avançado, para a instalação ou ampliação de aterros sanitários municipais. Em muitos casos sequer é aventada a possibilidade de diminuição do volume de resíduos a serem aterrados, através da coleta seletiva – reciclagem - compostagem. Assim, sob o pretexto da "utilidade pública" do aterro, não são discutidas alternativas tecnológicas, que também gerariam emprego e renda, nem tão pouco se reconhece a também utilidade pública da manutenção de ecossistemas florestais. Nestes casos a opção tem sido pelo lucro das empresas de coleta e disposição de lixo que ganham por quantidade.

É oportuna e necessária a reflexão sobre o significado da palavra coexistência, ou seja, sobre existir simultaneamente. Territórios devem ser pensados e planejados objetivando a coexistência entre as formas de uso antrópicas e as áreas naturais, com destaque àquelas que ofereçam proteção aos recursos hídricos superficiais e subsuperficiais. A supremacia das áreas antropizadas e das atividades a elas relacionadas no Estado de São Paulo, por exemplo, tem demonstrado não terem sido capazes de eliminar as desigualdades existentes em relação ao acesso aos bens, serviços e qualidade de vida para toda a população.

CAPÍTULO III – AS MULTIFACES DA TUTELA AMBIENTAL

Neste contexto de ocupação do território paulista não só o desmatamento contribuiu e ainda contribui para o empobrecimento biológico, mas também o agronegócio com o uso em larga escala de agrotóxicos, o despejo de vinhaça e outros poluentes nos solos agrícolas sem monitoramento adequado, a ocupação desordenada e a impermeabilização de áreas de mananciais hídricos, a poluição inescrupulosa dos rios, tais como os Rios Tietê, Pinheiros e Tamanduateí além de inúmeros outros na cidade de São Paulo e em todo o território estadual, a transformação abusiva de áreas rurais em urbanas, produzidas por Planos Diretores irresponsáveis, muitas vezes em processos de participação popular duvidosa, e que autorizam a expansão urbana sobre os escassos remanescentes de áreas naturais municipais, numa clara submissão a interesses da especulação imobiliária. São apenas alguns exemplos reais entre tantas outras formas de usos insensatos dos recursos naturais e que compõem um quadro ambiental estadual bastante preocupante, com reflexos negativos para toda a sociedade e mesmo para seus modos de produção. Uma situação que requer ações imediatas de reversão. Requer ainda que se recuse terminantemente o mesmo argumento falacioso de sempre, ou seja, de que tudo se justifica em nome do "desenvolvimento econômico".

**2. As Unidades de Conservação e a importância das relações de conectividade**

Como contraponto, a criação de Unidades de Conservação consiste, na prática, na tentativa de salvaguardar porções do espaço natural, numa tentativa de frear os processos dominantes de "biosimplificação de sistemas". A definição legal vigente atualmente no Brasil assim define o termo Unidades de Conservação: "espaço territorial e seus recursos ambientais, incluindo as águas jurisdicionais, com características naturais relevantes, legalmente instituído pelo Poder Público, com objetivos de conservação e limites definidos, sob regime especial de administração, ao qual se aplicam garantias adequadas de proteção" (I, art. 2°. da LF 9985/00).

Já uma definição de ordem mais técnica é dada por MILANO (2000) que assim as define: "...cada área representa uma unidade de um todo maior... Assim se cada área protegida é uma unidade de um sistema maior de conservação, cada uma delas é uma Unidade de Conservação."

Neste trabalho iremos considerar apenas as Unidades de Conservação de proteção integral que tem como objetivo básico a preservação da natureza. Proteção integral é definida como: "manutenção dos ecossistemas livres de alterações causadas por interferência humana, admitido apenas o uso indireto dos seus atributos naturais" (VI, art. 2º. da LF 9985/00). Não foram incluídas as UCs de uso sustentável uma vez que estas comumente incluem áreas com diferentes graus de antropização e biosimplificação.

A criação de Unidades de Conservação para conservação de áreas naturais *in situ* é reconhecida mundialmente como a principal estratégia de sucesso para a conservação genética da biota, das paisagens e de elementos culturais, sendo uma prática adotada por todos os países do mundo. Jardins zoológicos, jardins botânicos e museus não cumprem este papel até porque não conservam *habitats*, populações e paisagens.

Internacionalmente é aceito que Unidades de Conservação não são "ilhas", no sentido de que sejam capazes de serem mantidas isoladas e independentes do que aconteça fora dos seus limites. Mesmo se considerarmos, em caráter estrito, Unidades de Conservação em ilhas marinhas ou fluviais sabemos que a qualidade das águas ao seu redor irá influenciar direta e indiretamente o seu interior.

Há que se considerar que as Unidades de Conservação de proteção integral no caso do sul, sudeste e nordeste brasileiros, encontram-se, de um modo geral, extremamente insularizadas, apresentando perímetros que raramente obedecem aos territórios de vida das populações silvestres, mas sim perímetros de glebas rurais sobre as quais as Unidades foram criadas.

A conservação da biodiversidade requer estratégias que contemplem a dinâmica ecológica de áreas protegidas, ou ainda de acordo com OLMOS (2007) "...em conservação é importante pensar globalmente ao agir localmente, já que os limites políticos que determinam as áreas de ação de órgãos ou projetos de conservação são levados em consideração antes por nós do que por populações ou ecossistemas que queremos conservar." A partir dessa lógica, remanescentes de vegetação nativa, florestais ou não, quando contíguos aos limites de uma UC de proteção integral, assumem especial importância.

## CAPÍTULO III – AS MULTIFACES DA TUTELA AMBIENTAL

O raciocínio para a conservação biótica é simples: a conservação de espécies (fauna e flora) requer a conservação de populações, que requer a conservação de territórios compatíveis. Já a conservação da diversidade biológica requer a conservação de diferentes ambientes.

Ecossistemas naturais quando fragmentados também passam a sofrer o "efeito de borda", significando, na prática, uma redução ainda maior de territórios, na medida em que espécies adaptadas ao interior de ecossistemas terão de se deslocar das áreas afetadas, dando espaço a espécies mais generalistas, incluindo exóticas de crescimento agressivo.

Para que seja possível a conservação biológica não basta isolar áreas de remanescentes naturais, faz-se necessário obrigatoriamente conservar processos ecológicos dentro e também fora dessas áreas, tais como processos e espécies que envolvam a polinização e dispersão de sementes, fluxo gênico da biodiversidade, perpetuação dos bancos genéticos, a surgência de água nas fontes/nascentes, a qualidade e vazão das águas na rede de drenagem, a qualidade e permeabilidade dos solos, os processos de formação dos solos, a ciclagem de nutrientes, a qualidades das águas pluviais, do ar e dos níveis de insolação (controle de poluentes atmosféricos), entre outros.

A incorporação do conceito de *stepping stones* ou áreas trampolins adquire importância crescente no manejo das Unidades de Conservação, uma vez que remanescentes de áreas naturais dispersos nas áreas envoltórias destas Unidades permitem a movimentação de muitas espécies pela paisagem. De acordo com ROCHA (2006) esse trânsito pode ser positivo por aumentar a variabilidade genética de uma espécie, auxiliar na busca por alimentos e na dispersão de sementes. Mesmo em áreas mais afastadas onde apenas as aves generalistas conseguem se deslocar, ainda assim é um mecanismo importante para a conservação de parte dos processos ecológicos de conservação da biodiversidade, não só na Unidade de Conservação em questão, mas também regionalmente (FONSECA *et al.*, 2001).

Populações isoladas são mais vulneráveis a extinções locais. É sabido ainda que pequenas áreas naturais isoladas são mais vulneráveis a alterações ambientais e perda de interações ecológicas. Estima-se que um grau de isolamento de 1.400 metros entre remanescentes na Mata Atlântica seja muito grande para a maioria das espécies.

A atual distribuição territorial das Unidades de Conservação de proteção integral no território paulista revela um grande isolamento entre elas, com exceção da área contínua das Serras do Mar – Paranapiacaba, além de extensos vazios geográficos de conservação na forma de proteção integral. Revela também a necessidade de serem incorporadas no entorno das Unidades medidas de ordenamento territorial que dialoguem com os objetivos da conservação, que sejam promovidas possibilidades de conectividade entre as Unidades e os remanescentes locais, bem como a urgente criação de novas Unidades de Conservação de proteção integral.

### 3. A criação de Unidades de Conservação no Estado de São Paulo

A criação de áreas especialmente protegidas no Estado de São Paulo, ainda que de forma bastante acanhada, teve início em 1893, através do visionário Decreto Estadual nº 183 que declarou de utilidade pública terrenos na Serra da Cantareira, no município de São Paulo, *"destinados ao serviço do abastecimento de água desta capital"*. Ainda no século XIX outras áreas foram desapropriadas na Serra da Cantareira com a mesma finalidade, vindo a compor o território do atual Parque Estadual da Cantareira, que neste sentido pode ser considerado o primeiro Parque do atual sistema de Unidades de Conservação paulistas. Posteriormente a partir da declaração de utilidade pública de 174 hectares, também na Serra da Cantareira, através do Decreto Estadual nº 335/1896, com o objetivo de *"instalação de um Horto Botânico com campos de experiência e Serviço Florestal"* foi criado o atualmente denominado Parque Estadual Albert Löfgren.

Em 1938, com a incorporação pelo Estado do Parque Cajuru – Estação Biológica, atual Reserva Biológica de Paranapiacaba, com 336 hectares, e, em 1939, com a aquisição de área da Fazenda Jaraguá, que deu origem ao atual Parque Estadual do Jaraguá, com 488,84 hectares, começa a se configurar um sistema estadual de áreas protegidas, embora a vegetação nativa do Estado já se encontrasse em sua maior parte eliminada, com apenas 26,2% de sua cobertura florestal original, de acordo com VICTOR (1975a, 1975b) e VICTOR *et al.* (2005).

Apenas em 1941 com a criação do Parque Estadual de Campos de Jordão, assim denominado já no seu ato de criação e com aproxi-

## CAPÍTULO III – AS MULTIFACES DA TUTELA AMBIENTAL

madamente 8.000 ha, tem início a efetiva criação de Unidades de Conservação com a clara atribuição de conservação de florestas e atributos paisagísticos no Estado de São Paulo.

Já as décadas de 1960/70 registram a criação de Unidades de Conservação de extensões mais representativas, como o Parque Estadual de Jacupiranga[3], criado em 1969 com 150.000 hectares e o Parque Estadual da Serra do Mar, em 1977, com pouco mais de 300.000 hectares. Estas áreas surgem num momento ainda mais crítico quanto à presença de remanescentes de vegetação nativa no Estado.

A tardia criação das Unidades de Conservação paulistas quando comparadas à sequência histórica de devastação da vegetação estadual exibida nos trabalhos de VICTOR (1975a e b) e VICTOR *et al.*(2005), permite concluir que o processos de criação destas Unidades sempre dependeu de áreas que remanesceram aos processos de ocupação e biosimplificação, já que desde o final do século XIX já não existiam grandes territórios contínuos e os restantes se encontravam em franco processo de redução. Desde então foram sendo diminuídas as oportunidades de escolha de áreas que pudessem ser destacadas para a conservação da diversidade ambiental e biológica.

A criação de áreas protegidas estaduais no século XIX deu-se a partir de iniciativas do então Serviço Florestal, passando no século XX a ser atribuição do Instituto Florestal, sucessor do Serviço Florestal, e atualmente, já no século XXI, a partir do Decreto estadual no. 51.453 de 2006, o Instituto passou a dividir com a Fundação Florestal, ambos órgãos da Secretaria Estadual de Meio Ambiente, esta atribuição.

Atualmente o Estado de São Paulo conta com aproximadamente 970.000,00 ha, ou 3,9 % de seu território protegido na categoria proteção integral e qualquer empenho de expansão depende, cada vez mais, da incorporação de áreas remanescentes de extensões reduzidas, isoladas entre si e com diferentes graus de alteração antrópica, salvo raríssimas exceções de um dos três fatores.

Neste contexto o bioma Cerrado sofreu as mais severas perdas no território estadual. Originalmente ocupando uma área de 14%, hoje se encontra reduzido a ínfimos 0,87%.

---

3   O Parque Estadual Jacupiranga foi subdividido no Mosaico de Jacupiranga (Lei Estadual nº 12.810/2008), dando origem aos atuais Parques Estaduais Caverna do Diabo, Rio do Turvo e Lagamar de Cananéia.

A atual existência de populações razoáveis de espécies ameaçadas no Estado tão diversas como muriquis *Brachyteles arachnoides*, jacutingas *Pipile jacutinga* e queixadas *Tayassu pecari* está associada à existência de Unidades relativamente extensas na região da Mata Atlântica. Isso contrasta com a extinção recente de espécies associadas ao Cerrado, como o tatu canastra *Priodontes maximus* e o veado-campeiro *Ozotoceros bezoarticus*. Ao contrário da Mata Atlântica nenhuma UC de porte foi criada no Cerrado paulista e as pequenas áreas decretadas foram insuficientes para manter aquelas espécies (BRESSAN et al., 2009; OLMOS, 2010[4]).

Isso não significa dizer que não existam graves lacunas em relação aos ecossistemas da Mata Atlântica, que não protege adequadamente populações de várias espécies e seus ambientes, como os guarás-vermelhos *Eudocimus ruber* que habitam o principal e ainda insuficientemente protegido remanescente regional de mangue em Santos-Cubatão (OLMOS & SILVA e SILVA, 2003) e várias espécies de peixes restritos às baixadas litorâneas e encostas do Vale do Paraíba (BRESSAN *et al.*, 2009) dentre muito outros exemplos.

Quanto ao ritmo de criação de UCs de Proteção Integral o gráfico a seguir demonstra que a década de 1920 foi a única que não acrescentou qualquer nova área, enquanto o ápice de criação se deu na década de 1970, somando 399.612,79 ha e decaindo desde então.

---

[4] Comunicação pessoal do Biólogo Dr. Fabio Olmos, em 05/09/2010.

CAPÍTULO III – AS MULTIFACES DA TUTELA AMBIENTAL

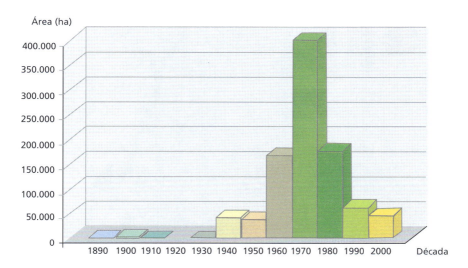

**Gráfico 1.** Criação de Unidades de Conservação de proteção integral ao longo das décadas dos séculos XIX a XXI no Estado de São Paulo (Fonte: Base de dados da ALESP e Acervo do Instituto Florestal/Assessoria de Estudos Patrimoniais. Org. Silvia Jordão).

Embora o Estado de São Paulo conte atualmente com 72 Unidades de Conservação de proteção integral, das quais 70 estaduais e 02 nacionais a distribuição geográfica das mesmas apresenta grandes vazios geográficos e representatividade insuficiente da diversidade biológica, ambiental e paisagística, contrariando os princípios estabelecidos no capítulo de Meio Ambiente, dos Recursos Naturais e do Saneamento, da Constituição Estadual, a saber: "art. 198 – O Estado estabelecerá, mediante lei, os espaços definidos no inciso V do artigo anterior, a serem implantados como especialmente protegidos, bem como as restrições ao uso e ocupação desses espaços, considerando os seguintes princípios: I – preservação e proteção da integridade de amostras de toda a diversidade de ecossistemas, II – proteção do processo evolutivo das espécies e III – preservação e proteção dos recursos naturais."

O mapa 1, apresentado a seguir, embora numa versão gráfica de reduzidíssima escala esboça o isolamento geográfico entre as Unidades de Conservação de proteção integral no Estado de São Paulo.

213

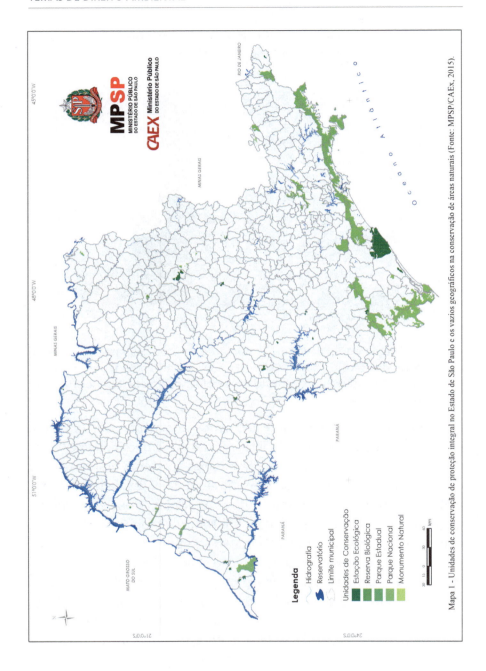

Mapa 1 - Unidades de conservação de proteção integral no Estado de São Paulo e os vazios geográficos na conservação de áreas naturais (Fonte: MPSP/CAEx, 2015).

## 4. Breve síntese da diversidade ambiental paulista e a distribuição das Unidades de Conservação de proteção integral

O Estado de São Paulo encontra-se numa posição de transição, seja no sentido latitudinal, sendo atravessado pelo Trópico de Capricórnio, seja no sentido longitudinal, onde a leste a forte influência da umidade oceânica, contrasta com a influência da continentalidade em sua porção oeste. Isto por si só, lhe confere uma diversidade ambiental proporcionada por diferentes condições climáticas, com destaque para a componente umidade.

Nestas condições é reconhecido que a Mata Atlântica no Estado de São Paulo alcança sua maior interiorização, adentrando 800 a 900 km a partir da costa, configurando a maior internalização em território nacional, de acordo com AB´SÁBER (1956), embora, em direção ao oeste a Mata passe a apresentar os efeitos da sazonalidade bem marcada, demonstrando características decíduas, ou seja, com perda de folhas na estação mais seca.

Do ponto de vista fitogeográfico nacional a condição de transição do estado também é observada, pois o mesmo encontra-se numa transição entre os grandes tipos de vegetação, ou seja, entre os Cerrados de Minas Gerais e sul de Mato Grosso e as florestas com araucária e os campos do sul, nas fronteiras com o Paraná (MONBEIG, 1954 e AB´SÁBER, 1956); isto também contribui para a presença no território de São Paulo de áreas de formações vegetais tão diversas.

Ainda do ponto de vista fisiográfico o Estado de São Paulo apresenta significativas variações geológico-estruturais, morfológicas e morfogênicas. Assim, numa descrição simplificada, na sua face leste encontram-se áreas litorâneas em constante retrabalhamento pelo oceano, incluindo dezenas de ilhas e planícies costeiras, passando pelas escarpas que dão acesso ao Planalto Atlântico, com seus morros e serras sobre o embasamento granítico-gnaissico-metassedimentar. Seguindo em direção ao oeste chega-se a sua porção sedimentar rebaixada e com relevo de baixíssimas amplitudes, denominada Depressão Periférica, bordejada no seu limite oeste por um relevo do tipo "Cuestas". Daí se alcança um relevo mais alto, porém bastante aplainado, sustentado por espessas camadas sedimentares, com ocorrências localizadas de derrames e intrusões básicas, denominado Planalto Ocidental. Este conjunto de condições e de componentes transicionais, associados a variações climáticas, conferem localmente diferentes ambientes naturais e que dão suporte a diferentes tipos de vegetação.

Trabalhos dos primeiros estudiosos do século XIX que contribuíram para o conhecimento do território paulista, bem como daqueles pesquisadores que os sucederam nos séculos XX e XXI sempre revelaram uma rica diversidade de tipos de vegetação florestais, arbustivas e campestres, distribuídas em mosaico sobre as diferentes associações relevo - solo – clima, que ocorrem no Estado de São Paulo. A análise das descrições dos principais pesquisadores que relataram o relevo e a vegetação estadual, estabelecendo relações entre ambos ou mesmo oferecendo relatos geográficos sobre estas relações permitiram a JORDÃO (2011) identificar mais de duas dezenas de diferentes ambientes continentais, diferentes ambientes insulares, além de ressaltar a importância de se aperfeiçoar o conhecimento fitogeográfico das águas fluviais e marinhas. Foram assim identificados, em escala estadual, os seguintes ambientes fitogeográficos no sentido aproximadamente leste – oeste:

- Planícies costeiras dos Litorais Norte, Centro e Sul: mangues, praias e depósitos marinhos, fluvio-marinhos e lagunares acima das oscilações de maré (inclui depósitos em ilhas estuarinas e marinhas)
- Morros e serras isoladas na Planície costeira; Morros e colinas da Depressão do baixo Rio Juquiá - Ribeira de Iguape
- Planalto do Ribeira – Turvo
- Escarpas das bordas dos planaltos da Bocaina e Atlântico (Serras do Mar e Paranapiacaba)
- Feições cársticas da Serra de Paranapiacaba e da bacia do Rio Ribeira de Iguape e Feições cársticas dos morros da borda do Planalto Atlântico
- Planalto Atlântico (reverso das Serras do Mar e Paranapiacaba): Morros e Serras de composição granítica e Morros e Serras metassedimentares
- Planalto da Bocaina (reverso da Serra do Mar)
- Escarpas da borda do Planalto Sul Mineiro (Serra da Mantiqueira)

- Planalto Sul Mineiro (reverso da Serra da Mantiqueira)
- Bacias sedimentares (São Paulo e Taubaté e outras menores)
- Depressão Periférica e Relevos residuais (Colinas das bacias dos Rios Pardo e Mogi-Guaçú, Colinas da bacia do Rio Tietê e Colinas da bacia do Rio Paranapanema)
- Cuestas arenítico-basálticas e planaltos residuais
- Planalto Ocidental: Amplos interflúvios basáltico-sedimentares e Amplos interflúvios sedimentares
- Planícies aluviais e terraços
- Águas Fluviais
- Águas Oceânicas
- Ambientes de exceção (comunidades biológicas singulares, relacionadas a altitude e/ou a condições especiais do substrato).

Sobrepondo-se os territórios dos diferentes ambientes às Unidades de Conservação de proteção integral podem ser identificados no território estadual quatro significativos agrupamentos de UCs, ou seja, aqueles formados pela contiguidade ou grande proximidade entre elas, a saber:

(a) Estação Ecológica de Xitué e os Parques Estaduais Carlos Botelho, Nascentes do Paranapanema, Intervales, PETAR, Caverna do Diabo, Rio Turvo, Lagamar de Cananéia e Ilha do Cardoso;

(b) Parques Estadual da Serra do Mar e Nacional da Bocaina;

(c) Parques Estaduais Albert Löefgren, da Cantareira, Itapetinga, Itaberaba e Monumento Natural da Pedra Grande;

(d) Estações Ecológicas da Juréia e Banhados de Iguape Grande e Pequeno.

Todas as demais cinquenta e quatro Unidades de Conservação de proteção integral encontram-se em diferentes graus de isolamento, sendo especialmente preocupante o fato de terem ainda territórios muito pequenos, salvo poucas exceções, que por sua vez estão bastante isoladas na paisagem.

A atual distribuição das Unidades de Conservação de proteção integral no Estado de São Paulo mostra assim uma nítida concentração em número de Unidades e extensão de seus territórios ao longo da fachada Atlântica, sobretudo nas encostas das Serras do Mar, Paranapiacaba e Bocaina, Planalto do Ribeira – Turvo, seguida pela concentração em menor escala no Planalto Atlântico.

Já a simples observação do mapa do Inventário Florestal de 2009 (INSTITUTO FLORESTAL, 2010) permite reconhecer que a partir do reverso das Serras do Mar e Paranapiacaba em direção ao interior paulista predominam grandes vazios de vegetação nativa, o que em números significa terem sido eliminados cerca de 83% da vegetação nativa estadual, sendo que neste índice de aproximadamente 17% de vegetação nativa remanescente estão inclusas muitas áreas de capoeira e a maioria absoluta dos remanescentes tem menos de 10 hectares.

A partir do Planalto Atlântico em direção ao oeste, ou seja, na maior parte do território estadual, ocorrem Unidades predominantemente muito pequenas a pequenas, com exceção do Parque Estadual Morro do Diabo, e isoladas, conferindo a todo o território da Depressão Periférica Paulista, das Cuestas e do Planalto Ocidental, uma baixíssima extensão e densidade de áreas protegidas na categoria proteção integral.

Considerando que do ponto de vista da Biologia da Conservação a conservação de grandes territórios é mais favorável a manutenção das espécies por períodos maiores, dessa forma os quatro agrupamentos de Unidades de Conservação citados e que abrigam predominantemente as fitofisionomias da Floresta Ombrófila Densa, do Bioma Mata Atlântica, nas bordas e no interior do Planalto Atlântico, são os que atualmente mais apresentam potencial de conservação da diversidade biológica de seus territórios.

Remanescentes de Restingas na Planície Litorânea encontram alguma representatividade no Litoral Sul com as Estações Ecológicas da Juréia e Banhados de Iguape Grande e Pequeno, embora todo o limite sul da EE Banhados de Iguape Grande não chegue a alcançar o mar em função da permanência de uma forma de ocupação voltada ao turismo sazonal ao longo da extensa praia.

Também neste sentido o Parque Estadual das Restingas de Bertioga, criado em 2010, em três glebas isoladas e ligadas ao mar apenas em dois locais estreitos, merece uma revisão imediata de seu perímetro de forma a melhorar as possibilidades efetivas de conservação da biodiversidade na região, já que o mesmo contempla mais as fitofisionomias do fundo da planície. Atualmente este Parque representa a última possibilidade de conexão no Estado de São Paulo entre o Oceano e o Planalto Atlântico, abrangendo todo o contínuo ecológico entre o mar, a planície litorânea, a serra e o planalto; interesses políticos-imobiliários não deveriam ainda hoje prevalecer sobre a conservação do patrimônio público natural num estado que apresenta índices tão baixos de cobertura vegetal nativa.

A conexão entre o Oceano e os ecossistemas continentais foi eliminada em praticamente toda a extensão do litoral paulista. Os municípios de Ubatuba, Caraguatatuba, Guarujá, Santos, São Vicente, Praia Grande e Itanháem foram primorosos na eliminação desta conexão e na supressão e alteração da vegetação nativa das suas Planícies Costeiras, sobretudo em troca de padrões de ocupações urbanas, muitas vezes caóticos e que suprimiu grande parte da beleza natural do litoral pelos padrões das "cidades grandes". A possibilidade de manutenção de remanescentes de vegetação nativa permeando o espaço urbano parece nunca ter sido considerada.

As áreas com florestas relictuais de araucárias na região de São Carlos e da cidade de São Paulo, atribuídas a períodos mais frios que antecederam o clima atual, foram eliminadas e no caso do Planalto de Campos do Jordão e no sul do estado foram bastante reduzidas. As majestosas florestas do interior do Planalto Ocidental com grandes jequitibás, jacarandás-paulistas, perobas-rosas, angicos e tantas outras madeiras nobres foram praticamente eliminadas. Também estão insuficientemente representadas as várzeas do interior paulista com apenas quatro Unidades e bastante isoladas umas das outras sendo representadas com áreas mais expressivas pelos Parques Estaduais do Rio do Peixe e do Aguapeí e as pequenas áreas de várzea protegidas nas Estações Ecológicas de Jataí e Mogi-Guaçú.

As diferentes fisionomias dos Cerrados, que interpenetravam as florestas em condições de solos específicas, também foram grandemente eliminadas do território paulista e encontram-se muito pouco representadas no interior das Unidades de proteção integral. KRONKA *et al.* (2005) demonstram que em 1962 o Cerrado já se encontrava reduzido a 1.837.150 ha, passando a apenas 211.925 ha em 2000/2001, indicando uma redução de 88,5% no período.

Neste contexto de proteção do Cerrado nunca foi criada qualquer Unidade sobre as colinas da bacia sedimentar de Taubaté que abrigava fisionomias do Cerrado. No caso da bacia sedimentar de São Paulo o Parque Estadual do Juquerí, guarda um pequeno remanescente de campo cerrado, sendo que deveriam ser empenhados esforços para sua ampliação e incorporação de áreas adjacentes que ainda guardam esta fisionomia. As outras Unidades que abrigam pequenos remanescentes de Cerrado, como a Reserva Biológica de Mogi-Guaçú, Estações Ecológicas de Angatuba, Itapeva, Itirapina, Santa Maria, Avaré, Assis e Santa Bárbara também deveriam ter seus perímetros revistos e ampliados de forma a melhorar o desenho da conservação desse bioma praticamente dizimado no território paulista.

Ambientes outrora ricos em diversidade biológica como aqueles dos grandes rios que atravessam o interior paulista com suas praias fluviais, ilhas e seus históricos saltos, que tantos esforços exigiram dos bandeirantes e daqueles que se aventuraram pelo interior do estado, hoje estão submersos em extensos e monótonos lagos de barragens margeados pela monocultura da cana-de-açúcar ou chácaras de recreio repletas de espécies exóticas. Também as "campinas" e lagoas biodiversas às margens de grandes rios com extensas planícies aluviais, como as dos Rios Tietê na cidade de São Paulo ou do Rio Paraíba do Sul, entre São José dos Campos e Lorena, atualmente são densamente ocupadas por áreas urbanas, industriais e de mineração, sendo cada vez mais escassos seus remanescentes de ecossistemas nativos, os quais deveriam ser protegidos.

As escarpas da Serra da Mantiqueira com gradação altitudinal de suas florestas, seus campos de altitude e campos rupestres, as belíssimas escarpas florestadas das Cuestas Basálticas, os Morros testemunhos da frente dessas Cuestas entre outros tantos ambientes especiais e paisagens de exceção precisam ser incorporados no atual sistema de áreas protegidas na categoria proteção integral, qualquer pretexto que negue esta necessidade de proteção somente contribui para formas de biosimplificação e, no atual contexto histórico, para a eliminação dos poucos remanescentes de ecossistemas nativos.

### 5. Os vazios e os impactos advindos da insularização

As Unidades de Conservação estaduais, fruto do esforço e da estratégia vital para a conservação de espécies, ecossistemas e processos ecológicos, vem historicamente sofrendo um crescente isolamento de outras áreas naturais, num mecanismo que resulta no isolamento ou insularização dessas áreas. Associado aos vazios geográficos de áreas protegidas na forma de proteção integral revela um quadro preocupante.

De acordo com o consenso de estudiosos e organizações internacionais voltados a conservação de áreas naturais, não é possível manejar áreas protegidas como ilhas, ou seja, como lugares destacados do cenário regional e local, bem como não se deve definir as zonas de entorno como um território fixo a partir dos limites da Unidade de Conservação.

As áreas protegidas e suas zonas de entorno fazem parte de sistemas ecológicos, culturais e econômicos mais amplos, sendo que os elementos vinculados são dinâmicos e não estáticos. Dessa maneira, o planejamento de áreas do entorno requer um processo que seja sensível a uma grande variedade de interações e relações dentro da região. Em outras palavras, uma zona de entorno deve permitir a coexistência da área protegida e das comunidades lindeiras numa perspectiva de longa duração.

Alguns princípios da Biologia da Conservação são especialmente importantes tais como viabilidade de populações, graus de isolamento de remanescentes de ecossistemas naturais, potencial de conectividade biológica e perda ou alteração de processos ecológicos.

Dentre as muitas ações que fazem parte do manejo de áreas naturais, é crescente a preocupação com o uso e ocupação das áreas de entorno, uma vez que estas, muitas vezes, podem causar sérios danos às Unidades de Conservação, tais como incêndios, emissão de materiais tóxicos através do ar, água e solo, assoreamento dos cursos d'água, entre outros, com prejuízos diretos ou indiretos à biota e mesmo à paisagem.

Como exemplo as áreas de entorno podem ainda ter importância decisiva para a sobrevivência de algumas espécies da fauna silvestre, que em determinadas épocas do ano, necessitam para sua alimentação e procriação de extensões territoriais maiores que aquelas da Unidade de Conservação, logo a degradação dessas áreas implica na redução das áreas utilizadas por estas espécies.

Outro fator decisivo a ser considerado, diz respeito à viabilidade genética de algumas populações da fauna silvestre, que necessitam da área de entorno para promover a troca de genes com outras populações, fundamental para diminuir os riscos de endogamia e a consequente degeneração das populações. Este fator é ainda mais significativo nos casos das Unidades de Conservação com pequenos territórios, que muitas vezes mal conseguem manter uma única população viável de determinadas espécies.

Em função da inserção das Unidades de Conservação de proteção integral estaduais em áreas do agronegócio que empregam o uso intensivo de agrotóxicos, áreas industriais com processos de poluição pouco controlados ou em áreas urbanas em expansão e adensamento populacional, muitas destas Unidades sofrem ainda efeitos de borda de diferentes intensidades em todo ou parte de seus perímetros. Rodovias de tráfego intenso que as atravessam ou localizadas em suas bordas também contribuem para o efeito de borda, representando ainda barreiras de difícil transposição para a maior parte das espécies.

Nos casos de licenciamentos ambientais ou mesmo de renovação de licenças ambientais de empreendimentos no entorno de Unidades de Conservação de proteção integral a implicação socioeconômica dos empreendimentos deve ser avaliada considerando a compatibilização destes com a qualidade ambiental desejável para o entorno de uma Unidade de Conservação de Proteção Integral a longo prazo. É importante reconhecer que os impactos positivos indiretos proporcionados por uma Unidade de Conservação são extensivos não só ao entorno, mas sim a toda uma região e ainda a situações que extrapolam os limites das fronteiras políticas, como por exemplo contribuindo para o equilíbrio climático, para a qualidade do ar, para a recarga de aquíferos subterrâneos, proporcionando abrigo e proteção às espécies de aves migratórias, entre outros tantos fatores.

Com relação a empreendimentos que envolvam a supressão de ecossistemas naturais, estes não devem ser avaliados isoladamente, sob o risco de perda de áreas "chaves" para a conservação, como por exemplo, a eliminação de um único ecossistema de área úmida (brejo, várzea ou outra área alagadiça) que, numa determinada época do ano, receba a fauna silvestre de vários fragmentos florestais de áreas secas das imediações, o quê, portanto, poderia comprometer a permanência e mesmo a vida desta fauna de distribuição mais ampla.

Outro risco da avaliação pontual diz respeito à extensão das áreas isoladas e em conjunto, ou seja, a supressão de um único remanescente de 10 hectares a princípio pode não representar uma perda expressiva, mas se somados 10 hectares, aproximadamente, para vários empreendimentos, o total de áreas nativas eliminadas pode alcançar ou ultrapassar centenas de hectares, num intervalo de tempo de alguns poucos anos. Há, ainda, a necessidade de se conhecer a biodiversidade das áreas naturais remanescentes do entorno, para que se possa dimensionar a representatividade biológica da eventual supressão dessa área.

O conhecimento dos aspectos acima relacionados (1. interdependência entre as áreas naturais remanescentes; 2. extensão territorial das áreas; 3. proximidade da Unidade de Conservação; e 4. biodiversidade existente) são fundamentais na avaliação da instalação e operação de um empreendimento na área de entorno, que envolva a supressão de áreas naturais remanescentes, caso contrário são grandes as chances de se estar promovendo perdas ambientais com consequências indesejáveis.

Os Planos de Manejo das Unidades de Conservação de proteção integral também devem ser instrumentos que viabilizem formas de ordenamento territorial com bases ambientais e não meros planos protelatórios ou viabilizadores de atividades impactantes sobre as Unidades que devem proteger.

Neste contexto, técnicos do CAEx/MP/SP (JORDÃO *et al.*, 2015) tem se manifestado no sentido que Unidades de Conservação de proteção integral devem permitir a preservação *in situ* da diversidade biológica de uma área, bem como dos processos ecológicos e evolutivos inerentes aos ecossistemas sob proteção. Não importa apenas a extensão das áreas protegidas como garantia de preservação dos processos ecológicos ao longo do tempo. A vitalidade do sistema depende da distribuição das áreas na paisagem, de seu estado de conservação, bem como das formas de ocupação de seu entorno. Zonas de Amortecimento devem, por definição elementar, aumentar a dinâmica de conservação da Unidade de Conservação e prevenir o efeito negativo no ambiente causado por influências humanas. Devem ser construídos pactos que se comprometam com a melhoria da qualidade ambiental para toda a sociedade, contemplando o conhecimento científico.

É de fundamental importância para a longevidade genética das Unidades de Conservação a compatibilização das atividades desenvolvidas no seu entorno com o propósito de preservação das mesmas.

### 6. As ações necessárias

As estratégias de conservação biótica e ambiental devem ter obrigatoriamente um olhar histórico e dialético que pondere em relação ao modelo atual do trato estadual "onde já chegamos" e "onde queremos chegar". O modelo atual paulista precisa ser aprimorado com base em critérios científicos disponíveis nas bases conceituais e analíticas de ciências como a Biologia, Ecologia da Paisagem, Biologia da Conservação, Geografia (Física e Humana), a Ecologia entre outras. Afinal a falta de conhecimento não pode ser ainda hoje empregada como justificativa para ações que só diminuem, a cada dia, a biodiversidade, a qualidade ambiental e a diversidade das paisagens.

Entre as ações urgentes e necessárias estão: a ampliação do número de Unidades de Conservação de proteção integral em busca de maior representatividade dos ecossistemas nativos, a ampliação das áreas de Unidades de Conservação com pequenos territórios ou desenhos inadequados, estratégias de conservação de áreas naturais e dos recursos hídricos que ultrapassem os limites das Unidades, a conservação de cada área natural remanescente associada a decretação legal do desmatamento zero no Estado de São Paulo e a restauração de áreas naturais, como política pública, incluindo a implantação de corredores ecológicos.

Estas ações propostas coadunam também com as principais conclusões resultantes do trabalho conjunto de aproximadamente 160 pesquisadores do estado e que estão registradas na publicação do livro "Diretrizes para Conservação e Restauração da Biodiversidade no Estado de São Paulo" (RODRIGUES; BONONI, orgs., 2008), numa parceria entre o Programa BIOTA, da Fundação de Amparo a Pesquisa do Estado de São Paulo (BIOTA/FAPESP), com a Secretaria do Meio Ambiente do Estado de São Paulo (SMA), com o Instituto de Botânica (IBt), com o Instituto Florestal (IF), com a Fundação Florestal (FF), com a Conservação Internacional – Brasil (CI-Brasil), com o Laboratório de Ecologia da Paisagem (LEPaC) e o Instituto de Biociências (IB) da Universidade de São Paulo (USP) e com o Centro de Referência em Informação Ambiental (CRIA), dentre as quais destacamos:

"Dados científicos podem e devem ser utilizados para sustentar o estabelecimento de políticas públicas visando à conservação e restauração da biodiversidade remanescente;"

"Os fragmentos remanescentes têm papel fundamental na conservação da biodiversidade e, em função da degradação histórica do Estado de São Paulo, todos os fragmentos naturais devem ser protegidos de quaisquer perturbações e conectados na paisagem, através da restauração das Áreas de Preservação Permanente (APPs) ou matas ciliares, que podem atuar como corredores ecológicos ou núcleos de dispersão de sementes;"

"As áreas naturais remanescentes mais destacadas, em termos de conservação da biodiversidade, demonstrada em dados biológicos, de tamanho, de representatividade regional, de descritores de paisagem, e até de ausência de conhecimento científico, devem ser convertidas em Unidades de Conservação de Proteção Integral, através da desapropriação dessas áreas pelo poder público, ampliando assim o Sistema Estadual de Unidades de Conservação".

### 7. Considerações finais

A análise histórica da ocupação do território paulista mostra uma trajetória de devastação de suas áreas e recursos naturais, quase sempre justificada com argumentos econômicos e desenvolvimentistas, em que a conservação da natureza é propalada como símbolo do atraso e como um obstáculo ao progresso, compondo um ideário perverso e equivocado que foge da discussão de aspectos estruturais de cunho político-administrativo relativos as verdadeiras causas de "atrasos" e de injustiças sociais.

Os dados mais recentes acerca da cobertura florestal estadual remanescente demonstram que, embora em taxas decrescentes, sua redução ainda hoje está em curso. A necessidade de reversão desse quadro é premente.

As Unidades de Conservação de proteção integral enquanto estratégia de conservação da biodiversidade representam apenas 3,9% da superfície estadual e encontram-se em grande parte isoladas e sujeitas a interferências negativas das atividades do entorno.

Embora atualmente o Estado de São Paulo tenha um sistema de áreas protegidas em diferentes categorias de Unidades de Conservação, estas não estão distribuídas criteriosamente pela diversidade de paisagens e ambientes estaduais. Na categoria proteção integral enquanto a concentração se dá em certos ambientes como as escarpas da Serra do Mar-Paranapiacaba, outros ambientes são insuficientemente representados, como aqueles das Planícies Costeiras e principalmente os da Depressão Periférica, Cuestas e do Planalto Ocidental.

Propõe-se a revisão do atual modelo de ordenamento territorial para o Estado de São Paulo de forma que o mesmo passe a incorporar efetivamente a gestão ambiental de seu espaço a fim de garantir qualidade de vida a todos os seus habitantes e a salvaguarda de seu patrimônio natural. O conhecimento científico atual dispõe de elementos para subsidiar e orientar o reordenamento necessário. Um novo modelo deve assegurar formas de coexistência, ou seja, coexistência entre os espaços necessários as atividades humanas e aqueles necessários a garantia da qualidade de vida através da manutenção dos processos ecológicos essenciais, garantindo ainda o respeito a todas as formas de vida.

### Referências bibliográficas

AB'SÁBER, A. N.. A terra paulista. *Boletim Paulista de Geografia*, São Paulo, n. 23, p. 5-38.

BRASIL. Lei Federal no. 9.985, de 18 de julho de 2000. Regulamenta o art. 225, § 1º, incisos I, II, III e VII da Constituição Federal, institui o Sistema Nacional de Unidades de Conservação da Natureza e dá outras providências. Disponível em: <http://www.planalto.gov.br/ccivil_03/LEIS/L9985.htm>. Acesso em 20/06/2015.

BRESSAN, P. M.; KIERULFF, M. C. M.; SUGIEDA, A. M. (orgs.). Fauna ameaçada de extinção no Estado de São Paulo. São Paulo: Fundação Parque Zoológico de São Paulo e Secretaria de Meio Ambiente do Estado de São Paulo, São Paulo: 2009, 648 p.

DEAN, W. A ferro e fogo. A história e a devastação da mata atlântica brasileira. 3. ed. São Paulo: Ed. Companhia das Letras, 2000. 484 p.

FONSECA, G. A. B. da; ALGER, K.; PINTO, L. P.; ARAUJO, M.; CAVALCANTI, R. Corredores de Biodiversidade: o Corredor Central da Mata Atlântica. In: I Sem. Sobre Corredores Ecológicos no Brasil, 2001, Brasília. *Publicação Especial*. Brasília: Coord. Geral de Ecossistemas – IBAMA/Sede, 2001, 86 p.

FUNDAÇÃO SOS MATA ATLÂNTICA; INSTITUTO NACIONAL DE PESQUISAS ESPACIAIS (INPE). Atlas dos Remanescentes Florestais da Mata Atlântica, Período 2013 – 2014. Relatório Técnico. São Paulo, 2015, 60 p. Disponível em: <https://www.sosma.org.br/link/atlas_2013-2014_Mata_Atlantica_relatorio_tecnico_2015.pdf>. Consulta em 20/06/15.

INSTITUTO FLORESTAL. Inventário Florestal do Estado de São Paulo 2009. Secretaria do Meio Ambiente do Estado de São Paulo, São Paulo, 2010. Disponível em: <http://www.ambiente.sp.gov.br/sifesp/files/2014/01/bacia_inve2010.pdf>. Acesso em 20/06/2015.

JORDÃO, S. A contribuição da Geomorfologia para o conhecimento da fitogeografia nativa do Estado de São Paulo e da representatividade das Unidades de Conservação de Proteção Integral. 2011. 322 f. Tese de Doutorado (Geografia Física). Depto. Geografia da Faculdade de Filosofia, Ciências e Letras da Universidade de São Paulo. São Paulo. 2011. Disponível em:<http://www.teses.usp.br/teses/disponiveis/8/8135/tde-18062012-104957/pt-br.php>.

JORDÃO, S; VARJABEDIAN, R.; HARGER DA SILVA, H. M. Laudo Técnico no. 0511/15. CAEx/MPSP. Procedimento: IC 14.0702.0000008/2012-6. Comarca/Município: São Simão - GAEMA Núcleo Pardo / Luis Antônio, 2015, 63 p.

KRONKA, F. J. N.; NALON, M. A.; MATSUKUMA, C. K.; KANASHIRO, M. M.; SHIN-IKE, M. S.; PAVÃO, M.; DURIGAN, G.; LIMA, L. M. P. R.; GUILLAUMON, J. R.; BAITELLO, J. B.; BORGO, S. C.; MANETTI, L. A.; BARRADAS, A. M. F.; FUKUDA, J.; SHIDA, C. N.; MONTEIRO, C. H. B.; PONTINHA, A. A. S.; ANDRADE, G. G.; BARBOSA, O.; SOARES, A. P. Inventário Florestal da Vegetação Natural do Estado de São Paulo. 2005. 200 p. Secretaria do Meio Ambiente do Estado de São Paulo/Instituto Florestal, São Paulo, 2005.

MILANO, M. S. Mitos no manejo de Unidades de Conservação no Brasil ou a verdadeira ameaça. In: II CONGRESSO BRASILEIRO DE UNIDADES DE CONSERVAÇÃO. Campo Grande, 2000. *Anais...* Campo Grande: Fundação o Boticário de Proteção à Natureza, 2000, v. 1, p.11-25.

MONBEIG, P. Os Problemas da Divisão Regional de São Paulo. In: Aspectos geográficos da terra bandeirante. Rio de Janeiro: IBGE, 1954, p. 181-207.

OLMOS, F. –. Representatividade ambiental de Unidades de Conservação: propondo novas UCs no Tocantins. In: Unidades de Conservação, atualidades e tendências. Org. M. L. NUNES; L. Y. TAKAHASHI; V. THEULEN. Curitiba: Fundação O Boticário de Proteção à Natureza, 2007, p. 227-239.

OLMOS, F. & SILVA e SILVA, R. Guará – Ambiente, Flora e Fauna dos Manguezais de Santos-Cubatão, Brasil. São Paulo: Empresa das Artes, 2003, 216 p.

ROCHA, D. Desmatamentos colocam em risco de extinção aves do Pontal do Paranapanema. Disponível em: <http://www.faunabrasil.com.br>. Acesso em 06/09/2006.

RODRIGUES, R.R.; BONONI, V. L. R. (orgs.). Diretrizes para Conservação e Restauração da Biodiversidade no Estado de São Paulo. São Paulo: Instituto de Botânica e Fundação de Amparo à Pesquisa do Estado de São Paulo – FAPESP. Programa BIOTA/FAPESP, São Paulo: Instituto de Botânica, 2008, 248p.

SÃO PAULO (Estado). Decreto Estadual no. 183, de 1893. Declara de utilidade pública terrenos na Serra da Cantareira, no município de São Paulo, destinados ao serviço do abastecimento de água desta capital. Disponível no Acervo do Instituto Florestal – Assessoria de Estudos Patrimoniais / Secretaria do Meio Ambiente do Estado de São Paulo.

SÃO PAULO (Estado). Decreto Estadual no. 335, de 1896. Declara de utilidade pública terrenos, no município de São Paulo, destinados a instalação de um Horto Botânico com campos de experiência e Serviço Florestal. Disponível no Acervo do Instituto Florestal – Assessoria de Estudos Patrimoniais / Secretaria do Meio Ambiente do Estado de São Paulo.

SÃO PAULO (Estado). Constituição Estadual, de 05 de outubro de 1989. Disponível em: http://www.al.sp.gov.br/repositorio/legislacao/constituicao/1989/compilacao-constituicao-0-05.10.1989.html. Acesso em 20/06/2015.

SÃO PAULO (Estado). Decreto Estadual no. 51.453, de 29 de dezembro de 2006. Cria o Sistema Estadual de Florestas - SIEFLOR. Disponível em: <http://www.al.sp.gov.br/norma/?id=69454>. Acesso em 20/06/2015.

SÃO PAULO (Estado). Lei Estadual no. 12.810, de 21 de fevereiro de 2008. Altera os limites do Parque Estadual de Jacupiranga, criado pelo Decreto-lei n. 145, de 8 de agosto de 1969, e atribui novas denominações por subdivisão, reclassifica, exclui e inclui áreas que especifica, institui o Mosaico de Unidades de Conservação do Jacupiranga e dá outras providências. Disponível em: < http://www.al.sp.gov.br/norma/?id=76411>. Acesso em 20/06/2015.

SCHWARTZ, S. B.. Prefácio. In: A ferro e fogo. A história e a devastação da mata atlântica brasileira. DEAN, W. São Paulo: Ed. Companhia das Letras, 3ª. ed., 2000. 484 p.

VICTOR, M. A. M. (a) Cem anos de devastação. *O Estado de São Paulo*, São Paulo, 28 mar. 1975. Suplemento Centenário, 6 p.

VICTOR, M. A. M. (b) A devastação florestal. São Paulo: Sociedade Brasileira de Silvicultura, 1975, 48 p.

VICTOR, M. A. M.; CAVALLI, A. C.; GUILLAUMON, J. R.; SERRA FILHO, R. Cem anos de devastação: revisitada 30 anos depois. Brasília: Ministério do Meio Ambiente/Secretaria de Biodiversidade e Florestas, 2005, 72 p.

# ESTUDO PRÉVIO DE IMPACTO AMBIENTAL COMO FERRAMENTA DE POLÍTICA PÚBLICA – ALTERNATIVAS LOCACIONAIS E TECNOLÓGICAS - IMPACTOS CUMULATIVOS E SINÉRGICOS

Alfredo Luis Portes Neto [1]
Maria Rezende Capucci [2]
Paulo Guilherme Carolis Lima [3]
Tadeu Salgado Ivahy Badaró Júnior [4]

**Resumo:** O Estudo Prévio de Impacto Ambiental (EPIA) tradicionalmente é referido como instrumento destinado à análise de empreendimentos tendentes a causar significativo impacto ambiental. Sua posição constitucional (art. 225, §1º, inciso IV) e seu respectivo conteúdo (Res. CONAMA 01/86) indicam que seu escopo é muito maior, de efetivo instrumento de política pública. Por isso, busca-se no presente texto demonstrar a correta concepção que se deve ter sobre o EPIA para atender-se ao Princípio do Desenvolvimento Sustentável, destacando atributos essenciais para tal fim: alternativas locacionais e tecnológicas; alternativa zero; e análise de impactos cumulativos e sinérgicos.

**Palavras-chave:** Desenvolvimento Sustentável. Estudo Prévio de Impacto Ambiental. Alternativas locacionais e tecnológicas. Impactos cumulativos e sinérgicos.

**Sumário:** 1. Introdução – 2. EPIA: Ferramenta de política pública – 3. Das alternativas locacionais e tecnológicas – 4. Dos impactos cumulativos e sinérgicos – 5. Da Conclusão.

---

1 Promotor de Justiça do Ministério Público do Estado de São Paulo.
2 Procuradora de República do Ministério Público Federal.
3 Promotor de Justiça Substituto do Ministério Público do Estado de São Paulo
4 Promotor de Justiça do Ministério Público do Estado de São Paulo

## 1. Introdução

O Estudo Prévio de Impacto Ambiental (EPIA) tem seu fundamento na Constituição Federal (art. 225, §1°, inciso IV[5]) e constitui-se em um dos instrumentos da Política Nacional do Meio Ambiente para efetivar a garantia constitucional ao meio ambiente equilibrado, para as gerações atuais e futuras. Dessa forma, materializa o constitucional direito ao planejamento, já que deve prever todos os impactos que a intervenção pretendida possa causar durante todo o seu processo de instalação e operação.

Costuma-se analisar a natureza do EPIA apenas sob a perspectiva do empreendimento. Impõe-se, contudo, uma análise sistêmica da legislação em conformação com a Constituição Federal, em especial sob o influxo dos Princípios do Desenvolvimento Sustentável e da Precaução.

Por isso, deve-se dar ao instrumento de licenciamento a amplitude que é inerente à sua finalidade última, isto é, garantir a solidificação da política que compõe com o aprofundamento necessário nos estudos das alternativas locacionais e tecnológicas, alternativa zero e análise de impactos cumulativos e sinérgicos. Afinal, a carga normativa que lhe foi outorgada pela Constituição Federal e pela Lei Federal n° 6.938/81[6] o coloca muito além de simples instrumento de análise do empreendimento.

Alguns atributos chaves da avaliação de impacto ambiental são essenciais para garantir que o Estudo Prévio de Impacto Ambiental exerça sua função de instrumento de política pública, nela podendo influenciar, de forma que o aprofundamento nestes pontos se faz essencial. Refere-se à efetiva e aprofundada demonstração das alternativas locacionais e tecnológicas, bem como da alternativa zero, e a análise de impactos cumulativos e sinérgicos.

## 2. EPIA: Ferramenta de política pública

Inserido no art. 225, §1°, inciso IV, da Constituição Federal de 1988[7], o EPIA tem como finalidade constitucional efetivar o desenvol-

---

5 BRASIL. Constituição da República Federativa do Brasil, de 05 de outubro de 1988. Disponível na Internet. http://www.planalto.gov.br. Acesso em 07 de junho de 2015.
6 BRASIL. Lei n. 6.938, de 31 de agosto de 1981. Dispõe sobre a Política Nacional do Meio Ambiente, seus fins e mecanismos de formulação e aplicação, e dá outras providências. Disponível na Internet. http://www.planalto.gov.br
7 BRASIL. Constituição da República Federativa do Brasil, de 05 de outubro de 1988. Disponível na Internet. http://www.planalto.gov.br. Acesso em 07 de junho de 2015.

vimento sustentável, concepção amplíssima que impõe uma análise conglobada e holística dos danos que serão suportados pelo meio ambiente, não limitando o instrumento apenas à análise do empreendimento em si considerado.

Trazendo a análise para a seara da Lei Federal 6.838/81[8] (art. 9º, inciso III), o EPIA deve propiciar ação governamental na manutenção do equilíbrio ecológico (art. 2º, inciso I), racionalização do uso do solo, do subsolo, da água e do ar (art. 2º, inciso II), proteção dos ecossistemas, com a preservação de áreas representativas (art. 2º, inciso III) e controle e zoneamento das atividades potencial ou efetivamente poluidoras (art. 2º, inciso IV).

Por isso, sob uma *perspectiva funcional*, pode-se reconhecer que o Estudo Prévio de Impacto Ambiental é instrumento de política pública, especialmente por sua característica de diagnóstico socioambiental.

O Estudo Prévio de Impacto Ambiental deve retratar as peculiaridades da região onde se insere o empreendimento. Assim, poderá exercer não só a função técnica de análise da proposta propriamente dita, mas, principalmente, se consolidar como ferramenta de diagnóstico político/social/ambiental e concretizar a sua natureza de instrumento da Política Nacional do Meio Ambiente.

E essa é a orientação da Resolução CONAMA nº 01/86[9]. A função de diagnóstico, essencial para a conformação da influência sobre políticas públicas, decorre da análise detida do que é chamado de aprofundamento (*scoping*), consistente no processo "... que define a profundidade da análise que deverá fazer parte da Avaliação do Impacto Ambiental..."[10].

Com isso, o EPIA deve traduzir uma avaliação integrada das relações socioambientais e econômicas de uma determinada região onde se pretende instalar o empreendimento potencialmente poluidor, as-

---

8 BRASIL. Lei n. 6.938, de 31 de agosto de 1981. Dispõe sobre a Política Nacional do Meio Ambiente, seus fins e mecanismos de formulação e aplicação, e dá outras providências. Disponível na Internet. http://www.planalto.gov.br

9 CONSELHO NACIONAL DO MEIO AMBIENTE. Estabelece os critérios básicos e as diretrizes gerais para uso e implementação da Avaliação de Impacto Ambiental como um dos instrumentos da Política Nacional do Meio Ambiente. Resolução n. 001, 23 de janeiro de 1986. Disponível na Internet. http:// www.mma.gov.br

10 Fiorillo, C. A., Morita, D. M., & Ferreira, P. (2011). *Licenciamento Ambiental*. São Paulo: Saraiva. P. 186.

segurando a transparência necessária para garantir plena efetividade à parte final do art. 225, §1º, inciso IV, da CF/88[11] ("publicidade").

A elaboração do relatório técnico, por conseguinte, deve decorrer de uma avaliação sistemática, com a consideração de toda informação relevante ao diagnóstico, após a seleção das ações, a definição do âmbito, a identificação de impactos, a avaliação de alternativas, análise de impactos (ambientais, sociais e outros) e respectiva definição das medidas de mitigação e gestão.

Essa é a única interpretação jurídica possível, decorrente da interpretação sistemática do art. 9º, inciso III, da Lei Federal nº 6.938/81[12] combinada com a Resolução CONAMA nº 01/86, arts. 5º e 6º [13], vinculado ao Princípio Democrático e ao Princípio do Desenvolvimento Sustentável.

Referida concepção de diagnóstico também está intrinsecamente ligada ao Princípio da Precaução, sendo este o princípio que demanda uma avaliação inicial e aprofundada de alguns atributos. Em seu aspecto comissivo, a precaução exige três análises chaves: *(a) avaliação de riscos*; *(b) gestão de riscos*; *(c) comunicação de riscos*.

A *avaliação de riscos* é essencial para o reconhecimento sobre a viabilidade ambiental de um empreendimento, pois "... compreende a análise do conjunto de dados científicos pragmáticos e isentos de opiniões pessoais, que servem de fundamento para as decisões políticas sobre a aceitação do risco que de certa atividade possa decorrer"[14].

A *gestão de risco* permite estabelecer, a partir de aspectos sociopolíticos, econômicos e ambientais, "medidas de controle, fiscalização e mitigação dos efeitos potencialmente perigosos de um fenômeno, produto ou processo identificados na avaliação"[15].

---

11 BRASIL. Constituição da República Federativa do Brasil, de 05 de outubro de 1988. Disponível na Internet. http://www.planalto.gov.br. Acesso em 07 de junho de 2015.

12 BRASIL. Lei n. 6.938, de 31 de agosto de 1981. Dispõe sobre a Política Nacional do Meio Ambiente, seus fins e mecanismos de formulação e aplicação, e dá outras providências. Disponível na Internet. http://www.planalto.gov.br

13 CONSELHO NACIONAL DO MEIO AMBIENTE. Estabelece os critérios básicos e as diretrizes gerais para uso e implementação da Avaliação de Impacto Ambiental como um dos instrumentos da Política Nacional do Meio Ambiente. Resolução n. 001, 23 de janeiro de 1986. Disponível na Internet. http:// www.mma.gov.br

14 Setzer, J., & Gouveia, N. d. (2011). Princípio da Precaução rima com ação. In: E. Milaré, & P. A. Machado, *Doutrinas Essenciais de Direito Ambiental* (Vol. IV). São Paulo: Revista dos Tribunais. P. 446.

15 *Ibidem*, p. 450.

CAPÍTULO III – AS MULTIFACES DA TUTELA AMBIENTAL

Por fim, a sociedade deve ser verdadeiramente informada dos riscos e quais as medidas de gestão serão tomadas, aspecto representado pela *comunicação de riscos*, materializando o já mencionado Princípio Democrático de Acesso à Informação em seu aspecto material, substancial.

Reafirma-se, dessa forma, que a natureza de diagnóstico do estudo prévio de impacto ambiental é essencial para que exerça sua função democrática de influenciar a elaboração, gestão, modificação ou reafirmação de políticas públicas, posturas estas indispensáveis ao Desenvolvimento Sustentável.

De outro lado, não pode ser aceita a tese de que, ao exigir tamanho aprofundamento no estudo prévio de impacto ambiental, como efetiva ferramenta de diagnóstico macrorregional, se estará transferindo, ao empreendedor privado ou público, a tarefa a ser exigida do Poder Público.

O conteúdo do EPIA está detalhadamente fixado na Resolução CONAMA 01/86[16], que exige a realização de substancial estudo socioambiental sobre a região onde se insere o empreendimento. Tanto é que o art. 6º, inciso I, é expresso em exigir diagnóstico ambiental "... da área de influência do projeto, completa descrição e análise de recursos ambientais e suas interações...".

E tal determinação legal se justifica na medida em que se busca estabelecer um diálogo entre duas avaliações ambientais diversas, porém integradas e complementares: a Avaliação Ambiental Estratégica - AAE e o Estudo Prévio de Impacto Ambiental - EPIA, a primeira atribuída ao Poder Público e a segunda ao empreendedor.

As avaliações ambientais estratégicas decorrem de programas e planos governamentais, naturalmente genéricos, pois orientadores de diretrizes e objetivos do Poder Público, cujo resultado é essencial ao "dever ser" ambientalmente sustentável. Já os estudos prévios de impactos ambientais decorrem da propositura de projetos concretos e, justamente por possuírem essa concretude, têm a capacidade de diagnóstico ambiental aprofundado.

---

16 CONSELHO NACIONAL DO MEIO AMBIENTE. Estabelece os critérios básicos e as diretrizes gerais para uso e implementação da Avaliação de Impacto Ambiental como um dos instrumentos da Política Nacional do Meio Ambiente. Resolução n. 001, 23 de janeiro de 1986. Disponível na Internet. http:// www.mma.gov.br.

Em comum, a conclusão de que a AAE e o EPIA não são instrumentos *passivos* de políticas públicas, e aqui é o diferencial da concepção que se pretende firmar sobre o estudo prévio. Para além das concepções tradicionais, pelo conteúdo de informação técnica que trazem, ditos estudos devem realizar intenso diálogo com a institucionalização de políticas públicas, propiciando ao administrador uma visão holística e transversal, até mesmo porque o EPIA, em específico, poderá concluir pela inviabilidade do empreendimento e, desta forma, contrariar os planos governamentais para a região.

Portanto, somente com a concretude do EPIA é que se poderá assegurar uma análise ambiental segura do empreendimento. Além disso, considerando seu aspecto de diagnóstico político/social/ambiental, o estudo deve abordar o empreendimento em seu contexto socioambiental, focando cada uma das peculiaridades da região, direta ou indiretamente afetada, cotejando tais aspectos com a proposta concreta do empreendimento.

Elaborados os estudos com a profundidade que alcance a correta avaliação dos impactos mais significantes, produz-se a informação que deverá, a um só tempo, refletir na direção dos planos e programas governamentais pertinentes e instruir o respectivo procedimento de licenciamento, permitindo ao órgão ambiental a adequada tomada de decisão em defesa do desenvolvimento planejado e ambientalmente sustentável e à Administração Pública o conhecimento e diagnóstico das peculiaridades ambientais da localidade em razão do empreendimento.

Assim, por exemplo, ao analisar determinado empreendimento, o EPIA, após consideração do passivo ambiental de uso irracional do solo em determinada região e os efeitos do empreendimento para o uso e ocupação do solo, acaso se chegue à constatação de desrespeito à capacidade de suporte da região, deve dialogar com os planos governamentais, de forma a exigir efetiva consideração de alternativas de localização para implantação da política pública desenvolvimentista.

Portanto, o EPIA é instrumento de políticas públicas, na medida em que o Estado exige do empreendedor projeto analítico (arts. 5º e 6º da Resolução CONAMA 01/86)[17] para que o órgão ambiental possa ava-

---

17 CONSELHO NACIONAL DO MEIO AMBIENTE. Estabelece os critérios básicos e as di-

## CAPÍTULO III – AS MULTIFACES DA TUTELA AMBIENTAL

liar a viabilidade do empreendimento, cotejando seus impactos com os princípios da Política Nacional do Meio Ambiente.

A análise concreta deve propiciar uma revisão da Avaliação Ambiental Estratégica, seja para retificações ou ratificações, repercutindo nos planos e programas referentes à política pública ambiental desenvolvimentista em determinada região. A informação do diagnóstico ambiental concreto não pode se perder, devendo ela retornar ao Poder Público, ainda que o órgão ambiental conclua pela inviabilidade do empreendimento.

Tais elementos reforçam a compreensão de influências recíprocas entre as avaliações de impacto ambiental e políticas públicas e demandam determinando aprofundamento em aspectos essenciais de análise de impactos ambientais, os quais são capazes de dotar o EPIA da capacidade de realizar efetivo diagnóstico ambiental para além do empreendimento.

Referidos aspectos são aqueles que, pela própria finalidade que justificaram suas previsões, elevam a análise para fora dos limites físicos do empreendimento, forçando-o a dialogar com as peculiaridades regionais referentes às limitações naturais (tais como recursos da natureza, uso e ocupação do solo e outros) e demais empreendimentos co-localizados, identificando a capacidade de suporte da respectiva região.

Os aspectos a que se refere são as análises de impactos cumulativos e sinérgicos e das alternativas locacionais e tecnológicas, etapas essenciais na avaliação de impacto, integrando o conteúdo do EPIA de forma obrigatória, a teor do art. 5°, inciso I, e art. 6°, inciso II, ambos da Resolução CONAMA 01/86 [18].

A profundidade de referidas análises é determinada pela natureza de instrumento de política pública que o EPIA possui, a fim de possibilitar o efetivo diagnóstico ambiental, muito além daquelas análises formais e circunscritas aos limites físicos do empreendimento.

---

retrizes gerais para uso e implementação da Avaliação de Impacto Ambiental como um dos instrumentos da Política Nacional do Meio Ambiente. Resolução n. 001, 23 de janeiro de 1986. Disponível na Internet. http:// www.mma.gov.br.

18 CONSELHO NACIONAL DO MEIO AMBIENTE. Estabelece os critérios básicos e as diretrizes gerais para uso e implementação da Avaliação de Impacto Ambiental como um dos instrumentos da Política Nacional do Meio Ambiente. Resolução n. 001, 23 de janeiro de 1986. Disponível na Internet. http:// www.mma.gov.br.

## 3. Das alternativas locacionais e tecnológicas

A análise das alternativas locacionais e tecnológicas tem íntima relação com o direito à informação, que busca seu fundamento no plano constitucional, mas também está materializado no plano legal pela exigência prevista no art. 5°, inciso I, da Resolução CONAMA n° 01/86[19], que estabelece, como requisito do EPIA, a análise de alternativas tecnológicas e de localização de projeto, confrontando-as com as hipóteses de não execução do projeto[20]. O valor que inspira esta norma é claro: todos têm direito de saber quais as opções estudadas e quais as razões que determinaram a escolha pelo projeto eleito.

A profundidade e os contornos das "alternativas" podem ser analisados da seguinte forma:

- *Alternativas ao projeto:* analisa o potencial de frustação dos objetivos de desenvolvimento e avalia o potencial negativo de outras opções, comparando-o com a opção escolhida. Aqui, avalia-se a questão da *alterativa zero*.

- *Alternativas de ações do projeto:* avalias as potenciais ações alternativas que foram utilizadas na proposta selecionada. Nesse conteúdo, analisam-se, dialeticamente, as *alternativas locacionais e tecnológicas*.

A questão comporta verificação em três vertentes: (a) alternativas locacionais; (b) alternativas tecnológicas; (c) alternativa zero.

A análise das alternativas locacionais presta-se a esclarecer os motivos de viabilidade e menor sacrifício ambiental, em cotejo com maior eficiência econômica, as quais indicaram a escolha de localização específica do projeto a ser executado, considerando-se, sempre, a Bacia Hidrográfica (art. 5°, III, da Res. CONAMA 01/86)[21].

---

19 CONSELHO NACIONAL DO MEIO AMBIENTE. Estabelece os critérios básicos e as diretrizes gerais para uso e implementação da Avaliação de Impacto Ambiental como um dos instrumentos da Política Nacional do Meio Ambiente. Resolução n. 001, 23 de janeiro de 1986. Disponível na Internet. http:// www.mma.gov.br

20 Artigo 5° - O estudo de impacto ambiental, além de atender à legislação, em especial os princípios e objetivos expressos na Lei de Política Nacional do Meio Ambiente, obedecerá às seguintes diretrizes gerais: I - Contemplar todas as alternativas tecnológicas e de localização de projeto, confrontando-as com a hipótese de não execução do projeto.

21 CONSELHO NACIONAL DO MEIO AMBIENTE. Estabelece os critérios básicos e as diretrizes gerais para uso e implementação da Avaliação de Impacto Ambiental como

## CAPÍTULO III – AS MULTIFACES DA TUTELA AMBIENTAL

As questões tecnológicas são analisadas em seguida, já que, apresentada a localização do projeto, deve-se verificar quais as tecnologias mais adequadas para se empregar nos modos de consecução do empreendimento proposto, a fim de se atingir a melhor à proteção ao meio ambiente.

Ambas as questões inserem-se nas *alternativas de ações do projeto*.

No tocante à *alternativa zero*, ou seja, de não execução do projeto, inserida na *alternativa ao projeto*, o seu conteúdo deve consistir em uma *análise dialética e motivada* sobre os impactos positivos e negativos decorrentes do empreendimento e a possibilidade concreta de sua não implantação, considerando-se também, aqui, os atributos positivos e negativos da inação.

Ademais, em obediência ao Princípio 8 da Declaração do Rio de Janeiro de 1992 – ECO-92[22], tratado internacional com força de norma *supralegal*, deve-se repelir os modos não viáveis de produção. Daí a necessidade de se considerar a alternativa zero, única a possibilitar a identificação da desnecessidade ou inviabilidade do empreendimento.

Não há de se confundir a hipótese zero com a defesa do empreendimento, pois, no âmbito da alternativa ao projeto, se analisa o potencial de frustração dos objetivos de desenvolvimento e avalia-se o potencial de outras opções, comparando-o com a opção escolhida.

Em suma: referidas alternativas concretizam os três eixos do desenvolvimento sustentável: proteção ao meio ambiente, equidade social e crescimento econômico, salientando-se, sempre, que a hipótese de não execução do projeto é variável a ser considerada e efetivamente escolhida se se revelar mais consentânea com a proteção – atual e futura - do meio ambiente e com o desenvolvimento sustentável – atual e futuro.

O art. 5º, inciso I, da Resolução CONAMA nº 01/86[23] exige a contemplação de *todas as alternativas de localização do projeto*. Nesse contexto, a delimitação do território geográfico dessa análise deve

---

um dos instrumentos da Política Nacional do Meio Ambiente. Resolução n. 001, 23 de janeiro de 1986. Disponível na Internet. http:// www.mma.gov.br.

22 Promulgada pelo Decreto 2.519/1998. http://www.planalto.gov.br/ccivil_03/decreto/D2519.htm. Acesso em 02 de julho de 2015.

23 CONSELHO NACIONAL DO MEIO AMBIENTE. Estabelece os critérios básicos e as diretrizes gerais para uso e implementação da Avaliação de Impacto Ambiental como um dos instrumentos da Política Nacional do Meio Ambiente. Resolução n. 001, 23 de janeiro de 1986. Disponível na Internet. http:// www.mma.gov.br

se adequar aos critérios legais previamente estabelecidos na legislação ambiental (art. 1°, inciso V, da Lei n° 9.433/97; art. 5°, III, da Res. CONAMA 01/86[24]).

Não é coincidência a vinculação, no mesmo dispositivo legal (art. 5°, inciso I, da Res. CONAMA n° 01/86[25]), das alternativas locacionais e tecnológicas, pois a localidade do empreendimento e suas peculiaridades ambientais determinam a melhor tecnologia a ser utilizada.

Deve haver a necessária dialética entre as alternativas do empreendimento e a hipótese de sua não execução, isto para que seja possível avaliar se as vantagens trazidas pelo empreendimento superam a necessidade da proteção de espaços especialmente protegidos e, mesmo assim, mediante condicionantes e compensações de natureza social e ambiental. Afinal, a ordem econômica tem como postulado a proteção do meio ambiente (CF/88 – art. 170, inciso VI[26]) e não pode ser exercida em descompasso com os princípios de sua proteção (STF. ADI 3540[27]), para se conformar as ditames da justiça social.

A demonstração das alternativas tecnológicas e locacionais não é mera formalidade, consistindo em reflexo direto dos princípios da precaução e da prevenção. A precaução exige o desenvolvimento de técnicas alternativas para melhor eficiência do empreendimento em relação à proteção do meio ambiente. E a prevenção, representando um estágio posterior (risco concreto), demanda a demonstração efetiva, durante o procedimento de licenciamento e de acordo com o estágio atual da ciência, de alternativas técnicas e locacionais essencialmente diversas, ou seja, verdadeiras alternativas.

Não se pode admitir, sob pena de desconsideração da informação democrática e do dever de preservação do meio ambiente, escul-

---

24 *Idem*.
25 CONSELHO NACIONAL DO MEIO AMBIENTE. Estabelece os critérios básicos e as diretrizes gerais para uso e implementação da Avaliação de Impacto Ambiental como um dos instrumentos da Política Nacional do Meio Ambiente. Resolução n. 001, 23 de janeiro de 1986. Disponível na Internet. http:// www.mma.gov.br
26 BRASIL. Constituição da República Federativa do Brasil, de 05 de outubro de 1988. Disponível na Internet. http://www.planalto.gov.br. Acesso em 07 de junho de 2015.
27 Supremo Tribunal Federal. Ação Direta de Inconstitucionalidade n° 3540 MC/DF. Julgada em 01/09/2005.http://www.stf.jus.br/portal/jurisprudencia/listarJurisprudencia.asp?s1=%28ADI%24%2ESCLA%2E+E+3540%2ENUME%2E%29+OU+%28ADI%2EACMS%2E+ADJ2+3540%2EACMS%2E%29&base=baseAcordaos&url=http://tinyurl.com/cx8uowy. Acesso em 02 de julho de 2015.

pido no art. 225 da Constituição Federal de 1988[28], a demonstração da mesma alternativa com pequenas variações, uma vez que a degradação ambiental é a última das hipóteses possíveis, nunca a primeira.

A essência do EPIA, neste ponto, é a demonstração das alternativas tecnológicas e locacionais, o que influencia diretamente na informação da sociedade (que também tem o dever de preservar o meio ambiente). A omissão ou deficiência em sua demonstração, ao arrepio do art. 5º, inciso I, da Resolução CONAMA 01/86[29], desconstrói toda a finalidade do estudo de impacto ambiental e respectivo relatório, considerando que, de nada adianta convocar a sociedade civil para participar (audiências públicas) e subsidiar de informações o órgão ambiental, se não estiverem efetivamente demonstradas as razões pelas quais se escolheu o local e a tecnologia do empreendimento.

Sobre o tema, o Instituto de Ciências Políticas e Jurídicas, juntamente com a Faculdade de Direito Da Universidade de Lisboa, publicaram documento chamado *Revisitando a Avaliação de Impacto Ambiental*, em 30 de outubro de 2013, ocasião em que firmaram:

> (...) acresce que a AIA não opera em termos absolutos, mas relativos. Explicando melhor, a avaliação do projeto é efetuada em função das alternativas existentes (ainda que se deva incluir a chamada alternativa zero). O que o EIA e, depois, a Administração ambiental devem fazer é comparar as diferentes alternativas e, a partir desse cotejo, eleger a opção mais ecológica ou aquela que, *in casu*, permite – à luz do princípio da proporcionalidade – manter um ambiente de vida saudável beliscando o mínimo possível o nosso nível de conforto material. Esta opção não resulta obviamente da lei, não está predefinida e, portanto, não consiste numa determinação administrativa vinculada; pelo contrário, trata-se de uma solução customizada, em função das alternativas disponíveis e das circunstâncias do caso concreto. Neste quadro, podemos concluir que a AIA não é um regime destinado a impor, a qualquer

---

28  BRASIL. Constituição da República Federativa do Brasil, de 05 de outubro de 1988. Disponível na Internet. http://www.planalto.gov.br.
29  CONSELHO NACIONAL DO MEIO AMBIENTE. Estabelece os critérios básicos e as diretrizes gerais para uso e implementação da Avaliação de Impacto Ambiental como um dos instrumentos da Política Nacional do Meio Ambiente. Resolução n. 001, 23 de janeiro de 1986. Disponível na Internet. http:// www.mma.gov.br

custo, um determinado desfecho aprioristicamente estabelecido. A AIA consiste num processo (informado, participado e formalizado), isto é, num *iter* de construção de uma decisão. Decisão essa que se pretende equilibrada: não o resultado de uma visão sectária e unilateral (sob o prisma verde), mas o produto de uma concertação de interesses [30].

Enfim, sendo o licenciamento ambiental um processo *informado, participativo* e *formalizado*, seu *iter* deve compreender necessariamente, de forma qualificada, todas as alternativas locacionais e tecnológicas em cotejo analítico e com análise real da alternativa zero, tudo interpretado a partir dos princípios básicos que devem reger a matéria [31].

### 4. Dos impactos cumulativos e sinérgicos

O sistema de avaliação de impacto ambiental (AIA) se estrutura a partir de um diálogo entre o campo do planejamento, abstrato e genérico, e o campo dos projetos, concretos e precisos, relacionados entre si por instrumentos de avaliações integradoras.

Nessa ordem de ideias, o ponto de partida se dá no campo abstrato, onde se encontra a fase de planejamento, na qual se estabelecem os *planos* de desenvolvimento pretendidos para uma dada região.

---

30   http://www.icjp.pt/publicacoes/1/4539. Acesso em 02 de julho de 2015.

31   International Association For Impact Assessment. *Princípios da Melhor Prática em Avaliação Ambiental.* Site: http://www.iaia.org/publicdocuments/special-publications/AIA_Principios_v0.pdf?AspxAutoDetectCookieSupport=1. Acesso em 02/07/2015. Em breve síntese, segundo mencionado documento, a avaliação de impacto ambiental deve ser: 1. Adaptativa, incorporando as regras da expediência e não comprometendo a integridade do processo. 2. Integrada, pois deve considerar as interrelações entre os aspectos sociais, econômicos e biofísicos. 3. Sistemática, porquanto deve resultar na consideração plena de toda a informação relevante sobre o ambiente afetado. 4. Útil - o processo deve informar a decisão e resultar em níveis adequados de proteção ambiental e de bem-estar da comunidade. 5. Rigorosa - o processo deve aplicar as melhores metodologias e técnicas científicas praticáveis e adequadas ao tratamento dos problemas em causa. 6. Participativa - deve providenciar oportunidades adequadas para informar e envolver os públicos interessados e afetados, devendo os seus contributos e as suas preocupações ser explicitamente considerados na documentação e na decisão. 7. Relevante - o processo deve fornecer informação suficiente, fiável e utilizável nos processos de desenvolvimento e na decisão. 8. Focalizada - o processo deve concentrar-se nos fatores chave e nos efeitos ambientais significativos; ou seja, nas questões que têm de ser consideradas na decisão.

CAPÍTULO III – AS MULTIFACES DA TUTELA AMBIENTAL

Ainda na dimensão abstrata, as *Avaliações Ambientais Estratégicas* ocupam-se da leitura integrada dos diversos *planos* incidentes em um dado espaço territorial, produzindo conclusões que buscam identificar genericamente os fatores ambientais sujeitos à maior pressão.

Ultrapassadas essas etapas, ingressa-se no campo da *concretude*: os planos materializam-se em *projetos* submetidos a licenciamentos. Impõe-se, então, a utilização do outro instrumento de avaliação integrada, os *estudos de impactos cumulativos e sinérgicos*, que tem por finalidade o diagnóstico preciso dos impactos de todos os projetos concretamente apresentados. Esta análise forçosamente deve se dar em uma perspectiva ampla, que avalia não somente os impactos de cada um dos projetos, de forma cartesiana, mas a soma e os potenciais de interação entre eles.

Sobre a importância deste tipo de avaliação, esclarecem *Therivel* e *Ross* que, embora isoladamente alguns impactos possam ser considerados irrelevantes, "quando analisados em conjunto, estes impactos podem exercer um impacto significante no meio ambiente" e que, como consequência desta cumulatividade, "podem até mesmo extrapolar a capacidade de suporte do ambiente, causando degradação ambiental" [32].

Na mesma linha, *Ana Paula Alves Dibo* apresenta o conceito consagrado na *Council on Environmental Quality* (CEQ) a respeito dos impactos cumulativos e sinérgicos:

> De acordo com as diretrizes publicadas pelo Council on Environmental Quality (CEQ), órgão regulamentador e fiscalizador dos Estados Unidos, para a implementação da NEPA no país, um impacto ou efeito cumulativo é resultado do impacto incremental de uma ação quando somadas as outras ações do passado, presente e as que são razoavelmente previsíveis no futuro, independentemente de quem são os responsáveis pelas outras ações (CEQ, 1978) [33].

---

32  ROSS, B.; THERIVEL, R. Cumulative effects assessment: does scale matter? In. *Environmental Impact Assessment Review*. Elsevier. 2007. Vol. 27, p. 365-385.
33  ALVES DIBO, Ana Paula. A inserção de impactos ambientais cumulativos em Estudos de Impacto Ambiental: o caso do setor sucroenergético paulista /. Dissertação (Mestrado) – Programa de Pós-Graduação em Ciências da Engenharia Ambiental e Área de Concentração em Ciências da Engenharia Ambiental – Escola de Engenharia de São Carlos da Universidade de São Paulo, 2013, p. 53

E complementa: "outro fator apresentado pelo CEQ (1978) relaciona-se a possibilidade de um impacto ou efeito cumulativo resultar da soma ou interação de ações individualmente menores, mas que coletivamente são significantes pela persistência ao longo de um período de tempo" [34].

A bióloga Valéria Regina Salla de Oliveira, em trabalho publicado pela Universidade Federal de São Carlos, solidifica a questão: "Questões como as mudanças climáticas, a perda da biodiversidade ou a depleção da camada de ozônio são resultados de séculos de ações humanas consideradas sem importância, pela sua pequena relevância quando analisada segregadamente, cujos impactos cumulativos não foram devidamente avaliados" [35].

Os *estudos de impactos cumulativos e sinérgicos* assumem, portanto, uma função importantíssima, eis que somente eles têm a capacidade de avaliar se os *projetos* que decorreram da fase de planejamento, quando analisados em conjunto, são de fato viáveis em uma dada região. Em consequência, seu diagnóstico deve repercutir na esfera do planejamento para determinar ajustes e revisões, notadamente quando evidencia um impacto excessivo para um dado *atributo ambiental fundamental*, a ponto de extrapolar sua capacidade de suporte (ex.: recursos hídricos, emissão de $CO^2$, etc.).

Pois bem. Compreendido o conceito dos *estudos de impactos cumulativos e sinérgicos* e seu papel dentro do sistema de avaliação de impacto ambiental (AIA), cabe analisar seu regime jurídico.

O instituto encontra-se previsto no art. 6°, inciso II, da Resolução CONAMA 01/86, diploma normativo que se ocupa de disciplinar o processo de licenciamento, definindo instrumentos (notadamente o EPIA), competências, procedimentos e requisitos legais. Eis o que estabelece a norma em comento:

> Artigo 6° - O estudo de impacto ambiental desenvolverá, no mínimo, as seguintes atividades técnicas:
>
> (...)

---

34  *Idem.*

35  OLIVEIRA, V. R. S. *Impactos cumulativos na avaliação de impactos ambientais: fundamentação, metodologia, legislação, análise de experiências e formas de abordagem.* Universidade Federal de São Carlos (Mestrado em Engenharia Urbana). 160 p. 2008.

II - Análise dos impactos ambientais do projeto e de suas alternativas, através de identificação, previsão da magnitude e interpretação da importância dos prováveis impactos relevantes, discriminando: os impactos positivos e negativos (benéficos e adversos), diretos e indiretos, imediatos e a médio e longo prazos, temporários e permanentes; seu grau de reversibilidade; *suas propriedades cumulativas e sinérgicas*; a distribuição dos ônus e benefícios sociais (sem destaque no original).[36]

Como se vê, o regime jurídico vigente coloca os *estudos de impactos cumulativos* como parte do *Estudo de Impacto Ambiental: o EIA*. Este, detidamente regulamentado pela Resolução em comento, é também dotado de estatura constitucional, afigurando-se instrumento de especial relevância para a materialização do princípio do desenvolvimento sustentável (art. 225, §1º, inciso IV, da CF/88 [37]).

O EIA é, portanto, o instrumento que diagnostica os impactos concretos de um dado projeto. Dentre os seus requisitos obrigatórios estão justamente *os estudos de impactos cumulativos e sinérgicos*.

Estabelecida esta premissa, urge assinalar outra importante característica do processo de licenciamento brasileiro: o sistema se organizou de forma a impor ao empreendedor a tarefa de produzir o *Estudo de Impacto Ambiental (EIA)*.

Sem adentrar na discussão acerca dos problemas decorrentes desta opção legislativa, aqui cabe pontuar que, sendo parte integrante do EIA, a elaboração dos estudos de impactos cumulativos e sinérgicos é também de responsabilidade do empreendedor proponente do projeto, ainda que com as complementações a serem exigidas pelo órgão licenciador, por força do que dispõe o art. 5º, da Resolução 01/86 do CONAMA:

> Ao determinar a execução do estudo de impacto ambiental o órgão estadual competente, ou o IBAMA ou, quando couber, o Município,

---

36 BRASIL, Resolução CONAMA 001, Brasília, DF, de 23 de janeiro de 1986. Disponível em: http://www.planalto.gov.br/ccivil_03/_ato2007-2010/2010/lei/l12305.htm. Acesso em 07 de junho de 2015.

37 BRASIL, Constituição da República Federativa do Brasil, Brasília, DF, de 1988. Disponível em: http://www.planalto.gov.br/ccivil_03/constituicao/constituicao.htm. Acesso em 07 de junho de 2015.

fixará as diretrizes adicionais que, pelas peculiaridades do projeto e características ambientais da área, forem julgadas necessárias, inclusive os prazos para conclusão e análise dos estudos [38].

Ao seu lado, outros requisitos de grande relevância devem compor o EPIA, cabendo destacar, dentre outros, a análise de alternativas locacionais e tecnológicas, já esmiuçadas, e a análise de compatibilidade do projeto com os planos e programas governamentais propostos para a região, requisitos previstos no art. 5º, incisos I e IV, da Resolução CONAMA 01/86.

Artigo 5º - O estudo de impacto ambiental, além de atender à legislação, em especial os princípios e objetivos expressos na Lei de Política Nacional do Meio Ambiente, obedecerá às seguintes diretrizes gerais:

I - Contemplar todas as alternativas tecnológicas e de localização de projeto, confrontando-as com a hipótese de não execução do projeto;

(...) IV - Considerar os planos e programas governamentais, propostos e em implantação na área de influência do projeto, e sua compatibilidade [39].

Neste ponto, revela-se interessante traçar um paralelo entre o requisito do inciso IV do art. 5º da Resolução CONAMA 01/86 (*análise de compatibilidade do projeto com os planos e programas governamentais propostos na área de influência*) e o requisito do inciso 6º, inciso II da mesma norma (*estudos de impactos cumulativos e sinérgicos*).

O primeiro determina um diálogo puramente vertical do projeto isoladamente considerado com a esfera do planejamento, na medida em que se presta a verificar se o projeto proposto de fato representa a concretização dos planos estabelecidos para uma dada região ou, ao menos, a ausência de incompatibilidade com o a esfera de planejamento.

---

38 BRASIL, Resolução CONAMA 001, Brasília, DF, de 23 de janeiro de 1986. Disponível em: http://www.planalto.gov.br/ccivil_03/_ato2007-2010/2010/lei/l12305.htm. Acesso em 07 de junho de 2015.

39 BRASIL, Resolução CONAMA 001, Brasília, DF, de 23 de janeiro de 1986. Disponível em: http://www.planalto.gov.br/ccivil_03/_ato2007-2010/2010/lei/l12305.htm. Acesso em 07 de junho de 2015.

CAPÍTULO III – AS MULTIFACES DA TUTELA AMBIENTAL

Já os *estudos de impactos cumulativos e sinérgicos* contém uma dimensão adicional. Há, inicialmente, um diálogo horizontal com os demais projetos concretamente apresentados para uma região, dado o seu escopo de produzir um resultado conjugado de impactos. Somente então é estabelecido o diálogo vertical com a esfera de planejamento. Revela-se, portanto, mais complexo e, na mesma medida, ainda mais relevante.

No entanto, malgrado sua previsão legal, importância científica e função estratégica no sistema de avaliação ambiental é certo que os *estudos de impactos cumulativos e sinérgicos* são sistematicamente negligenciados nos processos de licenciamento brasileiro, que ora se contentam com um exame superficial e meramente formal da matéria, ora simplesmente os ignoram, no mais das vezes sob a argumentação da limitação do instrumento legal.

### 5. Da conclusão

No bojo do processo de licenciamento, o dever de a sociedade defender e preservar o meio ambiente ecologicamente equilibrado (art. 225, *caput*, da CF/88) pode ser exercido – além de outros meios legalmente previstos – pelo acompanhamento do processo e pelo direito de manifestação, subsidiado em informações verdadeiras e qualificadas. E, no Estado Democrático de Direito (art. 1º, *caput*, da CF/88), quanto maior a participação direta da população, maior será o exercício da cidadania e, por conseguinte, mais legítimo será o ato emanado com o efetivo controle social.

A deficiência no EPIA e do procedimento de licenciamento como um todo afetam não só o ato administrativo tecnicamente concebido, mas conduz ao desconhecimento de toda a sociedade sobre possibilidades de execução do empreendimento de forma menos lesiva ao meio ambiente, não propiciando o desenvolvimento sustentável. Em última análise, não propicia o desenvolvimento sustentável, justamente porque não exercerá sua função de influenciar políticas publicas, já que o diagnóstico estaria subestimado, senão inexistente.

A questão diz respeito ao próprio direito à informação ambiental e participação social não apenas no seu aspecto formal - quantitativo -, mas também material - qualitativo. Desta forma, e tão somente desta forma, garante-se a observância do princípio democrático por essência, manifestado na transparência, tudo a concretizar o postulado da lealdade ou boa-fé do Estado para com o administrado.

O Princípio 10 da Declaração do Rio (1992) dá a exata dimensão da acepção da informação ambiental adequada:

> A melhor maneira de tratar as questões ambientais é assegurar a participação, no nível apropriado, de todos os cidadãos interessados. No nível nacional, cada indivíduo terá acesso adequado às informações relativas ao meio ambiente de que disponham as autoridades públicas, inclusive informações acerca de materiais e atividades perigosas em suas comunidades, bem como a oportunidade de participar dos processos decisórios. Os Estados irão facilitar a estimular a conscientização e participação popular, colocando as informações à disposição de todos. Será proporcionado o acesso efetivo a mecanismos judiciais e administrativos, inclusive no que se refere à compensação e reparação de danos [40].

Consequência disso é o total afastamento da sociedade do processo decisório e o grave comprometimento do direito à informação e da participação democrática nas decisões que envolvem a preservação da qualidade ambiental em uma região.

Veja-se, a propósito, contundente crítica extraída da tese de Ribeiro Teixeira:

> De acordo com Merrow (2011), uma análise de mais de 300 grandes projetos de infraestrutura em vários países mostrou que 65% destes apresentaram falhas em alcançar seus objetivos. Segundo Flyvbjerg e colaboradores (2003; 2009), os Megaprojetos fariam parte de um coquetel insalubre de vários bilhões de dólares, envolvendo custos subestimados, receitas superestimadas, impactos ambientais subdimensionados e efeitos de desenvolvimento econômico supervalorizados. Esse modelo se replicaria, em maior ou menor escala pelo mundo, se apoiando num processo de desinformação do parlamento, do público e da mídia com o objetivo de ter os projetos aprovados e desenvolvidos.

---

[40] Promulgada pelo Decreto 2.519/1998. http://www.planalto.gov.br/ccivil_03/decreto/D2519.htm. Acesso em 02 de julho de 2015.

E o que se tem visto, no dia a dia dos processos de licenciamento, é que não se tem respeitado a real funcionalidade do EPIA. O sistema não vem funcionando a contento. A esfera do planejamento, dominada pelo aspecto político-eleitoreiro e determinada, quase que exclusivamente, pelos interesses de mercado, produz planos deficientes do ponto de vista técnico e muito pouco influenciados por preocupações ambientais.

Estas distorções, que deveriam ser corrigidas na fase de licenciamento por meio do indeferimento de licenças de projetos inviáveis, são referendadas pelas Agências Ambientais. Na prática, os precedentes de indeferimento de licenças são absolutamente excepcionais, muito embora ninguém negue que boa parte dos projetos submetidos ao crivo do órgão licenciador sejam potencialmente desastrosos. Os prazos muitas vezes atropelam análises técnicas profundas e responsáveis.

Em suma, a Agência Ambiental não cumpre seu papel de defender planejamento ambientalmente sustentável. E por que isso se dá? São eventuais limites e deficiências de concepção teórica do instrumento de licenciamento o grande entrave para qualificação destes procedimentos ou o obstáculo que se apresenta mais grave se encontra na própria estrutura das Agências Ambientais?

Aqui é possível afirmar, sem embargo da conveniência do aprimoramento legal do instrumento de licenciamento, que o que parece mais urgente é a revisão da interpretação que se dá à sua finalidade, que vai além do mero escopo de refinamento de projetos, para assumir um verdadeiro papel de defesa de planejamentos ambientalmente adequados.

Da mesma forma, é necessária a reforma do regime jurídico da Agência Ambiental destinatária, que carece de maior autonomia institucional e independência de seus membros. Na prática, embora em regra sejam bem qualificados e comprometidos, não têm os membros da instituição a suficiente e imprescindível independência para exigirem tudo o quanto julgarem tecnicamente necessário para um responsável juízo acerca da viabilidade dos projetos, tampouco a garantia de poder tomar a decisão fundamental de forma predominantemente técnica, alheia a pressões políticas nem sempre calcadas no melhor interesse público, o primário.

Impõe-se, portanto, o fortalecimento das Agências Ambientais, conferindo-lhe, bem como a seus membros, todas as garantias que são próprias de instituições que cumprem papel de fiscalização, regulação e controle das atividades do Estado, para que, enfim, cumpram um papel de defesa do direito ao desenvolvimento sustentável para além do plano meramente formal.

Por isso, deve o Ministério Público acompanhar de perto os empreendimentos sujeitos ao Estudo Prévio de Impacto Ambiental, pois são estes dotados de significativos impactos ambientais. De início, para assegurar que a agência ambiental licenciadora exija do empreendedor o devido aprofundamento em atributos chaves da avaliação de impacto, os quais serão responsáveis, caso bem analisados, pela ratificação ou retificação da política pública de desenvolvimento. Depois, para correção daquelas situações nas quais fique evidenciada situação em que o Estudo Prévio de Impacto Ambiental não se aprofundou da forma devida, utilizando-se dos instrumentos que a legislação oferta à instituição (inquérito civil, recomendação, requisição, ação civil pública e outros).

De toda forma, o aprofundamento na análise das alternativas locacionais e tecnológicas (além das alternativas ao projeto - alternativa zero) e dos estudos de impactos cumulativos e sinérgicos são essenciais, pois são atributos responsáveis por colocar o Estudo Prévio de Impacto Ambiental num patamar além do empreendimento proposto, alocando-o como instrumento de polícia pública, sua verdadeira função constitucional.

Afinal, cabe ao Ministério Público a tutela do Desenvolvimento Sustentável, considerando que lhe foi outorgada atribuição constitucional de "zelar pelo efetivo respeito dos Poderes Públicos e dos serviços de relevância pública aos direitos assegurados nesta Constituição, promovendo as medidas necessárias a sua garantia" (art. 129, inciso II, da CF/88 [41]).

**Referências bibliográficas**

ALVES DIBO, Ana Paula. *A inserção de impactos ambientais cumulativos em Estudos de Impacto Ambiental*: o caso do setor sucroenergético paulista. Dissertação de Mestrado, Programa de Pós-Graduação em Ciências da

---

41 BRASIL, Constituição da República Federativa do Brasil, Brasília, DF, de 1988. Disponível em: http://www.planalto.gov.br/ccivil_03/constituicao/constituicao.htm. Acesso em 07 de junho de 2015.

CAPÍTULO III – AS MULTIFACES DA TUTELA AMBIENTAL

Engenharia Ambiental e Área de Concentração em Ciências da Engenharia Ambiental, Escola de Engenharia de São Carlos da Universidade de São Paulo, 2013.

BRASIL. Conselho Nacional do Meio Ambiente. Resolução n. 001, 23 de janeiro de 1986. Estabelece os critérios básicos e as diretrizes gerais para uso e implementação da Avaliação de Impacto Ambiental como um dos instrumentos da Política Nacional do Meio Ambiente. Brasília, DF, de 23 de janeiro de 1986. Disponível em: <http://www.planalto.gov.br/ccivil_03/_ato2007-2010/2010/lei/l12305.htm>. Acesso em 07 de junho de 2015.

BRASIL. Constituição da República Federativa do Brasil, de 05 de outubro de 1988. Disponível em: <http://www.planalto.gov.br>. Acesso em: 07 de junho de 2015.

BRASIL. Decreto n. 2.519, de 16 de março de 1998. Disponível em: <http://www.planalto.gov.br/ccivil_03/decreto/D2519.htm>. Acesso em: 02 de julho de 2015.

BRASIL. Lei n. 6.938, de 31 de agosto de 1981. Dispõe sobre a Política Nacional do Meio Ambiente, seus fins e mecanismos de formulação e aplicação, e dá outras providências. Disponível em: <http://www.planalto.gov.br/ccivil_03/leis/L6938.htm>. Acesso em: 02 de julho de 2015.

BRASIL. Supremo Tribunal Federal. Ação Direta de Inconstitucionalidade nº 3540 MC/DF. Julgada em 01/09/2005. Disponível em: <http://www.stf.jus.br/portal/jurisprudencia/listarJurisprudencia.asp?s1=%28ADI%24%2ESCLA%2E+E+3540%2ENUME%2E%29+OU+%28ADI%2EACMS%2E+ADJ2+3540%2EACMS%2E%29&base=baseAcordaos&url=http://tinyurl.com/cx8uowy>. Acesso em: 02 de julho de 2015.

FIORILLO, C. A., MORITA, D. M.; FERREIRA, P. Licenciamento Ambiental. São Paulo: Saraiva, 2011.

INTERNATIONAL ASSOCIATION FOR IMPACT ASSESSMENT. Princípios da Melhor Prática em Avaliação Ambiental. Disponível em: <http://www.iaia.org/publicdocuments/special-publications/AIA_Principios_v0.pdf?AspxAutoDetectCookieSupport=1>. Acesso em: 02 de julho de 2015.

OLIVEIRA, V. R. S. Impactos cumulativos na avaliação de impactos ambientais: fundamentação, metodologia, legislação, análise de experiências e formas de abordagem. Dissertação de mestrado em Engenharia Urbana, Universidade Federal de São Carlos, 2008.

ROSS, B.; THERIVEL, R. Cumulative effects assessment: does scale matter? In. *Environmental Impact Assessment Review.* Elsevier. 2007. Vol. 27, p. 365-385.

SETZER, J.; GOUVEIA, N. D. Princípio da Precaução rima com ação. In: MILARÉ, E.; MACHADO, P. A. *Doutrinas Essenciais de Direito Ambiental.* São Paulo: Revista dos Tribunais, 2011, v. 4.

# LOGÍSTICA REVERSA: OS DESAFIOS PARA SUA IMPLANTAÇÃO E O PAPEL DOS MUNICÍPIOS NO CENÁRIO DA POLÍTICA NACIONAL DE RESÍDUOS SÓLIDOS

Flávia Maria Gonçalves[1]

**Resumo:** Considerando o crescimento do consumo como um reflexo de uma economia em constante desenvolvimento é de suma importância que a Logística Reversa, um dos principais instrumentos da Política Nacional de Resíduos Sólidos, relacionada à responsabilidade compartilhada pelo ciclo de vida dos produtos, seja efetivamente estruturada e implantada pelos responsáveis legais para os produtos e embalagens listados no artigo 33 da Lei 12.305/2010, buscando-se sejam os mesmos reutilizáveis e recicláveis como um bem econômico e de valor social, gerador de trabalho e renda e promotor de cidadania. Enfocamos aspectos específicos do marco regulatório da Lei Federal 12.305/2010 e Decreto Federal 7.4040/2010 relativos à Logística Reversa e o papel dos Municípios frente a necessidade de sua implementação e operacionalização.

**Palavras-chave:** Política Nacional de Resíduos Sólidos. Resíduos Sólidos. Responsabilidade Compartilhada. Logística reversa. Municípios.

**Sumário:** 1. Introdução – 2. Logística Reversa. 2.1 Conceito. Princípios. Produtos e embalagens sujeitos ao sistema. Vantagens; 2.2 Responsabilidade compartilhada pelo ciclo de vida dos produtos; 2.3 O Comitê Orientador; 2.4 Instrumentos para implantação da Logística Reversa: 2.4.1 Disposições comuns aos instrumentos do sistema e abrangência; 2.5 Procedimentos para operacionalização da Logística Reversa; 2.6 Os acordos setoriais e termos de compromissos firmados com o setor empresarial – 3. A Logística Reversa e os Municípios – 4. Conclusões.

---

1 Promotora de Justiça do Ministério Público do Estado de São Paulo. Integrante do Grupo de Atuação e Defesa do Meio Ambiente - Núcleo Baixada Santista.

## 1. Introdução

É fato notório que o crescimento das cidades não foi acompanhado de um aumento da capacidade de gestão dos problemas que a concentração de pessoas nas cidades acarreta, traduzido pela oferta de infraestrutura e de serviços urbanos adequados. A qualidade de vida das presentes e futuras gerações depende de políticas públicas, de diferentes setores da administração, que levem em conta os aspectos ambientais e de saúde pública, intimamente ligada ao atendimento de demandas relativas ao saneamento básico, que incluem o abastecimento de água potável, a coleta e tratamento de esgoto sanitário, a estrutura para a drenagem urbana e o sistema de gestão e manejo dos resíduos sólidos.

Segundo o último Censo divulgado pelo IBGE em 1º de julho de 2014 o Brasil registrou uma população estimada de 202.768.562/hab.[2] O IBGE também divulgou a tabela de projeções do crescimento populacional apontando uma população estimada de 212.077.375/hab. em 2020; de 223.126.917/hab. em 2030 e 228.153.204/hab. em 2040.[3] Por outro lado, ao longo dos anos a distribuição desta população nas áreas rurais e urbanas vem se alterando substancialmente. Na década de 1960 o Estado de São Paulo, por exemplo, tinha uma população urbana de 8.149.979/hab. e uma população na área rural de 4.824.720/hab. Já no último Censo de 2010 a população urbana era de 39.585.251/hab. e a rural de 1.676.948/hab.[4]

O Ministério do Meio Ambiente disponibilizou em seu site para consulta pública a versão preliminar do Plano Nacional de Resíduos Sólidos.[5] O diagnóstico contém números alarmantes.

A estimativa de composição gravimétrica dos resíduos sólidos urbanos coletados no Brasil, de acordo com a última pesquisa oficial (2008), é de 31,90% de materiais recicláveis (58.527,40 t/d), 51,4% de matéria orgânica (94.335,10 t/d) e 16,70% para "outros" resíduos

---

2   http://www.ibge.gov.br/home/estatistica/populacao/estimativa2014/default.shtm Acesso em: 03 jul. 2015.

3   http://www.ibge.gov.br/home/estatistica/populacao/projecao_da_populacao/2013/default_tab.shtm. Acesso em: 03 jul. 2015.

4   http://www.censo2010.ibge.gov.br/sinopse/index.php?dados=29&uf=35. Acesso em: 03 jul. 2015.

5http://www.mma.gov.br/estruturas/253/_publicacao/253_publicacao02022012041757.pdf.Acesso em: 30 jun. 2015.

(30.618,90 t/d), totalizando 100% (183.481,50 t/d.)[6]. Por outro lado, a média nacional de produção de resíduos sólidos por habitante é de 1,1 kg/hab./dia.[7] Fechando os números o diagnóstico também apontou como o País tem disposto os resíduos sólidos gerados nas seguintes proporções: 58,3% são destinados para aterros sanitários, 19,4% são destinados para aterros controlados e 19,8% são destinados para "Lixões". Apenas 2,5% dos resíduos gerados e coletados tem outras destinações e deste percentual apenas 1,4% dos resíduos gerados e coletados são encaminhados para a reciclagem.[8]

Para ajudar a reverter estes números foi publicada a Lei Federal 12.305/2010, de 02 de agosto de 2010, que instituiu a Política Nacional de Resíduos Sólidos (PNRS), contendo princípios estruturantes, objetivos, instrumentos e diretrizes aplicáveis a uma gestão eficiente dos resíduos sólidos, dotando o País de uma política clara e abrangente para um setor até então em completo descontrole. Logo em seguida foi editado o Decreto Federal 7.404/2010, de 23 de dezembro de 2010, que veio a complementar a PNRS, criou o Comitê Interministerial da PNRS e o Comitê Orientador para a implementação dos Sistemas de Logística Reversa.

Comentando sobre este marco regulatório MILARÉ enfatizou em sua obra que "A Política Nacional de Resíduos Sólidos preencheu uma importante lacuna no arcabouço regulatório nacional. Essa iniciativa é o reconhecimento, ainda que tardio, de uma abrangente problemática ambiental que assola o País, problemática esta de proposições desconhecidas, mas já com diversos episódios registrados em vários pontos do território nacional, e que tem origem exatamente na destinação e disposição inadequadas de resíduos e consequente contaminação do solo, além da dificuldade de identificação dos agentes responsáveis. Esses registros indicam a gravidade de situações de contaminação do solo e das águas subterrâneas, com risco efetivo à saúde pública e à biota, além do comprometimento do uso dos recursos naturais em benefício da sociedade". [9]

---

6   http://www.mma.gov.br/estruturas/253/_publicacao/253_publicacao02022012041757.pdf p.09. Acesso em: 03 jul. de 2015.

7   http://www.mma.gov.br/estruturas/253/_publicacao/253_publicacao02022012041757.pdf p. 11. Acesso em: 03 jul. de 2015.

8   Idem, p.14.

9   MILARÉ, Edis. Direito do Ambiente. 8ª edição revista, atualizada e ampliada. São Paulo: Editora Revista dos Tribunais, 2013, p. 1152.

No mesmo sentido, ressaltaram SILVA FILHO e SOLER, na obra deles que "Esses diplomas normativos impuseram aos setores privado e público uma nova dinâmica a ações, medidas e procedimentos de gerenciamento ambientalmente adequado de resíduos sólidos. Inobstante as implicações jurídicas, técnicas e institucionais relacionadas à gestão de resíduos não se tratarem de agenda recente, vislumbra-se para esta década uma verdadeira revolução nos modos de produção, gestão pública e cultura cidadã em prol do desenvolvimento sustentável. Esse período de expectativas e tendências poderá ser marcado pela reengenharia dos processos produtivos realizado pelo seguimento empresarial, compromisso do poder público com a eliminação definitiva dos deletérios lixões, bem como pelo pacto coletivo da sociedade brasileira de revisitar padrões de consumo e ditames educacionais e culturais"[10]

Da vastidão de temas que a nova PNRS trouxe optamos por nos aprofundar em um dos instrumentos de sua implantação, qual seja, a Logística Reversa e analisar a participação e possibilidades de iniciativas dos Municípios frente a sua implantação.

## 2. Da Logística Reversa

### 2.1 Conceito. Princípios. Produtos e embalagens sujeitos ao Sistema. Vantagens

Dentre os vários instrumentos previstos no artigo 8º da Lei Federal 12.305/2010 para a implantação da PNRS temos a Logística Reversa conceituada como um "instrumento de desenvolvimento econômico e social caracterizado pelo conjunto de ações, procedimentos e meios destinados a viabilizar a coleta e a restituição dos resíduos sólidos ao setor empresarial, para reaproveitamento, em seu ciclo ou em outros ciclos produtivos, ou outra destinação final ambientalmente adequada".[11]

Comentando sobre a Logística Reversa MILARÉ destacou em sua obra que "A logística reversa constitui uma das ferramentas relacionadas à implementação da responsabilidade compartilhada pelo ciclo de vida dos produtos. O aludido instrumento tem como fundamento básico o princípio do poluidor-pagador, na medida em que exige a inter-

---

10 SILVA FILHO, Carlos Roberto da e SOLER, Fabrício Dorado. *Gestão de Resíduos Sólidos. O que diz a lei*. São Paulo: Editora Trevisan, 2012, p.13.
11 Lei 12.305/2010, art.3º, XII e Decreto 7.404/2010, art.13.

## CAPÍTULO III – AS MULTIFACES DA TUTELA AMBIENTAL

nalização dos custos provenientes da destinação e disposição final dos resíduos sólidos gerados por determinados produtos e embalagens". [12]

O princípio do poluidor-pagador, reconhecido como um dos mais importantes na tutela do meio ambiente, postula que o causador da poluição arcará com seus custos, ou seja, responderá pelas despesas de prevenção, reparação e repressão da poluição.

Comentando sobre o mencionado princípio LEMOS enfatizou em sua obra que "o princípio do poluidor-pagador visa eliminar do processo produtivo as chamadas externalidades negativas ambientais", ou seja, "estaremos diante de uma externalidade negativa toda vez que parte dos custos decorrentes da produção e do consumo de um bem forem direcionados para indivíduos alheios a esta cadeia de produção e consumo. No caso dos recursos ambientais, podemos afirmar que haverá uma externalidade negativa toda vez que um impacto ambiental gerado pela produção e pelo consumo não for suportado pelos agentes diretamente beneficiados pela atividade produtiva. Isso significa que os custos ambientais estarão sendo transferidos para a coletividade, tendo-se em vista que os bens ambientais são bem de uso comum do povo".[13]

Outro princípio, em harmonia com o tema Logística Reversa, é o da responsabilidade compartilhada pelo ciclo de vida dos produtos definido como o "conjunto de atribuições, individualizadas e encadeadas dos fabricantes, importadores, distribuidores e comerciantes, dos consumidores e dos titulares dos serviços públicos de limpeza urbana e de manejo dos resíduos sólidos, para minimizar o volume de resíduos sólidos e rejeitos gerados, bem como para reduzir os impactos causados à saúde humana e à qualidade ambiental decorrentes do ciclo de vida dos produtos, nos termos desta Lei".[14]

O tema não é novidade em nossa legislação. Tal sistema já foi previsto e implantado para os agrotóxicos, seus resíduos e embalagens, na forma da Lei 7.802, de 11 de julho de 1989, e no Decreto no 4.074, de 4 de janeiro de 2002. Também em relação a pilhas, baterias

---

12 MILARÉ, Edis. *Direito do Ambiente*. 8ª edição revista, atualizada e ampliada. São Paulo: Editora Revista dos Tribunais, 2013, p. 1176.

13 LEMOS, Patrícia Faga Iglesias. *Resíduos Sólidos e Responsabilidade Pós-consumo*. São Paulo: Editora Revista dos Tribunais, 2014, p.59-60.

14 Lei 12.305/2010, art. 3°, XVII.

e pneus, através das Resoluções CONAMA 257/1999 e 258/1999 atualmente revogadas pelas Resoluções CONAMA 401/2008 e 416/2009.

Com o advento da Lei Federal 12.305/2010, o legislador ratificou a obrigatoriedade da Logística Reversa em relação aos produtos acima indicados e, ampliou para outros, apontando no artigo 33 os seguintes produtos e embalagens: 1 - agrotóxicos, seus resíduos e embalagens, assim como outros produtos cuja embalagem, após o uso, constitua resíduo perigoso, observadas as regras de gerenciamento de resíduos perigosos previstas em lei ou regulamento, em normas estabelecidas pelos órgãos do Sisnama, do SNVS e do Suasa, ou em normas técnicas; 2 - pilhas e baterias; 3 - pneus; 4 - óleos lubrificantes, seus resíduos e embalagens; 5 - lâmpadas fluorescentes, de vapor de sódio e mercúrio e de luz mista; 6 - produtos eletroeletrônicos e seus componentes. [15]

O rol dos produtos e embalagens é meramente exemplificativo, já que os sistemas de Logística Reversa poderão ser estendidos a produtos comercializados em embalagens plásticas, metálicas ou de vidro, e aos demais produtos e embalagens, considerando, prioritariamente, a viabilidade técnica e econômica da Logística Reversa, bem como o grau e a extensão do impacto à saúde pública e ao meio ambiente dos resíduos gerados.[16] Neste caso, a definição dos produtos e embalagens deverá considerar a viabilidade técnica e econômica da Logística Reversa, a ser definida pelo Comitê Orientador, órgão criado pelo Decreto Federal 7.404/2010 para a implementação de Sistemas de Logística Reversa.[17]

Um exemplo de sucesso na implantação da Logística Reversa é a reciclagem de alumínio, já que o Brasil lidera o *ranking* mundial de índice de reciclagem de produto desde 2001 e, no ano de 2014 movimentou cerca de R$ 1,7 bilhão e gerou emprego e renda para quase 170 mil pessoas, comprovando essa atividade de reciclagem de latas sua importância socioeconômica.

Segundo dados divulgados pela Associação Brasileira de Alumínio (ABAL) "Além dos benefícios sociais e econômicos, a reciclagem de latas de alumínio também favorece o meio ambiente. O processo de

---

15  Lei 12.305/2010, art. 33 "caput", incisos I a VI.
16  Lei 12.305/2010, art. 33, §§1° e 2°.
17  Decreto 7.404/2010, art.17, parágrafo único e art. 33.

reciclagem de latinhas libera somente 5% das emissões de gás de efeito estufa quando comparado com a produção de alumínio primário. Ao substituir um volume equivalente de alumínio primário, a reciclagem de 139,1 mil toneladas de latinhas proporcionou uma economia de 1.976 GWh/ano de energia elétrica ao País, o suficiente para abastecer, por um ano inteiro, uma cidade com mais de um milhão de habitantes, como Campinas (SP). Além disso, poupou 700 mil toneladas de bauxita (minério do qual se obtém o alumínio), que seriam extraídas das reservas naturais brasileiras.[18]

### 2.2 Responsabilidade compartilhada pelo ciclo de vida dos produtos

A responsabilidade compartilhada pelo ciclo de vida dos produtos ou também conhecida como responsabilidade pós-consumo está disciplinada nos artigos 30 a 36 da Lei Federal 12.305/2010 e, é definida como o "conjunto de atribuições individualizadas e encadeadas dos fabricantes, importadores, distribuidores e comerciantes, dos consumidores e dos titulares dos serviços públicos de limpeza urbana e de manejo dos resíduos sólidos, para minimizar o volume dos resíduos sólidos e rejeitos gerados, bem como reduzir os impactos causados à saúde humana e à qualidade ambiental decorrentes do ciclo de vida dos produtos".[19] Dentre os objetivos da responsabilidade pós-consumo destacamos, dentre outros: a) o aproveitamento dos resíduos sólidos na cadeia produtiva; b) redução da geração de resíduos e do desperdício de materiais, da poluição e dos danos ambientais; c) o estímulo ao desenvolvimento de mercado, da produção e do consumo de produtos derivados de materiais reciclados e recicláveis.[20]

Aos fabricantes, importadores, distribuidores e comerciantes a PNRS imputou responsabilidades que abrange: a) investimentos no desenvolvimento, na fabricação e na colocação no mercado de produtos que sejam aptos, após o uso pelo consumidor, à reutilização, à reciclagem ou a outra forma de destinação ambientalmente adequada;

---

18  http://www.abal.org.br/noticias/lista-noticia/integra-noticia/?id=359. Acesso em: 03 jul. 2015.
19  Lei 12.305/2010, art.3°, XVII.
20  Lei 12.305/2010, art.30, parágrafo único, incisos I a VII.

b) divulgação de informações relativas às formas de evitar, reciclar e eliminar os resíduos associados a seus respectivos produtos; c) compromisso de, quando firmados acordos setoriais e termos de compromissos com o Município, participar das ações previstas no plano municipal de gestão integrada de resíduos sólidos, no caso de produtos ainda não inclusos no sistema de logística reversa; d) recolhimento dos produtos e dos resíduos remanescentes após o uso, assim como sua subsequente destinação final ambientalmente adequada, no caso de produtos objeto de sistema de logística reversa na forma do artigo 33, ou seja, estruturação e implantação da Logística Reversa. [21]

Comentando sobre o tema LEMOS em sua obra enfatizou que "Não há dúvida que, mesmo no caso de materiais não reutilizáveis ou não recicláveis, persiste a responsabilidade da cadeia produtiva dos produtos sujeitos à logística reversa. Tanto é assim que os rejeitos devem ser encaminhados pelos fabricantes e importadores para a disposição final ambientalmente adequada, na forma estabelecida pelo órgão competente do Sisnama e, se houver, pelo plano municipal de gestão integrada de resíduos sólidos". [22]

Ainda, todo aquele que manufatura embalagens ou fornece materiais para a fabricação de embalagens ou coloca em circulação embalagens, materiais para fabricação de embalagens ou produtos embalados, em qualquer fase da cadeia de comércio são também responsáveis pela fabricação de embalagens com materiais que propiciem a reutilização ou a reciclagem, cabendo aos responsáveis assegurar que as embalagens sejam: a) restritas em volume e peso às dimensões requeridas à proteção do conteúdo e à comercialização do produto; b) projetadas de forma a serem reutilizadas de maneira tecnicamente viável e compatível com as exigências aplicáveis ao produto que contém e, c) recicladas, se a reutilização não for possível. [23]

Neste sentido, LEMOS também comentou sobre estas obrigações previstas para o setor empresarial em sua obra: "No caso dos resíduos sujeitos à logística reversa no âmbito da legislação brasileira, há diversas obrigações para a cadeia produtiva (fabricantes, importadores, distri-

---

21  Lei 12.305/2010, art.31.
22  LEMOS, Patrícia Faga Iglesias. *Resíduos Sólidos e Responsabilidade Pós-consumo.* São Paulo: Editora Revista dos Tribunais, 2014, p.108.
23  Lei 12.305/2010, art.32.

CAPÍTULO III – AS MULTIFACES DA TUTELA AMBIENTAL

buidores e comerciantes) como a divulgação de informações relativas a como evitar, reciclar e eliminar resíduos associados aos seus produtos, bem como o recolhimento dos produtos e dos resíduos remanescentes após o uso e, ainda, a obrigação de dar destinação final ambientalmente adequada. Neste caso, a cadeia produtiva apontada fica obrigada a estruturar e implementar sistemas de logística reversa, de forma que o retorno dos produtos pós-consumo se dê de forma independente do serviço público de limpeza urbana e de manejo dos resíduos sólidos".[24]

Na responsabilidade compartilhada pelo ciclo de vida dos produtos, não podemos nos esquecer das obrigações expressas aos consumidores, que deverão efetuar a devolução dos produtos ou embalagens, aos comerciantes ou distribuidores.[25] Estes, por sua vez, deverão efetuar a devolução aos fabricantes e importadores dos produtos reunidos ou devolvidos. Finalizando, os fabricantes e os importadores darão destinação ambientalmente adequada aos produtos e às embalagens reunidos ou devolvidos, sendo o rejeito encaminhado para disposição final ambientalmente adequada, na forma estabelecida pelo órgão competente do Sisnama e, se houver, pelo plano municipal de gestão integrada de resíduos sólidos. [26]

Com relação ao titular do serviço público de limpeza urbana e de manejo de resíduos não cabe assumir qualquer responsabilidade pela Logística Reversa. Poderá, entretanto, fazê-lo mediante acordo setorial ou termo de compromisso firmado com o setor empresarial, encarregando-se do recolhimento dos produtos e das embalagens após o uso. Para tanto, as ações do poder público serão devidamente remuneradas, na forma previamente acordada pelas partes.[27]

### 2.3 O Comitê Orientador

Para a implementação de sistemas de Logística Reversa a legislação criou o Comitê Orientador, composto pelos Ministro de Estado do Meio Ambiente, Ministro de Estado da Saúde, Ministro de Estado do Desenvol-

---

24 LEMOS, Patrícia Faga Iglesias. *Resíduos Sólidos e Responsabilidade Pós-consumo*. São Paulo: Editora Revista dos Tribunais, 2014, p.108.
25 Lei 12.305/2010, art.28 e 33, § 4º.
26 Lei 12.305/2010, art.33, §§ 5º e 6º.
27 Lei 12.305/2010, art.33, § 7º.

vimento, Indústria e Comércio Exterior, Ministro de Estado da Agricultura, Pecuária e Abastecimento e pelo Ministro de Estado da Fazenda.[28]

É presidido pelo Ministro de Estado do Meio Ambiente e o Ministério do Meio Ambiente exerce a função de secretaria-executiva, incumbida de expedir os atos decorrentes das decisões do colegiado. O Comitê Orientador será assessorado por grupo técnico, composto por representantes do Ministério do Meio Ambiente, do Ministério da Saúde, do Ministério do Desenvolvimento, Indústria e Comércio Exterior, do Ministério da Fazenda e do Ministério de Agricultura, Pecuária e Abastecimento. Este grupo técnico poderá ser acrescido por representantes de outros Ministérios, de órgãos e entidades da administração pública federal; dos Estados, do Distrito Federal e dos Municípios; e de entidades representativas de setores da sociedade civil diretamente impactados pela logística reversa, sempre que forem abordados temas referentes às suas respectivas competências ou áreas de atuação.[29]

As decisões do Comitê Orientador serão tomadas por maioria simples de votos, presente a maioria absoluta dos membros. Seu regimento interno deve conter, no mínimo: 1 - o procedimento para divulgação da pauta das reuniões; 2 - os critérios para participação dos órgãos e entidades no grupo técnico; 3 - as regras para o funcionamento do grupo técnico de assessoramento e do colegiado; e 4 - os critérios de decisão no caso de empate nas deliberações colegiadas.[30]

Compete ao Comitê Orientado, dentre as várias atribuições previstas[31], estabelecer a orientação estratégica da implementação de sistemas de Logística Reversa instituídos nos termos da Lei nº 12.305, de 2010, e do Decreto Federal 7.404/2010.

**2.4 Instrumentos para a implantação e operacionalização da logística reversa**

Para a implantação da Logística Reversa a PNRS previu os seguintes instrumentos: 1) acordos setoriais; 2) regulamentos expedidos pelo Poder Público; 3) termos de compromisso.[32]

---

28  Decreto 7.404/2010, art.33
29  Decreto 7.404/2010, art.33, §§ 1º, 2º, 3º e 4º.
30  Decreto 7.404/2010, art.33, §§ 6º e 7º.
31  Decreto 7.404/2010, art.34.
32  Lei 12.305/2010, art.33, § 3º, I, II e III e Decreto 7.404/2010, art.15.

## CAPÍTULO III – AS MULTIFACES DA TUTELA AMBIENTAL

O acordo setorial é como um "ato de natureza contratual firmado entre o poder público e fabricantes, importadores, distribuidores ou comerciantes, tendo em vista a implantação da responsabilidade compartilhada pelo ciclo de vida do produto". [33]

O procedimento para implantação da Logística Reversa por meio de acordos setoriais poderá ser iniciado pelo Poder Público ou pelos fabricantes, importadores, distribuidores ou comerciantes. [34]

Quando iniciados pelo Poder Público os acordos setoriais serão precedidos de editais de chamamento.[35] No caso dos procedimentos de iniciativa da União a publicação de editais de chamamento pelo Ministério do Meio Ambiente poderão indicar: 1 - os produtos e embalagens que serão objeto da Logística Reversa, bem como as etapas do ciclo de vida dos produtos e embalagens que estarão inseridas na referida logística; 2 - o chamamento dos interessados, conforme as especificidades dos produtos e embalagens referidos no item 1; 3 - o prazo para que o setor empresarial apresente proposta de acordo setorial, observados os requisitos mínimos estabelecidos no Decreto 7.404/2010 e no edital; 4 - as diretrizes metodológicas para avaliação dos impactos sociais e econômicos da implantação da Logística Reversa; 5 - a abrangência territorial do acordo setorial; e 5 - outros requisitos que devam ser atendidos pela proposta de acordo setorial, conforme as especificidades dos produtos ou embalagens objeto da logística reversa.[36]

A publicação do edital de chamamento será precedida da aprovação, pelo Comitê Orientador, da avaliação da viabilidade técnica e econômica da implantação da logística reversa, promovida pelo grupo técnico previsto no § 3º do art. 33, cujas diretrizes metodológicas para tal avaliação serão estabelecidas pelo Comitê Orientador.[37]

Quando iniciados pelos fabricantes, importadores, distribuidores ou comerciantes serão precedidos da apresentação de proposta formal pelos interessados ao Ministério de Meio Ambiente[38], contendo os seguintes requisitos: 1 - indicação dos produtos e embalagens objeto do

---

33  Lei 12.305/2010, art. 3º, I.
34  Decreto 7.404/2010, art.20 "caput".
35  Decreto 7.404/2010, art. 20, § 1º.
36  Decreto 7.404/2010, art.21, incisos I a V.
37  Decreto 7.404/2010l, art. 21, §§ 1º e 2º.
38  Decreto 7.404/2010, art. 20, § 2º.

acordo setorial; 2 - descrição das etapas do ciclo de vida em que o sistema de logística reversa se insere, observado o disposto no inciso IV do art. 3º da Lei nº 12.305, de 2010; 3 - descrição da forma de operacionalização da logística reversa; 4 - possibilidade de contratação de entidades, cooperativas ou outras formas de associação de catadores de materiais recicláveis ou reutilizáveis, para execução das ações propostas no sistema a ser implantado; 5 - participação de órgãos públicos nas ações propostas, quando estes se encarregarem de alguma etapa da logística a ser implantada; 6 - definição das formas de participação do consumidor; 7 - mecanismos para a divulgação de informações relativas aos métodos existentes para evitar, reciclar e eliminar os resíduos sólidos associados a seus respectivos produtos e embalagens; 8 - metas a serem alcançadas no âmbito do sistema de logística reversa a ser implantado, fixadas com base em critérios quantitativos, qualitativos ou regionais; 9 - cronograma para a implantação da logística reversa, contendo a previsão de evolução até o cumprimento da meta final estabelecida; 10 - informações sobre a possibilidade ou a viabilidade de aproveitamento dos resíduos gerados, alertando para os riscos decorrentes do seu manuseio; 11 - identificação dos resíduos perigosos presentes nas várias ações propostas e os cuidados e procedimentos previstos para minimizar ou eliminar seus riscos e impactos à saúde humana e ao meio ambiente; 12 - avaliação dos impactos sociais e econômicos da implantação da logística reversa; 13 - descrição do conjunto de atribuições individualizadas e encadeadas dos participantes do sistema de logística reversa no processo de recolhimento, armazenamento, transporte dos resíduos e embalagens vazias, com vistas à reutilização, reciclagem ou disposição final ambientalmente adequada, contendo o fluxo reverso de resíduos, a discriminação das várias etapas da logística reversa e a destinação dos resíduos gerados, das embalagens usadas ou pós-consumo e, quando for o caso, das sobras do produto, devendo incluir: a) recomendações técnicas a serem observadas em cada etapa da logística, inclusive pelos consumidores e recicladores; b) formas de coleta ou de entrega adotadas, identificando os responsáveis e respectivas responsabilidades; c) ações necessárias e critérios para a implantação, operação e atribuição de responsabilidades pelos pontos de coleta; d) operações de transporte entre os empreendimentos ou atividades participantes, identificando as responsabilidades; e e) procedimentos e responsáveis pelas ações de reutilização, de reciclagem e de tratamento, inclusive triagem, dos resíduos, bem como pela disposição final ambientalmente adequada dos rejeitos; e 14 - cláusulas prevendo as penalidades aplicáveis no caso de descumprimento das obrigações previstas no acordo.[39]

As propostas apresentadas, além dos requisitos acima elencados, deverão estar acompanhadas dos seguintes documentos: 1 - atos constitutivos das entidades participantes e relação dos associados de cada entidade, se for o caso; 2 - documentos comprobatórios da qualificação dos representantes e signatários da proposta, bem como cópia dos respectivos mandatos; e 3 - cópia de estudos, dados e demais informações que embasarem a proposta.[40]

As propostas apresentadas, na forma definida pelo Comitê Orientador, serão submetidas a consulta pública[41] e, o Ministério do Meio Ambiente deverá, por ocasião da realização da consulta pública: 1 - receber e analisar as contribuições e documentos apresentados pelos órgãos e entidades públicas e privadas; e 2 - sistematizar as contribuições recebidas, assegurando-lhes a máxima publicidade. [42]

Após, o Ministério do Meio Ambiente fará a avaliação das propostas de acordo setorial apresentadas consoante os seguintes critérios mínimos: 1 - adequação da proposta à legislação e às normas aplicáveis; 2 - atendimento ao edital de chamamento, no caso dos processos iniciados pelo Poder Público, e apresentação dos documentos que devem acompanhar a proposta, em qualquer caso; 3 - contribuição da proposta e das metas apresentadas para a melhoria da gestão integrada e do gerenciamento ambientalmente adequado dos resíduos sólidos e para a redução dos impactos à saúde humana e ao meio ambiente; 4 - observância do disposto no art. 9º da Lei nº 12.305, de 2010, quanto à ordem de prioridade da aplicação da gestão e gerenciamento de resíduos sólidos propostos; 5 - representatividade das entidades signatárias em relação à participação de seus membros no mercado dos produtos e embalagens envolvidos; e 6 - contribuição das ações propostas

---

39 Decreto 7.404/2010, art.23.
40 Decreto 7.404/2010, art.25.
41 Decreto 7.404/2010, artigo 26.
42 Decreto 7.404/2010, art.27.

para a inclusão social e geração de emprego e renda dos integrantes de cooperativas e associações de catadores de materiais reutilizáveis e recicláveis constituídas por pessoas físicas de baixa renda.[43]

Concluída a avaliação, o Ministério do Meio Ambiente enviará a proposta ao Comitê Orientador que poderá: 1 - aceitar a proposta, hipótese em que convidará os representantes do setor empresarial para assinatura do acordo setorial; 2 - solicitar aos representantes do setor empresarial a complementação da proposta de estabelecimento de acordo setorial; ou 3 - determinar o arquivamento do processo, quando não houver consenso na negociação do acordo.[44]

Uma vez finalizado o acordo setorial contendo a Logística Reversa pactuada será o mesmo subscrito pelos representantes do setor empresarial e pelo Presidente do Comitê Orientador, devendo ser publicado no Diário Oficial da União.[45]

Além da participação na elaboração dos acordos setoriais de representantes do Poder Público, dos fabricantes, importadores, comerciantes e distribuidores dos produtos e embalagens referidos no art. 33 da Lei nº 12.305, de 2010, poderão também participar representantes: 1) das cooperativas ou outras formas de associações de catadores de materiais recicláveis ou reutilizáveis; 2) das indústrias e entidades dedicadas à reutilização, ao tratamento e à reciclagem de resíduos sólidos; 3) das entidades de representação dos consumidores, entre outros.[46]

Outro instrumento previsto para implantação e operacionalização da Logística Reversa é o Regulamento, veiculado por decreto editado pelo Poder Executivo.

Porém, antes da edição do regulamento, o Comitê Orientador deverá avaliar a viabilidade técnica e econômica da logística reversa, nos mesmos moldes da avaliação para os acordos setoriais, bem como, os sistemas de Logística Reversa estabelecidos diretamente pelo decreto deverão ser precedidos de consulta pública, cujo procedimento será estabelecido pelo Comitê Orientador.[47]

---

43  Decreto 7.404/2010, art.28.
44  Decreto 7.404/2010, art.29.
45  Decreto 7.404/2010, art.29, parágrafo único.
46  Decreto 7.404/2010, art.20, § 3º.
47  Decreto 7.404/2010, art.30 e 31.

Por fim, o outro instrumento da PNRS[48] é o termo de compromisso, que pode ser conceituado como um acordo celebrado entre o Poder Público e os fabricantes, importadores, distribuidores ou comerciantes, visando o estabelecimento de sistema de Logística Reversa.

Entretanto, este instrumento está previsto para ser utilizado: 1 - nas hipóteses em que não houver, em uma mesma área de abrangência, acordo setorial ou regulamento específico; 2 - para a fixação de compromissos e metas mais exigentes que o previsto em acordo setorial ou regulamento.[49]

Os termos de compromisso terão eficácia a partir de sua homologação pelo órgão ambiental competente do SISNAMA, conforme sua abrangência territorial.[50]

### 2.4.1 Disposições comuns aos instrumentos do sistema e abrangência

A PNRS estabelece algumas disposições comuns aos instrumentos acima indicados. A primeira delas é que a lei estabelece um limite na responsabilidade dos fabricantes, importadores, distribuidores e comerciantes, ou seja, eles ficam responsáveis "no limite da proporção dos produtos que colocarem no mercado interno, conforme metas progressivas, intermediárias e finais, estabelecidas no instrumento que determinar a implementação da logística reversa".[51]

A segunda é que os acordos setoriais, assim como os regulamentos e os termos de compromisso que disciplinam a Logística Reversa no âmbito federal deverão ser avaliados pelo Comitê Orientador em até cinco anos contados da sua entrada em vigor para fins de verificação da necessidade de suas revisões.[52]

Em relação aos acordos setoriais ou termos de compromissos que disciplinam os produtos e embalagens previstas no art. 33 e dos produtos comercializados em embalagens plásticas, metálicas ou de

---

48  Lei 12.305/2010, art.8°, XVIII.
49  Decreto 7.404/2010, art.32, incisos I e II.
50  Decreto 7.404/2010, art.32, parágrafo único.
51  Decreto 7.404/2010, art.18, § 2°.
52  Decreto 7.404/2010, art.15, § 2°.

vidro, podem ter abrangência nacional, estadual ou municipal. Os que forem firmados no âmbito nacional têm prevalência sobre os firmados em âmbito regional ou estadual, e estes sobre os firmados em âmbito municipal. Na aplicação das regras concorrentes, os acordos firmados com menor abrangência geográfica podem ampliar, mas não abrandar, as medidas de proteção ambiental constantes nos acordos setoriais e termos de compromissos firmados com maior abrangência geográfica.[53]

Por fim, os sistemas de Logística Reversa também deverão observar as exigências específicas previstas em: I - lei ou regulamento; II - normas estabelecidas pelos órgãos do Sistema Nacional do Meio Ambiente - SISNAMA, do Sistema Nacional de Vigilância Sanitária - SNVS, do Sistema Único de Atenção à Sanidade Agropecuária - SUASA e em outras normas aplicáveis; ou III - acordos setoriais e termos de compromisso.[54]

### 2.5 Procedimentos para operacionalização do sistema da Logística Reversa

A cadeia produtiva tem a liberdade de operacionalizar o sistema de Logística Reversa, utilizando-se dos seguintes procedimentos: 1) implantação de procedimentos de compra de produtos ou embalagens usadas; 2) disponibilização de postos de entrega de resíduos reutilizáveis e recicláveis; 3) atuação em parceria com cooperativas ou outras formas de associações de catadores de materiais recicláveis ou reutilizáveis.

Trata-se, pois, de um rol exemplificativo, porém, qualquer outro procedimento proposto deve respeitar os princípios da tutela do meio ambiente ecologicamente equilibrado.

Como se pode concluir, a legislação criou os mecanismos necessários a operacionalização da Logística Reversa e, conforme ressaltou MILARÉ em sua obra, "Os sistemas de logística reversa estão na pauta do dia dos órgãos ambientais do País e tem mobilizado sensivelmente o Poder Legislativo dos Estados e Municípios para sua efetiva regulamentação e implementação, tendo em vista a complexidade do assun-

---

53 Lei 12.305/2010, art.34.
54 Decreto 7.404/2010, art.16.

to no aspecto material e a sua repercussão no aspecto operacional, tanto para o setor público, como para o setor empresarial e os consumidores, que terão de se acostumar a devolver os produtos e embalagens quando estes se tornem inservíveis". [55]

**2.6 Os acordos setoriais e os termos de compromissos firmados com o setor empresarial**

O Governo Federal instalou, no dia 17 de fevereiro de 2011, o Comitê Orientador para acompanhamento da Política Nacional de Resíduos Sólidos, baixando também a Portaria n°113, de 8 de abril de 2011, aprovando o seu Regimento Interno.[56] Sobre sua composição e atribuições já explicamos no item 2.3 acima.

Com a finalidade de apoiar a estruturação e implementação da PNRS, por meio da articulação dos órgãos e entidades governamentais, de modo a possibilitar o cumprimento das determinações e metas previstas na referida lei, o Comitê Interministerial também criou cinco Grupos Técnicos Temáticos que passaram a discutir Logística Reversa para cinco cadeias prioritárias: descarte de medicamentos, embalagens em geral, embalagens de óleos lubrificantes e seus resíduos, lâmpadas fluorescentes e outros tipos como de vapor de sódio, mercúrio e de luz mista e, também os eletroeletrônicos.

Dois Grupos Temáticos conseguiram finalizar os trabalhos, através das assinaturas de dois acordos setoriais. O primeiro deles, entre a União, o Sindicato Nacional das Empresas Distribuidoras de Combustíveis e de Lubrificantes – SINDICOM e outras cinco entidades representativas do setor para a implantação do Sistema de Logística Reversa de Embalagens Plásticas de Óleo Lubrificante foi assinado no dia 19/12/2013 e teve seu extrato publicado no D.O.U de 07/02/2013.[57] O segundo acordo setorial entre a União, a Associação Brasileira de Importadores de Produtos de Iluminação – ABILUMI e outras duas entidades representativas do setor para implantação do Sistema de Logística

---

55 MILARÉ, Edis. *Direito do Ambiente*. 8ª edição revista, atualizada e ampliada. São Paulo: Editora Revista dos Tribunais, 2013, p. 1180.

56 http://www.sinir.gov.br/documents/10180/15240/PORTARIA_113/. Acesso em: 03 jul2015.

57 http://www.sinir.gov.br/web/guest/acordo-setorial-para-implantacao-de-sistema-de--logistica-reversa-de-embalagens-plasticas-de-oleo-lubrificante. Acesso em: 30 jun. 2015.

Reversa de Lâmpadas Fluorescentes de Vapor de Sódio e Mercúrio e de Luz Mista foi assinado no dia 27/11/2014 e teve seu extrato publicado no D.O.U de 12/03/2015.[58]

Um terceiro acordo setorial, ainda em discussão, é o relativo a implantação da Logística Reversa de embalagens em geral. Trata-se de um setor prioritário na medida em que representa um dos maiores geradores, em volume, de resíduos que são dispostos de forma inadequada no país.[59] O Edital de Chamamento n° 02/2012 foi publicado no DOU em 05/07/2012.[60] A ABIHPEC, juntamente com outras vinte entidades setoriais, denominada de Coalizão Empresarial para Implementação da Logística Reversa, em resposta ao mencionado Edital de Chamamento construiu uma proposta de acordo setorial que foi entregue ao Ministério do Meio Ambiente – MMA no dia 10 de dezembro de 2013. A proposta foi avaliada pelo MMA, que a retornou para a Coalizão no final de julho de 2013 para algumas revisões e complementações, até que em julho de 2014 a proposta de acordo setorial foi aprovada pelo CORI (Comitê Orientador para a Implementação de Sistema de Logística Reversa).

Na sequência, através da Portaria Ministerial 326, de 05 de setembro de 2014 tornou-se pública a abertura de processo de Consulta Pública da minuta de acordo setorial para a implantação de Sistema de Logística Reversa de Embalagens em Geral, com a possibilidade de contribuições enviadas por meio eletrônico, no período de 00h00 do dia 15 de setembro de 2014 até às 23h59 do dia 15 de outubro de 2014 (30 dias)[61]. Referida Portaria teve seu prazo prorrogado pela Portaria 390, de 23 de outubro de 2014, até às 23:59 h do dia 20 de novembro de 2014.[62] Em que pese o decurso do prazo das contribuições, a finali-

---

58 http://www.sinir.gov.br/web/guest/acordo-setorial-de-lampadas-fluorescentes-de-vapor-de-sodio-e-mercurio-e-de-luz-mista. Acesso em: 30 jun. 2015.

59 http://www.mma.gov.br/cidades-sustentaveis/residuos-solidos/log%C3%ADstica-reversa#embalagensemgeral. Acesso em: 03 jul. 2015.

60 http://www.mma.gov.br/images/editais_e_chamadas/SRHU/mma_edital_de_chamamento_embalagens.pdf. Acesso em: 03 jul. 2015.

61 http://sinir.gov.br/documents/10180/17496/PUBLICACAO_DOU_EMBALAGENS/. Acesso em: 02 jul. 2015.

62 http://www.sinir.gov.br/documents/10180/15240/Portaria+n%C2%BA%20390+-+Consulta+P%C3%BAblica+Embalagens+em+Geral+%28Prorroga%C3%A7%C3%A3o%29.pdf/98f8cd38-ce9c-4f16-8e13-7a956f7bdba8. Acesso em: 30 jun. 2015.

zação do acordo ainda se encontra pendente, conforme consulta junto ao site do MMA em julho de 2015.[63]

No Estado de São Paulo, através da Lei Estadual n° 12.300, de 16 de março de 2006, Decreto Estadual n° 54.645, de 5 de agosto de 2009 e antiga Resolução SMA 38/2011, que tratam da implantação da Política Estadual de Resíduos Sólidos (PERS) e sua execução, o assunto envolvendo Logística Reversa encontra-se muito mais adiantado.

Para o cumprimento das determinações da PERS, a Secretaria do Meio Ambiente e a CETESB, baseados na edição da promulgação da Resolução SMA n° 38/2011[64] iniciaram diálogo com o setor empresarial com atuação no Estado de São Paulo. As propostas recebidas no prazo concedido pela Resolução foram analisadas, de acordo com o conteúdo mínimo exigido, sendo selecionando em cada caso, ao menos, uma proposta por produto para estabelecimento de Termos de Compromisso. Outras duas Resoluções foram promulgadas com determinações semelhantes, incluindo na relação inicial as operadoras de telefonia celular (Resolução SMA n° 11/2012) e os medicamentos domiciliares, vencidos ou em desuso (Resolução SMA n° 115/2013).

Mais recentemente, e considerando a experiência adquirida com o acompanhamento dos sistemas de Logística Reversa reconhecidos nos Termos de Compromisso, foi editada a Resolução SMA n° 45/2015[65], que revogou as anteriores e definiu novas diretrizes para implementação e operacionalização da Logística Reversa no Estado de São Paulo – incluindo sua consideração na emissão e renovação das licenças de operação, segundo regras a serem oportunamente divulgadas pela CETESB.[66]

Constam divulgados pela Secretaria Estadual do Meio Ambiente doze termos de compromissos firmados com o setor empresarial para os seguintes produtos: a) Embalagens de Produtos de Higiene Pessoal,

---

63  http://sinir.gov.br/documents/10180/17496/PROPOSTA_ACORDO_SETORIAL_EMBA-LAGENS/. Acesso em: 02 jul. 2015.

64  A Resolução SMA 38/2011 estabeleceu a relação inicial dos produtos que, após o consumo, resultariam em resíduos de significativo impacto ambiental.

65  http://www.ambiente.sp.gov.br/legislacao/files/2015/06/Resolu%C3%A7%C3%A3o-SMA-045-2015-Processo-9908-2011-Define-as-diretrizes-para-implementa%C3%A7%C3%A3o-e-operacionaliza%C3%A7%C3%A3o-da-responsabilidade-p%C3%B3s-consumo-22-6-2015.pdf. Acesso em: 02 jul. 2015.

66  Resolução SMA 45/2015.

Perfumaria, Cosméticos, de Limpeza e Afins; b) Pilhas e Baterias Portáteis; c) Embalagens de Agrotóxicos; d) Embalagens Plásticas Usadas de Lubrificantes; e) Pneus Inservíveis; f) Aparelhos de Telefonia Móvel Celular e seus respectivos Acessórios; g) Óleos Lubrificantes; h) Óleo Comestível (individual) ; i) Óleo Comestível (associação); j) Baterias Automotivas Chumbo-ácido; k) Filtros Usados de Óleo Lubrificante Automotivo e; l) Embalagens de Alimentos.[67]

Podemos observar dos acordos setoriais e termos de compromissos já firmados que os sistemas de Logística Reversa deverão ser, preferencialmente, implementados por meio de entidade representativa do setor contemplando conjuntos de empresas, ou por pessoa jurídica criada com o objetivo de gerenciar o respectivo sistema, facilitando muito o diálogo e, posteriormente, a cobrança das cláusulas acordadas em caso de descumprimento de obrigações e metas.

Os acordos e os termos de compromissos têm validade apenas para as empresas signatárias ou representadas por signatários (no caso de associações e sindicatos). Desta forma, empresas dos setores cujos produtos ou embalagens de produtos encontram-se relacionados na legislação pertinente e que não sejam signatárias ou aderentes a um acordo ou termos de compromisso continuam obrigadas a implantar seus próprios sistemas de Logística Reversa em atendimento à legislação, que prevê sanções em caso de não cumprimento.

**2.7 Penalidades**

Importante consignar que o art. 51 da Lei 12.305/2010 a responsabilidade civil objetiva de reparar os danos causados, para toda ação ou omissão das pessoas físicas ou jurídicas que importe a inobservância aos preceitos da Lei 12.305/2010 e Decreto 7.404/2010, sujeitando os infratores às sanções previstas em lei, em especial às fixadas na Lei Federal 9.605, de 12 de fevereiro de 1998, que dispõe sobre as sanções penais e administrativas derivadas de condutas e atividades lesivas ao meio ambiente.

A atual Resolução SMA 45/2015 estabelece no artigo 6º, que "A observância ao disposto nesta Resolução é considerada obrigação de

---

[67] http://residuossolidos.cetesb.sp.gov.br/residuos-solidos/responsabilidade-pos-consumo/termos-de-compromisso/. Acesso em: 02 jul. 2015.

relevante interesse ambiental para os efeitos da Lei Federal n° 9.605, de 12 de fevereiro de 1998". Como tal, a inobservância dos regramentos da responsabilidade pós-consumo pode caracterizar crime na medida em que previsto no art. 68 da Lei 9.605/1998 que "Deixar, aquele que tiver o dever legal ou contratual de fazê-lo, de cumprir obrigação de relevante interesse ambiental: Pena - detenção, de um a três anos, e multa. Parágrafo único. Se o crime é culposo, a pena é de três meses a um ano, sem prejuízo da multa".

Por fim, arremata o artigo 7° da Resolução SMA que "O não cumprimento a esta Resolução ensejará a aplicação das penalidades previstas na legislação ambiental, em especial as da Lei Estadual n° 9.509, de 20 de março de 1997; da Lei Estadual n° 12.300, de 16 de março de 2006; do Decreto Estadual n° 54.645, de 05 de agosto de 2009, e do Decreto Federal n° 6.514, de 22 de julho de 2008, alterado pelo Decreto Federal n° 7.404, de 23 de dezembro de 2010".

Na esfera administrativa, podemos lançar mão dos artigos 61 e 62, inciso XII do Decreto Federal 6.514, de 22 de julho de 2008, que dispõe sobre as infrações administrativas ao meio ambiente, bem como os artigos 21 e 22 do Decreto Estadual 54.645/09. O procedimento para aplicação de tais penalidades no Estado de São Paulo é o Regulamento da Lei 997, de 31 de maio de 1976, aprovado pelo Decreto n° 8.468, de 8 de setembro de 1976.

### 3. A Logística Reversa e os Municípios

Situação que tem despertado bastante interesse e debate em torno da Logística Reversa é a situação dos Municípios frente a implantação e operacionalização deste instrumento.

A PNRS estabelece como uma de suas diretrizes que incumbe aos Municípios e Distrito Federal a gestão integrada dos resíduos sólidos gerados nos respectivos territórios, sem prejuízo das competências de controle e fiscalização dos órgãos federais e estaduais do Sisnama, do SNVS e do Suasa, bem como da responsabilidade do gerador pelo gerenciamento de resíduos sólidos, consoante artigos 20 a 24 da Lei 12.305/2010. [68]

Ao tratar das responsabilidades dos geradores e do poder público a PNRS enfatizou que o titular dos serviços públicos de limpeza

---

68  Lei 12.305/2010, art. 10.

urbana e de manejo de resíduos sólidos é responsável pela organização e prestação direta ou indireta desses serviços, observados o respectivo plano municipal de gestão integrada de resíduos sólidos, a lei n. 11.445, de 2007, e as disposições da Lei 12.305/2010 e Decreto Federal 7.404/2010. [69]

Devemos lembra que, de acordo com a classificação de resíduos sólidos quanto à origem são eles, os domiciliares, originários de atividades domésticas em residências urbanas e, os resíduos de limpeza urbana, originários da varrição, limpeza de logradouros e vias públicas ou outros serviços de limpeza urbana, como feiras livres, por exemplo.[70]

Por outro lado, a PNRS estabelece a obrigação dos Municípios de elaborarem seus planos municipais de gestão integrada de resíduos sólidos, com conteúdo mínimo previsto no artigo 19 da Lei Federal 12.305/2010, sendo que, dentre eles, deverá constar do plano a "descrição das formas e dos limites da participação do poder público local na coleta seletiva e na logística reversa, respeitando o disposto no art. 33 e de outras ações relativas à responsabilidade compartilhada pelo ciclo de vida do produto".[71]

Assim, muito embora seja de responsabilidade dos Municípios e DF a gestão integrada dos resíduos sólidos urbanos e a elaboração dos Planos Municipais de Gestão Integrada de Resíduos Sólidos, contendo a descrição das formas e dos limites de participação dos Municípios na Logística Reversa, a PNRS, através das redações dos art. 33 e do art.36, inciso IV, é clara em excluir qualquer responsabilidade do Município e DF, como titulares do serviço público de limpeza urbana e de manejo de resíduos sólidos na implantação e operacionalização da Logística Reversa. Aliás, consignou que o titular do serviço público de limpeza somente poderá encarregar-se das atividades de responsabilidade do setor empresarial nos sistemas de Logística Reversa dos produtos e embalagens, por acordo setorial ou termo de compromisso firmado com o setor empresarial, sendo que tais ações serão devidamente remuneradas, na forma previamente acordada entre as partes. [72]

---

69  Lei 12.305/2010, art. 26.
70  Lei 12.305/2010, art. 13, I, alíneas "a", "b" e "c".
71  Lei 12.305/2010, artigo 19, XV.
72  Lei 12.305/2010, artigo 33, § 7º.

Podemos, portanto, concluir que sem acordo setorial ou termo de compromisso que preveja remuneração pela prestação de serviços de Logística Reversa, os Municípios e DF estão proibidos de assumirem qualquer responsabilidade pela gestão dos resíduos sólidos provenientes do descarte dos produtos e embalagens listados no artigo 33 da Lei 12.305/2010. Por óbvio, a gestão destes resíduos tem custo que vão onerar os cofres públicos, sendo que a PNRS é clara em mandar esta conta para o setor empresarial, em consonância com os princípios do poluidor-pagador e responsabilidade pelo ciclo de vida dos produtos. Assim, não é exagero afirmar que os gestores poderão incorrer na prática de improbidade administrativa prevista no artigo 11, inciso I, da Lei 8.429/1992 ao praticarem ato visando fim proibido em lei ou regulamento ou diverso daquele previsto, na regra de competência.

Por outro lado, ao analisarmos os artigos 13 a 34 do Decreto Federal 7.404/2010, Cap. III – Da Logística Reversa, vamos perceber que os Municípios não só podem, como devem participar do processo de implantação da Logística Reversa, como gestores e corresponsáveis pela defesa do meio ambiente. O que temos percebido, entretanto, na prática é que os Municípios estão assistindo sentados na plateia a União e os Estados articularem com o setor empresarial acordos setoriais e termos de compromissos, muitas vezes tímidos, que invariavelmente oneram os Municípios, impondo encargos de responsabilidade do setor empresarial, sem sequer serem convidados para o diálogo.

Como exemplo no âmbito federal citamos a atual celeuma em torno da discussão da proposta de acordo setorial de embalagens em geral[73] entre a União, a Associação Brasileira de Atacadistas e Distribuidores de Produtos Industrializados e outras dezenove entidades representativas do setor de embalagens em geral. A proposta de acordo setorial motivou a Confederação Nacional dos Municípios a protocolar junto ao Ministério do Meio Ambiente, através do Ofício n. 2720/14, de 14/10/2014, manifestação contendo críticas ao sistema proposto, com destaque para o fato do acordo afetar diretamente os Municípios, conforme as razões mencionadas no documento citado.[74]

---

73 http://sinir.gov.br/documents/10180/17496/PROPOSTA_ACORDO_SETORIAL_EMBA-LAGENS/. Acesso em 03 jul. 2015.

74 http://www.cnm.org.br/portal/images/stories/Links/28102014_OF_2720_14_Logstica_Reversa_MMA.protocolado.pdf. Acesso em: 03 jul. 2015.

Outro exemplo, no âmbito estadual, é o termo de compromisso envolvendo a Logística Reversa de embalagens de higiene pessoal, perfumaria, cosméticos, produtos de limpeza e afins e produtos alimentícios firmado pela Secretaria de Meio Ambiente do Estado de São Paulo, Companhia Ambiental do Estado de São Paulo - CETESB, Associação Brasileira da Indústria de Higiene Pessoal, Perfumaria – Cosméticos – ABIHPEC, Associação Brasileira de Produtos de Limpeza e Afins - ABIPLA e Associação Brasileira das Indústrias de Biscoito, Massas Alimentícias e Pães & Bolos Industrializados - ABIMAPI para a implantação do Programa "Dê a mão para o futuro".[75]

A descrição do sistema envolve as seguintes etapas: a) o consumidor deve separar as embalagens e entrega-las na coleta seletiva municipal; b) as embalagens coletadas devem ser encaminhadas às Centrais de Triagem participantes do Sistema (convênio entre as entidades e Municípios); c) nas Centrais de Triagem serão segregadas, prensadas, enfardadas e armazenadas para comercialização junto a empresas recicladoras; d) nas empresas recicladoras os materiais serão processados para matéria prima de novas embalagens ou transformação em outros produtos, retornando à cadeia de produção.

As entidades signatárias obrigaram-se a: a) divulgar sistema entre seus associados – obrigatoriedade de tomar as medidas, prazos, metas etc..; b) registrar mensalmente a quantidade de materiais recicláveis comercializados pelas centrais de triagem; c) adquirir máquinas e equipamentos para as centrais de triagem, dependendo da necessidade; d) capacitar os catadores; e) encaminhar à SMA relatórios anuais até 31/3; f) divulgar o sistema para sensibilizar a população; g) manter SMA informada da relação atualizada dos associados.

O termo de compromisso fixou critérios para a seleção das cidades dando preferência para as cidades localizadas em Regiões Metropolitanas, que estejam bem classificadas no *ranking* do Município Verde Azul, tenham população entre 100.000 a 399.000 mil habitantes, possuam cooperativas regulares e coleta seletiva implantada pelos Municípios. O Programa apresentou até agora duas fases de implantação. A primeira fase envolveu vinte e dois Municípios, sendo eles, Ameri-

---

75 http://residuossolidos.cetesb.sp.gov.br/wp-content/uploads/sites/36/2013/11/index.pdf.Acesso em: 03 jul. 2015.

cana, Assis, Barueri, Cândido Mota, Cotia, Diadema, Embu das Artes, Ipaussu, Itapevi, Itu, Maracaí, Osasco, Ourinhos, Palmital, Paraguaçu Paulista, Piracicaba, Quatá, Rancharia, Rio Claro, Santana do Parnaíba, Sorocaba, e Taboão da Serra. A segunda etapa envolveu quinze Municípios sendo eles Araraquara, Acácia, Botucatu, Cubatão, Guarujá, Hortolândia, Itatiba, Jacareí, Praia Grande, Presidente Prudente, Salto, Santos, São Carlos, Santa Bárbara D´Oeste e Sertãozinho.

Conforme podemos observar, além do termo de compromisso limitar a implantação do sistema de Logística Reversa para cidades que não se enquadram nos critérios acordados (significa dizer que muitos municípios paulistas continuarão fora do sistema), o setor empresarial ainda seleciona Municípios que já possuem estruturada a coleta seletiva, centrais de triagem (que via de regra, estão localizadas em prédios próprios ou locados pelo Município), cooperativas formadas (que, via de regra, são remuneradas pelos Municípios ou se auto remuneram com os produtos comercializados da coleta seletiva implantada pelos Municípios). Se analisarmos esta situação frente às determinações legais previstas no artigo 33, parágrafo 3º, incisos I a III da Lei 12.305/2010 vamos concluir que nenhuma destas opções de operacionalização do sistema foi acordada e, ainda que se alegue que a lei permita "outras medidas", por óbvio pressupõe que os custos sejam sempre arcados pelo setor empresarial, seja ele qual for.

Não há dúvida que os Municípios podem tomar a iniciativa de propositura de acordos setoriais ou termos de compromisso, conforme disposto no artigo 31, IV c.c. artigos 20 *caput* e 32 *caput* da PNRS, devendo, entretanto, observarem as regras específicas do artigo 34, ou seja, os acordos e termos de compromissos firmados no âmbito nacional têm prevalência sobre os firmados em âmbito regional ou estadual, e estes sobre os firmados em âmbito municipal. Porém, na aplicação das regras concorrentes, os acordos firmados de menor abrangência geográfica podem ampliar, mas não abrandar, as medidas de proteção ambiental constantes nos acordos setoriais e termos de compromisso firmados com maior abrangência geográfica.

Outro instrumento já citado para a implantação da Logística Reversa é o Regulamento expedido pelo Poder Público, veiculado por decreto editado pelo Poder Executivo. [76] Mais uma vez, cabe frisar que também relativamente a este instrumento a PNRS não exclui a possibilidade do uso do decreto pelos Municípios.

O uso deste instrumento, a nosso ver, pressupõe que, tanto o acordo setorial, quanto o termo de compromisso (que são instrumentos que encerram um ato de natureza contratual, bilateral e um acordo de vontades, firmados após toda uma negociação em torno da implantação e operacionalização da logística reversa), não tenham sido celebrados, seja pelo fato do setor empresarial não responder ao chamamento através dos editais, seja pelo fato das propostas apresentadas não chegarem a um denominador comum, ou ainda que firmados, tenham excluído Município interessado na implantação em seu território, da Logística Reversa de algum dos produtos e embalagens listados no artigo 33 da Lei 12.305/2010.

De fato, dentre as competências do Chefe do Poder Executivo, encontra-se uma de substancial importância, qual seja, sua faculdade regulamentar. A atual Constituição Federal outorga referido poder ao Presidente da República em seu artigo 84, IV. O mesmo ocorre com os ocupantes de cargos simétricos nos âmbitos municipal e estadual.

Comentando sobre o tema CARVALHO esclareceu em seu artigo "O decreto regulamentar como atividade legislativa do Poder Executivo" que "Os regulamentos, embora não integrem o rol do artigo 59 da Constituição Federal, são atos de caráter eminentemente normativo e, consequentemente, semelhantes à lei em seu aspecto material. Por sua vez, regulam um número imprevisível de situações, e revestem-se das características de abstração e generalidade, qualidades próprias das leis. Ressalta-se: quando o Presidente da República edita medidas provisórias e leis delegadas, figuras previstas no mencionado artigo 59 da Carta Magna, exerce atividade legislativa primária. Ao expedir regulamentos, exerce atividade legislativa secundária".[77]

Para lançar mão de quaisquer dos instrumentos citados, considerando as bases fixadas pela PNRS, que indica toda uma sistemática a ser seguida, como publicação de editais de chamamento, após prévia

---

76 Decreto 7.404/2010, arts. 15, II, 30 e 31.
77 CARVALHO, Marcelo. Artigo "O DECRETO REGULAMENTAR COMO ATIVIDADE LEGISLATIVA DO PODER EXECUTIVO". http://www.al.sp.gov.br/repositorio/bibliotecaDigital/358_arquivo.pdf. Acesso em: 03 jul. 2015.

CAPÍTULO III – AS MULTIFACES DA TUTELA AMBIENTAL

aprovação pelo Comitê Orientador, avaliação da viabilidade técnica e econômica da implantação da logística reversa, promovida por um grupo técnico, avaliação das propostas, publicação das propostas mediante audiência pública, é recomendável que os Municípios regulamentem estas questões através de legislação municipal própria, dando suporte a qualquer iniciativa de sua parte, criando também seu Comitê Orientador, indicando sua composição, atribuições, aprovando seu regimento interno e, também fixando a competência pelas Secretarias ou Departamentos de Meio Ambiente para avaliação das propostas.

Finalmente, não é demais relembrar que a obrigação da implantação e operacionalização da Logística Reversa envolve fabricantes, importadores, distribuidores e comerciantes. Uma das possíveis formas de se pressionar toda a cadeia a se movimentar, seria, a nosso ver, os Municípios lançarem mão de um dos instrumentos previstos na PNRS, respeitadas as regras já indicadas, junto aos comerciantes dos produtos sujeitos a Logística Reversa, estabelecidos no Município. Como exemplo citamos o Município de Santos que, através da Lei Complementar 779/2012 estabeleceu a obrigatoriedade de estabelecimentos comerciais oferecerem o ecoponto para descarte das lâmpadas, sob pena de multa de até cinco salários mínimos.[78]

### 4. Conclusões

O crescente aumento da população em áreas urbanas, o estilo de vida da sociedade contemporânea e às estratégias de *marketing* do setor produtivo, levam a um consumo intensivo e, por consequência, cada vez mais a geração de resíduos sólidos. Como, via de regra, as cidades não acompanharam com a mesma rapidez este crescimento, com a oferta de uma infraestrutura adequada para a gestão dos resíduos sólidos, o resultado disso é uma série de impactos ambientais, à saúde pública e sociais incompatíveis com o modelo de desenvolvimento sustentável.

Para permitir que o País avançasse no enfrentamento dos principais problemas acima mencionados e decorrentes do manejo inadequado dos resíduos sólidos foi editada a PRNS que tem como espinha

---

78 http://www.santos.sp.gov.br/?q=noticia/57315/descarte-de-l-mpadas-fluorescentes--deve-ser-feito-no-com-rcio. Acesso em 16 jul. 2015.

dorsal a prevenção e a redução na geração de resíduos, bem como uma proposta de prática de hábitos de consumo sustentável. Além do mais, a legislação trouxe um conjunto de instrumentos para propiciar o aumento da reciclagem e da reutilização dos resíduos sólidos (aquilo que tem valor econômico e pode ser reciclado ou reaproveitado) e a imposição da destinação ambientalmente adequada dos rejeitos (aquilo que não pode ser reciclado ou reutilizado). Dentre os instrumentos da PNRS, destacamos a Logística Reversa, relacionada à implantação da responsabilidade compartilhada dos geradores de resíduos: dos fabricantes, importadores, distribuidores, comerciantes, o cidadão e titulares de serviços de manejo dos resíduos sólidos urbanos, que se mostra como um dos caminhos para que o País consiga, de fato, cumprir a meta prevista e não cumprida de eliminação dos "lixões", impondo ao setor empresarial as obrigações previstas nos artigos 31 a 33 da PNRS.

Os benefícios da Logística Reversa não são apenas de cunho ambiental e de saúde pública, já que proporciona o reaproveitamento dos produtos e embalagens que são descartados, por meio de reformas ou reciclagem, inserindo o resíduo novamente no processo de produção como matéria-prima, evitando o descarte irregular, com todos os problemas de saúde pública decorrentes, a poluição e a utilização de matéria prima. Ela também traz ao setor empresarial benefícios de ordem financeira, na medida em que há economia e ganhos obtidos com o reaproveitamento de materiais, utilização de embalagens retornáveis e venda de resíduos no mercado secundário, como também agrega valor à sua imagem corporativa, sendo sua prática um diferencial em relação à concorrência. Através de uma postura ambiental correta a empresa pode influenciar a relação com os clientes e sociedade. Exemplo bem-sucedido citado é o da indústria da reciclagem de alumínio.

Na lida diária das tormentosas questões que envolvem a efetiva implantação da PNRS os Promotores de Justiça que trabalham com estas questões ambientais devem ficar atentos não só ao conteúdo mínimo dos Planos Municipais de Gestão Integrada de Resíduos Sólidos, previsto no art. 19 da Lei 12.305/2010, como também acompanhar, orientar e cobrar dos Municípios a tomada de decisões que possam tornar efetivas as disposições da PNRS relativas a Logística Reversa em seus respectivos territórios, de modo a se exigir do setor empresarial o cumprimento de suas obrigações sem oneração dos cofres públicos municipais. Em caso de omissões dos Municípios quanto ao poder/dever de agir e defender o meio ambiente e os cofres públicos, cabe aos Promotores de Justiça, através da instauração de inquéritos civis exigir a implantação e operacionalização da Logística Reversa dos responsáveis, apurar os fatos visando buscar uma solução acordada através do termo de ajustamento de conduta, que também é apontado pelo art. 8° da Lei 12.305/2010 como um instrumento de implantação da PNRS, ou, em último caso, a judicialização da questão em face dos Municípios e setores empresariais omissos.

### Referências bibliográficas

ABAL. Associação Brasileira de Alumínio. Brasil confirma liderança na reciclagem de latas de alumínio. Disponível em: http://www.abal.org.br/noticias/lista-noticia/integra-noticia/?id=359. Acesso em: 03 jul. 2015.. Acesso em: 03 jul. 2015.

BRASIL. Decreto Federal 7.404, de 23 de dezembro de 2010. Disponível em: http://www.planalto.gov.br/ccivil_03/_ato2007-2010/2010/Decreto/D7404.htm. Acesso em: 30 jun. 2015.

BRASIL Lei Federal 12.305, de 02 de agosto de 2010. Disponível em: http://www.planalto.gov.br/ccivil_03/_ato2007-2010/2010/lei/l12305.htm. Acesso em: 30 jun.2015.

BRASIL. Ministério do Meio Ambiente. Acordo setorial para implantação de logística reversa de embalagens plásticas de óleos lubrificantes. Disponível em: http://www.sinir.gov.br/web/guest/acordo-setorial-para-implantacao-de-sistema-de-logistica-reversa-de-embalagens-plasticas-de-oleo-lubrificante. Acesso em: 30 jun. 2015.

BRASIL. Ministério do Meio Ambiente. Acordo setorial de lâmpadas fluorescentes de vapor de sódio e mercúrio e deluz mista. Disponível em: http://www.sinir.gov.br/web/guest/acordo-setorial-de-lampadas-fluorescentes-de-vapor-de-sodio-e-mercurio-e-de-luz-mista. Acesso em: 30 jun. 2015.

BRASIL. Ministério do Meio Ambiente. Edital de Chamamento Logística Reversa Embalagens em Geral. Disponível em: http://www.mma.gov.br/images/editais_e_chamadas/SRHU/mma_edital_de_chamamento_embalagens.pdf. Acesso em: 03 jul. 2015.

BRASIL. Ministério do Meio Ambiente. Portaria n° 113, de 8 de abril de 2011. Diário Oficial da União, Brasília, DF, N° 69, segunda-feira, 11 de abril de

2011. Seção 1, p. 94. Disponível em: http://www.sinir.gov.br.Acesso em: 03 jul. 2015.

BRASIL. Ministério do Meio Ambiente. Portaria n° 390, de 23 de outubro de 2014. Diário Oficial da União, Brasília, DF, n° 206, sexta-feira, 24 de outubro de 2014. Seção 1, p. 80. Disponível em: http://www.sinir.gov.br.Acesso em: 03 jul. 2015.

BRASIL. Ministério do Meio Ambiente. Portaria n° 326, de 5 de setembro de 2014. Diário Oficial da União, Brasília, DF, n° 206, sexta-feira, 24 de outubro de 2014. Seção 1, p. 80. Disponível em: http://www.sinir.gov.br.Acesso em: 03 jul. 2015.

BRASIL. Ministério do Meio Ambiente. Proposta de acordo setorial de embalagens plásticas. Disponível em: http://sinir.gov.br/documents/10180/17496/PROPOSTA_ACORDO_SETORIAL_EMBALAGENS/. Acesso em: 02 jul. 2015.

CARVALHO, Marcelo. *O decreto regulamentar como atividade legislativa do poder executivo.* Disponível em: <http://www.al.sp.gov.br/repositorio/bibliotecaDigital/358_arquivo.pdf>. Acesso em: 03 de julho de 2015.

CETESB. Sistema Ambiental Paulista. Termos de Compromissos de Logística Reversa. Disponível em: http://residuossolidos.cetesb.sp.gov.br/residuos-solidos/responsabilidade-pos-consumo/termos-de-compromisso/. Acesso em: 02 jul. 2015.

CETESB. Sistema Ambiental Paulista. Acordo setorial de Embalagens de Produtos de Higiene Pessoal, Perfumaria e Cosméticos, Produtos de Limpeza, Massas Alimentícias e Pão & Bolo Industrializados e alguns outros produtos alimentícios. Disponível em: http://residuossolidos.cetesb.sp.gov.br/wp-content/uploads/sites/36/2013/11/index.pdf.Acesso em: 03 jul. 2015.

CNM. Confederação Nacional dos Municípios. Ofício n°2720/2014. Disponível em: http://www.cnm.org.br/portal/images/stories/Links/28102014_OF_2720_14_Logstica_Reversa_MMA.protocolado.pdf. Acesso em: 03 jul. 2015.

IBGE. Instituto Brasileiro de Geografia e Estatística. Estimativas da População Residente nos Municípios Brasileiros com data de Referência em 1° de julho de 2014. Disponível em: ftp://ftp.ibge.gov.br/Estimativas_de_Populacao/Estimativas_2014/nota_metodologica_2014.pdf. Acesso em: 03 jul.2015.

IBGE. Instituto Brasileiro de Geografia e Estatística. Tabela de Projeção da População por sexo e idade. Disponível em: http://www.ibge.gov.br/home/estatistica/populacao/projecao_da_populacao/2013/default_tab.shtm. Acesso em: 03 jul.2015.

IBGE. Instituto Brasileiro de Geografia e Estatística. Sinopse do Censo Demográfico 2010 São Paulo. Disponível em: http://www.censo2010.ibge.gov.br/sinopse/index.php?dados=29&uf=35. Acesso em: 03 jul. 2015.

LEMOS, Patrícia Faga Iglesias. Resíduos Sólidos e Responsabilidade Pós-consumo. São Paulo: Editora Revista dos Tribunais, 2014.

MILARÉ, Edis. Direito do Ambiente. 8ª edição revista, atualizada e ampliada. São Paulo: Editora Revista dos Tribunais, 2013.

SÃO PAULO (Estado). Secretaria do Meio Ambiente. Resolução n°38, de 2011. Disponível em: http://www.ambiente.sp.gov.br/wp-content/uploads/resolucao/2011/38_020811.pdf. Acesso em: 30 jun. 2015.

SÃO PAULO (Estado). Secretaria do Meio Ambiente. Resolução 45, de 2015. Disponível em: http://www.ambiente.sp.gov.br/legislacao/resolucoes-sma/resolucao-sma-45-2015/. Acesso em: 03 jul.2015.

SILVA FILHO, Carlos Roberto da; SOLER, Fabrício Dorado. Gestão de Resíduos Sólidos. O que diz a lei. São Paulo: Editora Trevisan, 2012.

# O NOVO CÓDIGO DE PROCESSO CIVIL E A TUTELA AMBIENTAL: POTENCIAIS DIÁLOGOS

Adriano Andrade de Souza[1]

**Resumo:** Neste trabalho, abordam-se algumas das regras da Lei n.º 13.105/2015, que instituiu o novo Código de Processo Civil, a fim de identificar ou afastar potenciais reflexos na tutela coletiva, especialmente do meio ambiente, tudo sempre à luz da Constituição da República e sem perder de vista os fins e princípios ínsitos ao microssistema de processo coletivo. Em resumo, são analisadas questões afetas ao procedimento sumário, à assistência litisconsorcial dos titulares do direito metaindividual, à reconvenção, à distribuição do ônus da prova, à exigibilidade da multa diária e ao protesto extrajudicial da decisão judicial transitada em julgado.

**Palavras-chave:** Novo CPC. Reflexos. Ações civis públicas. Tutela. Meio ambiente.

**Sumário:** 1. Introdução – 2. Ultra-atividade temporária do procedimento sumário – 3. Assistência litisconsorcial dos titulares do direito metaindividual – 4. Reconvenção – 5. Distribuição do ônus da prova – 6. Exigibilidade da multa diária – 7. Protesto extrajudicial da decisão judicial transitada em julgado – 8. Conclusão.

## 1. Introdução

O advento de um novo Código, seja de direito material ou processual, é sempre um terreno fértil para acaloradas discussões jurídicas. Desde implicações quanto à aplicação do direito no tempo, passando pela extração do alcance e significado de cada norma – objeto de incessante reconstrução do intérprete -, até a imprescindível compatibilização com outros sistemas normativos integrantes do mesmo ordenamento, tudo isso demanda tempo até que todas as potencialidades do

---

[1] Promotor de Justiça no Ministério Público do Estado de São Paulo. Mestre em Direito das Relações Sociais pela PUC/SP.

novo diploma sejam compreendidas. Como o novo Código de Processo Civil (Lei n.° 13.105, de 16 de março de 2015), não será diferente.

Embora mais enxuto que seu antecessor (1.072 artigos contra 1.220 do anterior), o novo Estatuto Processual apresenta inúmeros desafios hermenêuticos a serem desbravados. O objetivo deste trabalho é se debruçar sobre alguns deles, mais especificamente, sobre a aplicabilidade, ou não, de algumas de suas regras à tutela dos direitos coletivos em sentido amplo, com ênfase sobre os pontos que possam ter reflexos sobre a tutela do meio ambiente. Mesmo dentro desse primeiro limite temático, não se pretende, contudo, esgotar a matéria passível de debate, mas, tão somente, trazer o ponto de vista do autor sobre alguns aspectos que lhe pareceram interessantes.

Nesse propósito, serão abordados a ultra-atividade temporária do procedimento sumário, a questão sobre ser possível, ou não, a assistência litisconsorcial dos titulares dos direitos difusos, coletivos ou individuais homogêneos, a admissibilidade, ou não, da reconvenção nas ações civis públicas, o momento em que a multa diária pode ser exigida, e a utilização do protesto extrajudicial para potencializar a coercibilidade da sentença condenatória.

Na interpretação dessas questões, priorizar-se-á a abordagem sistemático-teleológica, sempre tendo por vetores exegéticos preponderantes os princípios consagrados na Constituição da República, seguidos por aqueles peculiares ao microssistema de processo coletivo. Tudo isso sem descurar as regras basilares de direito intertemporal.

## 2. Ultra-atividade temporária do procedimento sumário

Seguindo a tradição do direito intertemporal aplicável às inovações processuais (*tempus regit actum*), o novo CPC, em regra, é aplicável desde logo aos processos pendentes (art. 1.046, *caput*).

Mas, há exceções. Existem normas especiais que mandam aplicar o procedimento sumário do Código de Processo Civil. Era o caso, por exemplo, do Código Florestal de 1965 (Dec.-lei n.° 4.771/1965), que dispunha que as ações pertinentes às matérias nele tratadas deveriam tramitar segundo o procedimento sumário do CPC/1973[2]. O

---
2 § 1.° do art. 1.°.

diploma que o sucedeu (Lei n.º 12.651/2012) mantém idêntica previsão[3].

Ocorre que o procedimento sumário não é mais regulado no CPC/2015. Fosse aplicada a regra geral (art. 1.046, *caput*), todos os processos em curso segundo esse procedimento passariam a adotar o procedimento comum. Contudo, o novo CPC dispõe que as ações propostas pelo procedimento sumário, e aquelas ajuizadas segundo procedimentos especiais não mais previstos no novo Código, desde que ainda não sentenciadas antes de sua entrada em vigor, continuarão a tramitar segundo aqueles procedimentos (§ 1.º do artigo 1.046). É hipótese, portanto, de ultra-atividade temporária do CPC/1973, admitida pelo CPC/2015.

Desse modo, as ações civis públicas ambientais que versarem matéria do Código Florestal de 1965 ou da Lei 12.651/2012, propostas e não sentenciadas até a entrada em vigor do novo CPC, deverão seguir pelo procedimento sumário do CPC/1965, ao passo que as ajuizadas após a entrada em vigor do novo CPC já não seguirão o procedimento sumário, mas sim o procedimento comum do novo CPC (p. u. do art. 1.049 do novo CPC).

### 3. Assistência litisconsorcial dos titulares do direito metaindividual

A assistência litisconsorcial dos titulares dos interesses individuais homogêneos promovidos em ações civis públicas é legalmente admitida no artigo 94 do Código de Defesa do Consumidor (CDC)[4], aplicável não apenas às lides envolvendo direitos do consumidor, mas a quaisquer temas (meio ambiente, urbanismo etc), em razão de sua interface com a Lei da Ação Civil Pública (LACP)[5]. A discussão que se coloca, portanto, é sob a possibilidade de assistência litisconsorcial dos titulares dos interesses defendidos em ações civis públicas em prol de direitos difusos ou coletivos.

---

3  § 1.º do art. 2.º.

4  Art. 94. Proposta a ação, será publicado edital no órgão oficial, a fim de que os interessados possam intervir no processo como litisconsortes, sem prejuízo de ampla divulgação pelos meios de comunicação social por parte dos órgãos de defesa do consumidor.

5  Art. 21 da LACP: Aplicam-se à defesa dos direitos e interesses difusos, coletivos e individuais, no que for cabível, os dispositivos do Título III da lei que instituiu o Código de Defesa do Consumidor

Sob a vigência do Código de 1973, predomina o entendimento doutrinário do não cabimento de litisconsórcio entre o titular do interesse difuso e o autor da ação civil pública. Uma das justificativas é de que o excesso de afluxo de terceiros ao processo coletivo poderia atentar contra a celeridade processual e o pleno exercício dos direitos de ação e de defesa, anulando os fins visados pela legislação regulamentadora das ações civis públicas[6].

Excepcionalmente, admite-se o litisconsórcio entre um cidadão e o autor de uma ação civil pública, quando esta tenha como objeto um daqueles interesses difusos que o cidadão é autorizado a defender numa ação popular (p. ex: anulação de ato lesivo ao patrimônio público, à moralidade administrativa, ao meio ambiente). Afinal, não fosse admitido o litisconsórcio, poderia ele ajuizar uma ação popular com objeto tal que importasse a conexão das ações. Na prática, as ações seriam reunidas e ele seria tratado como litisconsorte do autor da ação civil pública.[7] Admitindo-se, nessas circunstâncias, o litisconsórcio originário, nada obsta seja também possível o litisconsórcio ulterior, espécie de assistência litisconsorcial.

A doutrina, sob a égide do CPC de 1973, tampouco tem visto como aceitável a assistência litisconsorcial de cidadãos em ações civis públicas de direitos coletivos. Afinal, se os cidadãos não estão legitimados a defenderem interesses coletivos sequer em ações populares, não haveria sentido em admitir que o fizessem em ações civis públicas[8]. Soma-se a esse argumento a mesma razão já apontada nas ações em favor de direitos difusos e coletivos: o livre afluxo de cidadãos ao processo poderia gerar tumulto processual[9].

---

6 ANDRADE, Adriano; ANDRADE, Landolfo; MASSON, Cleber. *Interesses Difusos e Coletivos - Esquematizado*. 5.ª ed. São Paulo: Método, 2015, p. 145.

7 MAZZILLI, Hugo Nigro. *A defesa dos interesses difusos em juízo*. 22. ed. São Paulo: Saraiva, 2009. p. 339. No mesmo sentido: ABELHA, Marcelo. *Ação civil pública e meio ambiente*. Rio de Janeiro: Forense Universitária, 2004. p. 84; DIDIER JÚNIOR, Fredie; ZANETI JÚNIOR, Hermes. *Curso de direito processual civil*. 3. ed. Salvador: Juspodivm, 2008. v. 4, p. 259; DINAMARCO, Pedro da Silva. *Ação civil pública*. São Paulo: Saraiva, 2001. p. 202-203; VIGLIAR, José Marcelo Menezes. *Ação civil pública*. 5. ed. rev. e ampl. com jurisp. São Paulo: Atlas, 2001. p. 88.

8 MAZZILLI, Hugo Nigro. *A defesa dos interesses difusos em juízo*. 22. ed. São Paulo: Saraiva, 2009. p. 340.

9 ANDRADE, Adriano; ANDRADE, Landolfo; MASSON, Cleber. *Interesses Difusos e Coletivos - Esquematizado*. 5.ª ed. São Paulo: Método, 2015, p. 146.

## CAPÍTULO III – AS MULTIFACES DA TUTELA AMBIENTAL

A questão que o novo CPC poderá levantar é se esse entendimento não restaria superado pela aparente inovação encontrada no parágrafo único do seu artigo 18, segundo o qual, havendo substituição processual, o substituído poderá intervir como assistente litisconsorcial. Ora, os titulares dos interesses difusos e coletivos manejados numa ação civil pública, segundo a maior parte da doutrina, são substituídos processuais[10]. Estariam eles, portanto, doravante legitimados a intervirem no processo coletivo como assistentes litisconsorciais do autor?

Antes de enfrentarmos essa questão, convém observar que o novo CPC, ao contrário do que parece, não inovou radicalmente a disciplina da assistência litisconsorcial. Nos termos do seu artigo 124, considera litisconsorte da parte principal o assistente sempre que a sentença influir na relação jurídica entre ele e o adversário do assistido. Manteve, nesse ponto, a disciplina do artigo 54 CPC de 1973[11].

De outro lado, a novidade prevista no parágrafo único do seu artigo 18, como adiantamos, é apenas aparente. Em verdade, a assistência litisconsorcial, no CPC de 1973, já era aplicável em duas situações distintas, uma com natureza de litisconsórcio ulterior, e outra exatamente destinada a casos de substituição processual:

a) quando o direito em litígio pertence *também* ao assistente, de modo que ele teria legitimação para agir sozinho na discussão dele. Com exemplo, temos o condômino, que ingressa na ação proposta por outro condômino para reivindicar a coisa comum. O assistente, nos termos do art. 1314 do Cód. Civil, poderia ter proposto a ação sozinho; b) quando o direito em litígio pertence ao assistente, mas está sendo discutido por um substituto processual, como se dá no

---

10 DIDIER JÚNIOR, Fredie; ZANETI JÚNIOR, Hermes. *Curso de Direito Processual Civil*. 3. ed. Salvador: Juspodivm, 2008. p. 214. v. 4; DINAMARCO, Cândido Rangel. *Instituições de Direito Processual Civil*. 3. ed. rev. e atual. São Paulo: Malheiros, 2003. p. 220. v. 1; DINAMARCO, Pedro da Silva. *Ação Civil Pública*. São Paulo: Saraiva, 2001. p. 204; FERRARESI, Eurico. *Ação Popular, Ação Civil Pública e Mandado de Segurança Coletivo*. Rio de Janeiro: Forense, 2009. p. 106-111 e 205; LENZA, Pedro. *Teoria Geral da Ação Civil Pública*. 3. ed. rev. atual. e ampl. São Paulo: RT, 2008. p. 180; MAZZILLI, Hugo Nigro. *A Defesa dos Interesses Difusos em Juízo*. 22. ed. São Paulo: Saraiva, 2009. p. 66 e 67; ZAVASCKI, Teori Albino. *Processo Coletivo*: Tutela de Direitos Coletivos e Tutela Coletiva de Direitos. 4. ed. São Paulo: RT, 2009. p. 138, 139 e 255.

11 Art. 54. Considera-se litisconsorte da parte principal o assistente, toda vez que a sentença houver de influir na relação jurídica entre ele e o adversário do assistido.

caso de ser alienado o bem objeto da causa, no curso da demanda, mas o alienante continuar como parte no processo, na forma do art. 42 e seu § 2º [12].

Logo, a possibilidade de o substituído processual intervir como assistente litisconsorcial do substituto-autor de uma ação já era implicitamente admitida no regime processual de 1973. O novo Código simplesmente a explicitou.

A questão a ser formulada, portanto, é outra: seria essa regra processual, implicitamente já existente no CPC de 1973, aplicável ao processo coletivo? Entendemos que não.

A LACP, em seu artigo 19, admite a incidência do CPC "naquilo que não contrarie suas disposições", havendo idêntica previsão no artigo 90 do CDC. O novo Código, por sua vez, ressalta expressamente que "as remissões a disposições do Código de Processo Civil revogado, existentes em outras leis, passam a referir-se às que lhes são correspondentes neste Código" (§ 4.º do art. 1.046). A interpretação mais apropriada desse conjunto de regras é no sentido de que as regras do CPC somente podem ser aplicadas às ações coletivas quando não desvirtuarem o funcionamento desse microssistema de direito processual, ou seja, quando não contrariarem as finalidades para as quais ele foi construído. Daí a importância de lembramos, brevemente, algumas das razões da criação do processo civil coletivo.

O processo civil tradicional, voltado a lides intersubjetivas (indivíduo x indivíduo), exigia que o autor da ação coincidisse com o titular do direito material defendido em juízo. Essa era regra do processo individual, da legitimidade ordinária, consagrada no artigo 6.º do CPC/1973, segundo o qual ninguém poderia pleitear, em nome próprio, direito alheio, salvo quando autorizado por lei. Espécie de autorização legislativa era vista, por alguns, na Lei da Ação Popular (Lei n.º 4.717/1965), por permitir ao cidadão a defesa judicial do patrimônio público, um de direito que não era apenas seu.

Com a massificação da sociedade e dos conflitos, e o reconhecimento de categorias jurídicas cuja titularidade assistia não a uma pes-

---

12  BARBI, Celso Agrícola. Comentários ao Código de Processo Civil. Lei 5.869, de 11 de janeiro de 1973. Vol. 1. Arts. 1.º a 153. Rev. e atua. por Eliana Barbi Botelho e Bernardo Pimentel Souza. 13.ª ed. Rio de Janeiro: Forense, 2008, p. 227, 228.

soa, isoladamente, mas como integrante de coletividades por vezes sequer passíveis de delimitação (direitos ou interesses difusos e coletivos), a exigência de identidade entre o titular do direito material e o autor da ação tornava, quando não impossível o acesso à justiça (p. ex., no caso dos direitos difusos, em que a identificação de todos os titulares é inviável), muito difícil (p. ex., em casos envolvendo direitos coletivos, seria necessária a formação de litisconsórcios multitudinários, com prejuízos para a celeridade e eficiência do processo).

Essas são algumas das razões que impulsionaram o desenvolvimento do processo coletivo, sobretudo com a aprovação da Lei n.º 7.347/1985 (Lei da Ação Civil Pública - LACP) e, posteriormente, da Lei 8.078/1990 (Código de Defesa do Consumidor – CDC), outorgando a determinados entes a legitimidade para, na condição de substitutos processuais, defenderem em juízo os interesses daquelas coletividades.

Nesse contexto fático, admitir o livre ingresso dos titulares do direito difuso ou coletivo na relação jurídica processual, na qualidade de assistentes litisconsorciais do autor, importaria a anulação da eficiência e celeridade conseguidas pela criação do microssistema processual coletivo. Pense-se, por exemplo, nas ações civis públicas ambientais, em que os substituídos (titulares do direito fundamental ao meio ambiente ecologicamente equilibrado) são os milhões de habitantes do território brasileiro (ou, numa interpretação mais ampla, os habitantes do globo terrestre). É razoável admitir a possibilidade de que os substituídos possam intervir como assistentes litisconsorciais?

De outro lado, lembramos que, diferentemente do exemplo normalmente apontado pela doutrina como hipótese de intervenção litisconsorcial de substituído admitida pelo CPC (o do § 2.º do art. 42 do CPC de 1973), no caso de ação civil pública vertendo direito difuso ou coletivo a sentença de improcedência por insuficiência de provas não prejudica a esfera jurídica do substituído. Em outras palavras, ao contrário do substituído no processo individual, o substituído no processo coletivo sobre direito difuso ou coletivo não pode ser prejudicado pela desídia probatória do substituto (CDC, art. 103, I e II), sendo-lhe desnecessário, portanto, intervir como assistente litisconsorcial.

Por tais razões, não é possível aplicar o parágrafo único do artigo 18 do novo CPC ao processo coletivo.

## 4. Reconvenção

A reconvenção não é disciplinada nas leis que regulam o processo coletivo, tais como a Lei n.º 7.347/1985 (Lei da Ação Civil Pública – LACP) e Lei n.º 8.078/1990 (CDC). Assim, sua disciplina legal, tradicionalmente, é extraída do Estatuto Processual Civil comum. No CPC/1973, ela é tratada no artigo 315, cujo parágrafo único dispõe que "não pode o réu, em seu próprio nome, reconvir ao autor, quando este demandar em nome de outrem". Em outras palavras, o réu não pode, segundo o CPC de 1973, reconvir ao autor quando este for substituto processual.

Invocando essa regra, o STJ já repeliu reconvenção em ação popular, onde, como nas ações públicas, o autor atua na condição de substituto processual:

> "O pedido reconvencional pressupõe que as partes estejam litigando sobre situações jurídicas que lhes são próprias. Na ação popular, o autor não ostenta posição jurídica própria, nem titulariza o direito discutido na ação, que é de natureza indisponível. Defende-se, em verdade, interesses pertencentes a toda sociedade. É de se aplicar, assim, o parágrafo único do art. 315 do CPC, que não permite ao réu, 'em seu próprio nome, reconvir ao autor, quando este demandar em nome de outrem'".[13]

Pela lógica, portanto, as reconvenções também não seriam cabíveis nas ações civis públicas. Porém, a questão não é pacífica na doutrina formada sob a vigência do CPC de 1973. Argumentando que os colegitimados à propositura das ações civis públicas também possuem legitimidade extraordinária passiva, podendo defender, como substitutos processuais no polo passivo, os interesses de um grupo, classe ou categoria de pessoas, parte da doutrina entendia que a reconvenção nas ações civis públicas seria possível.[14]

O novo CPC veio acrescer pimenta à discussão, admitindo a possibilidade de reconvenção quando o autor da ação for substituto pro-

---

13 REsp 72.065/RS, 2.ª Turma, rel. Min. Castro Meira, j. 03.08.2004, DJ 06.09.2004.
14 Nesse sentido: DIDIER JÚNIOR, Fredie; ZANETI JÚNIOR, Hermes. Curso de direito processual civil. 3. ed. Salvador: Juspodivm, 2008. v. 4, p. 322-324. Contra: MAZZILLI, Hugo Nigro. A defesa dos interesses difusos em juízo. 22. ed. São Paulo: Saraiva, 2009. p. 362.

## CAPÍTULO III – AS MULTIFACES DA TUTELA AMBIENTAL

cessual. O parágrafo 5.º do seu artigo 343 afirma que "se o autor for substituto processual, o reconvinte deverá afirmar ser titular de direito em face do substituído e a reconvenção deverá ser proposta em face do autor, também na qualidade de substituto processual".

Apesar da novidade, entendemos que a regra do CPC/2015 não é aplicável às ações civis públicas.

O novo CPC afirma que "permanecem em vigor as disposições especiais dos procedimentos regulados em outras leis, aos quais se aplicará supletivamente este Código" (§ 2.º do art. 1.046), e que "as remissões a disposições do Código de Processo Civil revogado, existentes em outras leis, passam a referir-se às que lhes são correspondentes neste Código" (§ 4.º do art. 1.046).

Adicionalmente, lembramos que a LACP, em seu artigo 19, admite a incidência do CPC "naquilo que não contrarie suas disposições", identicamente a o que dispõe o artigo 90 do CDC. Conforme já observamos, as regras do CPC somente podem ser aplicadas às ações coletivas quando não contrariarem os fins que levaram à criação desses institutos. E é exatamente por isso que a regra do novo CPC não pode ser invocada para admitir a reconvenção nas ações civis públicas:

> "Cremos, particularmente, que a inovação trazida pelo novo CPC não deva ser invocada para os casos de ações civis públicas, nas quais o microssistema processual coletivo apenas admite a substituição no polo ativo. Ademais, para a proteção dos interesses dos substituídos que não participam do contraditório e da ampla defesa nas ações civis públicas foi necessário moldar um sistema no qual os efeitos da coisa julgada fossem estabelecidos conforme o resultado do processo. Contudo, esse sistema foi todo construído considerando processos nos quais os interesses dos substituídos são defendidos no polo ativo, não no passivo. A admissibilidade da substituição processual de interesses coletivos no polo passivo exigiria – para a salvaguarda dos interesses dos substituídos – a engenharia de um sistema de regência dos efeitos da coisa julgada especificamente pensado para tais situações"[15].

---

15 ANDRADE, Adriano; ANDRADE, Landolfo; MASSON, Cleber. *Interesses Difusos e Coletivos - Esquematizado*. 5.ª ed. São Paulo: Método, 2015, p. 223.

## 5. Distribuição do ônus da prova

O artigo 333 do CPC de 1973 dispõe que o ônus da prova incumbe ao autor, quanto ao fato constitutivo do seu direito (inciso I), e ao réu, quanto à existência de fato impeditivo, modificativo ou extintivo do direito do autor (inciso II). Essa forma de distribuição do ônus da prova é considerada *estática*, porque pré-fixada sem levar em consideração as circunstâncias do fato concreto.

É possível distribuir o ônus da prova de outro modo, levando-se em conta as nuances de cada caso concreto. Quando isso ocorre, fala-se em distribuição *dinâmica* do ônus da prova. Nessa sistemática, o juiz incumbe o *onus probandi* à parte que, no caso concreto, esteja em melhores condições de produzi-la, ou seja, possa fazê-lo com menos despesas, maior celeridade, maior eficiência, ainda que os fatos tenham sido alegados pela parte contrária.

Sob a vigência do CPC de 1973, no processo civil comum, a regra amplamente aplicável é distribuição estática do ônus da prova, forte no artigo 333 do estatuto procedimental. Seu parágrafo único, de escassa utilização, admite também a definição do *onus probandi* por convenção das partes, desde que não recaia sobre direito indisponível da parte (inciso I), nem torne excessivamente difícil a uma parte o exercício do direito (inciso II).

De aplicação subsidiária ao processo coletivo (art. 19 da LACP), é possível afirmar que o sistema aí vigente também é – em regra – o da distribuição estática, ditado pelo art. 333 do CPC de 1973.

A regra, portanto, além da distribuição estática, é a que cumpre ao autor provar os fatos constitutivos de seu direito, e ao réu os fatos modificativos, extintivos ou impeditivos do direito do autor.

Notáveis exceções que determinam ou autorizam a inversão desse ônus foram criadas pela Código de Defesa do Consumidor. Seu art. 38, por exemplo, dispõe que "O ônus da prova da veracidade e correção da informação ou comunicação publicitária cabe a quem as patrocina". Assim, o consumidor que postular reparação por uma publicidade enganosa não precisará se desincumbir de provar o engodo da publicidade, cumprindo ao responsável pela publicidade provar sua veracidade.

A maior revolução trazida pelo CDC nessa seara, porém, foi aquela vazada em seu artigo 6.º, VIII, que admitiu a inversão do ônus da prova a favor do consumidor, no processo civil, quando, a

CAPÍTULO III – AS MULTIFACES DA TUTELA AMBIENTAL

critério do juiz, fosse verossímil a alegação ou fosse o consumidor hipossuficiente[16].

As hipóteses introduzidas pelo CDC não tiveram seu campo de incidência restrito ao processo individual, e, especificamente o art. 6.º, VIII, não ficou limitado às lides consumeristas. Afinal, o CDC inseriu na LACP o artigo 21, que manda aplicar à defesa dos interesses difusos, coletivos e individuais (homogêneos) as regras do Título III do estatuto do consumidor, no que for cabível. Trata-se de regra consagradora do princípio da integração entre o CDC e a LACP.

Doutrina e jurisprudência, numa interpretação teleológica desse artigo, têm afirmado que sua *mens legis* é estender à defesa dos interesses difusos, coletivos e individuais homogêneos em geral (meio ambiente, ordem urbanística, patrimônio cultural etc) todas as regras do CDC voltadas à eficaz defesa do consumidor em juízo, estejam ou não situadas dentro do Título III. Afinal, o Título III é intitulado, exatamente, "Da defesa do consumidor em juízo". Muito embora topograficamente localizado fora do Título III, o direito lavrado no inciso VIII do art. 6.º do CDC é voltado à defesa dos consumidores em juízo, e, portanto, deve servir às ações civis públicas de qualquer tema[17].

Nas ações civis públicas ambientais, tem sido comum a aplicação do art. 6.º, VIII, do CDC, reforçado pelo princípio ambiental da precaução, para fundamentar a inversão do ônus da prova:

> "Processual civil e ambiental. Ação civil pública. Dano ambiental. Adiantamento de honorários periciais pelo *Parquet*. Matéria prejudicada. Inversão do ônus da prova. Art. 6.º, VIII, da Lei 8.078/1990 c/c o art. 21 da Lei 7.347/1985. Princípio da precaução.
> 1. Fica prejudicado o recurso especial fundado na violação do art. 18 da Lei 7.347/1985 (adiantamento de honorários periciais), em razão de o juízo de 1.º grau ter tornado sem efeito a decisão que determinou a perícia.
> 2. O ônus probatório não se confunde com o dever de o Ministério

---

16 Essa hipossuficiência pode ser tanto técnico-científica (falta de conhecimento técnico sobre o produto ou serviço adquirido) como econômica ou fática (incapacidade econômica de custear a produção da prova).

17 Na doutrina, por todos: LEONEL, Ricardo de Barros. *Manual do processo coletivo*. São Paulo: RT, 2002, p. 340/343. Na jurisprudência: STJ, 1.ª T.REsp 1.049.822/RS, rel. Min. Falcão, j. 23.04.2009, *DJe* 18.05.2008.

Público arcar com os honorários periciais nas provas por ele requeridas, em ação civil pública. São questões distintas e juridicamente independentes.
3. Justifica-se a inversão do ônus da prova, transferindo para o empreendedor da atividade potencialmente perigosa o ônus de demonstrar a segurança do empreendimento, a partir da interpretação do art. 6.º, VIII, da Lei 8.078/1990 c/c o art. 21 da Lei 7.347/1985, conjugado ao Princípio Ambiental da Precaução.
4. Recurso especial parcialmente provido"[18].

O novo CPC mantém, como regra, o sistema de distribuição estática do ônus da prova, bem como a admissão de convenção que disponha em sentido contrário, nos moldes do art. 333 do estatuto de 1973. Contudo, inova ao admitir a possibilidade da *distribuição dinâmica*, na forma dos §§ 1.º e 1.º do seu art. 373, *in verbis*:

"§ 1º Nos casos previstos em lei ou diante de peculiaridades da causa relacionadas à impossibilidade ou à excessiva dificuldade de cumprir o encargo nos termos do caput ou à maior facilidade de obtenção da prova do fato contrário, poderá o juiz atribuir o ônus da prova de modo diverso, desde que o faça por decisão fundamentada, caso em que deverá dar à parte a oportunidade de se desincumbir do ônus que lhe foi atribuído.

"§ 2º A decisão prevista no § 1º deste artigo não pode gerar situação em que a desincumbência do encargo pela parte seja impossível ou excessivamente difícil".

A novidade é muito bem-vinda, e, a despeito de prevista no novo CPC, é aplicável às ações civis públicas, não apenas em razão de o novo modelo ser compatível com os fins do microssistema de processo coletivo, mas – mais que isso – por ser imprescindível à maior eficiência da tutela processual coletiva. Afinal, convém lembrar que o processo coletivo "não se contenta com a prolação de uma sentença de mérito: há interesse no *melhor julgamento de mérito possível*", o que certamente depende da disponibilização de instrumental técnico-processual idôneo à eficaz proteção dos direitos coletivos em sentido amplo[19].

---
18 REsp 972.902/RS, rel. Min. Eliana Calmon, j. 25.08.2009, *DJe* 14.09.2009.
19 ANDRADE, Landolfo. *O ônus da prova na ação civil pública. Regime atual e influências do novo CPC*. Verbatim: São Paulo, 2015, p. 143/144.

É interessante observar que boa parte da doutrina já advogava a possibilidade de aplicação da teoria da distribuição dinâmica do ônus da prova sob a vigência do CPC de 1973, em função dos princípios da *igualdade* (art. 5.º, *caput*, da CF, e art. 125, I, do CPC/1973), *da lealdade, boa-fé e veracidade* (arts. 14, 16, 17, 18 e 125, III, do CPC/1973), *da solidariedade com o órgão judicial* (arts. 339, 340, 342, 345 e 355 do CPC/1973), *do devido processo legal* (art. 5.º, LIV, da CF) e *do acesso à justiça* (art. 5.º, XXXV, da CF)[20].

Em sintonia com esse entendimento, cremos seja viável, mesmo antes da entrada em vigor do novo Estatuto, somar a *teoria da distribuição dinâmica do ônus da prova* ao arsenal de fundamentos para a inversão do ônus nas ações civis públicas ambientais.

Interessa observar que o novo Código põe fim à discussão sobre o momento oportuno para o julgador distribuir o ônus da prova. Antes dele, uns entendiam que essa questão deveria ser definida somente na sentença, por se tratarem – as normas sobre inversão do ônus da prova – de *regras de julgamento*. Outros advogavam que tais normas eram *regras de procedimento*, cumprindo serem aplicadas na *decisão de saneamento (despacho saneador)*, a fim de não surpreender a parte que, de forma excepcional, visse-se obrigada a se desincumbir desse ônus. Esta tese prevaleceu, segundo se lê no já transcrito § 1.º do artigo 373, bem como no artigo 357, inciso III[21]. Daí ficam alguns alertas.

---

20 THEODORO JUNIOR, Humberto. *Curso de direito processual civil* – Teoria geral do direito processual civil e processo de conhecimento. 49. ed. Rio de Janeiro: Forense, 2008. p. 431; SOUZA, Wilson Alves. Ônus da prova – considerações sobe a doutrina das cargas probatórias dinâmicas. *Revista Jurídica dos Formandos em Direito da UFBA*, Salvador: UFBA, 1999, n. 6, p. 256; ALVES, Maristela da Silva. Esboço sobre o significado do ônus da prova no processo civil. In: KNIJNIK, Danilo (Coord.). *Prova judiciária*. Estudos sobre o novo direito probatório. Porto Alegre: Livraria do Advogado, 2007. p. 214; DIDIER JR., Fredie *et al*. *Curso de direito processual civil*. Teoria da prova, direito probatório, teoria do precedente, decisão judicial, coisa julgada e antecipação dos efeitos da tutela. 6. ed. Salvador: Juspodivm, 2011. v. II, p. 95-102; DALL'AGNOL JUNIOR, Antonio Janyr. Distribuição dinâmica do ônus probatório. *Revista dos Tribunais*, São Paulo: RT, 2001, n. 788, p. 98; MARINONI, Luiz Guilherme. Formação da convicção e inversão do ônus da prova segundo as peculiaridades do caso concreto. *Revista dos Tribunais*, v. 862, ago. 2007, p. 21.

21 Art. 357. Não ocorrendo nenhuma das hipóteses deste Capítulo, deverá o juiz, em decisão de saneamento e de organização do processo: (...) III - definir a distribuição do ônus da prova, observado o art. 373;

Primeiro, é aconselhável requerer a inversão do ônus da prova já na petição inicial, a fim de afastar o risco de preclusão e falta de interesse para recorrer de eventual decisão denegatória, ou mesmo para combater a omissão de pronunciamento judicial sobre o tema.

Além disso, cumpre ficar atento à decisão de saneamento, porque é nela que a redistribuição do ônus probatório deve ser abordada pelo magistrado, contando-se a partir da intimação dessa decisão o prazo para eventual recurso. O remédio apropriado para enfrentar a decisão que versar sobre (seja deferindo, seja indeferindo) a redistribuição (inversão) do ônus probatório é o agravo de instrumento[22]. Já se o magistrado, nessa fase processual, deixar de enfrentar o tema, será o caso de opor embargos de declaração[23].

### 6. Exigibilidade da multa diária

Os que manejam ações civis públicas em defesa do meio ambiente têm a exata noção de quão importante é obstar a intervenção antrópica degradadora preferencialmente antes de ela começar. Isso porque, após a consumação do dano ambiental, buscar a restauração do meio ambiente lesado, dada a complexidade dos ecossistemas, é, não raro, de difícil exequibilidade. Quanto maior a intervenção, maior será a dificuldade em restaurar.

Não bastasse essa dificuldade, é assaz comum, em lides do gênero, que os degradadores joguem com o tempo "a seu favor", buscando ampliar ao máximo a implantação do empreendimento antes de eventual pronunciamento judicial que a paralise, com vistas a, posteriormente, brandir a impossibilidade de reparação com base na desgastada tese do *fato consumado*. Em que pese à sua carência de embasamento jurídico, essa tese é um "canto de sereia" que, por vezes, seduz alguns ouvidos menos sensíveis ao valor dos bens ambientais. Na seara ambiental, portanto, é onde mais se faz sentir a carência de instrumentos coercitivos com real poder dissuasório nas fases liminares

---

[22] Art. 1.015. Cabe agravo de instrumento contra as decisões interlocutórias que versarem sobre: (...) XI - redistribuição do ônus da prova nos termos do art. 373, § 1º.

[23] Art. 1.022. Cabem embargos de declaração contra qualquer decisão judicial para: (...) II - suprir omissão de ponto ou questão sobre o qual devia se pronunciar o juiz de ofício ou a requerimento;

CAPÍTULO III – AS MULTIFACES DA TUTELA AMBIENTAL

do processo, onde a interrupção da ação degradadora se faz fundamental. Nesse viés, o instrumental processual em vigor é, para dizer o mínimo, insuficiente.

O parágrafo segundo do artigo 12 da LACP reza que "a multa cominada liminarmente só será exigível do réu após o trânsito em julgado da decisão favorável ao autor, mas será devida desde o dia em que se houver configurado o descumprimento". Em outras palavras, a multa diária imposta liminarmente numa ação civil pública não seria passível de execução provisória, embora, com o trânsito em julgado da sentença ou acórdão, o montante passível de execução devesse retroagir ao dia do descumprimento da decisão liminar. Essa regra foi repetida no art. 213, § 3.º, da Lei n.º 8.069/1990 (Estatuto da Criança e do Adolescente - ECA), e no art. 83, § 3.º, da Lei n.º 10.741/2003 (Estatuto do Idoso - EI). Já o CPC de 1973 não tinha dispositivo com redação semelhante.

O novo CPC, ao tratar da multa imponível para o cumprimento de sentença ou decisão que reconheça a exigibilidade de obrigação de fazer ou de não fazer, admite expressamente sua execução provisória, conforme proclama o § 3.º do seu artigo 537:

> § 3º A decisão que fixa a multa é passível de cumprimento provisório, devendo ser depositada em juízo, permitido o levantamento do valor após o trânsito em julgado da sentença favorável à parte ou na pendência do agravo fundado nos incisos II ou III do art. 1.042.

A questão que ora se coloca é a seguinte: é possível estender a regra do novo CPC às ações civis públicas, e, consequentemente, sustentar a derrogação dos citados dispositivos da LACP, ECA e EI, no ponto em que vedam a execução provisória das multas liminares?

Uma leitura superficial dos dispositivos envolvidos poderia levar à uma resposta equivocadamente negativa. Certamente, no polo passivo das ações civis públicas, haverá quem sustente que a regra veiculada na LACP, ECA e EI é especial em relação à norma geral do novo CPC, e, portanto, não teria sido por ele derrogada. Em seu favor, invocará o § 2.º do art. 2.º da Lei de Introdução às Normas de Direito Brasileiro (Decreto-lei n.º 4.657/1942), que diz que "A lei nova, que estabeleça disposições gerais ou especiais a par das já existentes, não revoga nem modifica a lei anterior", bem como o § 2.º do art. 1.046 da nova lei processual, que reza que "Permanecem em vigor as disposições especiais dos procedimentos regulados em outras leis, aos quais se aplicará supletivamente este Código". Essa, contudo, não será a melhor interpretação, seja à luz dos citados dispositivos legais, seja sob uma lente hermenêutica mais refinada.

Limitando-nos, inicialmente, ao critério da especialidade x generalidade, anotamos ser amplamente predominante no STJ o entendimento de que a regra vigente no CPC de 1973 também só admite a execução da multa diária após o trânsito em julgado da sentença ou do acórdão. Entende-se que essa multa estaria atrelada à satisfação do direito material, de modo que só faria sentido exigi-la caso reconhecido definitivamente o direito do beneficiário. Nesse sentido, por exemplo, o seguinte julgado:

> "AGRAVO REGIMENTAL - RECURSO ESPECIAL - MULTA DIÁRIA FIXADA EM ANTECIPAÇÃO DE TUTELA - EXECUÇÃO PROVISÓRIA - NÃO CABIMENTO - EXIGÊNCIA - TRÂNSITO EM JULGADO DA SENTENÇA - DECISÃO AGRAVADA MANTIDA - IMPROVIMENTO.
> 1.- É pacífica a jurisprudência nesta Corte no sentido de que a multa prevista no § 4.º do art. 461 do CPC só é exigível após o trânsito em julgado da sentença (ou acórdão) que confirmar a fixação da multa diária, que será devida, todavia, desde o dia em que se houver configurado o descumprimento. Precedentes.
> 2.- Agravo Regimental improvido"[24].

Portanto, o STJ não vislumbra diferença entre a norma implicitamente extraída do CPC de 1973 e aquela expressamente ditada pelo art. 12 da LACP e dos 213, § 3.º, do ECA e 83, § 3.º, do EI, não havendo porque sustentar que as regras destas leia trazem normas especiais em relação ao CPC de 1973. Em sendo assim, a regra vigente no processo coletivo será alterada pela nova regra geral trazida pelo novo CPC.

Os principais paradigmas hermenêuticos a serem observados, porém, são mais relevantes que as razões já expostas. O artigo 5.º,

---

24 AgRg no REsp 1241374/PR, 3.ª T., rel. Min. Sidnei Beneti, j. 28.05.2013, DJe 24.06.2013. No mesmo sentido: AgRg no AREsp 50196/SP, 1.ª T., rel. Min. Arnaldo Esteves Lima, j. 21.08.2012, DJe 27.08.2012; REsp 903226 / SC, 5.ª T., rel. Min. Laurita Vaz, j. 18.11.2010, DJe 06.12.2010.

XXXV, da Constituição da República consagra o *princípio da inafastabilidade do controle jurisdicional*, também denominado *princípio do direito à ação*. A essência desse princípio é o direito à tutela jurisdicional *adequada*. "A lei infraconstitucional que impedir a concessão da tutela jurisdicional *adequada* será ofensiva ao princípio constitucional do direito de ação"[25]. A tutela jurisdicional provisória (de urgência ou da evidência) só cumprirá seu papel constitucional – ou seja, só será tutela jurisdicional *adequada* – caso seja apta a coactar seu destinatário a adimpli-la. Sem a ameaça de ver seu patrimônio imediatamente atingido, a parte não se sentirá, muitas vezes, forçada a atender ao comando liminar, e o direito material sob ataque ou ameaça continuará a ser ofendido; com ele, o princípio constitucional do direito de ação.

Em sintonia com essa norma fundamental, o artigo 6.º, VI, do CDC, afirma ser direito básico do consumidor "a efetiva prevenção e reparação de danos patrimoniais e morais, individuais, coletivos e difusos". Essa prevenção e reparação, frequentemente, carece de tutela jurisdicional. Trata-se de norma estendível, portanto, por força do princípio da integração, às ações civis públicas em geral, aí incluídas as ambientais. Não há como conceder efetiva prevenção e reparação judicial sem a disponibilização de medidas liminares eficazes, e, para tanto, exigíveis de imediato.

### 7. Protesto extrajudicial da decisão judicial transitada em julgado

O novo CPC admite expressamente a possibilidade de um poderoso instrumento de persuasão ao adimplemento de sentenças judiciais: o protesto extrajudicial da sentença judicial transitada em julgado. A matéria é regulada no artigo 517 da nova lei. Seu cabimento depende do decurso do prazo para pagamento voluntário do artigo 523.

O protesto extrajudicial é meio de pressão muito mais efetivo que a execução judicial. Afinal, em razão de serem verdadeiros bancos de dados oficiais de inadimplência, os Tabelionatos de Protesto compartilham suas informações com instituições como SERASA e SPC, dificultando sobremaneira o acesso dos devedores ao crédito em geral.

Para se ter uma ideia da força desse instrumento, a Advocacia

---

[25] NERY JUNIOR, Nelson. *Princípios do processo na Constituição Federal – processo civil, penal e administrativo*. 9.ª ed. Editora RT: São Paulo, 2009, p. 172.

Geral da União implementou, em 2013, projeto voltado ao protesto extrajudicial de créditos inscritos na dívida ativa da União com valores de até R$ 20.000,00, e constatou que cerca de 30% dos créditos protestados foram pagos em até 3 dias após a notificação[26]. Na experiência da Fazenda Pública do Estado de São Paulo, chegou-se a uma eficiência menor, porém significativa: das certidões protestadas de dezembro de 2012 a julho de 2013, 13,32% foram pagas naquele mesmo ano. Com base nessa performance, o Procurador do Estado Alexandre Aboud sustenta que os protestos extrajudiciais atingem índices de arrecadação "infinitamente superiores aos índices atingidos nas ações de execução fiscal"[27].

O artigo 523 do novo CPC situa-se no capítulo que disciplina o cumprimento definitivo da sentença que reconhece a exigibilidade de obrigação de pagar quantia certa, e estipula o prazo de 15 dias para o devedor, intimado pelo exequente, pagar a dívida. Como o cumprimento das sentenças que impõem obrigação de pagar à Fazenda Pública se faz por precatórios, estando regulado, inclusive, em capítulo diverso, não é possível submeter tais sentenças a protesto, salvo se houver litisconsórcio com particular, e, apenas em face deste.

Uma questão interessante, sobretudo em se tratando de sentenças judiciais de tutela ao meio ambiente, diz respeito à possibilidade de protesto dos créditos referentes a multas impostas como meios de coerção de sentenças condenatórias em obrigação de fazer ou não fazer transitadas em julgado. Eventual dúvida sobre tal possibilidade pode surgir, porque o artigo 517 diz que o protesto será possível após o prazo do artigo 523, que se situa no capítulo do cumprimento das sentenças que reconheçam obrigação de pagar quantia certa.

A nosso aviso, é perfeitamente possível o protesto dos créditos formados pelas multas impostas como meios de coerção de sentenças condenatórias em obrigação de fazer ou não fazer transitadas em julgado. Isso porque a disciplina do protesto extrajudicial das decisões

---

26 Disponível em: http://www.agu.gov.br/page/content/detail/id_conteudo/266576. Acesso em 30.06.2015.

27 *A experiência do Estado de São Paulo com o protesto de certidões de dívida ativa como meio alternativa de cobrança e de diminuição de litígios.* Disponível em: http://anape.org.br/site/wp-content/uploads/2014/01/TESE-30-AUTOR-ALEXANDRE-ABOUD.pdf. Acesso em 30.06.2015.

judiciais é dada pelo artigo 517, que está localizado no capítulo das disposições gerais sobre cumprimento de sentença. À inexistência de regras especificamente voltadas à execução dessas multas, dada a natureza da dívida (obrigação de pagar quantia certa), é evidente ser cabível a aplicação do mesmo regime de cumprimento das sentenças que reconhecem obrigação de pagar quantia certa. Cumpre, porém, que o título a ser protestado detenha liquidez e certeza.

Assim, intimado o devedor a cumprir a obrigação de fazer ou não fazer, e, transcorrido o prazo para o cumprimento dessa obrigação, o descumprimento deve ser documentado, por exemplo, por meio de laudo de vistoria do órgão ambiental. Se fixada multa diária, será a partir da data do descumprimento que ela incidirá, sendo desnecessária a liquidação, bastando mero cálculo aritmético (§ 2.º do art. 509). Instruído o requerimento para o pagamento da multa na forma do artigo 524, bem como com a prova do descumprimento da obrigação de fazer ou não fazer, aguarda-se o prazo do artigo 523. Transcorrido *in albis*, pode-se proceder ao protesto extrajudicial desse crédito, formando-se o título a ser apresentado ao Tabelionato de Protesto conforme o artigo 517.

Tampouco é necessário aguardar a entrada em vigor do novo estatuto processual para protestar títulos executivos judiciais. O STJ, por exemplo, admite essa prática desde 2008[28]. A Corregedoria Geral de Justiça do Tribunal de Justiça do Estado de São Paulo editou o Provimento n.º 27/2013, alterando as Normas de Serviço dos Cartórios Extrajudiciais (Provimento n.º 58/1989), para, dentre outras finalidades, disciplinar o protesto de títulos executivos judiciais nos Tabelionatos paulistas, e dispor que eles podem ser protestados na localidade de tramitação do processo ou na de domicílio do devedor (item 27.3).

### 8. Conclusão

Ao longo deste artigo, vimos que nem tudo o que, a partir de uma leitura isolada das regras do novo CPC, pareceria aplicável às ações civis públicas, revela-se compatível com as finalidades do microssistema processual coletivo. À ausência de compatibilidade, as inovações devem ser repelidas, pois a aplicação das normas do estatuto

---

[28] REsp 750805/RS, 3.ª T., rel. Min. Humberto Gomes de Barros, j. 14.02.2008, DJe 16.06.2009.

processual geral deve ser sempre subsidiária às regras específicas ao processo coletivo, somente sendo admitida quando houver compatibilidade entre tais sistemas. Por isso, continuam descabidas, nas ações civis públicas, a reconvenção e a assistência litisconsorcial dos titulares dos direitos difuso e coletivos.

Na direção oposta, mostramos que o novo Código traz regras que, muito embora à primeira vista não pareçam aplicáveis ao processo coletivo, podem e devem ser nele empregadas em prol de sua maior efetividade, como é o caso da possibilidade de se exigir a multas diária antes mesmo do trânsito em julgado e o protesto extrajudicial das decisões judiciais transitadas em julgado, este, viável mesmo antes da entrada em vigor do novo CPC.

Além disso, no campo do direito intertemporal, ressalvamos que a ação civil pública ajuizada sob o procedimento sumário (p. ex., ação para a proteção de reserva legal ou de área de preservação permanente), desde que não sentenciada até a entrada do vigor da nova lei processual, continuará tramitando segundo aquele procedimento, em verdadeira ultra-atividade, ainda que temporária, do CPC de 1973.

### Referências bibliográficas

ABELHA, Marcelo. *Ação civil pública e meio ambiente*. Rio de Janeiro: Forense Universitária, 2004.

ABOUD, Alexandre. *A experiência do Estado de São Paulo com o protesto de certidões de dívida ativa como meio alternativa de cobrança e de diminuição de litígios.* Disponível em: http://anape.org.br/site/wp-content/uploads/2014/01/TESE-30-AUTOR-ALEXANDRE-ABOUD.pdf. Acesso em 30.06.2015.

ALVES, Maristela da Silva. Esboço sobre o significado do ônus da prova no processo civil. In: KNIJNIK, Danilo (Coord.). *Prova judiciária*. Estudos sobre o novo direito probatório. Porto Alegre: Livraria do Advogado, 2007.

ANDRADE, Adriano; ANDRADE, Landolfo; MASSON, Cleber. *Interesses Difusos e Coletivos - Esquematizado*. 5.ª ed. São Paulo: Método, 2015.

ANDRADE, Landolfo. *O ônus da prova na ação civil pública. Regime atual e influências do novo CPC*. Verbatim: São Paulo, 2015.

BARBI, Celso Agrícola. Comentários ao Código de Processo Civil. Lei 5.869, de 11 de janeiro de 1973. Vol. 1. Arts. 1.º a 153. Rev. e atual. por Eliana Barbi Botelho e Bernardo Pimentel Souza. 13.ª ed. Rio de Janeiro: Forense, 2008.

## CAPÍTULO III – AS MULTIFACES DA TUTELA AMBIENTAL

DALL'AGNOL JUNIOR, Antonio Janyr. Distribuição dinâmica do ônus probatório. *Revista dos Tribunais*, São Paulo: RT, 2001, n. 788.

DIDIER JÚNIOR, Fredie; ZANETI JÚNIOR, Hermes. *Curso de direito processual civil*. 3. ed. Salvador: Juspodivm, 2008, v. 4.

DIDIER JR., Fredie et al. *Curso de direito processual civil*. Teoria da prova, direito probatório, teoria do precedente, decisão judicial, coisa julgada e antecipação dos efeitos da tutela. 6. ed. Salvador: Juspodivm, 2011. v. II.

DINAMARCO, Cândido Rangel. *Instituições de Direito Processual Civil*. 3. ed. rev. e atual. São Paulo: Malheiros, 2003.

DINAMARCO, Pedro da Silva. *Ação civil pública*. São Paulo: Saraiva, 2001.

FERRARESI, Eurico. *Ação Popular, Ação Civil Pública e Mandado de Segurança Coletivo*. Rio de Janeiro: Forense, 2009.

LENZA, Pedro. *Teoria Geral da Ação Civil Pública*. 3. ed. rev. atual. e ampl. São Paulo: RT, 2008.

LEONEL, Ricardo de Barros. *Manual do processo coletivo*. São Paulo: RT, 2002.

MARINONI, Luiz Guilherme. Formação da convicção e inversão do ônus da prova segundo as peculiaridades do caso concreto. *Revista dos Tribunais*, v. 862, ago. 2007.

MAZZILLI, Hugo Nigro. *A defesa dos interesses difusos em juízo*. 22. ed. São Paulo: Saraiva, 2009.

NERY JUNIOR, Nelson. *Princípios do processo na Constituição Federal – processo civil, penal e administrativo*. 9.ª ed. Editora RT: São Paulo, 2009, p. 172.

SOUZA, Wilson Alves. Ônus da prova – considerações sobe a doutrina das cargas probatórias dinâmicas. *Revista Jurídica dos Formandos em Direito da UFBA*, Salvador: UFBA, 1999, n. 6;

THEODORO JUNIOR, Humberto. *Curso de direito processual civil* – Teoria geral do direito processual civil e processo de conhecimento. 49. ed. Rio de Janeiro: Forense, 2008.

VIGLIAR, José Marcelo Menezes. *Ação civil pública*. 5. ed. rev. e ampl. com jurisp. São Paulo: Atlas, 2001.

ZAVASCKI, Teori Albino. *Processo Coletivo*: Tutela de Direitos Coletivos e Tutela Coletiva de Direitos. 4. ed. São Paulo: RT, 2009.

# CAPÍTULO IV

O MEIO AMBIENTE E AS TRANSVERSALIDADES

# REGULARIZAÇÃO FUNDIÁRIA URBANA E CONSOLIDAÇÃO DE OCUPAÇÃO EM APP

Luis Felipe Tegon Cerqueira Leite[1]

**Resumo:** O presente estudo trata da interface entre o direito urbanístico e ambiental no que tange à regularização fundiária de assentamentos informais na cidade. Inicialmente, é apresentado um panorama da regularização fundiária, que teve notável desenvolvimento a partir da Lei nº 11.977/09. Em seguida, é analisada a disciplina da intervenção em Área de Preservação Permanente – APP segundo a Lei nº 12.651/12, para verificar de que forma isso se aplica na regularização fundiária urbana. Por fim, são tratados os dispositivos correlatos da Lei nº 11.977/09, sem descuidar da necessária integração e distinção de conteúdos entre os dois diplomas.

**Palavras-chave:** Regularização fundiária urbana. Assentamentos informais consolidados. Consolidação de ocupação em Área de Preservação Permanente. Licenciamento urbanístico e ambiental. Flexibilização de parâmetros urbanísticos e ambientais.

**Sumário:** 1. Assentamentos informais e regularização fundiária – 2. A intervenção em Área de Preservação Permanente segundo a Lei nº 12.651/12 – 3. A consolidação da ocupação em Área de Preservação Permanente na regularização fundiária urbana: Leis nº 4.771/65 e 12.651/12 – 4. A consolidação da ocupação em Área de Preservação Permanente na regularização fundiária urbana: Lei nº 11.977/09 – 5. Conclusões.

## 1. Assentamentos informais e regularização fundiária

O crescimento desordenado das cidades, fruto da ausência de política de desenvolvimento urbano aliado às deficiências do mercado para garantir acesso de todos à moradia adequada, levou ao desenvolvimento de assentamentos informais, que podem assumir diversas

---
1 Promotor de Justiça do Ministério Público do Estado de São Paulo. Assessor do Centro de Apoio Operacional de Meio Ambiente, Habitação e Urbanismo. Mestrando em Direitos Humanos pela PUC-SP.

feições. Referimo-nos ao universo de loteamentos clandestinos e irregulares, ocupações espontâneas de espaços ociosos que deram origem a bairros mais ou menos urbanizados, ocupações de áreas de risco e ambientalmente protegidas, favelas e cortiços.

Isso levou à contraposição entre a "cidade formal" – composta pelos imóveis regulares, com a devida titulação – e a "cidade informal". O Poder Público tratou a questão de formas diversas ao longo do tempo, seja simplesmente combatendo essas ocupações (sem que se oferecesse alternativa viável aos moradores), seja reconhecendo a irreversibilidade da ocupação, dotando-a de melhores condições de habitabilidade (obras de urbanização). Mesmo neste caso, não havia uma política de Estado, ficando as obras circunscritas a uma ou outra gestão, e à maior ou menor mobilização dos moradores cobrando melhorias.

Na última década, contudo, houve radical mudança, tendo o Estado brasileiro assumido política social inclusiva que, para garantir bem-estar geral aos menos favorecidos, também atuou na questão da urbanização dos assentamentos informais, destinando vultuosos recursos para fazer frente às obras.

Nessa direção, veio a Lei nº 11.977/09 que, ao criar o Programa Minha Casa Minha Vida – institucionalizando o acesso da população de baixa renda ao imóvel próprio – também concebeu a regularização fundiária como solução para os assentamentos informais existentes na quase totalidade das cidades brasileiras.

A regularização fundiária vai muito além das obras de melhoria urbana, para garantir a aquisição do domínio – conferindo segurança jurídica aos moradores – e a integração do núcleo habitacional regularizado à cidade formal, com acesso aos serviços públicos de saúde, educação, transporte e lazer. A regularização fundiária não implica apenas em "garantir um local para morar", mas garantir moradia *digna*. Nesse sentido, a própria definição legal: "A regularização fundiária consiste no conjunto de medidas *jurídicas*, *urbanísticas*, *ambientais* e *sociais* que visam à regularização de assentamentos irregulares e à titulação de seus ocupantes, de modo a garantir o *direito social à moradia*, o *pleno desenvolvimento das funções sociais da propriedade urbana* e o *direito ao meio ambiente ecologicamente equilibrado*".[2]

---

2   Art. 46 da Lei nº 11.977/09. Destaques nossos.

A grande importância da Lei nº 11.977/09 é a mudança de paradigma: reconhece-se um novo padrão de ocupação do solo urbano e, com alguns poucos ajustes, essa situação deve ser mantida. Não se parte mais da ideia de "regularização" contida na Lei nº 6.766/79 (Lei de Parcelamento do Solo Urbano), segundo a qual regularizar era atender a todos os parâmetros legais para o parcelamento do solo – como se fosse possível voltar ao passado, quando o solo não era ainda ocupado –, deixando de fora outras formas espontâneas de ocupação. Com a nova legislação, os padrões urbanísticos e ambientais são flexibilizados para acomodar a situação existente à legalidade, uma vez que seria completamente desarrazoado o desfazimento de ocupações que, no mais das vezes, compreendem verdadeiros bairros, com um contingente populacional que nunca seria provido de moradia caso prevalecessem as regras que constituíram a "cidade formal". Nesse contexto, a Lei nº 11.977/09 confere a possibilidade de redução do percentual de áreas destinadas ao uso público e da área mínima dos lotes definidos na legislação de parcelamento do solo urbano[3], bem como de consolidação da ocupação em Área de Preservação Permanente.

Tratando da regularização fundiária, a Lei nº 11.977/09 apenas deu efetividade a princípios contidos na Constituição Federal e no Estatuto da Cidade. Assim, a política de desenvolvimento urbano tem por fins últimos o "desenvolvimento das funções sociais da cidade" e "o bem-estar de seus habitantes".[4] As "funções sociais da cidade" compreendem "o direito à terra urbana, à moradia, ao saneamento ambiental, à infraestrutura urbana, ao transporte e aos serviços públicos, ao trabalho e ao lazer, para as presentes e futuras gerações"[5]. Ainda, o Estatuto da Cidade define como diretriz da política urbana a "regularização fundiária e urbanização de áreas ocupadas por população de baixa renda mediante o estabelecimento de normas especiais de urbanização, uso e ocupação do solo e edificação, consideradas a

---

3  "Art. 52. Na regularização fundiária de assentamentos consolidados anteriormente à publicação desta Lei, o Município poderá autorizar a redução do percentual de áreas destinadas ao uso público e da área mínima dos lotes definidos na legislação de parcelamento do solo urbano". No entanto, quando se tratar de regularização fundiária de assentamentos ocupados por população de baixa renda, sempre será possível o estabelecimento de padrões diferenciados, por força do art. 2º, XIV, do Estatuto da Cidade.

4  Art. 182, *caput* da CF.

5  Art. 2º, I, da Lei nº 10.257/01.

situação socioeconômica da população e as normas ambientais"[6]. E a regularização fundiária também aparece no Estatuto da Cidade como um instrumento de política urbana[7].

Portanto, a regularização fundiária de assentamentos urbanos ocupados por população de baixa renda é visto em seu duplo aspecto: como resultado (objetivo) e como procedimento (instrumento).

A regularização fundiária se volta a assentamentos irregulares – ocupações inseridas em parcelamentos informais ou irregulares, localizadas em áreas urbanas públicas ou privadas, utilizadas *predominantemente*[8] para fins de moradia[9] – localizados em área urbana[10], que é definida conforme lei municipal[11].

De forma resumida, a regularização fundiária se materializa num projeto, que identifica a área e propõe intervenções urbanísticas e ambientais.[12] O projeto é analisado pelo Município, que sempre procede ao licenciamento urbanístico e, se estiver capacitado, também ao licenciamento ambiental. No caso de o ente municipal não possuir Conselho Municipal de Meio Ambiente e órgão ambiental próprio[13], o licenciamento ambiental caberá ao órgão estadual.

Com a aprovação do projeto, este é submetido a registro imobiliário. A partir de então, haverá condições para a titulação dos ocupan-

---

6 Art. 2°, IV, da Lei n° 10.257/01.
7 Art. 4°, V, "q", da Lei n° 10.257/01.
8 O que não exclui a existência de algum comércio.
9 Art. 47, VI, da Lei n° 11.977/09.
10 Isso não significa que assentamentos situados na zona rural não podem ser regularizados. Para tanto, é necessário que seja editada lei municipal que inclua a área ocupada em zona de expansão urbana ou em zona de urbanização específica. O art. 42-B do Estatuto da Cidade traz uma série de requisitos para ampliação do perímetro urbano, para que seja feito de forma criteriosa e sustentável.
11 Art. 47, I, da Lei n° 11.977/09.
12 "O projeto de regularização fundiária deverá definir, no mínimo, os seguintes elementos: I – as áreas ou lotes a serem regularizados e, se houver necessidade, as edificações que serão relocadas; II – as vias de circulação existentes ou projetadas e, se possível, as outras áreas destinadas a uso público; III – as medidas necessárias para a promoção da sustentabilidade urbanística, social e ambiental da área ocupada, incluindo as compensações urbanísticas e ambientais previstas em lei; IV - as condições para promover a segurança da população em situações de risco, considerado o disposto no parágrafo único do art. 3° da Lei n° 6.766, de 19 de dezembro de 1979; e V – as medidas previstas para adequação da infraestrutura básica" (art. 51 da Lei n° 11.977/09).
13 Ver Lei Complementar n° 140/2011.

tes, seja pela aquisição do domínio (outorga de escritura ou usucapião) seja pela aquisição da concessão de uso para fins de moradia.

Com relação às obras de infraestrutura urbana, sua execução não condiciona o registro imobiliário da regularização.

A regularização fundiária pode ser promovida por iniciativa do Poder Público (União, Estado ou Município), dos próprios ocupantes (individual ou coletivamente) ou de cooperativas habitacionais, associações de moradores, fundações, organizações sociais, organizações da sociedade civil de interesse público ou outras associações civis que tenham por finalidade atividades nas áreas de desenvolvimento urbano ou regularização fundiária[14]. Além desses, podemos indicar o loteador[15] (se o caso) e o proprietário do imóvel[16].

A lei estabelece dois tipos de regularização fundiária: de interesse social e de interesse específico, o que vai determinar o grau de flexibilidade dos parâmetros urbanísticos e ambientais.

O interesse social[17] se caracteriza nos assentamentos ocupados (i) por população de baixa renda, (ii) há pelo menos 5 (cinco) anos, (iii) situados em Zona Especial de Interesse Social – ZEIS[18] ou em áreas da União, dos Estados, do Distrito Federal ou dos Municípios declaradas de interesse para implantação de projetos de regularização fundiária de interesse social.

Já o interesse específico[19] é definido por exclusão: caracteriza-se nas hipóteses que não forem de interesse social.

## 2. A intervenção em Áreas de Preservação Permanente segundo a Lei nº 12.651/12

A Área de Preservação Permanente – APP é assim definida no art. 3º, III, da Lei nº 12.651/12: "área protegida, coberta ou não por ve-

---

14  Art. 50 da Lei nº 11.977/09.

15  A Lei nº 6.766/79 já previa, no art. 38, a responsabilidade do loteador pela regularização.

16  A responsabilidade exsurge do dever de cumprimento da função social (art. 5º, XXIII, da CF).

17  Art. 47, VII, da Lei nº 11.977/09.

18  "Parcela de área urbana instituída pelo Plano Diretor ou definida por outra lei municipal, destinada predominantemente à moradia de população de baixa renda e sujeita a regras específicas de parcelamento, uso e ocupação do solo" (art. 47, V, da Lei nº 11.977/09).

19  Art. 47, VIII, da Lei nº 11.977/09.

getação nativa, com a função ambiental de preservar os recursos hídricos, a paisagem, a estabilidade geológica e a biodiversidade, facilitar o fluxo gênico de fauna e flora, proteger o solo e assegurar o bem-estar das populações humanas".

Como regra, as Áreas de Preservação Permanente não devem ser exploradas e, no caso de haver supressão da vegetação, surge a responsabilidade pela reparação integral. Esta é a regra do art. 7º da Lei nº 12.51/12, do que se extrai a conclusão de que, havendo supressão de vegetação, o dano ambiental é presumido – até porque a relevante função das Áreas de Preservação Permanente não pode ser desempenhada caso ocorra a degradação.

No entanto, a própria lei excepciona a regra[20], para admitir a intervenção nos casos de utilidade pública, interesse social e baixo impacto ambiental[21].

Na redação original do revogado Código Florestal (Lei nº 4.771/65), permitia-se a supressão nos casos de utilidade pública e interesse social, mediante prévia autorização do Poder Executivo Federal (art. 3º, §1º), sem, contudo, a prévia definição das hipóteses.[22]

Com a alteração promovida pela Medida Provisória nº 2.166-67, de 24 de agosto de 2001, houve melhor disciplina da matéria.

Assim, "a supressão de vegetação em área de preservação permanente somente poderá ser autorizada em caso de utilidade pública ou de interesse social, *devidamente caracterizados e motivados em procedimento administrativo próprio, quando inexistir alternativa técnica e locacional ao empreendimento proposto*". Caberia ao órgão ambiental autorizar a supressão e indicar as medidas "mitigadoras e compensatórias". Ainda, o órgão ambiental poderia admitir a supressão "eventual e de baixo impacto ambiental", conforme definido em regulamento[23].

---

20  O §1º do art. 7º, ao prever a responsabilidade do proprietário, possuidor ou ocupante pela reparação do dano, estatui ao final: "ressalvados os usos autorizados previstos nesta Lei".

21  Art. 8º da Lei nº 12.651/12.

22  Os casos eram extraídos do Decreto-lei nº 3.365/41 (desapropriação por utilidade pública) e da Lei nº 4.132/62 (desapropriação por interesse social).

23  Art. 4º da Lei nº 4.771/65. Destaques nossos.

## CAPÍTULO IV – O MEIO AMBIENTE E AS TRANSVERSALIDADES

Ressalte-se que houve o questionamento da constitucionalidade das alterações trazidas pela Medida Provisória nº 2.166-67, sob o argumento de que, conferindo-se à Administração Pública o poder de autorizar a supressão de APP, haveria violação do preceito constitucional segundo o qual a alteração e a supressão dos espaços territoriais especialmente protegidos são permitidas somente através de lei[24].

O Supremo Tribunal Federal, entretanto, por seu Pleno, ao julgar a medida cautelar de suspensão do ato em Ação Direta de Inconstitucionalidade, decidiu pela constitucionalidade, sob os seguintes fundamentos:

> O ART. 4º DO CÓDIGO FLORESTAL E A MEDIDA PROVISÓRIA Nº 2.166-67/2001: UM AVANÇO EXPRESSIVO NA TUTELA DAS ÁREAS DE PRESERVAÇÃO PERMANENTE.- A Medida Provisória nº 2.166-67, de 24/08/2001, na parte em que introduziu significativas alterações no art. 4º do Código Florestal, longe de comprometer os valores constitucionais consagrados no art. 225 da Lei Fundamental, estabeleceu, ao contrário, mecanismos que permitem um real controle, pelo Estado, das atividades desenvolvidas no âmbito das áreas de preservação permanente, em ordem a impedir ações predatórias e lesivas ao patrimônio ambiental, cuja situação de maior vulnerabilidade reclama proteção mais intensa, agora propiciada, de modo adequado e compatível com o texto constitucional, pelo diploma normativo em questão.- Somente a alteração e a supressão do regime jurídico pertinente aos espaços territoriais especialmente protegidos qualificam-se, por efeito da cláusula inscrita no art. 225, § 1º, III, da Constituição, como matérias sujeitas ao princípio da reserva legal.- É lícito ao Poder Público – qualquer que seja a dimensão institucional em que se posicione na estrutura federativa (União, Estados-membros, Distrito Federal e Municípios) – autorizar, licenciar ou permitir a execução de obras e/ou a realização de serviços no âmbito dos espaços territoriais especialmente protegidos, desde que, além de observadas as restrições, limitações e exigências abstratamente estabelecidas em lei, não resulte comprometida a integridade dos atributos que justifica-

---

[24] Art. 225, §1º, III, da CF.

ram, quanto a tais territórios, a instituição de regime jurídico de proteção especial (CF, art. 225, § 1º, III).[25]

A modificação legislativa, contudo, não trouxe hipóteses específicas de utilidade pública, interesse social e baixo impacto ambiental, tarefa que coube ao CONAMA, por sua Resolução nº 369/06.

Duas mudanças importantes ocorreram com o advento da Lei nº 12.651/12.

A primeira, diz respeito à definição dos casos de "utilidade pública", "interesse social" e "baixo impacto ambiental", agora presente no art. 3º, VIII, IX e X. O elenco de atividades constante dos mencionados dispositivos é longo. Para o objeto do presente estudo, consigne-se que "a regularização fundiária de assentamentos humanos ocupados predominantemente por população de baixa renda em áreas urbanas consolidadas, observadas as condições estabelecidas na Lei nº 11.977, de 7 de julho de 2009" é hipótese de interesse social.[26]

A segunda modificação diz respeito à não exigência de demonstração, em procedimento administrativo próprio, da necessidade da intervenção em razão da inexistência de alternativa técnica e locacional, como condição para *qualquer* caso de supressão por utilidade pública ou interesse social.[27]

Numa primeira leitura, poder-se-ia concluir que, uma vez caracterizada a hipótese de utilidade pública ou interesse social, necessariamente estaria autorizada a intervenção em APP. No entanto, não é esta a interpretação que se coaduna ao sistema protetivo ambiental disciplinado, em primeiro lugar, pela Constituição Federal.

Com efeito, uma vez considerado o meio ambiente como "bem de uso comum e essencial à sadia qualidade de vida", impõe-se ao Poder Público e à coletividade "o dever de defendê-lo e preservá-lo para as presentes e futuras gerações"[28]. Para tanto, deverá o Poder Público

---

25 BRASIL. Supremo Tribunal Federal. ADI 3540 MC; julgada em 01/09/2005; DJ 03/02/2006, p. 14.

26 Art. 3º, VIII, "d". Não se deve confundir o "interesse social" a autorizar intervenção em APP com a "regularização fundiária de interesse social". O assunto será retomado adiante.

27 Apenas na definição de novas hipóteses pelo Presidente da República, nos casos de utilidade pública e interesse social, há essa exigência expressa.

28 Art. 225, *caput* da CF.

"preservar e restaurar os processos ecológicos essenciais"[29], cabendo a responsabilização civil, administrativa e penal àqueles que causarem lesão ao meio ambiente[30].

Nessa toada, a Lei nº 6.938/81, que instituiu a Política Nacional de Meio Ambiente, prevendo, como princípios, a "ação governamental na manutenção do equilíbrio ecológico, considerando o meio ambiente como um patrimônio público a ser necessariamente assegurado e protegido", o "planejamento e fiscalização do uso dos recursos ambientais", a "recuperação de áreas degradadas"[31].

Lembre-se, ainda, que degradação ambiental é "a alteração adversa das características do meio ambiente"[32].

A magnitude do bem ambiental impõe sua intangibilidade, daí a obrigação de reparar os danos, de forma integral. Diante disso, o afastamento desse dever é sempre hipótese excepcional e, por isso, deve estar plenamente justificado. Não haveria sentido em se proteger especialmente uma determinada área e, ao mesmo tempo, admitir-se sua degradação sem maiores mecanismos de controle.

Por conseguinte, diante de uma intervenção em APP, o Poder Público tem a obrigação de, além da análise da presença da utilidade pública ou do interesse social, *justificar a imprescindibilidade dessa intervenção* – o que se instrumentaliza num procedimento administrativo em que a decisão proferida deve ser plenamente justificada, sobretudo em relação à exigência (ou não) de medidas mitigadoras.

Disso se conclui que, havendo a possibilidade de se evitar o dano, a supressão não deve ser autorizada[33] – e aqui entraria a anterior valoração sobre a existência de "alternativa técnica e locacional". Em sendo necessária a supressão, há de se garantir alguma forma de reparação ao meio ambiente.[34]

---

29  Art. 225, §1º, I, da CF.
30  Art. 225, §3º, da CF.
31  Art. 2º, I, III e VIII, respectivamente.
32  Art. 3º, II, da Lei nº 6.938/81.
33  Decorrência do princípio da prevenção.
34  Nesse sentido, a Ação Direta de Inconstitucionalidade nº 4.903 pede que se dê ao art. 3º, VIII e IX, da Lei nº 12.651/12 interpretação conforme à Constituição no sentido de que todas as hipóteses de intervenção excepcional em APP por interesse social ou utilidade pública sejam condicionadas à inexistência de alternativa técnica ou locacional, comprovada mediante processo administrativo próprio.

No caso da regularização fundiária urbana, como se trata de uma degradação já ocorrida, com a ocupação de APP pelo assentamento informal, a análise da *imprescindibilidade da intervenção* é mais limitada.[35] De qualquer forma, podemos pensar na hipótese da existência de alguma área próxima para realocação dos ocupantes da APP. Não sendo este o caso, deve-se permitir a consolidação da ocupação, mediante a reparação dos danos ambientais – a ser estabelecida conforme as condições do caso concreto, analisando-se, sobretudo, a irreversível perda das características ambientais que justificariam sua especial proteção.

Para alguns tipos de APP, a Lei n° 12.651/12 estabeleceu regras diferenciadas.

Assim, nas restingas, como fixadoras de dunas ou estabilizadoras de mangues, e nos manguezais, a intervenção somente será possível ante a demonstração de que a função do manguezal esteja comprometida e desde que a regularização fundiária seja por interesse social.[36]

Finalmente, se houver vegetação nativa protetora de nascentes, dunas e restingas, não poderá ocorrer a consolidação de ocupação na regularização fundiária, pois o art. 8°, §1°, da Lei n° 12.651/12 somente autoriza a intervenção para os casos de utilidade pública – como visto, a regularização fundiária abrange hipótese de interesse social.

Como teremos a oportunidade de examinar, a regularização fundiária pode abranger a realização de obras de infraestrutura, sobretudo de saneamento básico. Nesse caso, a intervenção em APP abrange hipótese de utilidade pública[37].

Ainda, quando a área objeto de regularização envolver obras de urgência de interesse da defesa civil destinadas à prevenção e mitigação de acidentes em áreas urbanas, haverá dispensa de autorização para intervenção em APP[38].

---

35 Até porque a tônica da Lei n° 11.977/09 é a manutenção da ocupação.

36 Art. 8°, §2°. O dispositivo é questionado na Ação Direta de Inconstitucionalidade n° 4.903, apontando-se a inconstitucionalidade em razão da violação do dever de vedar qualquer utilização do espaço territorial especialmente protegido que comprometa a integridade dos atributos que justificam sua proteção.

37 Art. 3°, VIII, "b", da Lei n° 12.651/12.

38 Art. 8°, §3°, da Lei n° 12.651/12.

## 3. A consolidação da ocupação de Área de Preservação Permanente na regularização fundiária urbana: Leis n° 4.771/65 e 12.651/12

De acordo com a sistemática do revogado Código Florestal, a regularização fundiária de assentamentos urbanos autorizava intervenção em APP por se tratar de interesse social definido na Resolução CONAMA n° 369/06[39].

Não havendo, à época, distinção entre regularização de interesse social e de interesse específico (conceitos trazidos pela Lei n° 11.977/09), podemos afirmar que havia um regime único a permitir a consolidação da ocupação de APP nesse contexto, tendo a Resolução CONAMA n° 369/06 estabelecido uma série de requisitos[40]:

(i) Ocupações de baixa renda predominantemente residenciais;

(ii) Localização em ZEIS – Zona Especial de Interesse Social;

(iii) Presença de, no mínimo, três dos seguintes equipamentos urbanos: malha viária, captação de águas pluviais, esgotamento sanitário, coleta de resíduos sólidos, rede de abastecimento de água, rede de distribuição de energia;

(iv) Densidade demográfica superior a 50 (cinquenta) habitantes por hectare;

(v) Ocupações consolidadas até 10 de julho de 2001;

(vi) Apresentação de plano de regularização fundiária;

(vii) Necessidade de preservação de faixas conforme o tipo de APP[41];

(viii) Exclusão de áreas de risco.

Com pequenas diferenças, essa disciplina corresponderia, hoje, à regularização fundiária de interesse social.

Portanto, com a previsão da regularização fundiária de interesse específico a partir da Lei n° 11.977/09, não havia parâmetros específicos a autorizar a consolidação da ocupação de APP nesse contexto,

---

39 Art. 2°, II, "c" – regularização fundiária sustentável de área urbana.
40 Art. 9°.
41 Com a possibilidade de abrandamento das restrições em determinados casos (art. 9°, §1°).

para o qual esta lei, genericamente, ordenou a observâncias das limitações previstas na legislação ambiental quanto à APP.

De qualquer forma, frise-se, não havia vedação por lei, que não delimitava o alcance da expressão "regularização fundiária"; nesse sentido, a Resolução CONAMA n° 369/06 elegeu certas características para permitir a regularização, mas não fechou a porta para que outras fossem estabelecidas.

Com o advento da Lei n° 12.651/12, a intervenção em APP nos casos de regularização fundiária urbana é considerada como "interesse social".

Contudo, diferentemente da sistemática anterior, a própria lei já restringiu de modo significativo a possibilidade de consolidação de ocupação em APP, para atingir somente os *assentamentos informais ocupados predominantemente por população de baixa renda, localizados em área urbana consolidada* – é o alcance da expressão "regularização fundiária" constante do art. 3°, VIII, "d", da Lei n° 12.651/12.

Não existe definição legal do que seja, para os fins da regularização fundiária, "população de baixa renda". Trata-se de típico assunto sobre o qual deve o Município legislar; não o fazendo, parece-nos razoável utilizar o limite estabelecido no Decreto n° 7.499/11 que, regulamentando a Lei n° 11.977/09, estatuiu que o Programa Minha Casa Minha Vida se destina a famílias com renda mensal de até de R$ 5.000,00 (cinco mil reais).

Quanto à "área urbana consolidada", a Lei n° 12.651/12 adota a definição constante do art. 47, II, da Lei n° 11.977/09:

"parcela da área urbana com densidade demográfica superior a 50 (cinquenta) habitantes por hectare e malha viária implantada e que tenha, no mínimo, 2 (dois) dos seguintes equipamentos de infraestrutura urbana implantados:

a) drenagem de águas pluviais urbanas;

b) esgotamento sanitário;

c) abastecimento de água potável;

d) distribuição de energia elétrica; ou

e) limpeza urbana, coleta e manejo de resíduos sólidos".

Adotando a distinção entre regularização fundiária de interesse social e regularização fundiária de interesse específico, cada uma tem regras próprias na Lei n° 12.651/12 quanto à consolidação da ocupação de APP.

No caso de interesse social, "a regularização ambiental será admitida por meio da aprovação do projeto de regularização fundiária, na forma da Lei 11.977, de 7 de julho de 2009", devendo constar do projeto "estudo técnico que demonstre a *melhoria das condições ambientais* em relação à situação anterior com a adoção das medidas nele preconizadas"[42].

A conclusão pela melhoria das condições ambientais se obtém a partir do cotejo entre a situação existente e aquela projetada – ou seja, mesmo permanecendo a ocupação da APP, algum ganho ambiental há de resultar. Isso pode ocorrer, por exemplo, com a delimitação da faixa de APP em que será mantida a ocupação (retirando-se as moradias situadas muito próximas do curso d'água), com a eliminação ou redução de riscos geológicos, com a implantação de sistema de coleta e tratamento de esgoto, com medidas de compensação ou mitigação de danos, etc.

Portanto, equivocada é a ideia de que regularizar a ocupação de APP é "deixar tudo como está". Uma intervenção corretiva na área, em maior ou menos grau, haverá de ser levada a efeito para que ocorra a melhoria das condições ambientais.

Por isso o estudo técnico a instruir o projeto de regularização fundiária deve conter elementos mínimos previstos na lei[43], a saber:

(i) caracterização da situação ambiental da área a ser regularizada;
(ii) especificação dos sistemas de saneamento básico;
(iii) proposição de intervenções para a prevenção e o controle de riscos geotécnicos e de inundações;
(iv) recuperação de áreas degradadas e daquelas não passíveis de regularização;
(v) comprovação da melhoria das condições de sustentabilidade urbano-ambiental, considerados o uso adequado dos recursos hídricos, a não ocupação das áreas de risco e a proteção das unidades de conservação, quando for o caso;
(vi) comprovação da melhoria da habitabilidade dos moradores propiciada pela regularização proposta; e
(vii) garantia de acesso público às praias e aos corpos d'água (art. 64, §2º).

---
42  Art. 64 da Lei nº 12.651/12. Destaques nossos.
43  Art. 64, §2º, da Lei nº 12.651/12.

Em se tratando de regularização fundiária por interesse específico, o art. 65 da Lei nº 12.651/12 impede a consolidação da ocupação de APP identificada como área de risco. Da mesma forma, exige-se a aprovação de projeto, que contenha, no mínimo, os seguintes elementos[44]:

(i) a caracterização físico-ambiental, social, cultural e econômica da área;

(ii) a identificação dos recursos ambientais, dos passivos e fragilidades ambientais e das restrições e potencialidades da área;

(iii) a especificação e a avaliação dos sistemas de infraestrutura urbana e de saneamento básico implantados, outros serviços e equipamentos públicos;

(iv) a identificação das unidades de conservação e das áreas de proteção de mananciais na área de influência direta da ocupação, sejam elas águas superficiais ou subterrâneas;

(v) a especificação da ocupação consolidada existente na área;

(vi) a identificação das áreas consideradas de risco de inundações e de movimentos de massa rochosa, tais como deslizamento, queda e rolamento de blocos, corrida de lama e outras definidas como de risco geotécnico;

(vii) a indicação das faixas ou áreas em que devem ser resguardadas as características típicas da APP com a devida proposta de recuperação de áreas degradadas e daquelas não passíveis de regularização;

(viii) a avaliação dos riscos ambientais;

(ix) a comprovação da melhoria das condições de sustentabilidade urbano-ambiental e de habitabilidade dos moradores a partir da regularização; e

(x) a demonstração de garantia de acesso livre e gratuito pela população às praias e aos corpos d'água, quando couber.

Veja-se que, tal como na hipótese anterior, há necessidade de demonstração da melhoria das condições ambientais.

O maior número de exigências já demonstra que a análise técnica da viabilidade da regularização por interesse específico é mais

---

[44] Art. 65, §1º, da Lei nº 12.651/12.

rigorosa que na regularização por interesse social. Tanto que, necessariamente, deve ser mantida uma faixa não edificável de 15 metros de cada lado do curso d'água[45], sem prejuízo do estabelecimento de regra mais protetiva por ocasião do licenciamento ambiental.

É importante salientar o alcance limitado da consolidação de ocupação em APP na regularização fundiária por interesse específico. Enquanto para a Lei nº 11.977/09 a regularização por interesse específico é toda aquela que não for de interesse social (conceito amplo e que pode abranger, por exemplo, assentamentos ocupados por população de alto poder aquisitivo), de acordo com a disciplina da Lei nº 12.651/12 somente os assentamentos de interesse específico *com população de baixa renda e situados em área urbana consolidada terão a possibilidade de consolidação da ocupação em APP*.

Os dispositivos que tratam da regularização fundiária na Lei nº 12.651/12 estão inseridos no capítulo das disposições transitórias. Portanto, são regras excepcionais, aplicando-se a situações consolidadas, não servindo para novas ocupações.[46] Resta indagar: qual a data limite para se permitir a aplicação das regras flexibilizadoras? Sempre que a Lei nº 12.651/12 disciplina as "áreas consolidadas", utiliza o marco temporal de 22 de julho de 2008. No entanto, especificamente em relação à regularização fundiária urbana, não há menção expressa a essa data. De outro lado, os arts. 64 e 65 fazem a remissão à Lei nº 11.977/09, que traz outro marco temporal: 31 de dezembro de 2007. Há de prevalecer esta última, por mais protetiva ao meio ambiente e por estar veiculada em norma que trata especificamente da regularização fundiária.

## 4. A consolidação da ocupação de Área de Preservação Permanente na regularização fundiária urbana: Lei nº 11.977/09

Em se tratando de regularização fundiária de interesse social, *em áreas ocupadas até 31 de dezembro de 2007* e inseridas em área urbana consolidada[47], o Município pode, por decisão motivada, admitir a consolidação da ocupação em APP, "desde que estudo técnico compro-

---

45  Art. 65, §2º, da Lei nº 12.651/12.
46  Por isso mesmo é que, ao prever as hipóteses que autorizam a supressão de APP, o art. 8º, §4º, dispôs que: "Não haverá, em qualquer hipótese, direito à regularização de futuras intervenções ou supressões de vegetação nativa, além das previstas nesta Lei".
47  Definição constante do art. 47, II, da Lei nº 11.977/09, reproduzido no tópico anterior.

ve que esta intervenção implica a melhoria das condições ambientais em relação à situação de ocupação irregular anterior"[48].

O dispositivo é salutar na medida em que exige a devida fundamentação técnica por parte do Município, de sorte que, em se verificando a ausência de motivos, o ato será nulo[49].

Isso reforça a necessidade de se demonstrar que a intervenção é *absolutamente necessária*, não havendo meios para se desocupar a APP. A excepcionalidade da medida exige manifestação criteriosa pela Administração Pública.

Além disso, aqui vale a mesma observação feita no tópico que analisou a regularização fundiária na Lei nº 12.651/12: é preciso que haja ganho ambiental ao se regularizar a ocupação da APP. Portanto, além da análise acerca da *indispensabilidade* da consolidação, deve-se garantir mecanismos para que ocorra *efetiva melhoria das condições ambientais*.

A permissão se dirige apenas aos assentamentos consolidados até *31 de dezembro de 2007*, evitando-se a aplicação indiscriminada. A prova da ocupação pode ser feita por qualquer meio, em especial, fotografias aéreas do assentamento ao longo do tempo.[50]

O estudo técnico referido no dispositivo deve contemplar, no mínimo, os seguintes elementos[51]:

(i) caracterização da situação ambiental da área a ser regularizada;
(ii) especificação dos sistemas de saneamento básico;
(iii) proposição de intervenções para o controle de riscos geotécnicos e de inundações;
(iv) recuperação de áreas degradadas e daquelas não passíveis de regularização;
(v) comprovação da melhoria das condições de sustentabilidade urbano-ambiental, considerados o uso adequado dos

---

48 Art. 54, §1º, da Lei nº 11.977/09.
49 Art. 2º, "d", da Lei nº 4.771/65.
50 A regra consta do art. 47, §2º, da Lei nº 11.977/09 e pode perfeitamente ser aplicada à hipótese ora comentada.
51 Art. 54, §2º, da Lei nº 11.977/09. São os mesmos requisitos do art. 64 da Lei nº 12.651/12.

## CAPÍTULO IV – O MEIO AMBIENTE E AS TRANSVERSALIDADES

recursos hídricos e a proteção das unidades de conservação, quando for o caso;
(vi) comprovação da melhoria da habitabilidade dos moradores propiciada pela regularização proposta; e
(vii) garantia de acesso público às praias e aos corpos d'água, quando for o caso.

A lei não estabelece, previamente, os limites para se admitir a ocupação da APP, é dizer, *não necessariamente será admitida a ocupação*. Não se mostra correta a interpretação segundo a qual a lei permitiu a ocupação indiscriminada. A prática revela que os Municípios partem do pressuposto de que toda a ocupação será mantida, quando, na verdade, deveria ocorrer o inverso, verificando-se o que se deve fazer para manter, na medida do possível, a função ambiental da área. A *ponderação* entre os direitos fundamentais meio ambiente e moradia deve atender ao critério da *proporcionalidade*, atingindo-se o resultado que não aniquile nenhum deles. Por conseguinte, o órgão ambiental deve ser criterioso na análise de projetos de regularização fundiária, atuando com razoabilidade para a otimização dos interesses envolvidos e exigindo a devida reparação ambiental, ainda que somente seja possível a mitigação dos danos. Veja-se que um dos componentes do projeto é justamente a "recuperação de áreas degradadas e daquelas não passíveis de regularização".

Na regularização fundiária de interesse específico, o art. 61, §1º, da Lei nº 11.977/09 estatui que serão observadas as restrições à ocupação de Áreas de Preservação Permanente e demais disposições previstas na legislação ambiental. O assunto é tratado pela Lei nº 12.651/12, como visto acima, de sorte que todos os parâmetros por esta exigidos devem ser observados para consolidação da ocupação de APP. Lembre-se que a lei confere nítido tratamento mais protetivo ao meio ambiente na regularização por interesse específico, de sorte que o órgão ambiental licenciador deve se pautar por essa diretriz, exigindo medidas reparatórias mais rigorosas que aquelas cabíveis a uma situação fática semelhante numa regularização por interesse social. Tanto assim que o art. 61, §2º deixa expresso que "a autoridade licenciadora poderá exigir contrapartida e compensações urbanísticas e ambientais, na forma da legislação vigente" – conclusão lógica do sistema de intervenções em APP, mas cuja enunciação na disciplina da regularização por interesse específico traduz a ideia de maior rigor para se autorizar a ocupação de APP.

## 5. Conclusões

A regularização fundiária permite a melhor ordenação do solo urbano, reconhecendo segurança jurídica às ocupações informais, por meio do estabelecimento de novos padrões urbanísticos e ambientais que equacionam o direito à cidade sustentável, o direito à moradia e o direito ao meio ambiente equilibrado.

Tomando-se por diretriz a manutenção dos ocupantes no local, a regularização fundiária pode implicar a consolidação da ocupação de APP.

Para tanto, há necessidade de estudos técnicos que apontem para a existência de ganho ambiental com essa ocupação.

O órgão ambiental não pode prescindir da análise da necessidade em se manter a ocupação, em cotejo à possibilidade de recuperação da área degradada. Autorizando-se a ocupação, devem ser impostas medidas de reparação ao meio ambiente, ainda que mitigadoras, à luz das circunstâncias do caso concreto, sobretudo pela análise da perda total e irreversível das características que determinariam a proteção especial ao meio ambiente.

A ocupação de APP na regularização fundiária de interesse social está inteiramente disciplinada na Lei n° 11.977/09; a disciplina posterior pela Lei n° 12.651/12 não trouxe inovações.

Já no caso da regularização fundiária por interesse específico, as regras que permitem a consolidação da ocupação de APP foram criadas pela Lei n° 12.651/12, atingindo apenas os assentamentos informais ocupados por população de baixa renda e situados em área urbana consolidada, além de excluir as áreas de risco. O órgão ambiental deve ser mais rigoroso nessa hipótese em comparação a uma situação semelhante em regularização de interesse social. Isso se traduz no estabelecimentos das faixas obrigatórias de preservação da APP e nas medidas de reparação ambiental.

Como a intervenção em APP é medida excepcional, somente é admitida a consolidação das ocupações ocorridas até 31 de dezembro de 2007. Para além dessa data, sem prejuízo da adoção de parâmetros urbanísticos diferenciados para a regularização fundiária, a APP terá que ser integralmente recuperada.

## CAPÍTULO IV – O MEIO AMBIENTE E AS TRANSVERSALIDADES

A regularização fundiária é uma resposta ao descaso do Poder Público na disciplina e fiscalização do uso, parcelamento e ocupação do solo. Refere-se a situações passadas irreversíveis. O Município deve elaborar política de desenvolvimento urbano e política setorial de habitação que verdadeiramente contemplem as necessidades atuais e futuras da cidade, com vista ao crescimento sustentável.

O Ministério Público exerce relevantíssimo papel na defesa da ordem urbanística e do meio ambiente, cabendo-lhe cobrar dos agentes públicos a adoção de medidas para se evitar novas ocupações desordenadas do solo urbano, sem descuidar da garantia do direito fundamental à moradia.

### Referências bibliográficas

BARROSO, Luis Roberto. *Curso de Direito Constitucional contemporâneo*. São Paulo: Saraiva, 2015.

BRASIL. Conselho Nacional de Meio Ambiente. Resolução n° 369, de 28 de março de 2006. Disponível em: <http://www.mma.gov.br/port/conama/legiabre.cfm?codlegi=489>.

_____. Constituição da República Federativa do Brasil de 1988. Disponível em: <http://www.planalto.gov.br/ccivil_03/constituicao/constituicao.htm>.

_____. Decreto n° 7.499, de 16 de junho de 2011. Regulamenta dispositivos da Lei n° 11.977, de 7 de julho de 2009, que dispõe sobre o Programa Minha Casa, Minha Vida, e dá outras providências. Disponível em: <http://www.planalto.gov.br/ccivil_03/_Ato2011-2014/2011/Decreto/D7499.htm>.

_____. Decreto-lei n° 3.365, de 21 de junho de 1941. Dispõe sobre desapropriações por utilidade pública. Disponível em: <http://www.planalto.gov.br/ccivil_03/decreto-lei/Del3365.htm>.

_____. Lei n° 4.132, de 10 de setembro de 1962. Define os casos de desapropriação por interesse social e dispõe sobre sua aplicação. Disponível em: <http://www.planalto.gov.br/ccivil_03/LEIS/L4132.htm>.

_____. Lei n° 4.771, de 15 de setembro de 1965 (revogada). Institui o novo Código Florestal. Disponível em: < http://www.planalto.gov.br/ccivil_03/leis/L4771.htm>.

_____. Lei n° 6.766, de 19 de dezembro de 1979. Dispõe sobre o Parcelamento do Solo Urbano e dá outras Providências. Disponível em: <http://www.planalto.gov.br/CCivil_03/LEIS/L6766.htm>.

_____. Lei nº 6.938, de 31 de agosto de 1981. Dispõe sobre a Política Nacional do Meio Ambiente, seus fins e mecanismos de formulação e aplicação, e dá outras providências. Disponível em: <http://www.planalto.gov.br/ccivil_03/leis/L6938.htm>.

_____. Lei nº 10.257, de 10 de julho de 2001. Regulamenta os arts. 182 e 183 da Constituição Federal, estabelece diretrizes gerais da política urbana e dá outras providências. Disponível em: <http://www.planalto.gov.br/CCivil_03/leis/LEIS_2001/L10257.htm>.

_____. Lei nº 11.977, de 7 de julho de 2009. Dispõe sobre o Programa Minha Casa, Minha Vida – PMCMV e a regularização fundiária de assentamentos localizados em áreas urbanas; altera o Decreto-Lei nº 3.365, de 21 de junho de 1941, as Leis nºs 4.380, de 21 de agosto de 1964, 6.015, de 31 de dezembro de 1973, 8.036, de 11 de maio de 1990, e 10.257, de 10 de julho de 2001, e a Medida Provisória nº 2.197-43, de 24 de agosto de 2001; e dá outras providências. Disponível em: <http://www.planalto.gov.br/ccivil_03/_ato2007-2010/2009/lei/l11977.htm>.

_____. Lei nº 12.651, de 25 de maio de 2012. Dispõe sobre a proteção da vegetação nativa; altera as Leis nºs 6.938, de 31 de agosto de 1981, 9.393, de 19 de dezembro de 1996, e 11.428, de 22 de dezembro de 2006; revoga as Leis nºs 4.771, de 15 de setembro de 1965, e 7.754, de 14 de abril de 1989, e a Medida Provisória nº 2.166-67, de 24 de agosto de 2001; e dá outras providências. Disponível em: <http://www.planalto.gov.br/ccivil_03/_ato2011-2014/2012/lei/l12651.htm>.

_____. Lei Complementar nº 140, de 8 de dezembro de 2011. Fixa normas, nos termos dos incisos III, VI e VII do *caput* e do parágrafo único do art. 23 da Constituição Federal, para a cooperação entre a União, os Estados, o Distrito Federal e os Municípios nas ações administrativas decorrentes do exercício da competência comum relativas à proteção das paisagens naturais notáveis, à proteção do meio ambiente, ao combate à poluição em qualquer de suas formas e à preservação das florestas, da fauna e da flora; e altera a Lei nº 6.938, de 31 de agosto de 1981. Disponível em: <http://www.planalto.gov.br/Ccivil_03/leis/LCP/Lcp140.htm>.

_____. Medida Provisória nº 2.166-67, de 24 de agosto de 2001 (revogada). Altera os arts. 1o, 4o, 14, 16 e 44, e acresce dispositivos à Lei no 4.771, de 15 de setembro de 1965, que institui o Código Florestal, bem como altera o art. 10 da Lei no 9.393, de 19 de dezembro de 1996, que dispõe sobre o Imposto sobre a Propriedade Territorial Rural - ITR, e dá outras providências. Disponível em: <http://www.planalto.gov.br/ccivil_03/mpv/2166-67.htm>.

## CAPÍTULO IV – O MEIO AMBIENTE E AS TRANSVERSALIDADES

_____. Supremo Tribunal Federal. Ação Direta de Inconstitucionalidade nº 3540-MC; julgada em 01/09/2005; DJ 03/02/2006, p. 14.

_____. Supremo Tribunal Federal. Ação Direta de Inconstitucionalidade nº 4.903. Petição inicial disponível em: <http://www.mpsp.mp.br/portal/page/portal/projeto_florestar/Programa_diagnosticos/material-apoio/adi_codigoflorestal%20-%20APP.pdf>.

CARVALHO FILHO, José dos Santos. *Comentários ao Estatuto da Cidade*. São Paulo: Atlas, 2013.

DALLARI, Adilson Abreu (coord.); DI SARNO, Daniela Campos Libório (coord.). *Direito Urbanístico e Ambiental*. Belo Horizonte: Fórum, 2007.

DI SARNO, Daniela Campos Libório. *Elementos de direito urbanístico*. Barueri: Manole, 2004.

FERRAZ, Sérgio (coord.); DALLARI, Adilson Abreu (coord.). *Estatuto da Cidade: comentários à Lei Federal 10.257/2001*. São Paulo: Malheiros, 2006.

GRANZIERA, Maria Luiza Machado. *Direito ambiental*. São Paulo: Atlas, 2014.

GUERRA FILHO, Willis Santiago. *Processo constitucional e direitos constitucionais*. São Paulo: C. Bastos, 2001.

MACHADO, Paulo Affonso Leme. *Direito ambiental brasileiro*. São Paulo: Malheiros, 2014.

MEIRELLES, Hely Lopes. *Direito Municipal brasileiro*. São Paulo: Malheiros, 2013.

PINTO, Victor Carvalho. *Direito Urbanístico: plano diretor e direito de propriedade*. São Paulo: Revista dos Tribunais, 2014.

SILVA, José Afonso da. *Direito Urbanístico brasileiro*. São Paulo: Malheiros, 2012.

# ESTUDO DE IMPACTO DE VIZINHANÇA E SUA REGULAMENTAÇÃO NO MUNICÍPIO DE SÃO PAULO[1]

Paula Freire Santoro[2]
Angela Seixas Pilotto[3]
José Carlos de Freitas[4]

**Resumo:** Pouco disseminado no país, mas de fundamental importância para mitigar e compensar impactos urbano-ambientais de grandes empreendimentos, o Estudo de Impacto de Vizinhança (EIV) é o instrumento do Estatuto da Cidade (Lei Federal n. 10.257/01) abordado neste texto, com objetivo de oferecer insumos para que os municípios regulamentem e ampliem a utilização do instrumento e, consequentemente, permitam a mitigação dos impactos desses empreendimentos. As considerações apresentadas partem do debate em pauta sobre a implementação do instrumento EIV/RIV em São Paulo. A partir do caso, são apresentados conceitos, temas a serem abordados, desafios encontrados para uma melhor regulação e, consequentemente, mitigação dos impactos de grandes empreendimentos.

**Palavras-chave:** Estudo de Impacto de Vizinhança; Estatuto da Cidade. São Paulo (município). Plano Diretor. Impactos urbanísticos.

**Sumário:** 1. Concepção e origem do instrumento: 1.1 Objetivos do Estudo de Impacto de Vizinhança; 1.2 Concepção inspirada em experiências norte-americanas; 1.3 O destaque para Porto Alegre e São Paulo na aplicação; 1.4 Contexto atual: pouca disseminação x expansão de grandes equipamentos; 1.5 Na ausência de lei municipal, EIV

---

1   Uma primeira versão deste texto, intitulada "Estudo de Impacto de Vizinhança: desafios para sua regulamentação frente ao caso de São Paulo", foi apresentada no VII Congresso Brasileiro de Direito Urbanístico, na Oficina 4: Aplicabilidade dos Instrumentos de Política Urbana, em 2013.
2   Arquiteta urbanista, Professora Doutora da FAUUSP. paulasantoro@usp.br.
3   Arquiteta urbanista, mestre pela FAUUSP, assistente técnica do Ministério Público do Estado de São Paulo. angelaspilotto@gmail.com.
4   Especialista em Direitos Difusos e Coletivos pela Escola Superior do Ministério Público de São Paulo, Procurador de Justiça do Ministério Público do Estado de São Paulo.

pode ser exigido com base no Estatuto da Cidade – 2. O instrumento do Estudo de Impacto de Vizinhança frente ao caso de São Paulo: 2.1 Aspectos sobre a atual regulação do EIV no município de São Paulo; 2.2 Conceito de impacto de vizinhança; 2.3 Empreendimentos enquadrados como geradores de impacto de vizinhança; 2.4 Definição de área de influência; 2.5 Temas a serem analisados; 2.6 Necessidade de gestão e deliberação democrática; 2.7 Da necessidade de monitoramento; 2.8 Relação com outros instrumentos; 2.9. Responsabilidade técnica – 3. Considerações finais.

## 1. Concepção e origem do instrumento

### 1.1. Objetivos do Estudo de Impacto de Vizinhança

O uso de uma propriedade historicamente tem sido limitado por normas urbanísticas, geralmente traduzidas pelo zoneamento municipal, com o objetivo, idealmente, de garantir o interesse coletivo[5] eevitar conflitos de vizinhança, geralmente associados aos limites das incomodidades que podem ser geradas num imóvel. No entanto, nem sempre as regras urbanísticas conseguem prever todos os possíveis impactos que grandes empreendimentos podem promover. Mesmo em conformidade com as normas, tais empreendimentos podem ser muito impactantes simplesmente pelo surgimento sobre uma vizinhança equilibrada[6].

Para alterar, mitigar, compensar impactos urbano-ambientais ou até mesmo restringir a implantação de determinados empreendimentos, foi concebido o instrumento do Estudo de Impacto de Vizinhança - EIV. Diversos teóricos consideram que os impactos urbano-ambientais envolvem um conceito abrangente de meio ambiente, aplicando-se

---

[5] Diz-se idealmente, porque isso que nem sempre se aplica, o zoneamento tem sido utilizado historicamente para proteger o interesse dos proprietários e gerar diferenças no espaço (ROLNIK, Raquel. A cidade e a lei: legislação, política urbana e territórios na cidade de São Paulo. São Paulo: Studio Nobel, 1997; VILLAÇA. F. Reflexões sobre as cidades brasileiras. São Paulo: Studio Nobel, 2012; entre outros).

[6] Há também casos de municípios que adotaram um zoneamento composto essencialmente por zonas mistas, em que o Estudo de Impacto de Vizinhança, instrumento que iremos tratar neste artigo, ganha uma importância maior, será ele que definirá usos permitidos ou admitidos na escala da vizinhança. Um exemplo é o caso de Votuporanga/SP (CUCATO, J. A.; FAVA, G.S. O Estatuto das Cidades: mudança no cenário da urbanização. Zoneamento e Estudo de Impacto de Vizinhança: a integração necessária. Pluris 2010. Disponível em: <http://pluris2010.civil.uminho.pt/Actas/PDF/Paper209.pdf>. Acesso em: 29 jul. 2013).

CAPÍTULO IV – O MEIO AMBIENTE E AS TRANSVERSALIDADES

tanto para questões relativas ao meio ambiente urbano e ao meio ambiente preservado[7].

Além de regrar impactos, o EIV é tido como um dos instrumentos de democratização da gestão urbana[8], na medida em que pode servir para a mediação entre os interesses privados dos empreendedores e o direito à qualidade urbana daqueles que moram ou transitam em seu entorno. Seu objetivo seria o de "(...) democratizar o sistema de tomada de decisões sobre os grandes empreendimentos a serem realizados na cidade, dando voz a bairros e comunidades que estejam expostos aos impactos dos grandes empreendimentos. Desta maneira, consagra o Direito de Vizinhança como parte integrante da política urbana, condicionando o direito de propriedade"[9].

Inclusive, o Estatuto da Cidade poderia ter sido muito mais enfático em relação à forma de gestão democrática no âmbito do EIV, conforme propunha seu projeto de lei, exigindo a realização de audiências públicas deliberativas sobre a implantação de um empreendimento após o estudo. Schasberg[10] endereça bem claramente os setores resistentes ao instrumento e as decisões tomadas no âmbito da Comissão de Constituição, Justiça e de Redação sobre as alterações feitas no projeto de lei que originou o Estatuto da Cidade "(...) atendendo reivindicações de setores da construção e parlamentares ligados a igrejas evangélicas (liderados pelo Bispo Rodrigues PL/RJ) retirou dispositivos que determinavam para o EIV a obrigatoriedade de "audiência da comunidade afetada" e a nulidade das licenças expedidas sem a obser-

---

[7] MOREIRA, A. C. M. L. "Conceitos de ambiente e de impacto ambiental aplicáveis ao meio urbano". Extrato da tese de doutorado intitulada Megaprojetos & Ambiente urbano: metodologia para elaboração do RIV, apresentada a FAUUSP em outubro de 1997. Disponível em: <http://lproweb.procempa.com.br/ pmpa/prefpoa/spm/usu_doc/moreira6-conceito_impacto_urbano.pdf>. Acesso em: 24 jul. 2013. MARQUES, J. da S. Estudo de Impacto de Vizinhança: uma análise crítica feita por meio dos Relatórios de Impacto de Vizinhança apresentados no Distrito Federal. Dissertação de mestrado. Brasília: FAU UnB, 2010. MINISTÉRIO PÚBLICO DO ESTADO DE SÃO PAULO. Relatório do Grupo de Trabalho – Ato PGJ n. 36/2011. Disponível em: <http://www.mp.sp.gov.br/portal/ page/portal/cao_urbanismo_e_meio_ambiente>. Acesso em: 29 jul. 2013.

[8] SCHASBERG, B. Estatuto da Cidade e a Gestão Democrática no Planejamento Urbano. Texto elaborado para o Seminário "Estudo de Impacto de Vizinhança – e a lei doem Porto Alegre". Porto Alegre, Secr. do Planej. Municipal/ MPE Rio Grande do Sul, 2011. (mimeo)

[9] CÂMARA DOS DEPUTADOS. Estatuto da Cidade: guia para implementação pelos municípios e cidadãos. Brasília: Câmara dos Deputados / CAIXA / Instituto Pólis, 2001, p. 199.

[10] SCHASBERG, 2011.

vância desse requisito. A obrigatoriedade da regulamentação do EIV por Lei Municipal específica veio no plenário por proposta da Bancada dos Evangélicos, como forma de evitara sua autoaplicabilidade pelos PDs e transferir a decisão aos municípios. Desde então, desde a aprovação do Estatuto da Cidade, sistematicamente representantes dessa bancada propuseram iniciativas legislativas no Congresso Nacional no sentido de isentar os Templos Religiosos da exigência de EIV"[11].

### 1.2. Concepção inspirada em experiências norte-americanas

Embora tenha sido mais disseminado após a aprovação do Estatuto da Cidade (Lei Federal n. 10.257/01, art. 36 a 38), a ideia não é nova no país. Segundo Marques[12], a concepção do instrumento no Brasil surge nas tentativas de aprovação de normas urbanísticas, no final da década de 1970[13], que originaram o texto dos projetos de lei que deram base ao Estatuto da Cidade. Este foi inspirado no já existente Estudo de Impacto Ambiental (EIA-RIMA), que por sua vez tiveram influência dos instrumentos de avaliação de impacto ambiental surgidos nos anos 1960 nos Estados Unidos, que procuravam melhor avaliar as implantações de grandes empreendimentos industriais nas cidades e da disseminação destes instrumentos por parte dos organismos internacionais de financiamento[14].

Outra visão, anunciada em um debate público pelo prof. Emílio Haddad, afirma que a concepção do EIV foi inspirada no que a prática norte-americana chamou de *development impact fees*, ou de *development extractions*. Consiste em que, a cada nova aprovação de um empreendimento, se requeira ao empreendedor que forneça uma contrapartida, que pode ser uma doação de terra para equipamentos públicos, melhoramentos urbanos, ou, inclusive, pagamento em dinheiro para um fundo de desenvolvimento urbano. Como justificativa para esta cobrança, os norte-americanos associam a ideia de que é preciso

---

11   SCHASBERG, 2011, p. 4 a 5.

12   MARQUES, 2010.

13   Projeto de Lei n. 775/83 do Conselho Nacional de Desenvolvimento Urbano, que mais tarde foi substituído pelo Projeto n. 5.788/90. Interessante observar que o projeto de lei original do Estatuto da Cidade, PL n. 181 de 1989, do Senador Pompeu de Souza, aparece sem o nome de EIV, nem regulamentação mínima, mas com o mesmo princípio, de assegurar a participação popular, também na discussão de projetos de impacto urbano e ambiental (art. 49) (SCHALSBERG, 2011, p.4).

14   MARQUES, 2010.

cobrar pelo crescimento urbano, pois ele exige diversificação ou implantação de nova infraestrutura e equipamentos; e também porque um novo processo de aprovação permite a abertura de uma negociação para provisão destas infraestruturas e equipamentos necessários[15]. Usualmente, no Brasil, estas ações aplicam-se a novos parcelamentos do solo, ou à cobrança sobre o adensamento construtivo por meio da Outorga Onerosa do Direito de Construir, e estes não envolvem a cobrança sobre outros impactos promovidos na implantação de um grande empreendimento em uma área já urbanizada.

### 1.3. O destaque para Porto Alegre e São Paulo na aplicação

Lollo e Röhm[16] citam diversos municípios que já utilizavam o instrumento antes mesmo da aprovação do Estatuto da Cidade: São Paulo, Porto Alegre, Campo Grande[17], Distrito Federal, Criciúma, Fortaleza, João Pessoa, Natal, Niterói e Anápolis. Dois municípios, São Paulo e Porto Alegre, ganharam destaque na literatura que trata do tema.

Porto Alegre possuía, desde 1978, o Estudo de Viabilidade Urbanística – EVU, obrigatório para a aprovação de grandes empreendimentos[18]. Mas foi o Decreto n. 11.987/98, que estabeleceu normas para elaboração de EIA-RIMA, que criou a possibilidade do poder público, por meio de um diagnóstico, analisar impactos socioeconômicos decorrentes da instalação destes empreendimentos[19]. A experiência foi muito estudada porque a metodologia permitiu avaliar não apenas a edificação, mas as relações destes equipamentos com a sociedade[20].

---

15 NELSON, A. C.; MOODY, M. Paying for prosperity: impact fees and jog growth. Discussion paper prepared for The Brookings Institution Center on Urban and Metropolitan Policy. Jun. 2003. Disponível em: <http://www.impactfees.com/publications%20pdf/paying_for_prosperity.pdf>. Acesso em: 29 jul. 2013.

16 LOLLO, J. A. de.; RÖHM, S. A. Aspectos negligenciados em estudos de impacto de vizinhança. Estudos Geográficos, Rio Claro, 3(2), p. 31- 45, dez. 2005. Disponível em: www.rc.unesp.br/igce/grad/geografia/revista.htm. Acesso 24 jul. 2013.

17 CYMBALISTA, R. Estudo de Impacto de Vizinhança. Boletim Dicas, S. Paulo, n. 192, 2001.

18 PRESTES, V. B. Plano diretor e estudo de impacto de vizinhança. Revista de direito ambiental, p. 81-95, 2005.

19 Aqueles que têm área de venda igual ou superior a dois mil metros quadrados.

20 CÂMARA DOS DEPUTADOS, 2001; MARQUES, 2010; e SANTORO, P. F. Avaliar o impacto de grandes empreendimentos. Boletim Dicas, São Paulo, n. 203, 2003.

Um dos casos mais estudados de Porto Alegre foi o da implantação de um supermercado em um bairro residencial, o qual apontou, por exemplo, que, ao contrário do esperado, o equipamento não gera oferta quantitativa de postos de trabalhos e estes têm salários menores do que os encontrados em pequenos e médios estabelecimentos da região[21]. Com base no Estudo, o município exigiudiversas contrapartidas, desde obras viárias até medidas socioeconômicas[22]. Apesar do valor das contrapartidas ter sido alto, o empreendedor obteve retorno já no primeiro ano de implantação do supermercado, tendo sido muito vantajoso. Ainda assim, houve muita resistência por parte do supermercado, que argumentava que em outros municípios obtinha licença sem exigências de contrapartidas[23].

Já o município de São Paulo aplicava o instrumento desde os anos 1990, quando sua Lei Orgânica passou a exigir a apresentação de Relatório de Impacto de Vizinhança para empreendimentos de significativa repercussão ambiental e na infraestrutura, os quais foram definidos por decretos nos anos posteriores (Decretos n. 32.329/92, n. 34.713/94 e n. 36.613/96), que vigoram até hoje[24]. O roteiro de elaboração do relatório de impacto de vizinhança é descritivo e uma avaliação de sua implementação em 19 empreendimentos analisados entre 1990 e 1992[25] já mostrava que os estudos apresentados tinham critérios insatisfatórios, pois se balizavam na infraestrutura de empreendimentos semelhantes, o que não era suficiente para demons-

---

21  SANTORO, 2003.

22  Entre as contrapartidas estavam: a criação de uma nova avenida; o estabelecimento de uma cota dos produtos a serem vendidos na loja, beneficiando a produção agrícola local; o aumento no número de lojas no interior do empreendimento e a necessidade de abrigar os comerciantes locais (que sairiam das ruas para dentro do supermercado); recursos para requalificação daqueles cujos negócios seriam afetados pelo empreendimento e reserva de parte dos empregos na loja (10%) para pessoas acima de 30 anos; construção de uma creche para 60 crianças; além da responsabilidade pelo transporte dos materiais recicláveis para galpões de separação e do lixo orgânico para uma usina de compostagem.

23  Isso leva à reflexão sobre a necessidade de mobilização em prol da disseminação do instrumento no país, evitando grandes distorções de interpretação entre os municípios ou uma competição desleal entre estes, quando se perde qualidade urbano-ambiental.

24  MOREIRA, 1997; MOREIRA, A. C. M. L. Megaprojetos & ambiente urbano: parâmetros para elaboração do Relatório de Impacto de Vizinhança. Pós-Revista do Programa de Pós-Graduação em Arquitetura e Urbanismo da FAUUSP, São Paulo, FAUUSP, n. 7, 1999, p. 107-118.

25  Em reunião sobre o instrumento na Câmara Municipal, uma técnica da Secretaria do Verde e Meio Ambiente afirmou que foram analisados 19 EIV-RIVs em 8 anos, entre 2006 e 2013, o que mostra que houve uma redução grande do número de empreendimentos que estão apresentando estes estudos, pois corresponde ao mesmo número dos que foram analisados em dois anos, entre 1990 e 1992.

trar a inexistência de impactos, e não envolviam a análise do impacto à paisagem urbana[26], ou mesmo impactos cumulativos.

### 1.4. Contexto atual: pouca disseminação x expansão de grandes equipamentos

Juntamente com o processo de disseminação de planos diretores pelo país, a partir de exigência do Estatuto da Cidade, esperava-se que o EIV ganhasse maior efetividade. Mas, assim como outros instrumentos que dependem de lei específica para sua implantação, o grau de implementaçãodo EIV no país foi muito baixo. Poucos municípios afirmaram possuir lei específica de EIV: de acordo com as Pesquisas MUNIC de 2005 e 2008[27], apenas 7,5% dos municípios afirmaram possuir esta lei em 2005, e este número subiu para 12,9% em 2008. As regiões que sofreram maior variação neste período foram a Sul e a Centro-Oeste.

**Gráfico** – Variação percentual dos municípios com lei específica de instrumentos de política urbana, por regiões do país – 2005/2008

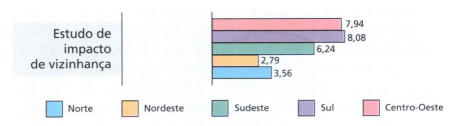

**Fonte:** IBGE, Diretoria de Pesquisa, Coordenação de População e Indicadores Sociais, Pesquisa de Informações Básicas Municipais 2005/2008.

Em um quadro de pouca aplicação dos instrumentos urbanísticos no país, este número não impressiona; mas o contexto de forte expansão da instalação de grandes empreendimentos urbanos – shoppings, supermercados, equipamentos multiuso –, justifica que

---

26 MOREIRA, A. C. M. L. "Relatório de Impacto de Vizinhança". SINOPSES, São Paulo, n. 18, p. 23-25, 1992.

27 Pesquisa MUNIC 2008 pergunta "se o município possui, ou não, leis específicas sobre os instrumentos de política urbana relacionados", dentre eles "Estudo de Impacto de Vizinhança", considerado "estudo realizado antes da aprovação do empreendimento ou atividade para mostrar seus efeitos quanto à qualidade de vida da população residente na área e suas proximidades" (pergunta 5.4, com resposta 1 = sim ou 2 = não).

haja uma maior disseminação do EIV nos municípios, reconhecendo suas potencialidades. É justamente com este objetivo que este texto aborda o estudo da experiência do município de São Paulo e, a partir desta, aponta desafios para a implementação do instrumento em um quadro mais ampliado de municípios no país.

### 1.5. Na ausência de lei municipal, EIV pode ser exigido com base no Estatuto da Cidade

Há muitos municípios que, contrariando o art. 36 do Estatuto da Cidade, ainda não dispõem de lei disciplinando o EIV, bem como a relação dos empreendimentos e atividades a ele sujeitos para a obtenção de licenças e autorizações de construção, ampliação e funcionamento.

A mora legislativa, contudo, não autoriza a implantação inconsequente de obras e atividades impactantes, nem com a conivência do Poder Público. Conforme tem decidido o Tribunal de Justiça de São Paulo: a ausência de lei municipal não exclui a necessidade de elaboração do EIV, porque sua exigência decorre do Estatuto da Cidade; o EIV é instrumento limitador da discricionariedade administrativa; a população deve ser consultada em audiência pública; o EIV deve ser prévio, até mesmo para a expedição de alvará provisório de instalação[28]. É a mesma posição do Tribunal de Justiça do Paraná[29] e do Tribunal Federal Regional da 4ª Região[30].

O artigo 2º da Lei n. 10.257/01 contém um rol de diretrizes que sinalizam a necessidade de que empreendimentos e atividades, públicos ou privados, sejam implantados em consonância com o equilíbrio urbano e ambiental, exigindo, assim, maior controle e avaliação pelo Poder Público: (i) legislador exigiu do município o planejamento como premissa para o desenvolvimento das cidades e das atividades econômicas do seu território, visando evitar e corrigir as distorções do crescimento urbano e seus efeitos negativos sobre o meio ambiente (inciso IV); (ii)

---

[28] Agravo de Instrumento nº 334.282-5/5-00, Presidente Epitácio, TJSP, Primeira Câmara de Direito Público, Relator Danilo Panizza, j. 10.02.04, v.u.; Agravo de Instrumento nº 357.165-5/O, Pirajuí, Terceira Camara de Direito Publico, Relator Laerte Sampaio, j. 09.06.04, v.u.; Agravo de Instrumento nº 994.09.259211-0 (971.798-5/5-00) – São Bernardo do Campo – TJSP - Câmara Reservada ao Meio Ambiente – j. em 29.07.10, Relatora Regina Capistrano.

[29] Agravo de Instrumento nº 876860-7, TJPR, 5ª Câmara Cível, j. 08.05.12, Relator Leonel Cunha.

[30] Agravo de Instrumento no 5001805-94.2013.404.0000, j. em 01.02.13, Relator Des. Luís Alberto D'Azevedo Aurvalle (D.E. 04.02.13).

para garantir sua missão de ordenar e controlar o uso do solo, o Estatuto da Cidade impôs ao município obrigações (inciso VI), ora para evitar o parcelamento do solo, a edificação e o uso excessivos ou inadequados em relação à infraestrutura urbana, ora para não permitir a instalação de polos geradores de tráfego sem esta última ("c" e "d"), nem a deterioração das áreas urbanizadas, a poluição e a degradação ambiental ("f" e "g"); (iii) compete ao município proteger, preservar e recuperar o meio ambiente natural, construído e cultural (inciso XII).

O empreendedor, por outro lado, ao interferir no tecido urbano e se apropriar gratuitamente da infraestrutura instalada provoca, no mais das vezes, externalidades negativas, traduzidas por impactosno meio urbano, que, de ordinário, são suportados pela vizinhança e pela coletividade. Mas, por aplicação do princípio do poluidor pagador (do Direito Ambiental), o empreendedor que produz espaço urbano deve arcar com os respectivos custos das externalidades.

Determinadas atividades construtivas (e seu respectivo funcionamento), mesmo que lícitas, têm o potencial de causar degradação ambiental pela alteração adversa das características do meio ambiente, na modalidade de poluição (prejudicar o bem-estar da população; criar condições adversas às atividades sociais e econômicas; afetar as condições estéticas ou sanitárias do meio ambiente), levando a uma responsabilização objetiva pela reparação dos danos causados ao meio ambiente e a terceiros (art. 3º, incisos II e III, "a", "b" e "d", e inciso IV, c.c. art. 14, § 1º, Lei nº 6.938/81).

Daí ser necessário que desses empreendedores se exija a apresentação de estudos que identifiquem a dimensão dos impactos de seus empreendimentos. E a população interessada deve ser ouvida (art. 2º, XIII, do Estatuto da Cidade).

**2. O instrumento do Estudo de Impacto de Vizinhança frente ao caso de São Paulo**

**2.1. Aspectos sobre a atual regulação do EIV no município de São Paulo**

O EIV já estava previsto em São Paulo no capítulo sobre Política Urbana da Lei Orgânica de 1990 (art. 159), e apenas com base nela foi pedido para 19 casos[31].

---

31  MOREIRA, 1992.

Foi regulamentado pelos decretos n° 34.713/94 e 36.613/96 e, posteriormente, já nos termos do Estatuto da Cidade, foi previsto no Plano Diretor Estratégico de São Paulo (PDE, Lei n. 13.430/02, art. 257), que procurou diferenciar relatório de impacto ambiental do de vizinhança; reproduziu as questões a serem tratadas no EIV (§ 2°) já previstas no Estatuto da Cidade (Lei Federal n. 10.257/01, art. 37) e recuperou alguns aspectos de gestão democrática.

A Lei n. 13.885/04, que institui os Planos Regionais Estratégicos das Subprefeituras, dispõe sobre o parcelamento, disciplina e ordena o Uso e Ocupação do Solo do Município de São Paulo (LUOS), definiu, por sua vez, os empreendimentos geradores de impacto de vizinhança como "aqueles que pelo seu porte ou natureza possam causar impacto ou alteração no seu entorno ou sobrecarga na capacidade de atendimento da infraestrutura" (Lei n. 13.885/04, art. 157, III). Tais empreendimentos estão sujeitos à aprovação específica (idem, art. 161).

Tramita na Câmara Municipal o Projeto de Lei n. 414/11, que dispõe sobre o Estudo de Impacto de Vizinhança e respectivo Relatório de Impacto de Vizinhança (EIV/RIVI), visando regulamentar o instrumento à luz do Plano Diretor Estratégico e Lei de Uso e Ocupação do Solo[32]. Enquanto isso foi aprovada em 2014 a revisão do Plano Diretor Estratégico, Lei n° 16.050/14 (PDE 2014), que prevê novamente o Estudo de Impacto de Vizinhança (art. 151) e avança com relação ao conteúdo já estabelecido no Estatuto da Cidade e no PDE 2002.

Dentre os avanços do PDE 2014, incorporados a partir de contribuições do processo participativo, estão: (i) a ampliação do conteúdo mínimo a ser analisado no EIV, incluindo a análise dos impactos cumulativos gerados pelos empreendimentos propostos e já existentes (X, § 4°, X, art. 151), da geração de poluição ambiental e sonora (VIII,) e dos impactos sobre águas superficiais e subterrâneas (IX); (ii) na exigência de elaboração de EIV/RIV para empreendimentos em Operações Urbanas Consorciadas que já tenham sido licenciadas por EIA/RIMA ou outro instrumento de licenciamento ambiental (§ 6°, art. 151), tendo em vista a regulamentação anterior que excepcionalizava tais casos; e (iii) na exigência de audiência pública prévia à

---

[32] O PL foi proposto pelo Executivo a partir de projeto formulado pelo Conselho Municipal do Meio Ambiente e Desenvolvimento Sustentável (CADES), entre 2005 e 2006.

decisão do licenciamento urbano e ambiental (§ 8°, art. 151), como será comentado adiante.

No momento atual, portanto, o município de São Paulo ainda não dispõe de lei específica que regule o tema. Portanto, os decretos autônomos n° 34.713/94 e 36.613/96 são inválidos tendo em vista que o instrumento deve estar regulamentado em lei municipal (conforme art. 36 do Estatuto da Cidade).

As considerações a seguir apresentadas partem do debate em pauta sobre a implementação do instrumento EIV/RIV em São Paulo, tendo em vista o PL 414/11[33], a legislação municipal sobre o tema e a experiência de outros municípios. Busca-se apontar aspectos necessários à regulamentação deste Estudo, e encorajar outros municípios a disciplinar o instrumento.

### 2.2. Conceito de impacto de vizinhança

De acordo com Antônio Claudio M. L. Moreira, impacto de vizinhança consiste no "(...) impacto de cada empreendimento sobre esse ambiente urbano compreende as transformações urbanísticas que o empreendimento promove nas adjacências (mudanças dos usuários, dos preços dos imóveis, dos usos e da ocupação do solo, etc.), o contraste do empreendimento em relação ao visual e ao significado das edificações circunvizinhas, a demanda excedente à capacidade das redes de infra-estrutura urbana – inclusive vias, a utilização dos recursos naturais que excede sua disponibilidade e sua capacidade de absorção" [34].

A definição do impacto de vizinhança trata de atividades e empreendimentos que possam causar impactos ambientais e urbanísticos,

---

33 O PL 414/11 traz os seguintes conteúdos: (i) EIV/RIVI prévios à emissão de licenças de construção e ampliação ou dos alvarás de aprovação e de aprovação e execução ou das licenças de funcionamento (art. 1°); (ii) definição das atividades e empreendimentos geradores de impacto de vizinhança com listagem das situações em que os empreendimentos podem se enquadrar (art. 2° e 3°); (iii) procedimentos para aprovação do EIV/RIVI (art. 4°, 5°, 10 e 11); (iv) aspectos que devem ser analisados no EIV/RIVI (art. 6°) e que devem seguir o Termo de Referência anexo ao PL (art. 7°); (v) sobre a publicização do EIV/RIVI e a realização de audiência pública (art. 8° e 9°); e, (vi) responsabilidades quanto às despesas do EIV/RIVI (art. 12).

34 MOREIRA, A. C. M. L. Megaprojetos & ambiente urbano: análise crítica dos Relatórios de Impacto de Vizinhança apresentados à Prefeitura do Município de São Paulo. Anais do VIII Encontro Nacional da ANPUR. Porto Alegre, 1999. Disponível em: <http://www.anpur.org.br/ revista/rbeur/index.php/anais/issue/view/81>. Acesso em: 29 jul. 2013.

de vizinhança. Como já comentado, não se trata somente de impactos ambientais, mas também de impactos de natureza urbanística, ou, urbanístico-ambientais, entendidos no sentido do art. 225 da Constituição Federal[35][36].

A LUOS de São Paulo diferencia empreendimentos geradores de impacto de vizinhança (art. 157, III)[37] dos geradores de impactos ambientais (art. 157, II)[38], restringindo o impacto de vizinhança aos do entorno e na infraestrutura (Lei n. 13.885/04, art. 157), diferindo consideravelmente da visão mais holística de meio ambiente do art. 225 da Constituição Federal. O PL em debate em São Paulo amplia um pouco esta definição, tratando dos empreendimentos que possam causar impactos à deterioração das condições da qualidade de vida do entorno (PL n. 414/11, art. 2º)[39], aproximando-se da definição de "sadia qualidade de vida" presente no art. 225 da Constituição Federal. Esta definição mais abrangente de meio ambiente, como garantia de qualidade de vida, não significa que os temas a serem investigados devam ser os mesmos de um Estudo de Impacto Ambiental (EIA-RIMA), mas sim que não se deve restringir o EIV a aspectos viários ou das edificações.

Vizinhança, por sua vez, é um conceito que nos remete à ideia de região localizada perto ou ao redor de um local; arredor, cercania, imediação; situação do que é contíguo ou limítrofe; conjunto de pessoas que habitam lugares vizinhos. Os *vizinhos civis* são os que estão

---

35 "Todos têm direito ao meio ambiente ecologicamente equilibrado, bem de uso comum do povo e essencial à sadia qualidade de vida, impondo-se ao Poder Público e à coletividade o dever de defendê-lo e preservá-lo para as presentes e futuras gerações" (CF, art. 225).

36 MOREIRA, 1997; MARQUES, 2010; MINISTÉRIO PÚBLICO DE SÃO PAULO, 2001.

37 Considerados: "III. empreendimentos geradores de impacto de vizinhança: aqueles que pelo seu porte ou natureza possam causar impacto ou alteração no seu entorno ou sobrecarga na capacidade de atendimento da infra-estrutura" (art. 157, II).

38 Considerados: "II. empreendimentos geradores de impacto ambiental: aqueles que possam causar alteração das propriedades físicas, químicas e biológicas do meio ambiente e que direta ou indiretamente afetem: a) a saúde, a segurança e o bem estar da população; b) as atividades sociais e econômicas; c) a biota; d) as condições paisagísticas e sanitárias do meio ambiente; e) a qualidade dos recursos ambientais;" (art. 157, II).

39 "Art. 2º. Para os fins desta lei, atividades e empreendimentos geradores de impacto de vizinhança são aqueles que, por seu porte ou natureza, possam causar impactos ambientais relacionados à sobrecarga na capacidade de atendimento da infraestrutura urbana e viária, bem como à deterioração das condições da qualidade de vida do entorno" (PL n. 0414/2011, art. 2º).

mais próximos dos usos, obras e atividades impactantes, numa relação de contiguidade. Os *vizinhos urbanos*[40] são os que ocupam ou utilizam uma localidade ou região pouco mais distante, não adjacente, mas dentro do âmbito de propagação dos usos, obras e atividades impactantes, onde as interferências nocivas repercutem.

### 2.3. Empreendimentos enquadrados como geradores de impacto de vizinhança

Em geral as leis que regulamentam o estudo de impacto de vizinhança apresentam uma listagem dos empreendimentos a serem enquadrados como geradores de impacto de vizinhança e esta listagem é definida a partir de categorias de uso, tipo de atividade, porte dos empreendimentos, seja em área construída, número de vagas, de usuários ou de unidades.

A definição dos empreendimentos que se enquadram no EIV/RIV a partir de linhas de corte de área construída e quantidade de vagas de estacionamento, ou pelo porte e tipo de atividade, não é suficiente para atender diversas situações potencialmente geradoras de impacto de vizinhança. Verifica-se a necessidade, por exemplo, de aliar a estes critérios: (i) a questão dos impactos sinérgicos e cumulativos, que podem estar associados a empreendimentos de porte menor, mas situados próximos uns aos outros[41]; (ii) a questão da localização do empreendimento, já que o mesmo empreendimento pode levar a diferentes impactos dependendo da região da cidade onde for instalado; (iii) as grandes alterações volumétricas, que transformam consideravelmente a paisagem e o sítio urbano, promovendo amplas áreas impermeabilizadas, entre outros fatores; e, (iv) os empreendimentos de pequeno porte, que possuem poucas vagas, mas que atraem um grande número de viagens e utilizam as ruas para suportar este afluxo.

Além disso, verifica-se que, ao estabelecer a "linha de corte" na lei, os empreendedores têm buscado "driblar" o enquadramento, adotando o número de vagas máximo ou área computável máxima muito próxima ao valor de corte (não só para estudos de impacto de vizi-

---

40 Expressão utilizada por CORDEIRO, António. A Proteção de Terceiros em Face de Decisões Urbanísticas. Coimbra: Almedina, 1995, p. 145-153.
41 Aqui a aprovação "lote a lote", de cada empreendimento isoladamente na Prefeitura, inviabiliza a percepção do impacto cumulativo.

nhança, mas também para polos geradores de tráfego) ou fragmentando a aprovação do empreendimento. Desta forma, deve-se superar o enquadramento a partir apenas de parâmetros métricos, uma vez que, se a lista estabelece que empreendimentos acima de 60 mil m² devem realizar o EIV, empreendimentos com 1 m² a menos ficam de fora, mas podem implicar em impacto semelhante ou superior a um empreendimento com justos 60 mil m².

Assim, é importante que a Prefeitura, com algum grau de discricionariedade, possa enquadrar um empreendimento onde haja dúvida ou que não esteja estritamente expresso nos itens listados na lei, mediante confirmação desta deliberação no âmbito de um dos conselhos ou órgãos colegiados que fazem a gestão do EIV/RIV. Ademais, seria igualmente importante trabalhar com critérios qualitativos para o enquadramento e não só os quantitativos.

Destaca-se nesta direção a experiência de São Bernardo do Campo que estabeleceu, em decreto regulamentador de EIV (Lei Municipal n. 5.714/07, Decreto n. 16.477/08), que seria feita uma avaliação técnica no momento do processo de aprovação de um projeto e, a critério técnico da Comissão Interdisciplinar de Avaliação e Aprovação do Estudo de Impacto de Vizinhança - CIAEIV, outras atividades ou empreendimentos, além dos listados, poderão ser objeto de apresentação de EIV.

Outro aspecto específico de São Paulo, que não merece ser reproduzido em outros municípios, diz respeito ao fato de que a "linha de corte" para o enquadramento corresponde à área computável do empreendimento, e não a sua área total. Este aspecto é muito relevante, pois diversos empreendimentos de São Paulo têm muita área considerada como "não computável", o que acaba por distorcer o critério. Há muitos casos de empreendimentos em que a área total chega a ser o dobro da computável, terminando por enquadrar pouquíssimos empreendimentos na obrigatoriedade de apresentação de EIV.

Outra distorção que pode acontecer é a falta de definição de parâmetros para o enquadramento dos empreendimentos mistos ou multiusos, compostos por usos residenciais e não residenciais, devendo neste caso, inclusive, considerar a soma das áreas.

Considerando a preocupação com os diferentes impactos, dependendo da região onde o empreendimento for instalado, verifica-se que na legislação de EIV/RIV de Porto Alegre (Lei Complementar

n. 695/12), por exemplo, a listagem de empreendimentos faz referência às macrozonas ou zonas onde se localizam, enquadrando determinados empreendimentos como de impacto de vizinhança somente se estiverem localizados naquela macrozona específica. Isto possibilita ter critérios mais rígidos sobre novos empreendimentos que venham a se instalar em uma área já saturada.

A linha de corte para o EIV/RIV também deve considerar a necessária articulação com outras leis municipais que exigem estudos específicos de impacto, como a própria lei de uso e ocupação do solo, as de polos geradores de tráfego, de estudo de impacto ambiental, etc.

### 2.4. Definição de área de influência

A definição de vizinhança/área de influência é um aspecto relevante da regulamentação de EIV/RIV, que deveria constar da lei, mencionando a quem cabe a definição da área de influência e que critérios deve-se ser observar. É desejável que a Prefeitura, e não o empreendedor, fique responsável por definir a área de influência de cada empreendimento no processo de licenciamento, tendo em vista as características específicas deste, da região onde estará localizado e a abrangência que o impacto pode ganhar. De outra forma, esta definição pode ser realizada pelo empreendedor, no âmbito do EIV, sendo sujeita a avaliação pelo órgão licenciador, que pode alterá-la, se achar necessário.

A área de influência também deve refletir as escalas de análise. É muito comum que os EIVs utilizem dados municipais, muito genéricos, que não permitem a avaliação do impacto em uma escala local. Novamente, a experiência do município de São Bernardo do Campo retoma a dos estudos de impacto ambiental e propõe a definição de vizinhança imediata e mediata, sinalizando que seriam diferentes os impactos, conforme o grau de proximidade do empreendimento.

### 2.5. Temas a serem analisados

Muitas leis municipais que regulamentam o EIV/RIV apresentam basicamente os itens que já constam do Estatuto da Cidade como conteúdo mínimo para o EIV/RIV (art. 37), mas a legislação municipal poderia (e deveria!) detalhar os itens, a partir da realidade local, de forma a especificar melhor o que se espera da análise e incluir outros aspectos relevantes[42]. Sobre o conteúdo mínimo sugerido pelo Estatuto da Cidade, cabe considerar [43]:

*Adensamento populacional*: análise sobre o adensamento populacional que o empreendimento poderá causar e sobre os impactos desse adensamento na população local, na infraestrutura e serviços existentes na área de influência e também os incômodos da movimentação e fluxo da população permanente ou sazonal. Deve-se considerar também a possibilidade de expulsão de determinados grupos;

*Equipamentos urbanos e comunitários*: análise sobre a capacidade dos equipamentos urbanos e comunitários existentes[44] e sobre o consumo a ser gerado pelo incremento do adensamento;

*Uso e ocupação do solo*: análise do uso e ocupação do solo atuais na área de influência (incluindo as características habitacionais, como a existência de assentamentos precários) e sobre a forma como podem ser afetados pelo novo empreendimento (concorrência, prestação de serviços, etc.), além da compatibilidade com o zoneamento;

*Valorização imobiliária*: análise dos impactos decorrentes, para a população e atividades do entorno, da valorização ou desvalorização imobiliária a ser gerada na sua instalação;

*Geração de tráfego e demanda por transporte público*: análise das demandas adicionais de tráfego e viagens a serem geradas pelo empreendimento e avaliação da capacidade de suporte do sistema viário e do transporte público local e regional;

*Ventilação e iluminação*: análise das alterações possíveis relativas à ventilação e iluminação e insolação, sombreamento, especialmente sobre o espaço público;

*Paisagem urbana, patrimônio natural e cultural*: análise do impacto sobre a paisagem urbana (morfologia urbana, formação de

---

42  Nesse sentido a Resolução CONAMA 01/86, que disciplina a realização do EIA/RIMA, no seu art. 5°, parágrafo único, autoriza o Poder Público fixar diretrizes complementares, considerando as características ambientais e peculiares do projeto.

43  O art. 151 do PDE 2014 de São Paulo, no parágrafo 4°, amplia o conteúdo mínimo para o EIV disposto no Estatuto da Cidade.

44  Conforme a Lei Federal n. 6.766/79 e alterações posteriores, que dispõe sobre o parcelamento do solo urbano, "A infra-estrutura básica dos parcelamentos é constituída pelos equipamentos urbanos de escoamento das águas pluviais, iluminação pública, esgotamento sanitário, abastecimento de água potável, energia elétrica pública e domiciliar e vias de circulação" (Art. 2° § 5o) e "Consideram-se comunitários os equipamentos públicos de educação, cultura, saúde, lazer e similares" (Art. 4° § 2°).

barreiras, relação entre áreas adensadas e espaços livres, arborização urbana, poluição visual) e patrimônio natural e cultural da área de influência, considerando o significado destes elementos para a população e atividades locais, além dos bens tombados.

Em relação à inclusão de outros aspectos a serem analisados no EIV/RIV, merecem atenção:

*Aspectos ambientais*: contemplando os impactos relativos à impermeabilização, aquecimento, geração de ruído, drenagem, lençol freático, qualidade do ar, situações de risco, geração de resíduos e efluentes, condições do solo;

*Aspectos socioeconômicos*: contemplando os impactos relativos à quantidade e qualidade de postos de trabalho gerados, bem como renda da população residente ou atuante no entorno e benefícios a serem gerados;

*Mobilidade urbana*: considerando não só o impacto sobre sistema viário e transporte público, mas também as questões relativas à mobilidade como um todo, envolvendo, por exemplo, acessibilidade, circulação de pedestres e ciclistas, e a relação destes com o uso do solo;

*Normas, planos, projetos que incidem sobre a área*: legislação urbanística e ambiental; planos, programas e projetos governamentais de melhoramentos urbanos previstos ou em andamento; projetos já aprovados junto à municipalidade, que podem gerar efeitos cumulativos e sinérgicos quando implementados, e também impactos face às diferentes temporalidades de sua instalação ou descompasso na construção do espaço urbano. Estes deverão ser informados pela Prefeitura, idealmente no momento da elaboração do Termo de Referência com o conteúdo a ser estudado (a exemplo dos arts. 5º e 6º da Res. CONAMA 01/86).

Além destes conteúdos, o EIV/RIV deve definir as *medidas mitigadoras e/ou compensatórias dos impactos negativos*, bem como aquelas intensificadoras dos impactos positivos, a partir da análise realizada. Deve-se prever, primeiramente, a eliminação integral dos impactos negativos, ou, não sendo possível, a definição de medidas mitigadoras, ou ainda medidas compensatórias. Tais medidas devem ser proporcionais ao impacto. O que nos remete às críticas que se faz à legislação que trata de polos geradores de tráfego em São Paulo, que estabeleceu que o custo das melhorias viárias a serem executadas pelo empreendedor não pode representar mais de 5% do custo total do empreendimento, ou seja, grande parte dos impactos está oficialmente sendo suportada pelo poder público, que arca com a diferença. Segundo Kuba [45], já há posicionamento contrário aos artigos da Lei que estabelecem este limite, por possuírem vício de inconstitucionalidade frente aos artigos 225 da Constituição Federal e 191 da Constituição Estadual "(...) porque restringe indevidamente a proteção do meio ambiente urbano ao determinar que as melhorias viárias de mitigação de impacto viário do pólo gerador de tráfego não possam superar 5% do custo do empreendimento, sem se preocupar com a extensão do dano causado ao tráfego do entorno do empreendimento"[46].

Complementarmente aos temas a serem analisados no EIV listados na legislação municipal, para elaboração do relatório é necessária existência de um termo de referência, que disponha o conteúdo mínimo do relatório[47]. Tendo em vista que os empreendimentos podem variar muito quanto à complexidade ou à localização, é importante que exista a possibilidade do órgão licenciador complementar o termo de referência para situações específicas.

Ainda, os procedimentos para aprovação do EIV/RIV devem ser claros e que passem por análise de equipes intersecretariais, sem sobreposição de solicitações/análises entre os órgãos da prefeitura. Além do necessário cuidado de não solicitar para o EIV questões já abordados em outras leis específicas.

Quanto à qualidade dos EIVs, estes não podem ser meramente descritivos das condições atuais, mas necessitam apresentar metodologia de avaliação dos impactos e medidas adequadas para redução e mi-

---

45 KUBA, S. T. A mitigação dos danos causados no sistema viário pelos Pólos Geradores de Tráfego na cidade de São Paulo. Tese apresentada ao 16º Congresso do Meio Ambiente e 10º Congresso de Habitação e Urbanismo. São Paulo: Ministério Público do Estado de São Paulo, 2012. (mimeo)

46 KUBA, 2012.

47 O termo de referência, de forma geral, deve ter como conteúdo mínimo: (i) caracterização do empreendimento e definição da área de influência diretamente e indiretamente afetada; (ii) análise da situação atual da área de influência do empreendimento; (ii) diagnóstico dos efeitos (impactos) positivos e negativos (segundo os diferentes grupos: residentes, usuários, funcionários, etc.), avaliando a compatibilidade e viabilidade, por meio da apresentação da situação futura com a implantação do empreendimento; e, (iv) proposição de soluções para os impactos, demonstrando a viabilidade e compatibilidade e definição de medidas mitigadoras e/ou compensatórias.

## CAPÍTULO IV – O MEIO AMBIENTE E AS TRANSVERSALIDADES

tigação dos impactos negativos. Para isso, é necessário que sejam elaborados por equipes multidisciplinares qualificadas, podendo a prefeitura recorrer a um cadastro de empresas/escritórios habilitados ao serviço.

### 2.6. Necessidade de gestão e deliberação democrática

O EIV-RIV deve ser também um instrumento de democratização de tomadas de decisões sobre o desenvolvimento urbano local e, portanto, o instrumento que possibilita o debate com a população local afetada pelo empreendimento e a deliberação sobre sua implantação.

A audiência pública é um direito subjetivo público e tem a finalidade de expor aos interessados o conteúdo do estudo, mediante relatório, dirimindo dúvidas e recolhendo dos presentes críticas e sugestões.

O Plano Diretor Estratégico de São Paulo de 2002 somente exigia que se desse publicidade aos documentos dos estudos (art. 259), e não considerava a audiência pública como obrigatória. Mesmo erro incorria o PL n. 414/11, que, com relação à necessidade de audiência, ao invés de considerá-la obrigatória, condicionava à solicitação por abaixo-assinado por pessoas que residam ou trabalhem na área afetada. A revisão do PDE em 2014 resolve esta questão tornando obrigatória a audiência pública sobre o EIV/RIV antes da decisão final sobre o licenciamento do empreendimento (§8°, art. 151, Lei 16.050/14).

As audiências devem ser obrigatórias (o inciso XIII do art. 2° do Estatuto da Cidade traz diretriz a respeito), contribuindo, inclusive, para aumentar o controle social sobre a qualidade técnica do estudo de impacto de vizinhança que será apresentado, especialmente quanto à pertinência da análise e das medidas mitigadoras propostas. Para isso, é importante que os estudos apresentados tenham linguagem simples e utilizem elementos gráficos que facilitem a compreensão do público e estejam acessíveis a todo e qualquer interessado.

A lei de EIV deve deixar claro o papel e o(s) momento(s) da audiência pública no processo de aprovação do empreendimento, constando, por exemplo, a finalidade/destinação das contribuições realizadas em audiência. Também deve haver fundamentação da decisão que não considerar as críticas e sugestões feitas na audiência pública, sob pena de nulidade.

Ainda, o estudo de impacto de vizinhança deve ser prévio à aprovação do empreendimento, condicionando sua aprovação (sempre considerando que este pode não ser aprovado). Neste sentido, o art. 13 do PL de São Paulo é extremamente importante ao afirmar que não se aplica aos casos de EIV/RIV o dispositivo do código de obras que possibilita que a obra se inicie antes da aprovação.

### 2.7. Da necessidade de monitoramento

Nem sempre o EIV/RIV pode ser suficiente na previsão de todos os impactos prévios a serem evitados, uma vez que a cidade é dinâmica, e que a construção de um empreendimento pode demorar e a região pode ter se modificado consideravelmente. Neste sentido, recomenda-se que seja previsto o monitoramento destes impactos e, sempre que necessário, a atualização dos estudos, contemplando eventos e efeitos não identificados.

O monitoramento dos impactos posteriores à implantação do empreendimento também se faz necessário, de forma a garantir que os impactos negativos estejam realmente mitigados. O monitoramento dos EIVs pode, inclusive, contribuir para o aperfeiçoamento do instrumento, ao avaliar se as medidas propostas e empreendimentos enquadrados estão adequados. Esse monitoramento é previsto em norma legal, por exemplo, na realização do coirmão EIA/RIMA (art. 6°, IV, da Resolução CONAMA 01/86).

### 2.8. Relação com outros instrumentos

O EIV/RIV deve ser compreendido no âmbito do conjunto da legislação urbanística municipal. No caso de São Paulo, deve considerar as leis existentes – no mínimo, o Plano Diretor Estratégico, Planos Regionais e Lei de Uso e Ocupação do Solo, Lei sobre Polos Geradores de Tráfego – e a relação entre estas leis e o instrumento do EIV/RIV. Além disso, deve-se prever, em âmbito municipal, uma articulação entre os diversos instrumentos de licenciamento urbano-ambiental: EIV/RIV, Polos Geradores de Tráfego (PGT), estudo de impacto ambiental (EIA), avaliação ambiental estratégica (AAE) e estudo de viabilidade ambiental (EVA)[48].

---

48 Cabe destacar que o PDE 2014, assim como o PDE 2002, relega a uma Resolução do Conselho Municipal de Meio Ambiente e Desenvolvimento Sustentável – CADES a definição de empreendimentos sujeitos ao licenciamento ambiental (§ 3°, art. 150, Lei 16.050/14). É a Resolução n° 61/ CADES, de 05 de outubro de 2001, que define quais são os empreendimentos e atividades sujeitos ao licenciamento ambiental.

CAPÍTULO IV – O MEIO AMBIENTE E AS TRANSVERSALIDADES

É importante destacar que há uma conversa entre o EIV/RIV e o EIA/RIMA, a começar dos elementos comuns que caracterizam esses instrumentos: ambos são tratados no âmbito de um processo administrativo aberto pela Administração Pública, sendo, portanto, procedimentos públicos realizados pelo empreendedor ou proponente do projeto, sob a intervenção do Poder Público; são instrumentos de limitação da discricionariedade administrativa; os dois visam à prevenção dos danos potenciais da atividade/obra sobre o meio ambiente; são pressupostos do licenciamento; deve-se dar ampla publicidade de seu conteúdo; a participação popular é de rigor; aprimoram o princípio da eficiência administrativa.

O EIA/RIMA é instrumento da Política Nacional do Meio Ambiente (art. 9°, III, Lei 6.938/81) que visa preservar, melhorar e recuperar a qualidade ambiental. O EIV/RIV é instrumento da Política Urbana (art. 4°, VI, Lei 10.257/01) que visa preservar, melhorar e recuperar a qualidade do ambiente urbano. Essa definição, no entanto, deve-se mais à aplicação prática dos dois institutos do que a real finalidade de sua criação: prevenir danos ao meio ambiente, em seu sentido holístico.

Nesse sentido, havendo similitude entre os instrumentos, embora, na prática, sejam aplicados para aquilatar impactos sobre objetos aparentemente distintos (EIA – meio ambiente natural; EIV – meio ambiente construído e cultural), é possível afirmar que, na ausência de legislação municipal disciplinando o EIV/RIV, poderão ser aplicados os parâmetros para a elaboração do EIA/RIMA, em termos de abrangência e conteúdo, tais como: (i) art. 5°, Res. CONAMA (diretrizes) – alternativas tecnológicas e de localização, considerar hipótese de não execução do projeto; indicar e avaliar os impactos nas fases de implantação e operação; definição da área de influência do projeto; considerar os planos e programas de governo (propostos e em implantação) e sua compatibilidade; o Poder Público pode fixar diretrizes complementares às do art. 5°, considerando as características ambientais e peculiares do projeto, se necessárias; (ii) art. 6°, Res. CONAMA – descrição do local, com o estudo do meio físico, biológico e socioeconômico (relação de dependência entre a sociedade local, os recursos ambientais e sua utilização futura); análise dos impactos positivos e negativos (benéficos e adversos), diretos e indiretos, imediatos a médio e longo prazos, temporários e permanentes, grau de reversibilidade, propriedades cumulativas e sinérgicas (poderá indicar alteração do modo de produção em outras obras e atividades existentes); definir as medidas para corrigir ou mitigar os impactos negativos; programa de acompanhamento e monitoramento dos impactos positivos e negativos.

### 2.9. Responsabilidade técnica

O EIV/RIV, à semelhança do EIA/RIMA, é instrumento de avaliação que tramita por meio de processo administrativo, sob a intervenção de um ou mais órgãos públicos encarregados de seu licenciamento. Ele é contratado pelo empreendedor, realizado por profissionais de áreas distintas do conhecimento técnico e científico (multidisciplinar) e aprovado por servidores ou agentes públicos. Bem por isso, incide sobre as respectivas condutas responsabilidades de ordem administrativa, civil e criminal, caso os estudos sejam feitos e aprovados, por exemplo, de forma inconsistente, omissa e tendenciosa.

A responsabilidade administrativado empreendedor e dos profissionais que elaboram o estudo está prevista na Lei n. 9.605/98 (lei de crimes ambientais), e vem definida como toda ação ou omissão que viole as regras jurídicas de uso, gozo, promoção, proteção e recuperação do meio ambiente (art. 70). As sanções vêm dispostas no art. 72[49] e a autoridade deve promover a abertura de processo administrativo, sob pena de corresponsabilidade, observando a ampla defesa e o princípio do contraditório.

A responsabilidade civil por danos causados ao ambiente urbano do empreendedor e dos profissionais que elaboram os estudos (eles concorrem para a prática da degradação ambiental) é objetiva, vale dizer, ela independe da apuração de culpa (arts. 3º, IV e 14 da Lei n. 6.938/81). A do órgão ambiental é objetiva (art. 37, parágrafo 6º, CF). A dos servidores/agentes públicos responsáveis pela aprovação é objetiva (por concorrerem com a prática, ao aprovarem o EIV), e também

---

49 Advertência, multa simples; multa diária; apreensão de animais, produtos, equipamentos, veículos; destruição de produto; suspensão de venda e fabricação de produto; embargo de obra ou atividade; demolição de obra; suspensão ou cancelamento de atividade; penas restritivas de direitos, como a suspensão de registro, licença ou autorização, perda de incentivos fiscais ou em financiamentos em estabelecimentos oficiais de crédito, proibição de contratar com a Administração Pública.

podem responder por improbidade administrativa (Lei n. 8.429/92), sujeitando-se a penas civis, administrativas e políticas[50].

A responsabilidade criminal do empreendedor e dos profissionais contratados pode decorrer, por exemplo, da omissão de informações nos estudos, ou da inserção de informação falsa (art. 299 do Código Penal – falsidade ideológica – 1 a 5 anos de reclusão e multa). A responsabilidade do funcionário público pode decorrer da informação falsa ou enganosa, da omissão da verdade, sonegação de informações ou dados técnico-científicos em procedimentos de autorização ou licenciamento ambiental (art. 66, Lei n. 9.605/98 – 1 a 3 anos de reclusão e multa).

### 3. Considerações finais

Ao longo do texto compreendeu-se como o Estudo de Impacto de Vizinhança pode ser um importante instrumento de regramento dos impactos urbano-ambientais e, além disso, de democratização da gestão urbana na escala local, ao mediar os interesses privados dos empreendedores e os coletivos dos moradores ou usuários do entorno. Tais aspectos já se constituem em grandes desafios da regulamentação e aplicação do instrumento.

Além disso, as considerações sobre o EIV apresentadas no texto com base no caso de São Paulo possibilitaram elencar outros desafios relativos à implementação do instrumento e aos aspectos necessários a sua regulamentação como: (i) a necessidade de definir claramente na legislação aspectos como: conceito de impacto de vizinhança, definição da área de abrangência, obrigatoriedade e papel da audiência pública e da publicização dos documentos, monitoramento dos impactos, procedimentos e responsabilidades; (ii) a dificuldade em se definir os empreendimentos que deverão ser objeto do EIV/RIV tendo em vista os desafios relacionados àquestão dos impactos cumulativos e sinérgicos e da fragilidade das listas com "linhas de corte" baseadas em área, número de vagas, entre outros; (iii) as problemáticas relacionadas à compatibilização entre as diversas leis urbanísticas municipais e sua

---

50 Suspensão dos direitos políticos, perda da função pública, indisponibilidade dos bens, ressarcimento ao erário, proibição de contratar com o Poder Público ou receber benefícios ou incentivos fiscais ou creditícios, direta ou indiretamente, ainda que por intermédio de pessoa jurídica da qual sejam sócios majoritários.

relação com o EIV e à fragmentação do licenciamento; e, (iv) a experiência ainda reduzida na utilização do instrumento e resistência por parte dos empreendedores.

De outro lado, verificou-se também possibilidades de utilização do instrumento (ou do EIA/RIMA) ainda que não esteja regulamentado no município, o que pode subsidiar ações a curto prazo. Espera-se que o texto venha a encorajar municípios a fazê-lo, ampliando a implementação do instrumento e, consequentemente, a mitigação e compensação dos impactos destes empreendimentos. Por fim, este debate se constitui em importante elemento no âmbito das considerações e avaliações sobre a implementação do Estatuto da Cidade, após mais de dez anos de sua aprovação.

### Referências bibliográficas

CÂMARA DOS DEPUTADOS. *Estatuto da Cidade*: guia para implementação pelos municípios e cidadãos. Brasília: Câmara dos Deputados / CAIXA / Instituto Pólis, 2001.

CORDEIRO, A. *A Proteção de Terceiros em Face de Decisões Urbanísticas*. Coimbra: Almedina, 1995.

CUCATO, J. A.; FAVA, G.S. O Estatuto das Cidades: mudança no cenário da urbanização. Zoneamento e Estudo de Impacto de Vizinhança: a integração necessária. *Pluris 2010*. Disponível em: <http://pluris2010.civil.uminho.pt/Actas/PDF/Paper209.pdf>. Acesso em: 29 jul. 2013.

CYMBALISTA, R. Estudo de Impacto de Vizinhança. *Boletim Dicas*, São Paulo, n. 192, 2001.

KUBA, S. T. *A mitigação dos danos causados no sistema viário pelos Pólos Geradores de Tráfego na cidade de São Paulo*. Tese apresentada ao 16° Congresso do Meio Ambiente e 10° Congresso de Habitação e Urbanismo. São Paulo: Ministério Público do Estado de São Paulo, 2012. (mimeo)

LOLLO, J. A. de.; RÖHM, S. A. Aspectos negligenciados em estudos de impacto de vizinhança. *Estudos Geográficos,* Rio Claro, 3(2), p. 31- 45, dez. 2005. Disponível em: <www.rc.unesp.br/igce/grad/geografia/revista.htm>. Acesso em: 24 jul. 2013.

MARQUES, J. da S. *Estudo de Impacto de Vizinhança:* uma análise crítica feita por meio dos Relatórios de Impacto de Vizinhança apresentados no Distrito Federal. Dissertação de mestrado. Brasília: FAU UnB, 2010.

MINISTÉRIO PÚBLICO DO ESTADO DE SÃO PAULO. *Relatório do Grupo de Trabalho – Ato PGJ n. 36/2011.* Disponível em: <http://www.mp.sp.gov.br/portal/page/portal/cao_urbanismo_e_meio_ambiente>. Acesso em: 29 jul. 2013.

MOREIRA, A. C. M. L. *Conceitos de ambiente e de impacto ambiental aplicáveis ao meio urbano.* Extrato da tese de doutorado intitulada Megaprojetos & Ambiente urbano: metodologia para elaboração do RIV, apresentada a FAUUSP em outubro de 1997. Disponível em: <http://lproweb.procempa.com.br/ pmpa/prefpoa/spm/usu_doc/moreira6-conceito_impacto_urbano.pdf>. Acesso em: 24 jul. 2013.

MOREIRA, A. C. M. L. Megaprojetos & ambiente urbano: parâmetros para elaboração do Relatório de Impacto de Vizinhança. *Pós-Revista do Programa de Pós-Graduação em Arquitetura e Urbanismo da FAUUSP,* São Paulo, n. 7, p. 107-118, 1999.

MOREIRA, A. C. M. L. Relatório de Impacto de Vizinhança. *SINOPSES*, São Paulo, n. 18, p. 23-25, 1992.

MOREIRA, A. C. M. L. Megaprojetos & ambiente urbano: análise crítica dos Relatórios de Impacto de Vizinhança apresentados à Prefeitura do Município de São Paulo. *Anais do VIII Encontro Nacional da ANPUR,* Porto Alegre, 1999. Disponível em: <http://www.anpur.org.br/ revista/rbeur/index.php/anais/issue/view/81>. Acesso em: 29 jul. 2013.

NELSON, A. C.; MOODY, M. *Paying for prosperity:* impact fees and jog growth. Discussion paper prepared for The Brookings Institution Center on Urban and Metropolitan Policy. Jun. 2003. Disponível em: <http://www.impactfees.com/publications%20pdf/ paying_for_prosperity.pdf>. Acesso em: 29 jul. 2013.

PRESTES, V. B. Plano diretor e estudo de impacto de vizinhança. *Revista de direito ambiental*, p. 81-95, 2005.

ROLNIK, Raquel. *A cidade e a lei*: legislação, política urbana e territórios na cidade de São Paulo. São Paulo: Studio Nobel, 1997.

SANTORO, P. F. Avaliar o impacto de grandes empreendimentos. **Boletim Dicas**, São Paulo, n. 203, 2003.

SCHASBERG, B. *Estatuto da Cidade e a Gestão Democrática no Planejamento Urbano*. Texto elaborado para o Seminário "Estudo de Impacto de Vizinhança – e a lei doem Porto Alegre". Porto Alegre, Secr. do Planej. Municipal/ MPE Rio Grande do Sul, 2011 (mimeo).

VILLAÇA, F. *Reflexões sobre as cidades brasileiras.* São Paulo: Studio Nobel, 2012.

# CONSUMO SUSTENTÁVEL

Vidal Serrano Nunes Júnior[1]
Adriana Cerqueira de Souza[2]
Roberta Andrade da Cunha Logiodice[3]

**Resumo:** O sistema econômico brasileiro concilia princípios de livre iniciativa e de preservação do meio ambiente. O conceito de desenvolvimento sustentável vem sendo discutido em âmbito nacional e internacional. A publicidade não é somente informativa, mas induz os consumidores à aquisição de bens e serviços. O consumo descomedido não está levando em conta as consequências ambientais. Os fornecedores tem o dever de prestar informações sobre questões ambientais relevantes que envolvam produção, distribuição e descarte do produto. A publicidade encontra seus limites na legislação e na autorregulamentação. A superação dos problemas ambientais decorrentes do consumismo é tarefa do Estado e da coletividade, o que envolve o mercado como um todo e o consumidor.

**Palavras chave:** Consumo. Sustentável. Publicidade. Informação. Meio Ambiente.

**Sumário:** 1. Sistema econômico brasileiro – livre iniciativa, defesa do consumidor e defesa do meio ambiente: 1.1 Princípios do desenvolvimento sustentável – 2. A publicidade como potencializadora do con-

---

[1] Procurador de Justiça e Coordenador do Centro de Apoio Operacional das Promotorias de Justiça de Defesa do Consumidor do Ministério Público do Estado de São Paulo. Mestre, Doutor e Livre-docente em Direito Constitucional pela PUC-SP, é Professor dos cursos de graduação e pós-graduação da mesma Universidade, do programa de estudos pós-graduados da Instituição Toledo de Ensino de Bauru e da Escola Superior do Ministério Público de São Paulo. É ainda ex-Presidente do Conselho Diretor do IDEC – Instituto Brasileiro de Defesa do Consumidor, entidade da qual foi um dos fundadores.

[2] Promotora de Justiça do Ministério Público do Estado de São Paulo. Assessora da Procuradoria-Geral de Justiça junto ao Centro de Apoio Operacional Cível, áreas cível e do consumidor.

[3] Promotora de Justiça do Ministério Público do Estado de São Paulo. Assessora da Procuradoria-Geral de Justiça junto ao Centro de Apoio Operacional Cível, áreas cível e do consumidor.

sumo – 3. O consumo excessivo e as consequências ambientais – 4. O dever de prestar informações amplas quanto ao impacto da produção e dos produtos no meio ambiente: 4.1 A falta de informação e a publicidade enganosa por omissão; 4.2 Limites da publicidade e consciência ambiental; 4.3 Órgão regulador – 5. O que está sendo feito e o que ainda pode ser feito: 5.1 Jurisprudência – 6. Conclusão.

**1. Sistema Econômico brasileiro – livre iniciativa, defesa do consumidor e defesa do meio ambiente**

O sistema econômico brasileiro tem sua base disposta na Constituição Federal, no Título VII, "Da Ordem Econômica e Financeira", artigo 170.

*"Art. 170. A ordem econômica, fundada na valorização do trabalho humano e na livre iniciativa, tem por fim assegurar a todos existência digna, conforme os ditames da justiça social, observados os seguintes princípios:*

*I - soberania nacional;*
*II - propriedade privada;*
*III - função social da propriedade;*
*IV - livre concorrência;*
*V - defesa do consumidor;*
*VI - defesa do meio ambiente, inclusive mediante tratamento diferenciado conforme o impacto ambiental dos produtos e serviços e de seus processos de elaboração e prestação;*
*VII - redução das desigualdades regionais e sociais;*
*VIII - busca do pleno emprego;*
*IX - tratamento favorecido para as empresas de pequeno porte constituídas sob as leis brasileiras e que tenham sua sede e administração no País.*

*Parágrafo único. É assegurado a todos o livre exercício de qualquer atividade econômica, independentemente de autorização de órgãos públicos, salvo nos casos previstos em lei."*

Como se depreende do mencionado artigo, temos que a livre iniciativa constitui um dos fundamentos da nossa ordem econômica (art. 170, *caput* da Constituição Federal) e também um princípio constitucional fundamental (art. 1º, IV *in fine* da CF), talvez uma das mais importantes normas de nosso ordenamento.

O conceito de livre iniciativa tem um sentido amplo, que diz respeito à faculdade de exploração de qualquer atividade econômica com finalidade de lucro, e abriga não só a iniciativa privada, mas também as iniciativas cooperativa ou associativa, a iniciativa autogestionária e a iniciativa pública.

JOSÉ AFONSO DA SILVA esclarece que a livre iniciativa consagra uma economia de mercado de natureza capitalista, e afirma que "a liberdade de iniciativa envolve a liberdade de indústria e comércio ou liberdade de empresa e a liberdade de contrato".[4]

Nesse conceito de liberdade norteado pela Constituição de 1988, pode-se dizer que o Estado não intervém diretamente nas atividades econômicas privadas, mas resguarda-se a regular, incentivar e fiscalizar.

Importante ressaltar que a livre iniciativa tem por fundamento proporcionar a dignidade humana, preservando-se o interesse social, devendo ser considerada em conjunto com outros dispositivos de proteção constitucional que a ela se relacionam, como os que protegem a defesa do consumidor e a defesa do meio ambiente.

Conclui-se, portanto, que o princípio da livre iniciativa não é absoluto, e como fundamento da ordem econômica, está vinculado a sua finalidade declarada, qual seja, propiciar dignidade a todos, seguindo os ditames da justiça social.

O princípio da Defesa do Consumidor vem delimitar o princípio da livre iniciativa, dispondo que o exercício de qualquer atividade econômica voltada ao lucro deve respeitar as normas de proteção aos direitos do consumidor.

Nas sociedades capitalistas, ainda, o consumo reflete a liberdade de indústria e comércio, decorrentes do princípio da livre iniciativa. Os sistemas capitalistas são considerados bem sucedidos quando há intensa circulação dos bens de consumo no mercado, demonstrando contínua produção pelos sistemas industriais.

Os países, como o Brasil, que adotam o sistema capitalista como modelo socioeconômico, se tornam sociedades de produção e consumo intensos. As cadeias de produção, agrícolas e industriais, passando pela comercialização e descarte, exigem grande utilização de recursos naturais.

---

4 SILVA, José Afonso da. *Curso de Direito Constitucional Positivo*. 19ª ed. revisada atualizada e ampliada, São Paulo, Malheiros, 2001, p. 767.

Não se pode afastar, porém, que a nossa Constituição Federal também tem por princípio a proteção do meio ambiente, como forma de realização da cidadania e dignidade da pessoa humana.

Importante ressaltar a dignidade da pessoa humana em relação à vida saudável e convivência com os outros seres humanos, conforme conceito desenvolvido por INGO WOLFGANG SARLET:

"A dignidade da pessoa humana é qualidade intrínseca e distintiva de cada ser humano que o faz merecedor do mesmo respeito e consideração por parte do Estado e da comunidade, implicando, neste sentido, um complexo de direitos e deveres fundamentais que assegurem a pessoa tanto contra todo e qualquer ato de cunho degradante e desumano, como venham a lhe garantir as condições existenciais mínimas para uma vida saudável, além de propiciar e promover sua participação ativa e corresponsável nos destinos da própria existência e da vida em comunhão com os demais seres humanos."[5]

O art. 170, VI, da Constituição prevê ainda, como princípio a ser respeitado pela nossa ordem econômica, a *defesa do meio ambiente, inclusive mediante tratamento diferenciado conforme o impacto ambiental dos produtos e serviços e de seus processos de elaboração e prestação.*

Mais que um princípio da ordem econômica, o meio ambiente ecologicamente equilibrado é considerado um direito de todos e um bem de uso comum do povo e essencial à sadia qualidade de vida, impondo-se ao Poder Público e à coletividade o dever de defendê-lo e preservá-lo para as presentes e futuras gerações (art. 225, caput, da Constituição).

JOSÉ ADÉRCIO LEITE SAMPAIO define essa visão na ordem constitucional brasileira:"somados, assim, requisitos formais e materiais, pode-se falar no Brasil de um direito fundamental ao meio ambiente ecologicamente equilibrado, assim como se pode referir a uma "ordem ambiental" que completa e condiciona a "ordem econômica" e que, por topologia, integra-se na "ordem social". [6]

Deve-se observar que o escopo básico é a proteção do meio ambiente enquanto espaço da vida humana, ou seja, o objeto da tutela é o homem na sua relação com o meio.

---

[5] SARLET, Ingo Wolfgang. *Dignidade da pessoa humana e direitos fundamentais na Constituição Federal de 1988.* 8ª ed., Porto Alegre, Livraria do Advogado, 2011, p. 63.

[6] SAMPAIO, José Adércio L.; WOLD, Cris; NARDY, Afrânio. *Princípios de Direito Ambiental: na dimensão internacional e comparada.* Belo Horizonte, Del Rey, 2003, p. 284.

JOSÉ AFONSO DA SILVA, novamente, é preciso ao ensinar que "As normas constitucionais assumiram a consciência de que o direito à vida, como matriz de todos os demais direitos fundamentais do homem, é que há de orientar todas as formas de atuação no campo da tutela do meio ambiente. Compreendeu que ele é um valor preponderante, que há de estar acima de quaisquer considerações como as de desenvolvimento, como as de respeito ao direito da propriedade, como as da iniciativa privada. Também esses são garantidos no texto constitucional, mas a toda evidência, não podem primar sobre o direito fundamental à vida, que está em jogo quando se discute a tutela da qualidade do meio ambiente, que é instrumental no sentido de que, através dessa tutela, o que se protege é um valor maior: a *qualidade da vida humana.*"[7]("destaque do original").

### 1.1 Princípios do desenvolvimento sustentável

Conforme as disposições constitucionais relativas à ordem econômica, não há dúvidas de que a proteção do meio ambiente deve estar aliada ao progresso econômico, sendo expressa a Constituição Federal quanto à necessidade de se viabilizar o chamado "desenvolvimento sustentável", quando fala expressamente do impacto ambiental dos produtos e serviços e de seus processos de elaboração e prestação (art. 170, VI).

O conceito de desenvolvimento sustentável vem sendo aprimorado nas últimas décadas, e tenta conciliar o avanço do desenvolvimento econômico e as intensas produção e comercialização de produtos, com a defesa do meio ambiente e a gestão dos recursos naturais, procurando garantir um cenário equilibrado para as gerações futuras.

A Declaração do Rio de Janeiro de 1992[8], proclamada na Conferência das Nações Unidas sobre Meio Ambiente e Desenvolvimento, objetivando estabelecer uma parceria global entre os Estados, setores chaves da sociedade e indivíduos, em seu Princípio n. 08, dispôs que:

" *A fim de conseguir-se um desenvolvimento sustentado e uma qualidade de vida mais elevada para todos os povos, os Estados devem*

---

7   SILVA, José Afonso da. *Curso de Direito Constitucional Positivo*. 16ª ed., São Paulo, Malheiros, 1999, p. 818.

8   DECLARAÇÃO do Rio sobre Meio Ambiente e Desenvolvimento. Disponível em: http://www.onu.org.br/rio20/img/2012/01/rio92.pdf. Acesso em 15 de junho de 2015.

*reduzir e eliminar os modos de produção e de consumo não viáveis e promover políticas demográficas apropriadas".*

Vale atentar para a lição do doutrinador MARCELO ABELHA RODRIGUES:

"Dentro da visão ambiental, o desenvolvimento sustentado está diretamente relacionado com o direito à manutenção da qualidade de vida através da conservação dos bens ambientais existentes no nosso planeta. Exatamente por isso, o texto maior estabelece a regra de que o direito a um meio ambiente ecologicamente equilibrado não é apenas dos habitantes atuais, mas também dos futuros e potenciais, enfim, das próximas gerações"[9]

A aplicação desses princípios exige não apenas um simples reconhecimento de direitos. É necessária a adoção de políticas públicas pelo Estado, de ações efetivas pelas empresas, indústrias e comerciantes, e de ações conscientes dos consumidores de bens e serviços.

A Assembléia Geral das Nações Unidas proclamou a chamada Década Internacional da Educação para o Desenvolvimento Sustentável, para o período 2005-2014. A UNESCO foi eleita para liderança na promoção da Década, visando estabelecer padrões de qualidade para a educação voltada para o desenvolvimento sustentável, tendo como principal objetivo o de integrar princípios, valores e as práticas da sustentabilidade a todos os aspectos da educação e da aprendizagem.

Segundo o documento final do Plano Internacional de Implementação da Década [10], o conceito de desenvolvimento sustentável vem evoluindo constantemente, e o programa apresentou três áreas principais de atuação: a sociedade, o meio ambiente e a economia:

*"Sociedade: conhecimento das instituições sociais e do papel que desempenham na mudança e no desenvolvimento social, assim como dos sistemas democráticos e participativos, que dão oportuni-*

---

9   RODRIGUES, Marcelo Abelha. *Elementos de Direito Ambiental. Parte Geral*, 2ª ed., São Paulo, Revista dos Tribunais, 2005, p. 171.

10  DÉCADA da Educação das Nações Unidas para um Desenvolvimento Sustentável, 2005-2014. Brasília: UNESCO, 2005 (Título original: United Nations Decade of Education for Sustainable Development 2004-2005 – Draft International Implementation Scheme). Disponível em: http://unesdoc.unesco.org/images/0013/001399/139937por.pdf. Acesso em 15 de junho de 2015.

*dade de expressar opiniões, eleger governos, estabelecer consensos e resolver controvérsias.*

*Meio ambiente: consciência em relação aos recursos e a fragilidade do meio ambiente físico e aos efeitos das atividades e decisões humanas relativas ao meio ambiente, com o compromisso de se incluir as questões ambientais como elemento primordial no desenvolvimento de políticas sociais e econômicas.*

*Economia:consciência em relação aos limites e ao potencial do crescimento econômico e de seus impactos na sociedade e no meio ambiente, com o compromisso de reduzir o consumo individual e coletivo, levando em consideração o meio ambiente e a justiça social."*

**2. A publicidade como potencializadora do consumo**

A publicidade exerce forte e inegável influência no tocante aos consumidores. Cediço é que não se trata de mera informação, mas estímulo, convencimento, induzimento, persuasão, para que o consumidor adquira o produto ou o serviço. Desse modo, a maioria da doutrina assim define a publicidade:

Segundo ANTONIO HERMAN DE VASCONCELOS E BENJAMIN, "Conforme opinião dominante, cabe à publicidade aproximar – com informação ou persuasão – o fornecedor anônimo do consumidor anônimo; cabe-lhe, igualmente, por em sintonia o produto ou serviço anônimo com uma necessidade também anônima. É seu papel, enfim, influir, decisivamente, na formação do consentimento do consumidor. Aí sua relevância para o Direito"[11].

E o mesmo autor leciona, citando JOSÉ ALEXANDRE TAVARES GUERREIRO, que "toda informação é, pelo menos em princípio, imparcial e objetiva, condenando-se aquela que se afasta dessas linhas centrais. Já a publicidade, em razão de seu caráter indutivo, prepara e condiciona o terreno psicológico dentro do qual será desenvolvida a relação jurídica de consumo. Aí está seu caráter persuasivo"[12].

No conceito de JOÃO M. LOUREIRO, referido por MARIA ELIZABETE VILAÇA LOPES, "Conceito, universalmente acatado, identifica a

---
[11] BENJAMIN, Antônio Herman V. O controle jurídico da publicidade. *In Revista Direito do Consumidor*. São Paulo: Revista dos Tribunais, v. 9, 1994, p. 28.

[12] BENJAMIN, Antônio Herman V. O controle jurídico da publicidade. *In Revista Direito do Consumidor*. São Paulo: Revista dos Tribunais, v. 9, 1994, p. 33.

publicidade como o conjunto de meios destinados a informar o público e a convencê-lo a adquirir um bem ou serviço"[13]

ALBERTO DO AMARAL JÚNIOR ensina que "o objetivo da mensagem publicitária é, acima de tudo, orientar o consumo, criar necessidades e ampliar a demanda"[14].

Por fim, na definição do Código Brasileiro de Autorregulamentação Publicitária, publicidade é conceituada como toda a atividade destinada a estimular o consumo de bens e serviços (artigo 8°). Em seu artigo 7°, a norma autodisciplinar admite que a publicidade exerce forte influência de ordem cultural sobre grandes massas da população.

Nesse panorama, percebe-se, como já dito, que a publicidade não é meramente informativa, mas persuade os consumidores à aquisição de produtos ou serviços, muitas vezes conduzindo à necessidade, mesmo que ela não exista.

Em outras palavras, por vezes, o desejo por determinado produto ou serviço não existe ou ainda nem foi percebido pelo consumidor, todavia, este desejo surge ou aflora com o estímulo exercido pela publicidade. Destarte, pode-se afirmar que o *marketing* – definido por MARIA ELIZABETE VILAÇA LOPES como o "processo de gestão, responsável pela identificação, previsão e satisfação das necessidades do consumidor"[15] - acabou se sobrepondo à produção.

ANTONIO HERMAN DE VASCONCELOS E BENJAMIN, citando RUBÉN S. STIGLITZ e GABRIEL A. STIGLITZ, assevera que a produção, de certa maneira, acompanha os passos traçados pelo *marketing*, que, não raramente, se antecipa à demanda, mais do que a ela respondendo.[16]

Os consumidores, indubitavelmente vulneráveis frente ao mercado, são o público para quem é direcionada a publicidade. Os fornecedores, de outro lado, conhecem mais os consumidores do que eles mesmos.

---

13  VILAÇA LOPES, Maria Elisabete. O consumidor e a publicidade. *In Revista Direito do Consumidor*. São Paulo: Revista dos Tribunais. v.1., p. 151.

14  AMARAL JÚNIOR, Alberto do, *Proteção do Consumidor no Contrato de Compra e Venda*. São Paulo. Revista dos Tribunais. 1993, p. 233-4.

15  VILAÇA LOPES, Maria Elisabete. O consumidor e a publicidade. *In Revista Direito do Consumidor*. São Paulo: Revista dos Tribunais. v.1., p. 150.

16  BENJAMIN, Antônio Herman V. O controle jurídico da publicidade. *In Revista Direito do Consumidor*. São Paulo: Revista dos Tribunais, v. 9, 1994, p. 28.

## CAPÍTULO IV – O MEIO AMBIENTE E AS TRANSVERSALIDADES

Nesse sentido ensina PAULO VALÉRIO DAL PAI MORAES: "Por estas características já é possível identificar a imensa vulnerabilidade social dos consumidores, na medida em que se constituem em uma massa desorganizada e sem intercomunicação, ao passo que o fornecedor possui ambas as características e muito mais, detendo os processos técnicos, financeiros e de mídia para induzir os atos de consumo"[17].

Ainda segundo o mesmo autor, "A publicidade, portanto, invade nossas estruturas psíquicas mais íntimas, ativando processos físicos e químicos que nos levam ao ato da compra, motivo pelo qual é evidente nossa vulnerabilidade neuropsicológica".[18]

Nessa linha de raciocínio, cabe ao publicitário valer-se de outras matérias, além da psicologia, para que o mercado e a massa possam ser atingidos.

Alerta IAIN RAMSAY que "A posição mais conhecida sobre a tese da manipulação da preferência é a de Galbraith, que argumenta que, naqueles mercados de consumidores dominados por grandes corporações, os produtores usam a publicidade para criar desejos, em vez de responder à necessidade". [19]

Convém, por derradeiro, explicitar que esse público desorganizado e que não se comunica tende a aumentar, mormente em face da velocidade dos avanços tecnológicos, fazendo, assim, com que a publicidade esteja em todo o lugar, a todo o tempo, abrangendo um sem número de indivíduos.

Na opinião de OLIVIERO TOSCANI - fotógrafo italiano que criou as campanhas publicitárias da Benetton, no final do século XX - , "nenhuma outra comunicação é exposta ao olhar do mundo como a publicidade".[20]

---

17 MORAES, Paulo Valério Dal Pai, *Código de Defesa do Consumidor, O Princípio da Vulnerabilidade*, 3ª ed., Porto Alegre. Livraria do Advogado, 2009, p. 272.

18 MORAES, Paulo Valério Dal Pai, *Código de Defesa do Consumidor, O Princípio da Vulnerabilidade*, 3ª ed., Porto Alegre. Livraria do Advogado, 2009, p. 302.

19 RAMSAY, Iain. O controle da publicidade em um mundo pós-moderno. *In: Revista de Direito do Consumidor*. Trad. Miriam de Almeida Souza. São Paulo: Revista dos Tribunais, v.4., p. 29.

20 MEMÓRIA Roda Viva. Disponível em: http://www.rodaviva.fapesp.br/materia/9/entrevistados/oliviero_toscani_1995.htm. Acesso em 22 de junho de 2015.

### 3. O consumo excessivo e as consequências ambientais

Tal persuasão exercida pela publicidade levou ao excesso do "ter", ao materialismo abundante, ao acúmulo desenfreado, deixando-se de lado a reflexão sobre as questões ambientais.

Considerando que a natureza tem o seu limite, passou-se, então, a discutir, dentre tantos outros exemplos, o descarte do lixo, a responsabilidade das produções madeireira e pecuária na devastação das florestas, o uso indiscriminado da água, mormente pelas indústrias, a utilização exagerada de papel em detrimento da comunicação pela via eletrônica, o uso do carro ao invés do transporte coletivo, etc.

Nesse aspecto, enfatiza ROBERTO M. LÓPEZ CABANA que:

*"Si, en la prática "todos somos consumidores", como afirmaba Kennedy, a todos nos debe preocupar la contaminación del aire, del agua y del suelo, y estamos legitimados para reclamar soluciones, porque la cuestión concierne no sólo a la calidad de vida, sino a la propia supervivencia de la espécie humana".* [21]

Nosso Texto Constitucional, em seu artigo 225, assegura que *"Todos têm direito ao meio ambiente ecologicamente equilibrado, bem de uso comum do povo e essencial à sadia qualidade de vida, impondo-se ao Poder Público e à coletividade o dever de defendê-lo e preservá-lo para as presentes e futuras gerações".* Na sequência, o §1°, inciso VI, prevê que deve ser promovida a educação ambiental em todos os níveis de ensino e a conscientização pública para a preservação do meio ambiente.

Assim sendo, deve-se colocar em pauta, com urgência, a execução de políticas de consumo sustentável e como estas poderão coexistir com o desenvolvimento econômico. No tocante especificamente à publicidade, esta é extremamente importante como fator de transformação para os problemas ambientais, na medida em que atinge um número indeterminado de pessoas.

### 4. O dever de prestar informações amplas quanto ao impacto da produção e dos produtos no meio ambiente

O artigo 4° do Código de Defesa do Consumidor dispõe sobre a Política Nacional das Relações de Consumo, objetivando, inclusive

---

[21] CABANA, Roberto M. López. "Ecologia y Consumo". *In: Revista de Direito do Consumidor.* São Paulo: Revista dos Tribunais. v. 12, p. 25.

o respeito à dignidade, saúde e a melhoria da qualidade de vida dos consumidores.

Dentro dos princípios que regem a Política Nacional temos a educação e informação de fornecedores e consumidores quanto aos seus direitos e deveres, com vistas à melhoria do mercado de consumo (art. 4º, inciso IV do CDC).

O direito à educação e informação visa proporcionar relações igualitárias e de acordo com os preceitos legais, relacionando-se muito com o princípio da boa fé objetiva. A boa fé constitui um princípio estrutural das relações de consumo, que exige transparência e lealdade nas relações entre fornecedores e consumidores.

No âmbito do direito ambiental, temos ainda o inciso VI, do parágrafo 1º do art. 225 da Constituição Federal, que impõe ao poder público a incumbência de *"promover a educação ambiental em todos os níveis de ensino e a conscientização pública para a preservação do meio ambiente"*.

Visando dar efetividade à Política Nacional das Relações de Consumo prevista no art. 4º do Código de Defesa do Consumidor, incluiu-se, dentre os deveres do fornecedor, o de fornecer informações corretas, claras, precisas e ostensivas relativas ao produto ou serviço, conforme art. 31 do CDC.

O dispositivo tem por objetivo propiciar aos consumidores o conhecimento pleno de todos os aspectos relativos ao produto ou serviço, bem como os termos do negócio. Impõe-se a ambas as partes das relações de consumo, a observância dos padrões éticos do mercado.

Considera-se dever do fornecedor propiciar informação integral sobre o produto ou serviço, e a omissão de informação relevante pode ser considerada como defeito daquele produto.

Quanto às questões ambientais, principalmente, ainda estamos aquém do que seria necessário para o consumidor fazer opções de compra com avaliação real dos riscos e consequências.

Como já exposto, o fornecedor se utiliza de técnicas de mercado para estimular o desejo pelo consumo dos produtos. Poucas vezes, porém, informa as formas e etapas de produção, distribuição e descarte e seu impacto ambiental.

Certo é, ainda, que o Código de Defesa do Consumidor fala em boa fé, como conduta a ser imposta aos fornecedores. A empresa que oculta ou mascara etapas de produção potencialmente poluidoras, principalmente quando tenta dar publicidade a produtos "benéficos para a saúde" pode estar violando esse princípio de boa fé.

É de se analisar, por exemplo, casos de fornecedores de legumes ou frutas, alimentos reconhecidamente benéficos à saúde, mas que em sua produção não respeitam os limites de uso de agrotóxicos, aplicando-os em excesso e contaminando os alimentos, o solo ou nascentes próximas.

Há ainda, fornecedores de produtos cuja fabricação e descarte exigem atenção especial, como os eletroeletrônicos, pela potencial contaminação com metais pesados do solo, água e ar.

O fornecedor que se omite na informação que é ambientalmente relevante está violando os deveres de informação e o princípio da boa fé objetiva. A transparência nas relações de consumo é necessária, e cada vez mais exigível das empresas que têm deveres de responsabilidade social e ambiental.

Não se confunda, porém, o dever de prestar informações claras e de boa fé dos fornecedores com o conceito de "marketing social". Chama-se de marketing social as estratégias de negócios que visam criar uma imagem positiva da empresa ou uma "reputação" positiva nos âmbitos social e ambiental.

A responsabilidade do fornecedor com a sustentabilidade não pode se resumir a fazer marketing social, exige um comprometimento real com a sociedade e constitui um verdadeiro desafio ético para as empresas.

### 4.1 A falta de informação e a publicidade enganosa por omissão

O artigo 37 do Código de Defesa do Consumidor prevê a proibição de toda publicidade enganosa ou abusiva. Em seu parágrafo 1º, classifica como *enganosa* qualquer modalidade de informação ou comunicação de caráter publicitário que, mesmo por omissão, seja capaz de induzir em erro o consumidor a respeito da natureza, características, propriedades e dados relevantes sobre produtos e serviços.

O Parágrafo 2º do mencionado artigo, por sua vez, classifica com *abusiva* a publicidade, dentre outras hipóteses, que desrespeita valores ambientais ou induza o consumidor a se comportar de forma prejudicial a sua saúde ou segurança.

Por fim, o parágrafo 3º do artigo 37 do CDC considera como *publicidade enganosa por omissão* aquela que deixa de informar sobre dado essencial do produto ou serviço.

Como ensina o ilustre doutrinador ANTÔNIO HERMAN DE VASCONCELLOS E BENJAMIN: "A publicidade pode ser enganosa tanto pelo que diz como pelo que não diz. Enquanto na publicidade enganosa comissiva qualquer dado do produto ou serviço presta-se para induzir o consumidor em erro, na publicidade enganosa por omissão só a ausência de dados essenciais é reprimida.", e ainda: "A enganosidade por omissão varia conforme o caso, já que não se exige, conforme mencionado anteriormente, que o anúncio informe o consumidor sobre todas as qualidades e características do produto ou serviço. O fundamental aqui é que a parcela omitida tenha o condão de influenciar a decisão do consumidor".[22]

Fato é que, nos últimos anos, houve a maior familiaridade e apropriação pela população dos conceitos de desenvolvimento e consumo sustentável. A realidade da contaminação ambiental e escassez de recursos naturais se tornaram mais evidentes, vide a recente crise hídrica paulista. O consumidor tem presentes na sua rotina a necessidade e também a vontade de adotar comportamentos de consumo mais sustentáveis e afinados com a preservação do meio ambiente.

Não há como se negar que as informações que envolvem o produto relativas a potencialidade poluidora de fabricação e descarte, gasto de recursos naturais, possibilidade de reparo e reciclagem e outras circunstâncias relativas à sustentabilidade ambiental tem o condão de influenciar muito a decisão do consumidor.

Principalmente quando falamos de produtos ou serviços que causam danos ambientais acima do comum ou esperado, cujas informações são omitidas dos consumidores.

Toda a educação e informação são importantes para que o consumidor possa exercer seu poder de escolha e perceba sua importância como regulador do mercado. Também do consumidor se espera um comportamento adequado às necessidades de preservação do meio ambiente.

---

22 BENJAMIN, Antonio Herman de Vasconcellos, e outros. *Código Brasileiro de Defesa do Consumidor: comentado pelos autores do anteprojeto*. 6ª ed. São Paulo. Editora Forense Universitária, 1999, p. 293.

Quando o consumidor escolhe e adquire um produto por questões de sustentabilidade, ele estimula o mercado a adotar práticas sustentáveis.

Há várias questões que devem ser consideradas relevantes para o consumidor, desde a durabilidade do produto, a assistência técnica para reparo, possibilidade de reciclagem e descarte adequado.

Importante ainda, a informação sobre os danos ao meio ambiente decorrentes da fabricação, manipulação e descarte: recursos utilizados, produtos químicos empregados, resíduos contaminantes.

O poder público, ainda, deve incentivar as informações ao consumidor, inclusive aquelas relativas a suas obrigações fiscalizadoras. Cabe aos órgãos públicos de fiscalização sanitária, ambiental e de saúde, informar aos cidadãos e consumidores quais as fiscalizações e análises periódicas a que os produtos são submetidos do ponto de vista ambiental, de saúde pública e de qualidade.

O consumidor deve ser informado do funcionamento dos órgãos fiscalizadores, e dentro da maior publicidade possível, quais as ações tomadas pelo poder público.

### 4.2 Limites da publicidade e consciência ambiental

A publicidade, que está ligada à livre iniciativa, fomenta o consumo de bens e serviços e reflete no comportamento da população. Assim, apesar de constitucionalmente assegurada pelo artigo 220, da Constituição Federal, está subordinada a limites, os quais estão previstos na Constituição Federal, no Código de Defesa do Consumidor e no Código Brasileiro de Autorregulamentação Publicitária.

A Carta Magna considera a defesa do consumidor, a ser promovida pelo Estado, uma garantia e um direito fundamentais, nos termos do art. 5º, xxxii, da Constituição da República e das disposições da Lei nº 7.347/85, assim como princípio geral a ser observado pela atividade econômica (art. 170, v). Estabelece, outrossim, valores ambientais, conforme artigos 220, §§3º e 4º e 225.

No que tange ao Código de Defesa do Consumidor, leciona CLÁUDIA LIMA MARQUES: "A mensagem publicitária tem, porém, características próprias (exiguidade do tempo, incitação à fantasia, apelo visual etc.) que deverão ser levados em conta. Mas hoje ninguém duvida da forte influência que a publicidade exerce sobre a população e sobre sua conduta na sociedade de consumo. Nesse sentido, o CDC regula a publicidade, como meio de informação ao consumidor, para lhe vincular alguns efeitos nos arts. 30, 31, 35, 36, 37 e 38".[23]

Entende o doutrinador ANTONIO HERMAN DE VASCONCELOS E BENJAMIN, que "A publicidade, no mundo atual, não é mais apenas um fenômeno econômico e social; é um fenômeno igualmente jurídico". O mesmo autor diz que "O Direito é reflexo – mas também instrumento de transformação – da realidade econômico-social". E nas notas de rodapé, assinala: "Nessa perspectiva se inclui, claramente, toda a recente aproximação entre os temas do meio ambiente e do consumidor, buscando-se uma agenda comum para ambos, chegando-se, afinal, ao "consumo sustentável".[24]

### 4.3 Órgão regulador

O Brasil adota o sistema misto de controle da publicidade, ou seja, coexistem a lei e a autodisciplina. Há uma combinação, assim, entre o público e o privado.

A autodisciplina é exercida pelo CONAR (Conselho Nacional de Autorregulamentação Publicitária), que é definido por CARLOS ALBERTO BITTAR como "associação civil formada pelos agentes do mercado publicitário para preservação das normas éticas do setor". [25]

O Código de Autorregulamentação Publicitária, em seus princípios gerais, ao tratar de poluição e ecologia (art. 36), previu que *"A publicidade deverá refletir as preocupações de toda a humanidade com os problemas relacionados com a qualidade de vida e a proteção do meio ambiente; assim, serão vigorosamente combatidos os anúncios que, direta ou indiretamente, estimulem:*

*a poluição do ar, das águas, das matas e dos demais recursos naturais;*

*a poluição do meio ambiente urbano;*

---

23 MARQUES, Cláudia Lima, *Contratos no Código de Defesa do Consumidor – o novo regime das relações contratuais*. 5ª ed. São Paulo: RT, 2006, p. 780/781.
24 BENJAMIN, Antônio Herman V. O controle jurídico da publicidade. *In Revista Direito do Consumidor*. São Paulo: Revista dos Tribunais, v. 9, 1994, p. 37-39.
25 BITTAR, Carlos Alberto. O controle da publicidade: sancionamentos a mensagens enganosas e abusivas. *In: Revista de Direito do Consumidor*, São Paulo: Revista dos Tribunais, v. 4., p. 128.

*a depredação da fauna, da flora e dos demais recursos naturais; a poluição visual dos campos e das cidades; a poluição sonora; o desperdício de recursos naturais.*

*Parágrafo único - Considerando a crescente utilização de informações e indicativos ambientais na publicidade institucional e de produtos e serviços, serão atendidos os seguintes princípios: veracidade – as informações ambientais devem ser verdadeiras e passíveis de verificação e comprovação; exatidão – as informações ambientais devem ser exatas e precisas, não cabendo informações genéricas e vagas; pertinência – as informações ambientais veiculadas devem ter relação com os processos de produção e comercialização dos produtos e serviços anunciados; relevância – o benefício ambiental salientado deverá ser significativo em termos do impacto total do produto e do serviço sobre o meio ambiente, em todo seu ciclo de vida, ou seja, na sua produção, uso e descarte".*[26]

Assim, embora não haja obrigatoriedade na norma autodisciplinar, certo é que a empresa deve buscar um equilíbrio entre o mercado e o meio ambiente.

Cumpre ressaltar, também, que a empresa que engrandece qualidades sustentáveis dos seus produtos deverá comprovar a sua eficiência, não se valendo, portanto, do chamado *greenwashing*, ou seja, expediente para simular uma conformidade com o meio ambiente.

Bem por isso que o Código incluiu o "Anexo "U"[27] sobre normas para publicidade com apelos de sustentabilidade. Destarte, a publicidade que contiver informações ambientais deve ter o condão de comprová-las.

### 5. O que está sendo feito e o que ainda pode ser feito

No nosso entender, como mesmo dispõe o *caput* do artigo 225, da Constituição Federal, a superação dos problemas ambientais é tarefa do Poder Público e da coletividade, o que envolve o mercado como um todo e o consumidor.

---

26 CÓDIGO Brasileiro de Autorregulamentação Publicitária. Disponível em: http://www.conar.org.br/codigo/codigo.php. Acesso em 18 de junho de 2015.

27 CÓDIGO Brasileiro de Autorregulamentação Publicitária. Disponível em: http://www.conar.org.br/codigo/codigo.php. Acesso em 18 de junho de 2015.

É responsabilidade do mercado, porque o setor produtivo deverá adotar mais atitudes de sustentabilidade, discutindo novas maneiras de extração e produção, poupando os recursos naturais, privilegiando o reaproveitamento e a reciclagem, bem como tornando os produtos mais duráveis. De outra banda, se o setor produtivo precisa da publicidade para estimular o consumo de bens e serviços e o consumidor sofre inegavelmente extrema influência dessa publicidade, deverá haver uma adaptação desta, que passará a informar e incentivar a população a respeito de um consumo consciente, priorizando a qualidade, bem como o contentamento por mais extenso período.

Nessa esteira é que se fala, atualmente, em responsabilidade social da publicidade, já que exerce uma função importante no poder de escolha do consumidor.

Nesse sentido, MARIA ELIZABETE VILAÇA LOPES reproduziu os ensinamentos de PHILIP KOTLER, ressaltando a necessidade de praticar-se o *marketing* responsável e criativo, com vistas a uma filosofia de serviços e lucros para ambas as partes (fornecedor e consumidor).[28]

O Programa das Nações Unidas para o Meio Ambiente (PNUMA) lançou o "Guia de Produção e Consumo Sustentáveis: tendências e oportunidades para o setor de negócios", que tem como escopo a sensibilização e o engajamento do setor industrial do Brasil e partes interessadas na implementação de políticas e práticas de produção e consumo sustentável.[29]

É responsabilidade do consumidor, porque, munido de informações essenciais à prática de um consumo sustentável, baseará suas escolhas em valores, refletindo se a compra de fato é necessária. De outro lado, sopesará também as suas consequências. Isso envolve uma mudança de hábitos e uma revisão de valores, que, na atualidade, podem ser percebidas por certas atitudes, como, por exemplo, na área da saúde, a redução do número de fumantes em 30% nos últimos nove anos, o que, segundo o Ministério da Saúde, é consequência de "políticas como o aumento do preço dos cigarros, a proibição da propaganda

---

28 VILAÇA LOPES, Maria Elisabete. O consumidor e a publicidade. In Revista Direito do Consumidor. São Paulo: Revista dos Tribunais. v.1., p. 151.

29 PNUMA lança guia de produção e consumo sustentáveis. Disponível em: http://www.ecobrasilia.com.br/2015/06/16/pnuma-lanca-guia-de-producao-e-consumo-sustentaveis/. Acesso em 18 de junho de 2015.

e o aumento no rigor das leis antifumo"[30]. Na seara ambiental, podemos citar a percepção de certas transformações no comportamento do consumidor, já que tem se preocupado mais em procurar locais para descarte de lixo eletrônico, usar menos produtos descartáveis, como sacolinhas plásticas, e reciclar o lixo.

É, por fim, responsabilidade do Estado, na medida em que é preciso efetivar políticas públicas e disponibilizar meios para a mudança em prol da sustentabilidade.

PAULO VALÉRIO DAL PAI MORAES defende que é preciso realizar políticas públicas em nível escolar, que possam promover, efetivamente, a fundamental educação para o consumo.[31]

Como já acima abordado, a Declaração do Rio sobre Meio Ambiente e Desenvolvimento, em seu princípio 8, alertou, nos idos de 1992, que "para alcançar o desenvolvimento sustentável e uma qualidade de vida mais elevada para todos, os Estados devem reduzir e eliminar os padrões insustentáveis de produção e consumo, e promover políticas demográficas adequadas".[32]

No ano de 2005, o Ministério do Meio Ambiente, o Ministério da Educação, o Instituto de Defesa do Consumidor e o *Consumers International* editaram o "Manual de Educação para o Consumo Sustentável", instrumento de política pública, que visa a orientar as dinâmicas pedagógicas voltadas para despertar a consciência ambiental dos brasileiros.[33]

Chamando a atenção para o fato de que a humanidade está consumindo 50% a mais em recursos naturais renováveis – água, ar, terra agricultável e absorção de resíduos – do que o planeta é capaz de regenerar, o Instituto Akatu relacionou 10 caminhos para a Produção e

---

[30] TOTAL de fumantes cai 30%, mas hábito ainda atinge um em dez brasileiros. Folha de São Paulo. Disponível em: http://www1.folha.uol.com.br/cotidiano/2015/05/1634843-n--de-fumantes-cai-30-mas-habito-ainda-atinge-um-em-dez-brasileiros.shtml. Acesso em 18 de junho de 2015.

[31] MORAES, Paulo Valério Dal Pai, *Código de Defesa do Consumidor, O Princípio da Vulnerabilidade*, 3ª ed., Porto Alegre. Livraria do Advogado, 2009, p. 304-305.

[32] DECLARAÇÃO do Rio sobre Meio Ambiente e Desenvolvimento. Disponível em: http://www.onu.org.br/rio20/img/2012/01/rio92.pdf. Acesso em 15 de junho de 2015.

[33] MANUAL de Educação para o Consumo Sustentável. Disponível em: http://www.mma.gov.br/estruturas/secex_consumo/_arquivos/1%20-%20mcs_intro.pdf. Acesso em 18 de junho de 2015.

o Consumo Conscientes, quais sejam, o durável mais que o descartável, a produção local mais que a global, o compartilhado mais que o individual, o aproveitamento integral e não o desperdício, o saudável nos produtos e na forma de viver e não o prejudicial, o virtual mais que o material, a suficiência e não o excesso, a experiência e a emoção mais que o tangível, a cooperação para a sustentabilidade mais que a competição e a publicidade não voltada a provocar o consumismo.[34]

Por derradeiro, no último Dia Mundial do Meio Ambiente (05 de junho de 2015), a ONU convidou cada uma das 7 bilhões de pessoas no planeta para a adoção de uma mudança em favor do consumo mais responsável de recursos. Por isso, o tema deste ano foi "Sete bilhões de sonhos. Um planeta. Consuma com cuidado".[35]

### 5.1 Jurisprudência

Em que pese a jurisprudência pátria não ser abundante, há menção em alguns acórdãos sobre o tema "consumo sustentável", conforme se pode observar do seguinte julgado:

AÇÃO CIVIL PÚBLICA - DANO AMBIENTAL - LIXO RESULTANTE DE EMBALAGENS PLÁSTICAS TIPO "PET" (POLIETILENO TEREFTALATO) - EMPRESA ENGARRAFADORA DE REFRIGERANTES - RESPONSABILIDADE OBJETIVA PELA POLUIÇÃO DO MEIO AMBIENTE - ACOLHIMENTO DO PEDIDO - OBRIGAÇÕES DE FAZER - CONDENAÇÃO DA REQUERIDA SOB PENA DE MULTA - INTELIGÊNCIA DO ARTIGO 225 DA CONSTITUIÇÃO FEDERAL, LEI Nº 7347/85, ARTIGOS 1º E 4º DA LEI ESTADUAL Nº 12.943/99, 3º e 14, § 1º DA LEI Nº 6.938/81 - SENTENÇA PARCIALMENTE REFORMADA. Apelo provido em parte. 1. Se os avanços tecnológicos induzem o crescente emprego de vasilhames de matéria plástica tipo "PET" (polietileno tereftalato), propiciando que os fabricantes que delas se utilizam aumentem lucros e reduzam custos, não é justo que a responsabilidade pelo crescimento exponencial do volume do lixo resultante seja transferida apenas para o governo ou a população.

---

34 DEZ caminhos para a produção e o consumo conscientes. Disponível em: http://www.akatu.org.br/Temas/Consumo-Consciente/Posts/10-Caminhos-para-Producao-Consumo-Conscientes. Acesso em 18 de junho de 2015.

35 ONU convida os 7 bilhões de habitantes do planeta a mudar hábitos de consumo. Disponível em: http://www.mobilizadores.org.br/noticias/onu-convida-os-7-bilhoes-de--habitantes-do-planeta-a-mudar-habitos-de-consumo/. Acesso em 24 de junho de 2015.

2. A chamada responsabilidade pós-consumo no caso de produtos de alto poder poluente, como as embalagens plásticas, envolve o fabricante de refrigerantes que delas se utiliza, em ação civil pública, pelos danos ambientais decorrentes. Esta responsabilidade é objetiva nos termos da Lei n° 7347/85, artigos 1° e 4° da Lei Estadual n° 12.943/99, e artigos 3° e 14, § 1° da Lei n° 6.938/81, e implica na sua condenação nas obrigações de fazer, a saber: adoção de providências em relação a destinação final e ambientalmente adequada das embalagens plásticas de seus produtos, e destinação de parte dos seus gastos com publicidade em educação ambiental, sob pena de multa (TJ-PR , Relator: Ivan Bortoleto, Data de Julgamento: 05/08/2002, 8ª Câmara Cível).

O Desembargador Nilson Mizuta, do Tribunal de Justiça do Estado do Paraná, ao julgar o Agravo de Instrumento n. 1313499-9, aduziu que: "A Lei no 12.305/10, que institui a Política Nacional de Resíduos Sólidos (PNRS) é bastante atual e contém instrumentos importantes para permitir o avanço necessário ao País no enfrentamento dos principais problemas ambientais, sociais e econômicos decorrentes do manejo inadequado dos resíduos sólidos. Prevê a prevenção e a redução na geração de resíduos, tendo como proposta a prática de hábitos de consumo sustentável e um conjunto de instrumentos para propiciar o aumento da reciclagem e da reutilização dos resíduos sólidos e a destinação ambientalmente adequada dos rejeitos. Institui a responsabilidade compartilhada dos geradores de resíduos: dos fabricantes, importadores, distribuidores, comerciantes, o cidadão e titulares de serviços de manejo dos resíduos sólidos urbanos na Logística Reversa dos resíduos e embalagens pós-consumo e pós-consumo. Cria metas importantes que irão contribuir para a eliminação dos lixões e institui instrumentos de planejamento nos níveis nacional, estadual, microrregional, intermunicipal e metropolitano e municipal; além de impor aos particulares a elaboração de seus Planos de Gerenciamento de Resíduos Sólidos. Também coloca o Brasil em patamar de igualdade aos principais países desenvolvidos e inova com a inclusão de catadoras e catadores de materiais recicláveis e reutilizáveis, tanto na Logística Reversa quando na Coleta Seletiva. Além disso, os instrumentos da PNRS ajudarão o Brasil a atingir uma das metas do Plano Nacional sobre Mudança do Clima, que é de alcançar o índice de reciclagem de resíduos de 20% em 2015".

Ademais, em que pese ter sido negado provimento ao referido agravo de instrumento interposto pelo Ministério Público do Estado do Paraná, em primeira instância, como mesmo consta do acórdão, "...o imediato receio de dano irreparável e de difícil reparação já foi devidamente afastado, pois a decisão agravada já determinou "... que as empresas fabricantes e importadoras de lâmpadas fluorescentes, de vapor de sódio e mercúrio e de luz mista atuantes no Brasil, neste ato representadas pelas requeridas ABILUX-ASSOCIAÇÃO BRASILEIRA DA INDÚSTRIA DE ILUMINAÇÃO e ABILUMI-ASSOCIAÇÃO BRASILEIRA DE IMPORTADORES DE PRODUTOS DE ILUMINAÇÃO, promovam o recolhimento, transporte e destinação final adequada de todas as lâmpadas fluorescentes, de vapor de sódio, vapor de mercúrio e de luz mista irregularmente armazenadas nos estabelecimentos públicos e privados do município de Ibiporã, e porventura em outros pontos de coletas existentes no Município a serem indicados pela Secretaria Municipal do Meio Ambiente, no prazo máximo de 60 (sessenta) dias contados da citação, sob pena de multa diária de R$20.000,00 (vinte mil reais), nos termos dos artigos 461, §5o do CPC e 11 da Lei 7.347/85." (fl. 52-TJ)".

### 6. Conclusão

A constatação de que o excesso esgotará os recursos naturais contribui para a construção de um novo comportamento, substituindo-se o modelo "trabalho e acúmulo" para um modo de vida mais consciente.

Por isso é tão importante munir a publicidade de informação, garantindo a clareza nas relações de consumo, a fim de que o consumidor, sabendo, faça a sua opção.

Nesse sentido assinala IAIN RAMSAY: "O valor da verdade pode ser importante para promover a confiança do consumidor e das empresas e formar um mercado adequado". [36]

Além da mudança de comportamento do setor produtivo – incluindo-se a publicidade, que deverá adotar uma nova e populari-

---

36 RAMSAY, Iain. O controle da publicidade em um mundo pós-moderno. *In: Revista de Direito do Consumidor*. Trad. Miriam de Almeida Souza. São Paulo: Revista dos Tribunais, v.4., p. 27.

zadora linguagem, informativa e incentivadora - e do consumidor – que, consciente, deverá adotar novos valores e hábitos, há o Estado, que deverá realizar, como já dito, políticas públicas para a transformação.

Papel fundamental nessa transformação também tem a autodisciplina da publicidade e a legislação pátria, sobretudo consumerista.

Por fim, os juízes, na aplicação da lei, deverão estar atentos à importância do consumo sustentável.

Não obstante a ideia da sustentabilidade esteja se tornando realidade em certos setores da sociedade, tal consciência ainda é tímida em face do vultuoso consumo. Certo, assim, é que a mudança é premente para a nossa existência.

### Referências bibliográficas

AMARAL JÚNIOR, Alberto do, *Proteção do Consumidor no Contrato de Compra e Venda*. São Paulo. Revista dos Tribunais. 1993.

BENJAMIN, Antonio Herman de Vasconcellos, e outros. *Código Brasileiro de Defesa do Consumidor: comentado pelos autores do anteprojeto*. 6ª ed. São Paulo. Editora Forense Universitária, 1999.

BENJAMIN, Antônio Herman V. O controle jurídico da publicidade. *In Revista Direito do Consumidor*. São Paulo: Revista dos Tribunais, v. 9, 1994.

BITTAR, Carlos Alberto. O controle da publicidade: sancionamentos a mensagens enganosas e abusivas. *In: Revista de Direito do Consumidor*, São Paulo: Revista dos Tribunais, v. 4.

CABANA, Roberto M. López. "Ecologia y Consumo". *In: Revista de Direito do Consumidor*. São Paulo: Revista dos Tribunais. v. 12.

CÓDIGO Brasileiro de Autorregulamentação Publicitária. Disponível em: http://www.conar.org.br/codigo/codigo.php. Acesso em 18 de junho de 2015.

DÉCADA da Educação das Nações Unidas para um Desenvolvimento Sustentável, 2005-2014. Brasília: UNESCO, 2005 (Título original: United Nations Decade of Education for Sustainable Development 2004-2005 – Draft International Implementation Scheme). Disponível em: http://unesdoc.unesco.org/images/0013/001399/139937por.pdf. Acesso em 15 de junho de 2015.

DECLARAÇÃO do Rio sobre Meio Ambiente e Desenvolvimento. Disponível em: http://www.onu.org.br/rio20/img/2012/01/rio92.pdf. Acesso em 15 de junho de 2015.

DEZ caminhos para a produção e o consumo conscientes. Disponível em: http://www.akatu.org.br/Temas/Consumo-Consciente/Posts/10-Caminhos-para-Producao-Consumo-Conscientes. Acesso em 18 de junho de 2015.

MANUAL de Educação para o Consumo Sustentável. Disponível em: http://www.mma.gov.br/estruturas/secex_consumo/_arquivos/1%20-%20mcs_intro.pdf. Acesso em 18 de junho de 2015.

MARQUES, Cláudia Lima, *Contratos no Código de Defesa do Consumidor – o novo regime das relações contratuais*. 5ª ed. São Paulo: RT, 2006.

MEMÓRIA Roda Viva. Disponível em: http://www.rodaviva.fapesp.br/materia/9/entrevistados/oliviero_toscani_1995.htm. Acesso em 22 de junho de 2015.

MORAES, Paulo Valério Dal Pai, *Código de Defesa do Consumidor, O Princípio da Vulnerabilidade*, 3ª ed., Porto Alegre. Livraria do Advogado, 2009.

ONU convida os 7 bilhões de habitantes do planeta a mudar hábitos de consumo. Disponível em: http://www.mobilizadores.org.br/noticias/onu--convida-os-7-bilhoes-de-habitantes-do-planeta-a-mudar-habitos-de--consumo/. Acesso em 24 de junho de 2015.

PNUMA lança guia de produção e consumo sustentáveis. Disponível em: http://www.ecobrasilia.com.br/2015/06/16/pnuma-lanca-guia-de-producao-e--consumo-sustentaveis/. Acesso em 18 de junho de 2015.

RAMSAY, Iain. O controle da publicidade em um mundo pós-moderno. In: *Revista de Direito do Consumidor*. Trad. Miriam de Almeida Souza. São Paulo: Revista dos Tribunais, v.4.

RODRIGUES, Marcelo Abelha. *Elementos de Direito Ambiental. Parte Geral*, 2ª ed., São Paulo, Revista dos Tribunais, 2005.

SAMPAIO, José Adércio L.; WOLD, Cris; NARDY, Afrânio. *Princípios de Direito Ambiental: na dimensão internacional e comparada*. Belo Horizonte, Del Rey, 2003.

SARLET, Ingo Wolfgang. *Dignidade da pessoa humana e direitos fundamentais na Constituição Federal de 1988*. 8ª ed., Porto Alegre, Livraria do Advogado, 2011.

SILVA, José Afonso da. *Curso de Direito Constitucional Positivo*. 16ª ed., São Paulo, Malheiros, 1999.

SILVA, José Afonso da. *Curso de Direito Constitucional Positivo*. 19ª ed. revisada atualizada e ampliada, São Paulo, Malheiros, 2001.

TOTAL de fumantes cai 30%, mas hábito ainda atinge um em dez brasileiros. Folha de São Paulo. Disponível em: http://www1.folha.uol.com.br/cotidiano/2015/05/1634843-n-de-fumantes-cai-30-mas-habito-ainda-atinge-um-em-dez-brasileiros.shtml. Acesso em 18 de junho de 2015.

VILAÇA LOPES, Maria Elisabete. O consumidor e a publicidade. *In Revista Direito do Consumidor.* São Paulo: Revista dos Tribunais. v.1.

# CORRELAÇÕES DO DIREITO AMBIENTAL COM O DIREITO SANITÁRIO

Roberto de Campos Andrade[1]
Aline Jurca Zavaglia Vicente Alves[2]

**Resumo:** A interface de trabalho entre o Direito Ambiental e o Direito Sanitário proporciona a maximização da proteção dos bens jurídicos tutelados por ambas as áreas, cuja relevância à humanidade foi amplamente reconhecida em tratados internacionais vigentes. Nas atividades do Ministério Público, a combinação da atuação de mecanismos ligados a saúde pública nos casos ambientais e também a utilização de mecanismos ambientais nos casos de saúde pública potencializa a proteção de tais bens jurídicos. A legislação internacional e nacional vincula as duas áreas em diversos temas, mas apresenta amplo destaque às áreas de saneamento básico e vigilância sanitária. Dessa prioridade legislativa depreende-se a importância da prevenção, tanto de danos ambientais quanto de doenças, de modo que os investimentos em saneamento básico e vigilância sanitária minimizam gastos em saúde pública.

**Palavras-chave:** Meio Ambiente. Saúde Pública. Desenvolvimento. Sustentabilidade. Direitos Humanos.

**Sumário:** 1. Introdução – 2. Legislação aplicável – 3. Casos concretos – 4. Conclusão.

### 1. Introdução

A relação do Direito Ambiental e o Direito Sanitário é apenas uma das facetas das inúmeras correlações existentes entre o meio am-

---
1 Promotor de Justiça Coordenador do Centro de Apoio Operacional de Direitos Humanos e Sociais do Ministério Público do Estado de São Paulo. Mestre e Doutor em Direito Internacional pela USP.
2 Promotora de Justiça Assessora do Centro de Apoio Operacional de Direitos Humanos e Sociais do Ministério Público do Estado de São Paulo. Mestranda em Direitos Humanos pela PUC/SP.

biente ou a natureza e as diversas formas de atividade humana que buscam desde a apropriação de recursos naturais para finalidade econômica até ao outro extremo da atuação do Estado na repressão de condutas degradadoras do ambiente natural. Logo, a adequada proteção dos bens jurídicos tutelados por essas duas áreas do direito exige interface de trabalho.

Este universo mais amplo de correlações em que se situa o quadro normativo do meio ambiente e da saúde está inquestionavelmente informado por um princípio abrangente invocado no relatório da Comissão Brundtland da ONU, "Nosso Futuro Comum", de 1986, e finalmente consolidado na Conferência das Nações Unidas sobre Meio Ambiente e Desenvolvimento realizada no Rio em 1992, expressamente na Declaração Rio – 92. Trata-se de um princípio matriz que passou a informar outros princípios de proteção ao meio ambiente e das atividades do homem que de alguma forma guardam uma relação com a natureza, qual seja, o princípio do **desenvolvimento sustentável**.

Assim é que o preâmbulo da Declaração do Rio sobre Meio Ambiente e Desenvolvimento já reconhece a necessidade de proteção da integridade do sistema global de meio ambiente e desenvolvimento bem como a natureza integral e interdependente da Terra. O documento afirma em seu princípio primeiro: "Os seres humanos estão no centro das preocupações com o desenvolvimento sustentável. **Têm direito a uma vida saudável e produtiva, em harmonia com a natureza**".

Nesta Conferência do Rio em 1992 produziu-se um importante documento, denominado Agenda 21, que deixa claro no seu preâmbulo a ambição de promover a cooperação entre os povos para a concretização deste novo paradigma de desenvolvimento social e econômico:

> "A humanidade se encontra em um momento de definição histórica. Defrontamos-nos com a perpetuação das disparidades existentes entre as nações e no interior delas, o agravamento da pobreza, da fome, das doenças e do analfabetismo, e com a deterioração contínua dos ecossistemas de que depende nosso bem-estar. Não obstante, caso se integrem as preocupações relativas a meio ambiente e desenvolvimento e a elas se dedique mais atenção, será possível satisfazer às necessidades básicas, elevar o nível

## CAPÍTULO IV – O MEIO AMBIENTE E AS TRANSVERSALIDADES

da vida de todos, obter ecossistemas melhor protegidos e gerenciados e construir um futuro mais próspero e seguro. São metas que nação alguma pode atingir sozinha; juntos, porém, podemos -- em uma associação mundial em prol do desenvolvimento sustentável."

Dentre os quarenta tópicos elencados na Agenda 21, compromisso das nações participantes da Conferência do Rio para as gerações futuras, de garantir um meio ambiente sadio e equilibrado no processo de desenvolvimento social e econômico da humanidade, coube ao capítulo sexto o tratamento da saúde humana neste contexto abrangente do princípio do desenvolvimento sustentável, a indicar uma densa transversalidade deste universo multifacetado da interação do homem com o mundo natural.

Assim é que a saúde enquanto direito fundamental não pode estar dissociada do processo de desenvolvimento em que os recursos naturais devam ser preservados para as gerações futuras. O texto deste importante documento que traçou estratégias para o século XXI indica como o tema da saúde deve ser tratado internamente pelos Estados e como a comunidade internacional também deve assumir responsabilidades:

"A saúde e o desenvolvimento estão intimamente relacionados. Tanto um desenvolvimento insuficiente que conduza à pobreza como um desenvolvimento inadequado que resulte em consumo excessivo, associados a uma população mundial em expansão, podem resultar em sérios problemas para a saúde relacionados ao meio ambiente, tanto nos países em desenvolvimento como nos desenvolvidos. Os tópicos de ação da Agenda 21 devem estar voltados para as necessidades de atendimento primário da saúde da população mundial, visto que são parte integrante da concretização dos objetivos do desenvolvimento sustentável e da conservação primária do meio ambiente. **Os vínculos existentes entre saúde e melhorias ambientais e sócio-econômicas exigem esforços intersetoriais.** Tais esforços, que abrangem educação, habitação, obras públicas e grupos comunitários, inclusive empresas, escolas e universidades e organizações religiosas, cívicas e culturais, estão voltados para a capacitação das pessoas em suas comunidades a assegurar o desenvolvimento sustentável. Especialmente relevante é a inclusão de programas preventivos, que não se limitem a medidas destinadas a remediar e tratar. Os países devem desenvolver planos para as ações que considerem prioritárias nas áreas compreendidas neste capítulo; esses planos devem basear-se no planejamento cooperativo realizado pelos diversos níveis de Governo, organizações não-governamentais e comunidades locais. Uma organização internacional adequada, como a OMS, deveria coordenar essas atividades."

A Constituição Federal de 1988 disciplinou a matéria em seu capítulo sobre a Ordem Social, no qual saúde e meio ambiente ostentam qualificação jurídica de direito fundamental, o que aponta a íntima relação entre os dois ramos autônomos de direito.

Prescreve a Constituição da República que o meio ambiente ecologicamente equilibrado é essencial à sadia qualidade de vida. Por outro lado, a Constituição ampara o direito à vida com a garantia do acesso universal e gratuito ao sistema público de saúde.

A saúde, nos termos do artigo 196 da Constituição Federal, é o direito a "redução do risco de doença e de outros agravos e ao acesso universal e igualitário às ações e serviços para sua promoção, proteção e recuperação".

O bem ambiental, segundo Fernando Reverendo Vidal Akaoui, "é um bem jurídico de natureza material ou imaterial, de uso comum do povo, e que permite a manutenção de uma vida com qualidade" (In Compromisso de Ajustamento de Conduta Ambiental, 2ª ed., RT, 2008, pág. 25).

Desses conceitos iniciais, extrai-se que o direito a saúde garante prevenção e tratamento de doenças, enquanto o direito ao meio ambiente equilibrado garante qualidade de vida ao indivíduo.

O direito a saúde enquadra-se como direito social, abrangido pela segunda geração ou dimensão de direitos humanos, e o direito ao meio ambiente equilibrado enquadra-se como direito coletivo da terceira geração ou dimensão de direitos humanos.

As duas áreas do Direito podem ser consideradas enquanto direitos difusos, cujos conceitos extrapolam os grupos de indivíduos, dentro da definição legal trazida pelo parágrafo 1º do artigo 81 Código de Defesa do Consumidor:

## CAPÍTULO IV – O MEIO AMBIENTE E AS TRANSVERSALIDADES

*"Art. 81. A defesa dos interesses e direitos dos consumidores e das vítimas poderá ser exercida em juízo individualmente, ou a título coletivo.*

*Parágrafo único. A defesa coletiva será exercida quando se tratar de:*

*I - interesses ou direitos difusos, assim entendidos, para efeitos deste código, os transindividuais, de natureza indivisível, de que sejam titulares pessoas indeterminadas e ligadas por circunstâncias de fato"*

Enquanto o direito ao meio ambiente equilibrado sempre foi utilizado como exemplo de direito transindividual, o direito a saúde passou a ser considerado pela perspectiva difusa quando conceitualmente extrapolou a situação concreta de evitar ou tratar doenças de um indivíduo para o patamar de direito coletivo a prestações públicas que garantam assistência e medidas de prevenção a doenças.

Ambas as áreas zelam pelo **bem estar do indivíduo**, de modo que, segundo Vidal Serrano Junior e Sueli Dallari, "o bem-estar do indivíduo supõe aspectos sanitários, ambientais e comunitários que só podem ser concebidos a partir de uma **perspectiva coletiva**, donde resulta que uma concepção jurídica da saúde há de envolver não só direitos, mas também deveres, e não só por parte dos Estados mas também das pessoas e da sociedade" (In Direito Sanitário, Ed. Verbatim, 2010, pág. 09).

Prosseguem os autores que "a saúde depende, ao mesmo tempo, de características individuais, físicas e psicológicas, mas, também, do ambiente social e econômico, tanto daquele mais próximo das pessoas quanto daquele que condiciona a vida dos Estados. O que obriga a afirmar que, sob a ótica jurídica, **a saúde deverá inevitavelmente implicar aspectos individuais, sociais e de desenvolvimento**" (*op. cit.* pág 11).

Por outro lado, pondera Geisa de Assis Rodrigues que "A dimensão difusa do direito a saúde é que garante a todos a adoção de medidas públicas de prevenção e promoção do bem estar sanitário da coletividade e de cada um dos seus integrantes" (In Manual de Direitos Difusos, 2ª ed., 20012, Coord. Vidal Serrano Nunes Junior, pág. 316).

A correlação da proteção difusa dos direitos ao meio ambiente equilibrado e à saúde pública é próxima em razão da própria natureza dos bens jurídicos envolvidos. É o que destaca Geisa de Assis Rodrigues: "Quando se relaciona saúde e meio ambiente fica evidente que também as futuras gerações, segundo expressa determinação do artigo 225 da Constituição Federal, são titulares do direito a saúde, na medida em que o nosso legado social e ambiental as permitirá gozar de maior ou menor condição sanitária para a continuidade da espécie humana" (Op. cit. pág. 321).

Diante deste quadro percebemos que as questões jurídicas envolvendo a saúde perpassam pelo universo jurídico de proteção ao meio ambiente. Tal é o caso das políticas públicas voltadas para a implementação de saneamento básico em bairros desprovidos deste importante instrumento de preservação ambiental e ao mesmo tempo de combate a inúmeras epidemias que atingem um número indeterminado de pessoas. Ainda, é notória a relação de complementaridade entre meio ambiente e saúde no quadro normativo que dispõe sobre a vigilância sanitária.

## 2. Legislação Aplicável

Por essas razões, a legislação cuidou de aproximar a proteção da saúde e do meio ambiente em tratados internacionais, na Constituição Federal e na legislação federal.

O Pacto Internacional de Direitos Econômicos, Sociais e Culturais, que entrou em vigor em 03 de janeiro de 1976 e no Brasil vigora em razão do Decreto n. 591, de 06 de julho de 1.992 prevê o seguinte:

"ARTIGO 12
1. Os Estados Partes do presente Pacto reconhecem o direito de toda pessoa de desfrutar o mais elevado nível possível de saúde física e mental.
*2. As medidas que os Estados Partes do presente Pacto deverão adotar com o fim de assegurar o pleno exercício desse direito incluirão as medidas que se façam necessárias para assegurar:*
*a) A diminuição da mortalidade e da mortalidade infantil, bem como o desenvolvimento é das crianças;*
*b) A melhoria de todos os aspectos de higiene do trabalho e do meio ambiente;*
*c) A prevenção e o tratamento das doenças epidêmicas, endêmicas, profissionais e outras, bem como a luta contra essas doenças;*
*d) A criação de condições que assegurem a todos assistência médica e serviços médicos em caso de enfermidade."*

## CAPÍTULO IV – O MEIO AMBIENTE E AS TRANSVERSALIDADES

A Constituição Federal preceitua que:

*"Art. 200. **Ao sistema único de saúde compete**, além de outras atribuições, nos termos da lei:*
*I - controlar e fiscalizar procedimentos, produtos e substâncias de interesse para a saúde e participar da produção de medicamentos, equipamentos, imunobiológicos, hemoderivados e outros insumos;*
*II - executar as ações de vigilância sanitária e epidemiológica, bem como as de saúde do trabalhador;*
*III - ordenar a formação de recursos humanos na área de saúde;*
*IV - **participar da formulação da política e da execução das ações de saneamento básico**;*
*V - incrementar em sua área de atuação o desenvolvimento científico e tecnológico;*
*VI - fiscalizar e inspecionar alimentos, compreendido o controle de seu teor nutricional, bem como bebidas e águas para consumo humano;*
*VII - participar do controle e fiscalização da produção, transporte, guarda e utilização de substâncias e produtos psicoativos, tóxicos e radioativos;*
*VIII - **colaborar na proteção do meio ambiente, nele compreendido o do trabalho***
*(...)*
*Art. 225. Todos têm direito ao meio ambiente ecologicamente equilibrado, bem de uso comum do povo e essencial à **sadia qualidade de vida**, impondo-se ao Poder Público e à coletividade o dever de defendê-lo e preservá- lo para as presentes e futuras gerações.*
*§ 1º Para assegurar a efetividade desse direito, incumbe ao Poder Público:*
*I - preservar e restaurar os processos ecológicos essenciais e prover o manejo ecológico das espécies e ecossistemas;*
*II - **preservar a diversidade e a integridade do patrimônio genético do País e fiscalizar as entidades dedicadas à pesquisa e manipulação de material genético**;*
*III - definir, em todas as unidades da Federação, espaços territoriais e seus componentes a serem especialmente protegidos, sendo a alteração e a supressão permitidas somente através de lei, vedada qualquer utilização que comprometa a integridade dos atributos que justifiquem sua proteção;*

*IV - exigir, na forma da lei, para instalação de obra ou atividade potencialmente causadora de significativa degradação do meio ambiente, estudo prévio de impacto ambiental, a que se dará publicidade;*
*V -* **controlar a produção, a comercialização e o emprego de técnicas, métodos e substâncias que comportem risco para a vida, a qualidade de vida e o meio ambiente;**
*VI - promover a educação ambiental em todos os níveis de ensino e a conscientização pública para a preservação do meio ambiente;*
*VII - proteger a fauna e a flora, vedadas, na forma da lei, as práticas que coloquem em risco sua função ecológica, provoquem a extinção de espécies ou submetam os animais a crueldade."*

A Lei de Política Nacional do Meio Ambiente (Lei 6.938/81) estabelece a "preservação, melhoria e recuperação da qualidade ambiental propícia à vida, visando assegurar (...) a proteção da vida humana".

A lei de Crimes Ambientais (Lei 9.605/98) criminalizou a conduta de quem "causar poluição de qualquer natureza em níveis tais que resultem ou possam resultar em danos à saúde humana" (art. 54).

A Lei Orgânica da Saúde (Lei n. 8080/90) disciplina:

*"Art. 3º Os níveis de saúde expressam a organização social e econômica do País, tendo a saúde como determinantes e condicionantes, entre outros, a alimentação, a moradia, o saneamento básico, o meio ambiente, o trabalho, a renda, a educação, a atividade física, o transporte, o lazer e o acesso aos bens e serviços essenciais.*
*Parágrafo único. Dizem respeito também à saúde as ações que, por força do disposto no artigo anterior, se destinam a garantir às pessoas e à coletividade condições de bem-estar físico, mental e social.*
*(...)*
*"Art. 6º:* Estão incluídas ainda no campo de atuação do Sistema Único de Saúde *(SUS):*
*I - a execução de ações:*
*a) de vigilância sanitária;*
*b) de vigilância epidemiológica;*
*c) de saúde do trabalhador; e*
*d) de assistência terapêutica integral, inclusive farmacêutica;*
*II - a participação na formulação da política e na execução de ações de saneamento básico;*
*III - a ordenação da formação de recursos humanos na área de saúde;*

CAPÍTULO IV – O MEIO AMBIENTE E AS TRANSVERSALIDADES

*IV - a vigilância nutricional e a orientação alimentar;*
*V - a colaboração na proteção do meio ambiente, nele compreendido o do trabalho;*
*(...)*
§ 1º Entende-se por vigilância sanitária um conjunto de ações capaz de eliminar, diminuir ou prevenir riscos à saúde e de intervir nos problemas sanitários decorrentes do meio ambiente, da produção e circulação de bens e da prestação de serviços de interesse da saúde, abrangendo:
I - o controle de bens de consumo que, direta ou indiretamente, se relacionem com a saúde, compreendidas todas as etapas e processos, da produção ao consumo; e
II - o controle da prestação de serviços que se relacionam direta ou indiretamente com a saúde.
*§ 2º Entende-se por vigilância epidemiológica um conjunto de ações que proporcionam o conhecimento, a detecção ou prevenção de qualquer mudança nos fatores determinantes e condicionantes de saúde individual ou coletiva, com a finalidade de recomendar e adotar as medidas de prevenção e controle das doenças ou agravos.*
*§ 3º Entende-se por saúde do trabalhador, para fins desta lei, um conjunto de atividades que se destina, através das ações de vigilância epidemiológica e vigilância sanitária, à promoção e proteção da saúde dos trabalhadores, assim como visa à recuperação e reabilitação da saúde dos trabalhadores submetidos aos riscos e agravos advindos das condições de trabalho, abrangendo:*
*I - assistência ao trabalhador vítima de acidentes de trabalho ou portador de doença profissional e do trabalho;*
*II - participação, no âmbito de competência do Sistema Único de Saúde (SUS), em estudos, pesquisas, avaliação e controle dos riscos e agravos potenciais à saúde existentes no processo de trabalho;*
*III - participação, no âmbito de competência do Sistema Único de Saúde (SUS), da normatização, fiscalização e controle das condições de produção, extração, armazenamento, transporte, distribuição e manuseio de substâncias, de produtos, de máquinas e de equipamentos que apresentam riscos à saúde do trabalhador;*
*IV - avaliação do impacto que as tecnologias provocam à saúde;*
*V - informação ao trabalhador e à sua respectiva entidade sindical e às empresas sobre os riscos de acidentes de trabalho, doença profissional e do trabalho, bem como os resultados de fiscalizações,*

*avaliações ambientais e exames de saúde, de admissão, periódicos e de demissão, respeitados os preceitos da ética profissional;*

*VI - participação na normatização, fiscalização e controle dos serviços de saúde do trabalhador nas instituições e empresas públicas e privadas;*

*VII - revisão periódica da listagem oficial de doenças originadas no processo de trabalho, tendo na sua elaboração a colaboração das entidades sindicais; e*

*VIII - a garantia ao sindicato dos trabalhadores de requerer ao órgão competente a interdição de máquina, de setor de serviço ou de todo ambiente de trabalho, quando houver exposição a risco iminente para a vida ou saúde dos trabalhadores."*

A lei n. 11.445/07, que estabelece diretrizes nacionais para o saneamento básico, dispõe:

*"Art. 2° Os serviços públicos de saneamento básico serão prestados com base nos seguintes princípios fundamentais[3]:*

*I - universalização do acesso;*

*II - integralidade, compreendida como o conjunto de todas as atividades e componentes de cada um dos diversos serviços de saneamento básico, propiciando à população o acesso na conformidade de suas necessidades e maximizando a eficácia das ações e resultados;*

*III - abastecimento de água, esgotamento sanitário, limpeza urbana e manejo dos resíduos sólidos realizados de formas adequadas à saúde pública e à proteção do meio ambiente;*

*IV - disponibilidade, em todas as áreas urbanas, de serviços de drenagem e de manejo das águas pluviais adequados à saúde pública e à segurança da vida e do patrimônio público e privado;*

*V - adoção de métodos, técnicas e processos que considerem as peculiaridades locais e regionais;*

*VI - articulação com as políticas de desenvolvimento urbano e regional, de habitação, de combate à pobreza e de sua erradicação, de proteção ambiental, de promoção da saúde e outras de relevante interesse social voltadas para a melhoria da qualidade de vida, para as quais o saneamento básico seja fator determinante;*

---

3   Os princípios são análogos aos previstos pela Constituição Federal para a saúde pública: universalização, integralidade e controle social (arts. 196 e 198).

## CAPÍTULO IV – O MEIO AMBIENTE E AS TRANSVERSALIDADES

*VII - eficiência e sustentabilidade econômica;*
*VIII - utilização de tecnologias apropriadas, considerando a capacidade de pagamento dos usuários e a adoção de soluções graduais e progressivas;*
*IX - transparência das ações, baseada em sistemas de informações e processos decisórios institucionalizados;*
*X - controle social;*
*XI - segurança, qualidade e regularidade;*
*XII - integração das infra-estruturas e serviços com a gestão eficiente dos recursos hídricos.*
*XIII - adoção de medidas de fomento à moderação do consumo de água"*

Há, ainda, legislação relacionando as duas áreas no regramento da extração, industrialização, utilização, comercialização e transporte do amianto em razão da possibilidade de desenvolvimento da doença asbestose e por isso recomendando o acompanhamento de todos os trabalhadores pelo Sistema Único de Saúde sem prejuízo das medidas atribuídas ao empregador para a saúde do trabalhador (lei n. 9055/95), na lei que restringe locais para consumo de cigarro (lei n. 9294/96) e na lei que estabelece limites à exposição humana a campos elétricos, magnéticos e eletromagnéticos em obediência a regras da Organização Mundial da Saúde (lei n. 11.934/09).

Desse aparato legal e especialmente pelo destaque legislativo às ações de saneamento básico e vigilância sanitária, verifica-se que em dois momentos importantes o Direito Ambiental e o Direito Sanitário dialogam com intensidade: na prevenção de doenças e na redução de danos decorrentes de infrações ambientais.

Esse diálogo tem um fundamento econômico importante, especialmente considerando-se a escassez de recursos públicos e a finitude dos recursos naturais no planeta: investimentos em saneamento básico e vigilância sanitária implicam em economia de recursos na área de saúde pública.

Desse contexto se extrai que o Direito Sanitário e o Direito Ambiental se pautam pelo princípio da prevenção em prol da saúde da população, que deve ser garantida mediante políticas sociais e econômicas, como forma de antecipação de atividades danosas à saúde. Dentre as atividades preventivas que atendem a objetivos ambientais e sanitários, despontam as campanhas anti-fumo e a vacinação da população, como medidas de interesse público que protegem o meio ambiente e também diminuem o número de doenças.

## 3. Casos Concretos

Como consequência, na atuação do Ministério Público, a utilização integrada dos mecanismos de controle ambiental com os mecanismos de controle de saúde pública pode maximizar a proteção dos bens jurídicos tutelados.

A ligação entre saneamento básico e saúde pública é umbilical. Como salienta Gilmar Ferreira Mendes, "Pesquisas da Organização Mundial de Saúde indicam, por exemplo, uma direta relação entre água potável e saúde pública. Políticas no sentido da melhoria da rede de esgotos reduziriam consideravelmente a quantidade de doenças e, consequentemente, os gastos com saúde no Brasil" (In Curso de Direito Constitucional, 6ª ed., Ed Saraiva, pág. 687).

Neste sentido a Agenda 21 brasileira, definida pelo governo brasileiro, estabelece claramente a relação entre preservação do meio ambiente e promoção da saúde:

> "A origem ambiental das doenças é bem conhecida e essa relação foi sendo desvendada pelas experiências científicas que nos mostram como o ambiente natural, as condições de trabalho, de moradia, de higiene e salubridade tanto quanto a alimentação e a segurança afetam a saúde, provocando a morte ou, ao contrário, prolongando a vida.
>
> Finalmente, estão classificadas as doenças infecto-parasitárias, de fundo socioambiental, que são a sexta causa de óbito e que estão declinantes, embora de maneira desigual entre regiões e grupos sociais. Deve-se, sem dúvida, dar prioridade aos investimentos públicos que eliminem essas "doenças da pobreza", mais dependentes das políticas governamentais de vacinação em massa e de campanhas de promoção da saúde popular, além de programas sanitários e do saneamento básico - especialmente as de veiculação hídrica. Aprimorar mecanismos de implementação da vigilância em saúde relacionada à qualidade de água, solo, produtos, serviços e ambientes de trabalho, de forma a eliminar ou reduzir fatores de risco à saúde."

## CAPÍTULO IV – O MEIO AMBIENTE E AS TRANSVERSALIDADES

O tema é atual e o Fundo da ONU para a Infância (UNICEF) e a Organização Mundial da Saúde (OMS) alertaram que a falta de progresso no saneamento ameaça enfraquecer a sobrevivência infantil e benefícios para a saúde conquistados por meio de um melhor acesso à água potável. "Responsáveis por acompanhar os avanços dessa meta estabelecida pelos Objetivos de Desenvolvimento do Milênio (ODM), ambas as agências publicaram o Relatório do Programa de Monitoramento Conjunto que revela que uma em cada três pessoas – ou 2,4 bilhões de cidadãos no planeta – carecem de saneamento básico, incluindo 946 milhões de pessoas que defecam ao ar livre. 'Até que todos tenham acesso a saneamento básico adequado, a qualidade do abastecimento de água vai ser prejudicada e muitas pessoas continuarão morrendo de doenças transmitidas pela água e relacionados com a água', declarou a diretora do departamento de saúde pública da OMS, Maria Neira. "O acesso à água adequada, saneamento e higiene é fundamental para a prevenção e cuidados de 16 das 17 "doenças tropicais negligenciadas" (In *website* das Nações Unidas, http://nacoesunidas.org/mais-de-2-bilhoes-de-pessoas-no-planeta-carecem-de-saneamento-basico-onu/, acesso em 04 de julho de 2.015).

Por outro lado, em casos que envolvem proteção da fauna, é possível atuação sob a ótica ambiental visando coibir maus tratos a animais e também é possível atuação sob a ótica sanitária visando controlar doenças transmissíveis por animais por meio de ações de Vigilância aplicáveis aos Centros de Controle de Zoonoses.

A atuação transversal também surge em casos de controle insetos causadores de doenças, como o mosquito da dengue, a mosca do estábulo e o "mosquito palha" (causador de leishmaniose), que comportam atuação dos órgãos de vigilância sanitária e também dos órgãos ambientais.

Atuação multisetorial importante pode ser exemplificada, ainda, no controle do destino do lixo hospitalar.

### 4. Conclusão

A Conferência das Nações Unidas de Direitos Humanos realizada em Viena em 1983 estabeleceu os princípios da universalidade, interdependência e indivisibilidade dos direitos humanos e fundamentais. A proteção destes direitos que tem por cerne a dignidade da pessoa humana só faz sentido levando-se em consideração a integralidade do quadro normativo que possa justificar uma atuação integrada entre os diversos atores sociais e políticos envolvidos.

Nos casos de interface entre o Direito Ambiental e o Direito Sanitário, ainda que o caso tramite na Promotoria Especializada do Meio Ambiente, convém acionar os órgãos de saúde pública, em especial de Vigilância Sanitária. E, no caso de a investigação tramitar na Promotoria de Justiça de Direitos Humanos – Saúde Pública, é importante acionar os órgãos de fiscalização ambiental.

Deve-se ressaltar, por fim, que a relação entre saúde e meio ambiente não exclui obviamente a interdependência de todos os outros ramos do direito, que em cada situação atuam para garantir a integridade de todo o ordenamento jurídico.

### Referências bibliográficas

AKAOUI, Fernando Reverendo Vidal Akaoui. *Compromisso de Ajustamento de Conduta Ambiental*. 2ª ed., Ed RT, 2008.

MAPELLI JUNIOR, Reynaldo; COIMBRA, Mario; MATOS, Yolanda Alves Pinto Serrano. *Direito Sanitário*. Imprensa Oficial do Estado de São Paulo.

MENDES, Gilmar Ferreira; BRANCO, Paulo Gustavo Gonet. *Curso de Direito Constitucional*. 6ª ed., Ed. Saraiva, 2011.

NUNES JUNIOR, Vidal Serrano (Coord). *Manual de Direitos Difusos.* 2ª ed., Ed. Verbatim, 2012.

NUNES JUNIOR, Vidal Serrano; DALLARI, Sueli Gandolfi. *Direito Sanitário*. Ed. Verbatim, 2010.

COMISSAO MUNDIAL SOBRE MEIO AMBIENTE E DESENVOLVIMENTO. *Nosso Futuro Comum*. 2ª Edição. 1991. Fundação Getúlio Vargas.

# APONTAMENTOS SOBRE OS ATOS DE IMPROBIDADE ADMINISTRATIVA AMBIENTAL

Dênis Fábio Marsola[1]
Beatriz Lopes de Oliveira[2]
Marcos Stefani[3]

**Resumo:** O presente trabalho analisa o exercício da atividade administrativa à luz da legislação que protege o direito fundamental ao meio ambiente ecologicamente equilibrado, demonstrando a possibilidade de que agentes públicos sejam sancionados com fundamento na Lei de Improbidade Administrativa (Lei n. 8.429/92), sem prejuízo das sanções aplicáveis em outros ramos do direito.

**Palavras-chave:** Direito ambiental. Improbidade ambiental. Responsabilização dos agentes públicos.

**Sumário:** 1. Introdução – 2. Dos atos que violam os princípios da administração pública – 3. Dos atos que importam em enriquecimento ilícito – 4. Dos atos que causam prejuízo ao erário – 5. Das sanções aplicáveis – 6. Considerações finais.

## 1. Introdução

A responsabilidade, no campo do direito, é um dos temas mais árduos, objeto de constante evolução doutrinária e jurisprudencial.

---

[1] Promotor de Justiça no Ministério Público do Estado de São Paulo, assessor do Centro de Apoio Operacional do Patrimônio Público. Especialista em Direito Penal pela Escola Superior do Ministério Público de São Paulo.

[2] Promotora de Justiça no Ministério Público do Estado de São Paulo, assessora do Centro de Apoio Operacional do Patrimônio Público. Mestre em Direito das Relações Sociais pela Pontifícia Universidade Católica de São Paulo. Especialista em Direitos Difusos e Coletivos pela Escola Superior do Ministério Público do Estado de São Paulo. Professora de Processo Penal na FMU – Faculdades Metropolitanas Unidas. Coordenadora do Núcleo de Investigação Criminal e Combate do Crime Organizado do Centro de Estudos e Aperfeiçoamento Funcional da ESMP.

[3] Promotor de Justiça no Ministério Público do Estado de São Paulo, assessor da Sub-Procuradoria-Geral de Justiça Jurídica. Doutor e Mestre em Direitos Difusos.

A responsabilização, no campo do direito ambiental, é tema ainda mais complexo, considerando-se diversos aspectos como, por exemplo, o fato de que o direito ambiental é uma ciência nova no quadro das ciências jurídicas; o comando constitucional de ampla responsabilização (CF, art. 225, § 1º); a ausência de uma estrutura de imputação que seja adequada aos danos ambientais; o fato de que a maioria das atividades poluidoras se exerce mediante autorização administrativa; o dano ambiental ser imputável, normalmente, a mais de um responsável; a poluição resultar de um impacto cumulativo de numerosas atividades; o fato de que o dano ambiental não é instantâneo, isto é, decorre de uma conduta praticada há algum tempo; a peculiar dificuldade em se provar o nexo de causalidade; a dificuldade na reparação dos danos ambientais. Enfim, há uma série de aspectos que evidenciam a dificuldade na responsabilização por condutas proibidas pelo direito ambiental.

É por esse motivo, além de outros, que a legislação que protege o ambiente, em todos os seus aspectos, tem que ser interpretada no sentido de poder propiciar uma tutela efetiva, célere e adequada, sob pena de ser frustrado o combate das condutas ilícitas que afetam o direito fundamental ao meio ambiente ecologicamente equilibrado.

Cabe lembrar, também que a responsabilização penal, por dano ambiental, não é o único e nem sempre a forma mais efetiva de se proteger o meio ambiente. Em muitas situações, é imprescindível a utilização de outros instrumentos, notadamente em situações em que o agente público, que deveria ser o primeiro a cumprir o comando constitucional de proteção do meio ambiente (CF, art. 225, § 1º), é o responsável (às vezes principal) pela lesão ou pela ameaça de lesão aos recursos naturais, culturais e artificiais protegidos pelo microssistema ambiental.

Não se olvida que, hodiernamente, o agente público, além de omitir-se em seu dever legal de zelar pela preservação ambiental, pratica condutas poluidoras, degradantes ou de qualquer forma danosas ao meio ambiente, consistentes em ações ou omissões capazes de ofender os princípios constitucionais e administrativos que regem a gestão pública. Em outras ocasiões, a conduta comissiva ou omissiva do administrador, na área do meio ambiente, pode lhe gerar enriquecimento ilícito e/ou causar prejuízo ao erário.

Quando isso ocorre, não basta que se pense em punição de acordo apenas com as sanções criminais previstas na legislação ambiental.

Afora a ação civil pública ambiental, que é voltada, na maioria das vezes, à sustação das condutas danosas ou à reparação ambiental, em muitas situações o agente público deverá ser punido também pela prática de improbidade administrativa.

De tão extravagante, recalcitrante e dolosa a conduta do agente público, há a necessidade da coibição do ato ilícito em todas as frentes: a) busca da suspensão da atividade danosa ou reparação do dano ambiental; b) apuração da conduta criminosa; e c) análise da prática de ato de improbidade administrativa.

Podemos citar como exemplo, a hipótese em que o agente público tem o dever de impedir a prática de condutas danosas ao meio ambiente, quer em razão de determinação legal expressa a respeito, quer em razão de compromisso assumido perante órgãos públicos (ex. CETESB) ou perante o Ministério Público, quer em decorrência de decisão judicial. No entanto, ele próprio determina a continuidade da prática danosa ou aprova as condutas de seus subordinados.

Nestes casos, explícito está o dolo, a vontade livre e consciente de cometer o ato ilícito, prejudicial ao meio ambiente e, consequentemente, à toda coletividade.

Daí a preocupação do presente trabalho em tentar evidenciar alguns aspectos da improbidade ambiental.

## 2. Dos atos que violam os princípios da administração pública

A irresponsabilidade do agente público é tamanha que, como dito, afora as providências necessárias à garantia da preservação ambiental e à apenação criminal, sua responsabilização por ofensa aos princípios constitucionais e administrativos é inarredável (art. 11 da Lei nº 8.429/92).

E tal responsabilização deve ser providenciada, na situação que o exigir, pela apuração por meio de inquérito civil e posterior ajuizamento de ação de improbidade administrativa, não se descartando, em alguns casos mais gritantes e provados por documentos, o ajuizamento direito de ação de improbidade administrativa.

Também há hipóteses em que o Ministério Público pode, por

meio de uma só ação, agir na busca da reparação ambiental e da punição do agente público pelo ato de improbidade administrativa.

Na prática, o que definirá a forma de atuação do Ministério Público será a urgência do direito a ser protegido e o estágio em que estará a prova do ato ímprobo pelo agente público.

A primeira violação que se constata pela conduta irresponsável do agente público ocorre em detrimento ao *princípio da legalidade*.

Como ensina Marino Pazzaglini Filho, "*o princípio da legalidade constitui o fundamento e a essência do estado de direito, onde as legis governam e não os homens (máxima rule by the law, not by men do direito inglês). Pode ser sintetizado no aforismo 'a Administração Pública somente pode atuar em conformidade com a norma jurídica (secundum legem)*" [4].

E prossegue o jurista na página seguinte: "*Da sujeição da Administração Pública à lei podem-se extrair as seguintes obrigações e regras que regem a conduta dos agentes públicos:*

- *atuação em estrita conformidade com as normas do sistema jurídico em vigor;*
- *respeito aos princípios constitucionais e infraconstitucionais do ordenamento jurídico a que estão sujeitos;*
- *sujeição à vigência da norma jurídica, sendo-lhes defeso deixar de cumpri-la sob o pretexto de julgá-la inconstitucional;*
- *submissão competa às leis, não cerceando sem amparo legal direitos e liberdades de particulares;*
- *responsabilização por atos ilegais (nulos ou anuláveis) que praticarem no exercício de sua função pública*". [5]

A legalidade, como princípio da Administração, significa que o administrador público está, em toda a sua atividade funcional, sujeito aos mandamentos da lei e às exigências do bem comum, e deles não se pode afastar ou desviar, sob pena de praticar ato inválido e expor-se a responsabilidade disciplinar, civil e criminal conforme o caso.

---

4 Pazzaglini Filho, Marino. *Lei de Improbidade Administrativa Comentada*. São Paulo: Editora Atlas, 5ª ed., 2011, p. 14.

5 Obra citada, p. 15.

## CAPÍTULO IV – O MEIO AMBIENTE E AS TRANSVERSALIDADES

O princípio da legalidade é, sem dúvida, um dos pilares do Estado Democrático de Direito. Ao lado dele convive o *princípio da supremacia do interesse público ou princípio da finalidade pública*. De fato, a administração pública, ao cumprir seus deveres constitucionais e legais, busca incessantemente o interesse público, verdadeira síntese dos poderes a ela atribuídos pelo sistema jurídico positivo.

Dessa forma, o agente público deve atender aos interesses públicos, ao bem-estar da comunidade, obedecendo plenamente aos princípios administrativos acima mencionados.

Além disso, diante da infringência explícita às normas que tutelam a indisponibilidade absoluta dos interesses difusos ambientais, acordos internacionais, dispositivos estaduais, federais e constitucionais (estaduais e federais), há que se reconhecer o desvio de finalidade.

Hely Lopes Meireles (1989, p. 92-93) define o que se entende neste caso:

*"O desvio de finalidade ou de poder se verifica quando a autoridade, embora atuando nos limites de sua competência, pratica o ato de motivos ou com fins diversos dos objetivados pela lei ou exigidos pelo interesse público. O ato praticado com desvio de finalidade - como todo ato ilícito ou imoral - ou é consumada a escondida ou se apresenta disfarçado sob o capuz da legalidade e do interesse público. A lei regulamentar da ação popular (A Lei nº 4.717, de 29.06.1965), já consigna o desvio da inalidade como vício nulificado do ato administrativo lesivo do patrimônio público (...)".*[6]

É evidente o desvio de finalidade na conduta do agente público que afronta dolosamente lei expressa, que descumpre acordos entabulados ou que desobedece a ordens juridiciais, porque o interesse social, da coletividade como um todo, o direito à preservação do meio ambiente, do patrimônio estético, turístico e paisagístico, portanto, todo interesse público primário, foi violado.

Além de atender à legalidade e de não praticar ato desviado de sua finalidade precípua, o ato do agente público deve conformar-se com a *moralidade e finalidade administrativas* para dar plena legitimidade à sua atuação. Atuação legítima só é aquela que se reveste de legalidade e probidade administrativas, no sentido de que tanto

---

[6] Meirelles, Hely Lopes. *Direito Administrativo Brasileiro*. São Paulo: Editora RT, 14ª ed., p.ᵃˢ 92/93.

atende as exigências da lei como se conforma com os preceitos da instituição pública.

A Constituição Federal tratou o meio ambiente ecologicamente equilibrado como direito de todos, considerando-o como bem de uso comum do povo e essencial à sadia qualidade de vida, impondo ao Poder Público e à coletividade o dever de defendê-lo e preservá-lo para as presentes e futuras gerações e estabelecendo que as condutas e as atividades lesivas ao meio ambiente sujeitarão os infratores, pessoas físicas ou jurídicas, a sanções penais e administrativas, independentemente da obrigação de reparar os danos causados (Constituição Federal, art. 225, *caput* e § 3°).

E ainda, a Constituição Federal, no Título II, Dos Direitos em Garantias Fundamentais, Capítulo I, Dos Direitos e Deveres Individuais e Coletivos, art. 5°, inciso XXIII, estabelece que a propriedade atenderá a sua função social, ficando, portanto, vetado o mau uso da propriedade, o uso nocivo, contrário à sua função social.

É a própria Constituição Federal também, expressamente, no Titulo VII, Da Ordem Econômica e Financeira, no Capítulo referente aos Princípios Gerais da Atividade Econômica, dispõe:

*"Art. 170 - A ordem econômica, fundada na valorização do trabalho humano e na livre iniciativa, tem por fim assegurar a todos existência digna conforme os ditames da justiça social, observados os seguintes princípios:*

*III -função social da propriedade ;*

*VI - defesa do meio ambiente."*

A Constituição Federal ainda disciplinou que:

*"Art. 225. Todos têm direito ao meio ambiente ecologicamente equilibrado, bem de uso comum do povo e essencial à sadia qualidade de vida, impondo-se ao Poder Publico e à coletividade o dever defendê-lo e preservá-lo para as presentes e futuras gerações.*

*"Parágrafo primeiro. Para assegurar a efetividade desse direito incumbe ao Poder Público:*

*(...)*

*IV - exigir, na forma da lei, para instalação de obra ou atividade potencialmente causadora de significativa degradação do meio ambiente, estudo prévio de impacto ambiental, a que se dará publicidade;*

*V- controlar a produção, a comercialização e o emprego de técnicas, métodos e substâncias que comportem risco para a vida, a qualidade de vida e o meio ambiente;*

*Parágrafo terceiro. As condutas e atividades consideradas lesivas ao meio ambiente sujeitarão os infratores, pessoas, físicas ou Jurídicas, as sanções penais e administrativas, independentemente da obrigações de reparar os danos causados."*

Em comentário a esse dispositivo, José Afonso da Silva (1994, p. 174) leciona:

*"Por isso é que a preservação do meio ambiente, garantindo o curso normal da evolução das espécies, desponta no texto como o principal objetivo da política sugerida, que condiciona os demais objetivos: manter estáveis as condições climáticas, perenizar as fontes de suprimentos de água doce, defender os solos contra a erosão, controlar as inundações, através de compensação do ciclo hidrológico, proteger os recursos florísticos e faunísticos etc.*

*Deve-se, portanto, respeitar o obrigação de abstenção de atividades de alteração do ambiente consagrada no próprio texto constitucional. E ao poder público cumpre a fiel obediência a este dispositivo constitucional, valendo-se exatamente da atividade autoexecutória do Poder/Dever de Polícia.*

*O dever de abstenção está presente nesse dispositivo uma vez que o Poder Público - Executivo e Legislativo - fica, desde logo, proibido de administrar e legislar em condições que não assegurem, nesses locais, a preservação do meio ambiente, assim como os particulares terão essa mesma obrigação negativa no tocante a suas atividades nas regiões já citadas".* [7]

O ensinamento de Maria Sylvia Zanella Di Pietro (Revista Forense, v. 317, jan./mar. 1992) acerca do tema e da necessidade dos agentes públicos combaterem condutas danosas ao meio ambiente, e não promoverem-nas, autorizá-las e incentivá-las, bem delimita a questão:

*"A expressão `uso comum do povo', quando aplicada a bens públicos, refere-se a uma coisa corpórea; quando aplicada ao meio ambiente, refere-se a uma coisa incorpórea. Em um e outro caso, trata-se de coisa insuscetíveis de avaliação patrimonial; em um e outro caso, trata-se de coisa cuia proteção ultrapassa a esfera dos direitos individuais para entrar na categoria dos interesses públicos.*

---

[7] Silva, José Afonso da. *Direito Ambiental Constitucional*. São Paulo: Editora Malheiros,1994, p. 174.

*Em um e outro caso, o uso do bem está sujeito a normas especiais de proteção, de modo a assegurar que o exercício dos direitos de cada um se faça sem prejuízo do interesse de todos.*

*O objetivo do constituinte foi, evidentemente, o de colocar referidos bens, ainda que pertencentes ao particular, sob a proteção do Poder Público, sujeitando-os a disciplina normativa específica, com vistas à proteção do meio ambiente. O dispositivo nada mais é do que um prolongamento ou uma aplicação da idéia maior, contida no caput do art. 225, de colocar como bem de uso comum do povo o direito ao meio ambiente ecologicamente equilibrado.*

*Os problemas decorrentes dos fatores que contribuem para a degradação do meio ambiente ultrapassam a esfera dos direitos individuais e "exigem atuação intensa do Poder Público no exercício da atividade fiscalizadora intensa e profícua que condicione, com base no poder de polícia do Estado, o exercício dos direitos de cada um em benefício do interesse de todos".* [8]

Nesse contexto, levando-se em conta que todos têm direito a um ambiente ecologicamente equilibrado e que o agente público tem o dever de combater as condutas ilícitas em seu detrimento, evidencia-se que aquele que age em desconformidade, afrontando texto expresso de lei, descumprindo acordos válidos ou decisões judiciais, pratica também ato que afronta o *princípio da moralidade administrativa* (artigo 37, *caput*, da Constituição Federal).

Ao inserir expressamente a moralidade entre os princípios norteadores da atividade administrativa, quis o Texto Maior impedir que a Administração ou o agente público se conduza de modo aviltante, com malícia, a impedir que os cidadãos usufruam de seus primordiais direitos, dentre os quais, o meio ambiente equilibrado.

A moralidade administrativa, que hoje constitui causa autônoma da ação popular constitucional, na Lei nº 8.429/92 é causa principal. Objetiva a censura de atos contrários aos valores éticos e morais que necessariamente têm de estar presentes em todos os atos daqueles que exercem atividade pública, independentemente da ocorrência de efetiva lesão patrimonial, justamente porque, como sabido e cediço, a violação de um princípio é muito mais grave que a transgressão de qualquer norma.

---

[8] Revista Forense, v. 317, jan./mar. 1992.

## CAPÍTULO IV – O MEIO AMBIENTE E AS TRANSVERSALIDADES

Mais ainda, toda vez que o agente público age afrontando normas expressas, descumprindo acordos ou decisões judiciais, além de desviar de sua finalidade e violar os princípios constitucionais da legalidade e da moralidade, também viola o princípio da eficiência, o qual impõe-lhe o dever de realizar suas atribuições com presteza, perfeição e rendimento funcional.

A conduta administrativa deve ser eficiente, à medida que ao agente público é exigível o dever da boa administração, o que não significa apenas honestidade, mas, também, produtividade, profissionalismo e adequação técnica do exercício funcional às metas administrativas e à legalidade.

Atuando de modo contrário ao preconizado pelo *princípio da eficiência*, não raras vezes o agente público estará violando outros princípios, na medida em que retarda ou deixa de praticar atos de ofício, de forma dolosa.

Ofendendo a tais princípios, o agente público não estará agindo de forma proba, e por isso, poderá ser responsabilizado civilmente por sua conduta.

Os atos ofensivos à probidade administrativa não são tolerados pelo ordenamento jurídico brasileiro, determinando o art. 37, §4º, da Constituição Federal, que:

*"Os atos de improbidade administrativa importarão a suspensão dos direitos políticos, a perda da função pública, a indisponibilidade dos bens e o ressarcimento ao erário, na forma e gradação previstas em lei, sem prejuízo da ação penal cabível".*

E reza o artigo 1º da Lei nº 8.429/92:

*"Os atos de improbidade administrativa praticados por qualquer agente público, servidor ou não, contra a administração direta, indireta ou fundacional de qualquer dos Poderes da União, dos Estados, do Distrito Federal, dos Municípios, de Território, de empresa incorporada ao patrimônio público ou de entidade para cuja criação ou custeio o erário haja concorrido ou concorra com mais de cinquenta por cento do patrimônio ou da receita anual, serão punidos na forma desta Lei."*

E ainda o artigo 2º do mesmo diploma legal:

*"Reputa-se agente público, para os efeitos desta Lei, todo aquele que exerce, ainda que transitoriamente ou sem remuneração, por eleição, no-*

*meação, designação, contratação ou qualquer outra forma de investidura, cargo, emprego ou função nas entidades mencionadas no artigo anterior."*

Como deve ocorrer com todo agente público no exercício de sua função, é sua obrigação *"velar pela estrita observância dos princípios da legalidade, impessoalidade, moralidade e publicidade no trato dos assuntos que lhe são afetos "* (art. 37, *caput,* da CF, e art. 4º da Lei nº 8.429/92).

Assim, todo agente público que afronta aludidos princípios constitucionais incorre nas sanções preconizadas pelo art. 12, inciso III, da Lei nº 8.429/92, por violação expressa ao disposto no art. 11, *caput,* e seus incisos I e II, da citada lei federal:

*"Art. 11. Constitui ato de improbidade administrativa que atenta contra os princípios da administração pública qualquer ação ou omissão que viole os deveres de honestidade, imparcialidade, legalidade e lealdade às instituições e notadamente:*

*I – praticar ato visando fim proibido em lei ou regulamento ou diverso daquele previsto na regra de competência;*

*II – retardar ou deixar de praticar, indevidamente, ato de ofício;"*

Coadunando-se com o exposto, ou seja, de condutas praticadas por agentes públicos que violam regras e princípios constitucionais, a lição de Luís Paulo Sirvinskas bem elucida a questão, ao considerar que:

*"Esta ação civil passou a ser utilizada para a proteção do meio ambiente. É mais um instrumento processual para se somar à ação direta de declaração de inconstitucionalidade de lei ou ato normativo, à ação civil pública, à ação popular, ao mandado de segurança coletivo e ao mandado de injunção. Em 14 de julho de 1998, o ilustrado Promotor de Justiça, Dr. Sérgio Turra Sobrane, propôs, em caráter pioneiro, a primeira ação civil de responsabilidade por improbidade administrativa em matéria ambiental, com pedido liminar, em face da então Secretária Estadual do Meio Ambiente, da Coordenadora de Licenciamento Ambiental e Proteção de Recursos Naturais (CPRN), da Diretora do Departamento de Avaliação de Impacto Ambiental (DAIA) e da Embraparque (Empresa Brasileira de Parques S/C Ltda.), pedindo a nulidade da licença prévia irregularmente concedida à Embraparque e a condenação por improbidade administrativa da Se-*

CAPÍTULO IV – O MEIO AMBIENTE E AS TRANSVERSALIDADES

*cretária, da Diretora e da Coordenadora. A empresa Embraparque pretendia construir um parque aquático na cidade litorânea de Itanhaém, no Estado de São Paulo, denominado Xuxa Water Park. A ação foi julgada parcialmente procedente em primeira instância, encontrando-se em trâmite na segunda instância".* [9]

*"Além da incidência criminal ora retratada, a omissão das autoridades ambientais estaria a ensejar, também repercussão de índole administrativa, como as previstas na Lei n. 8.027/1990, que trata da conduta dos servidores públicos civis federais, e que prevê, inclusive a pena de demissão nos casos de 'procedimento desidioso, assim entendido a falta ao dever de diligência no cumprimento de suas atribuições', conforme art. 5º, parágrafo único, inc. IV, bem como a caracterização da improbidade administrativa, constituída por 'retardar ou deixar de praticar, indevidamente, ato de ofício', consoante disposto no art. 11, II, da Lei n. 8.429/1992".* [10]

Vale a pena transcrever a lição de Marcelo Figueiredo, que ao interpretar o artigo 11, inciso I, da Lei nº 8.429/92, aponta que:

*"... a Administração Pública, ao cumprir seus deveres constitucionais e legais, busca incessantemente o interesse público, verdadeira síntese dos poderes a ela atribuídos pelo sistema jurídico positivo, (...). Contudo, forçoso reconhecer que a atividade administrativa não é senhora dos interesses públicos, no sentido de poder dispor dos mesmos a seu talante e alvedrio. Age de acordo com a 'finalidade da lei', com os princípios retores do ordenamento, expressos e implícitos. A Administração atua, age, como instrumento de realização do ideário constitucional, (...). Assim, o agente público deve atender aos interesses públicos, ao bem-estar da comunidade. Sob o rótulo 'desvio de poder', 'desvio de finalidade', 'ausência de motivos', revelam-se todas as formas de condutas contrárias ao Direito, (...).*

*Aliás, o STJ deixou assentado que 'o desvio de poder pode ser aferido pela ilegalidade explícita (frontal ofensa ao texto da lei) ou por*

---

9 Sirvinskas, Luís Paulo. *Manual de Direito Ambiental.* São Paulo: Editora Saraiva, 5ª ed., 2007, p. 460.

10 Oliveira, Alexandre Vidigal de. *Proteção Ambiental em Juízo – Omissão Administrativa – Questões relevantes.* Revista de Direito Ambiental. São Paulo: Juarez de Oliveira, 2004, p.135.

*censurável comportamento do agente, valendo-se de competência própria para atingir finalidade alheia àquela abonada pelo interesse público, em seu maior grau de compreensão e amplitude. Análise da motivação do ato (...), revelando um mau uso da competência e finalidade despojada de superior interesse público, defluindo o vício constitutivo, o ato aflige a moralidade administrativa, merecendo inafastável desfazimento' (REsp 21.156-0-SP, ref. 92.0009144-0, j. 19.9.1994, rel. Min. Mílton Luiz Pereira)".*[11]

Em síntese, indubitavelmente o agente público que, ao invés de zelar pela preservação e recuperação ambiental, afronta dolosamente texto expresso de lei, descumpre acordos válidos ou decisões judiciais, ofende princípios constitucionais e administrativos, deve responder por ato de improbidade administrativa, conforme entendimento extraído do artigo 11 da Lei n° 8.429/92.

### 3. Dos atos que importam em enriquecimento ilícito

Não obstante os atos de improbidade administrativa ambiental decorram, na maioria dos casos, da violação a princípios da Administração Pública, é possível que o ato ímprobo seja daqueles que importem em *enriquecimento ilícito* do agente.

Com efeito, o enriquecimento ilícito previsto na Lei de Improbidade resulta de qualquer ação ou omissão que enseja ao agente público a percepção de uma vantagem não prevista em lei.

Conforme ensinam Emerson Garcia e Rogério Pacheco Alves, o não locupletamento ilícito reside em um dever moral que deve nortear as relações sociais, sendo consectário dos princípios da Justiça e do Direito, de modo que

> "o enriquecimento sem causa pode advir tanto de um ato que apresente adequação ao princípio da legalidade, como de um ato ilícito. Assim, o princípio do não locupletamento indevido reside na regra de equidade que veda a uma pessoa enriquecer à custa do dano, do trabalho ou da simples atividade de outrem, sem o concurso da vontade deste ou o amparo do direito – e tal ocorrerá ainda que não haja transferência patrimonial".[12]

---

11 Figueiredo, Marcelo. *Probidade administrativa*. São Paulo: Ed. Malheiros, 5ª ed., p. 104.
12 Garcia, Emerson; Alves, Rogério Pacheco. *Improbidade administrativa*. São Paulo:

## CAPÍTULO IV – O MEIO AMBIENTE E AS TRANSVERSALIDADES

Os autores destacam que o enriquecimento injusto, que acarreta o dever moral de indenizar, é composto por quatro requisitos essenciais: a) o enriquecimento de alguém, que pode ser de ordem material, intelectual ou moral; b) o empobrecimento de outrem, quer seja positivo (perda patrimonial) ou negativo (não pagamento de um serviço prestado); c) ausência de justa causa, isto é, o enriquecimento deve ser desvinculado do direito, não podendo advir da vontade do empobrecido, ou decorrer de obrigação preexistente ou da lei; d) nexo causal.

Sob a ótica da Lei de Improbidade Administrativa, o princípio do não enriquecimento injusto encontra guarida no artigo 9º da Lei nº 8.429/92, que atesta importar em enriquecimento ilícito a conduta daquele que aufere qualquer tipo de vantagem patrimonial indevida em razão do exercício de cargo, mandato, função, emprego ou atividade nas entidades mencionadas no artigo 1º.

Dessa maneira, haverá improbidade administrativa quando houver enriquecimento de agente público que pertença a uma das entidades citadas ou do terceiro que concorra para a prática do ato, ou dele se beneficie; sem que haja justa causa, isto é, sem que a vantagem tenha qualquer relação com as vantagens pecuniárias legalmente percebidas, decorrentes dos subsídios ou vencimentos e desde que haja relação de causalidade entre a vantagem indevida e o exercício do cargo, mandato, função, emprego ou atividade.

Observe-se que sob o viés da improbidade administrativa, prescinde-se da ideia de empobrecimento, presente no âmbito privado, que é substituída pela ideia de vantagem patrimonial indevida, ou seja, o proveito derivado do exercício da atividade pública e que não seja pressuposto lógico da função desempenhada.

Desde que a ação ou omissão sejam dolosas e importem em enriquecimento ilícito, poderemos ter configurado o ato ímprobo.

Sem dúvida alguma, na maioria das vezes, o enriquecimento ilícito estará acompanhado da prática de crime contra a Administração Pública, como a corrupção passiva, o peculato, e outros.

Desse modo, configura ato de improbidade administrativa que importa em enriquecimento ilícito a conduta do agente que, no exercício da função pública na área do meio ambiente, venha a receber vantagem indevida para a emissão de determinada licença exigida pela lei para exercício de atividade ambiental.

---

Editora Saraiva, 7ª ed., p. 354.

Da mesma forma, cometerá improbidade administrativa o agente que mediante o recebimento de propina elabora estudo prévio de impacto ambiental (EIA) de conteúdo ideologicamente falso, atestando, indevidamente, que a instalação de uma obra ou exercício de determinada atividade não causará significativa impacto ambiental.

Também configurará ato de improbidade a conduta do agente que perceber qualquer vantagem para omitir ato de ofício, providência ou declaração a que esteja obrigado por lei, tal qual estabelece o inciso X do artigo 9º da Lei nº 8.429/92.

Repita-se que a lei não exige, necessariamente, a ocorrência de uma vantagem pecuniária, mas sim de qualquer prestação positiva ou negativa, que beneficie o agente, auferindo-lhe um enriquecimento ilícito, sem necessidade da existência de prejuízo patrimonial ao erário público. A ilicitude caracteriza-se pela obtenção de uma vantagem não prevista em lei.

### 4. Dos atos que causam prejuízo ao erário

De outro lado, é possível que a improbidade administrativa ambiental constitua ato que causou *prejuízo ao erário*.

Para o correto entendimento desse tipo de ato ímprobo, é importante que se faça uma prévia distinção entre o conceito de "erário" e o conceito de "patrimônio público".

O conceito de "patrimônio público é bem mais amplo e é extraído do artigo 1º da Lei nº 7.347/85, que disciplina as ações de responsabilidade "por danos morais e patrimoniais" causados ao meio ambiente, ao consumidor, aos bens e direitos de valor artístico, estético, histórico, turístico e paisagístico, (...) e a qualquer outro interesse difuso e coletivo. Desse modo, tem-se por patrimônio público o conjunto de bens jurídicos materiais e imateriais, com expressão econômica, social e moral, pertencente à coletividade como um todo.

Por certo é que nele se incluem os bens públicos, quais sejam, aqueles corpóreos, incorpóreos, os móveis ou imóveis, créditos, direitos e ações que pertençam, a qualquer título, às pessoas jurídicas de direito público.

Nas palavras de Luís Roberto Gomes (2003, p. 56),

> "*a amplitude conferida pelo ordenamento jurídico à expressão inclui, por exemplo, o patrimônio público ambiental, de valor material e imaterial, cujo titular é expressamente definido como o povo (CF, art. 225, caput). Deve-se levar em conta, então, que se trata de interesse público primário, de ampla abrangência,*

*afastando-se o reducionismo ao patrimônio material econômico das entidades públicas".*[13]

Uma leitura apressada e literal do disposto no artigo 10 da Lei n° 8.429/92 poderia levar à conclusão que apenas os atos que impliquem prejuízo econômico às entidades mencionadas no artigo 1° da citada lei é que poderiam ser enquadrados como atos de improbidade.

Porém, há que se fazer uma interpretação teleológica-sistemática do dispositivo para o fim de integrar a norma, conforme Emerson Garcia (2013, p. 382-383):

*"no artigo 1° da Lei n° 8.429/92 o vocábulo erário é utilizado com substantivo designador das pessoas jurídicas que compõem a administração direta e indireta, contribuindo para a identificação do sujeito passivo dos atos de improbidade, podendo ser enquadradas sob tal epígrafe as entidades para as quais o "erário" haja concorrido para a formação do patrimônio ou da receita anual, no percentual ali previsto. Assim, o vocábulo é utilizado para estender a possibilidade de aplicação das sanções legais àquele que pratique atos de improbidade em detrimento de pessoas jurídicas que não integram a administração direta ou indireta; o que, longe de excluir a possibilidade de lesão ao "patrimônio público", atua como forma de extensão da proteção legal a situações ordinariamente não abrangidas pela integridade do conceito".*[14]

Além disso, o artigo 5° da Lei de Improbidade estabelece o dever de reparar o dano decorrente de lesão ao "patrimônio público", não se restringindo, portanto, ao aspecto exclusivamente econômico deste. Na mesma linha, o artigo 7° e o artigo 8° tratam de lesão ao "patrimônio público".

Desse modo, o artigo 10 não visa exclusivamente à proteção da parcela econômico-financeira do patrimônio público, assumindo contornos bem mais amplos, que demandam uma proteção igualmente mais ampla e irrestrita.

A essência do artigo 10 da Lei de Improbidade é voltada à proteção do patrimônio, de natureza econômica ou não econômica, das entidades mencionadas no artigo 1°, conforme aponta Emerson Garcia (2013, p. 384):

---

13 Gomes, Luís Roberto. *O Ministério Público e o controle da omissão administrativa: o controle a omissão estatal no direito ambiental.* Rio de Janeiro: Forense Universitária, 2003, p. 56.

14 Emerson Garcia, *ob. cit.*, p[as]. 382-383.

*"Consequentemente, podem ser assentadas as seguintes conclusões: a) ao vocabulário erário, constante do art. 10, caput, da Lei nº 8.429/92, deve-se atribuir a função de elemento designativo dos entes elencados no art. 1º, vale dizer, dos sujeitos passivos dos atos de improbidade; b) a expressão perda patrimonial, também constante do referido dispositivo, alcança qualquer lesão causada ao patrimônio público, concebido este em sua inteireza"*.[15]

Destaque-se que as condutas previstas no art. 10 não são taxativas, de modo que podem ser tipificadas como ato de improbidade administrativa quaisquer ações ou omissões, dolosas ou culposas, praticadas em detrimento do patrimônio público, tenham ou não natureza financeira.

Emerson Garcia fornece exemplos significativos de condutas na área de tutela do meio ambiente que configuram ato de improbidade administrativa nos termos do art. 10, sem que tenham natureza ou conotação financeira: a) guarda florestal que permite o ingresso de terceiros em reserva florestal com consequente captura de animais em extinção (art. 10, I da Lei nº 8.429/92); b) fiscal do IBAMA que deixa de apreender pássaros silvestres mantidos em cativeiro por particular, sem a necessária autorização do órgão competente (art. 10, II da Lei nº 8.429/92); c) Presidente da República que, em viagem ao exterior, doa a Pontífice estátua incorporada ao patrimônio histórico e cultural brasileiro (art. 10, III, da Lei nº 8.429/92); d) agente público que realiza a alienação, para fins de loteamento, de área que abriga sítio detentor de reminiscências históricas dos antigos quilombos, afrontando o art. 216, parágrafo 5º da Constituição (art. 10, IV, da Lei nº 8.429/92) e e) agente público que permite a deterioração de prédio que abriga repartição pública e que se encontra tombado e incorporado ao patrimônio histórico e cultural (art. 10, X, da Lei nº 8.429/92).[16]

Como exemplos de condutas que implicam em lesão ao patrimônio público de natureza financeira temos qualquer ação que enseje perda patrimonial, desvio, apropriação, malbaratamento ou dilapidação dos bens, como a conduta do Prefeito que não acatando determinação ambiental que proibe o descarte de resíduos sólidos em determina área protegida, dá ensejo a sucessivas multas e sanções pecuniárias impostas ao Município por órgãos de fiscalização ambiental.

---

15 Emerson Garcia, *ob. cit*,. p. 384.
16 idem.

CAPÍTULO IV – O MEIO AMBIENTE E AS TRANSVERSALIDADES

Também haverá prejuízo de ordem financeira na conduta do agente ambiental que ordena ou permite a realização de despesas de recursos vinculados aos interesses das entidades ambientais de formas não autorizadas em lei ou regulamento (art. 10, inciso IX, da Lei nº 8.429/92).

### 5. Das sanções aplicáveis

Conforme visto, na área ambiental o administrador público lida com bens de "uso comum do povo" (art. 225, *caput*, Constituição Federal), os quais, nos termos do art. 100 do Código Civil, "são inalienáveis", não se permitindo, portanto, por meio de condutas comissivas ou omissivas, a violação dos princípios e a inobservância das normas de proteção ao meio ambiente, sob pena de incidência, do agente público responsável, nas sanções previstas na legislação ambiental e na Lei de Improbidade Administrativa.

O art. 37, §4º da Constituição Federal estabeleceu sanções mínimas pela prática do ato de improbidade, bem como medida cautelar específica, quais sejam: a suspensão dos direitos políticos, a perda da função pública, a indisponibilidade dos bens e o ressarcimento ao erário público.

A Lei nº 8.429/92, por sua vez, estabeleceu a forma de imposição e a gradação das sanções previstas constitucionalmente, disciplinando, ainda, outras providências cautelares voltadas a resguardar o futuro ressarcimento integral dos danos causados ao erário, bem como assegurar a perda dos bens ou valores acrescidos ilicitamente ao patrimônio do réu, oriundos do ato ímprobo.

O art. 12 da Lei nº 8.429/92 disciplina de forma abrangente as sanções que podem ser aplicadas pela prática do ato de improbidade administrativa, independentemente das demais sanções decorrentes do ato ilícito, sejam penais, civis e administrativas previstas na legislação específica, como já mencionado.

Na fixação das penas o juiz deverá levar em consideração a extensão do dano, bem como o proveito patrimonial logrado pelo agente, não apenas para dosar as penalidades, senão que para elegê-las, e isso porque só com tal avaliação poder-se-á alcançar os fins últimos do ordenamento.

Ressalte-se, por relevante, que o agente público poderá ser responsabilizado diretamente ou em regime de solidariedade com os autores diretos de eventual dano causado, ainda que particulares.

411

Além disso, a doutrina reconhece a possibilidade de o juiz, além das sanções previstas em lei (típicas), aplicar sanções atípicas no caso de prática da improbidade.

Esse é o pensamento de Wallace Paiva Martins Júnior (2009, p. 331-332):

> "A ressalva do art. 12, caput, da Lei Federal nº 8.429/92 mostra que, além das sanções típicas (a lei é 'plena de sanção de natureza civil') de seus incisos, 'pode ser infligida outra sanção civil, prevista em lei específica'. Esse dispositivo, conjugado com os arts. 21 da Lei Federal nº 7.347/85 e 83 da Lei Federal n. 8.078/90, admite sanções atípicas (como a nulidade de contrato – art. 59 da Lei Federal nº 8.666/93), pois é possível a dedução de qualquer pedido visando à entrega de algum tipo de prestação jurisdicional na ação civil pública (declaratório, condenatório, constitutivo mandamental etc.), inclusive os previstos no art. 3º da Lei Federal nº 7.347/85, obrigação de fazer (prestação de atividade devida) ou de não fazer (cessação de atividade nociva), como prestar contas (ao órgão competente), abster-se de desviar verba pública para outra finalidade que não a prevista em lei, aplicar verba pública segundo a lei etc. e outros, como a anulação ou declaração de nulidade de ato jurídico civil administrativo, comercial ou administrativo (compra e venda ou doação simuladas ou fraudulentas, licitação e contrato administrativo, concessão de crédito, isenção, anistia etc.)".[17]

## 6. Considerações finais

O exercício da atividade administrativa pressupõe a gestão eficiente dos bens comuns, com o fim de assegurar o bem estar social, o que só pode ser alcançado mediante o respeito aos princípios constitucionais e normas estabelecidas.

O patrimônio público, entendido sob a ótica de patrimônio natural, pertence a toda coletividade, sendo dever de todos, especialmente do gestor público, o zelo por sua preservação.

Desse modo, identificada a violação ao meio ambiente, ao lado da legislação ambiental específica, voltada à proteção da riqueza natural,

---

[17] MARTINS JUNIOR, Wallace Paiva. *Probidade administrativa*. 4ª ed. São Paulo: Saraiva, 2009, p. 331-332.

muitas vezes será o caso de aplicação das disposições previstas na Lei de Improbidade Administrativa.

De fato, a Lei nº 8.429/92, juntamente com as leis ambientais próprias, integra um microssistema legal voltado à defesa do patrimônio público, devendo ser aplicada aos agentes públicos e particulares que pratiquem atos violadores dos princípios da administração pública, que importem em enriquecimento ilícito ou causem prejuízo ao erário.

Nos casos em que o administrador ou o funcionário público, aos quais incumbe o máximo cuidado com os bens públicos, dolosa ou culposamente (no caso de prejuízo ao erário) causar danos ao patrimônio natural, poderá ter aplicação a lei de improbidade, que será instrumento eficaz ao lado dos demais instrumentos tradicionais de tutela do meio ambiente.

### Referências bibliográficas

ALVES, Rogério Pacheco; GARCIA, Emerson. *Improbidade administrativa*. 7ª ed. São Paulo: Saraiva, 2013.

DI PIETRO, Maria Sylvia Zanella Di Pietro. Revista Forense, v. 317, jan./mar. 1992.

FIGUEIREDO, Marcelo. *Probidade administrativa*. 5ª ed. São Paulo: Malheiros, 2004.

GOMES, Luis Roberto. *O Ministério Público e o controle da omissão administrativa: o controle a omissão estatal no direito ambiental*. Rio de Janeiro: Forense Universitária, 2003.

MARTINS JUNIOR, Wallace Paiva. *Probidade administrativa*. 4ª ed. São Paulo: Saraiva, 2009.

MERELLES, Hely Lopes. *Direito Administrativo Brasileiro*. 14ª ed. São Paulo: Revista dos Tribunais, 1989.

OLIVEIRA, Alexandre Vidigal de. *Proteção ambiental em juízo, omissão administrativa, questões relevantes*. Revista de Direito Ambiental. São Paulo: Revista dos Tribunais, nº 7, ano 1997.

PAZZAGLINI FILHO, Marino. *Lei de Improbidade Administrativa Comentada*. 5ª ed. São Paulo: Atlas, 2011.

SILVA, José Afonso da. *Direito Ambiental Constitucional*. São Paulo: Malheiros, 1994.

SIRVINSKAS, Luís Paulo. *Manual de Direito Ambiental*. 5ª ed. São Paulo: Saraiva, 2007.

**TATIANA BARRETO SERRA**
Coordenadora

**LUIS FERNANDO ROCHA**
Coordenador de 15/04/2015 a 24/06/2015

**LUIS FELIPE TEGON CERQUEIRA LEITE**
Assessor

### Autores e Coautores:

- Adriana Cerqueira de Souza
- Adriano Andrade de Souza
- Alfredo Luis Portes Neto
- Aline Jurca Zavaglia Vicente Alves
- Álvaro Luiz Valery Mirra
- Angela Seixas Pilotto
- Beatriz Lopes de Oliveira
- Bruno Peregrina Puga
- Cláudia Maria Lico Habib
- Cristina Godoy de Araujo Freitas
- Dalva Megumi Hashimoto
- Dênis Fábio Marsola
- Djalma Luiz Sanches
- Eduardo Pereira Lustosa
- Fernando Gonçalves de Castro
- Filippe Augusto Vieira de Andrade
- Flávia Maria Gonçalves
- Gabriel Lino de Paula Pires
- José Carlos de Freitas
- Luis Felipe Tegon Cerqueira Leite
- Luis Henrique Paccagnella
- Marcos Stefani
- Maria Rezende Capucci
- Osvaldo Aly Junior
- Paula Freire Santoro
- Paulo Guilherme Carolis Lima
- Reginaldo Antonio Bertolo
- Ricardo Cesar Aoki Hirata
- Roberta Andrade da Cunha Logiodice
- Roberto de Campos Andrade
- Roberto Varjabedian
- Silvia Jordão
- Tadeu Salgado Ivahy Badaró Junior
- Vidal Serrano Nunes Júnior

### Apoio Administrativo:

Milene Lilian Mayumi Inoue
Eliana Garcia Alves Petrenas

# TEMAS DE DIREITO AMBIENTAL

**Organizadores da obra:**
José Eduardo Ismael Lutti
Luis Felipe Tegon Cerqueira Leite
Luis Fernando Rocha
Tatiana Barreto Serra

Berenice Abramo
**Assistente Editorial**

Teresa Lucinda Ferreira de Andrade
Vanessa Merizzi
**Editoração**

| | |
|---:|:---|
| Formato | 16,0 x 23,0 |
| Tipologia | Frutiger Lt Std |
| Papel miolo | Off set branco 75g/m² |
| Papel capa | Cartão Triplex 250g/m² |
| Número de páginas | 416 |
| Tiragem | 1200 |
| CTP, Impressão e Acabamento | IMPRENSA OFICIAL DO ESTADO DE SÃO PAULO |